MINFADIAN JUZHUQUAN ZHIDU
DE
LILUN YU SHIJIAN

民法典居住权制度的理论与实践

俞建伟　著

法律出版社
LAW PRESS · CHINA
北京

图书在版编目(CIP)数据

民法典居住权制度的理论与实践 / 俞建伟著. -- 北京 : 法律出版社, 2022
ISBN 978-7-5197-6690-0

Ⅰ. ①民… Ⅱ. ①俞… Ⅲ. ①住宅-物权法-研究-中国 Ⅳ. ①D923.24

中国版本图书馆 CIP 数据核字(2022)第 089887 号

民法典居住权制度的理论与实践
MINFADIAN JUZHUQUAN ZHIDU DE LILUN YU SHIJIAN

俞建伟 著

责任编辑 慕雪丹 章 雯
装帧设计 汪奇峰

出版发行 法律出版社
编辑统筹 法商出版分社
责任校对 赵明霞
责任印制 胡晓雅
经 销 新华书店

开本 710 毫米×1000 毫米 1/16
印张 24.5 字数 396 千
版本 2022 年 9 月第 1 版
印次 2022 年 9 月第 1 次印刷
印刷 永清县金鑫印刷有限公司

地址:北京市丰台区莲花池西里 7 号(100073)
网址:www.lawpress.com.cn
投稿邮箱:info@lawpress.com.cn
举报盗版邮箱:jbwq@lawpress.com.cn

销售电话:010-83938349
客服电话:010-83938350
咨询电话:010-63939796

书号:ISBN 978-7-5197-6690-0
定价:98.00 元
凡购买本社图书,如有印装错误,我社负责退换。电话:010-83938349

目录 contents

第一章

民法典新创设居住权制度初探

第一节 民法典对居住权的规定与解读

一、民法典对居住权的规定

《民法典》在第二编物权编第十四章中创设了居住权制度，具体内容如下：

第三百六十六条 居住权人有权按照合同约定，对他人的住宅享有占有、使用的用益物权，以满足生活居住的需要。

第三百六十七条 设立居住权，当事人应当采用书面形式订立居住权合同。

居住权合同一般包括下列条款：

（一）当事人的姓名或者名称和住所；

（二）住宅的位置；

（三）居住的条件和要求；

（四）居住权期限；

（五）解决争议的方法。

第三百六十八条 居住权无偿设立，但是当事人另有约定的除外。设立居住权的，应当向登记机构申请居住权登记。居住权自登记时设立。

第三百六十九条 居住权不得转让、继承。设立居住权的住宅不得出租，但是当事人另有约定的除外。

第三百七十条 居住权期限届满或者居住权人死亡的，居住权消灭。居住权消灭的，应当及时办理注销登记。

第三百七十一条　以遗嘱方式设立居住权的，参照适用本章的有关规定。

二、对民法典中居住权的性质、内容的理解

（一）居住权是一种用益物权

所谓居住权，是指以居住为目的，对他人的住房及其附属设施所享有的占有、使用的权利。①

居住权是一种法定物权，属于他物权，是在他人的住宅之上所设立的一种用益物权，同时在理论上也是一种限制性的人役权。

民法理论认为，根据标的物所有人归属，物权分为自物权和他物权。所有权是唯一的自物权，是完全的物权。他物权是权利人根据法律的规定或合同的约定，在他人所有的物上所设定的直接管理和支配该物、享有对物的收益，并排除他人干涉的权利。所有权以外的物权均是他物权。居住权作为他物权，当然也只能是对他人之物享有权利。②

居住权是以满足权利人的生活居住需要而设定的用益物权。一方面，就居住权在民法上的定位而言，它首先是一种用益物权。基于这种用益物权，权利人不仅能占有他人住宅，并以居住为目的使用他人住宅，还能排除他人对住宅的不法妨害。另一方面，居住权是以满足特定人的居住需要而设立的用益物权。居住权主要是为了赡养、扶养等生活需要而设立的，只要能满足这种需要，实现居住权人正常居住、生活的目的，居住权人既可以使用他人的全部房屋，也可以使用他人房屋的一部分，还可以收取其所居住的房屋附属的树木的果实等自然孳息。而且，受此特质的约束，如果为商业目的需要使用他人的房屋，完全可以通过订立租赁合同的方式实现，而不能设立居住权；同时，居住权是为特定的自然人基于生活需要而设定的权利，只能由自然人享有，而不能由法人或其他组织享有。基于这种内在特质，尽管居住权在比较法上与其他一些用益物权（如用益权等）一样，均有实现权利人的生活保障的功能，但它们之间的区别是显而易见的，这为居住权在用益物权体系中占据独立的一席之地奠定了基础。③

---

① 王利明：《论民法典物权编中居住权的若干问题》，载《学术月刊》2019 年第 7 期。

② 最高人民法院民法典贯彻实施工作领导小组主编：《中华人民共和国民法典物权编理解与适用》（下），人民法院出版社 2020 年版，第 863 页。

③ 王利明：《论民法典物权编中居住权的若干问题》，载《学术月刊》2019 年第 7 期。

（二）居住权是对他人的住宅进行占有、使用的权利

居住权首先是一种物权，这是与长期租赁相区别的根本。住房既是人们赖以生存的物质基础，也是民生的基本保障，由于所有权包含占有、使用、收益、处分等多种权能，房屋所有人当然享有在自己房屋里居住的权利，但这种权利并非居住权。作为用益物权的居住权一定是在他人房屋之上设立的，是设立居住权房屋所有权人行使其所有权的一种体现，也是发挥房屋经济效用的重要方式。也就是说，居住权是房屋所有权权能分离的结果，是房屋所有权的负担，是由所有人以外的其他物权人享有的。由于居住权是一种物权，因而在该权利遭受侵害时，权利人可以行使物权请求权以保护其权利。[①]

除了可以获得自然孳息外，居住权人是否可以获得其他收益，主要取决于设立居住权的住宅是否可以由居住权人出租。如果约定不能出租，居住权人就失去了主要收益的可能。值得注意的是，居住权与房屋租赁尽管都是对他人房屋的使用，但属于两种不同类型的权利，房屋租赁不能代替居住权的功能。房屋租赁属于债权，而且房屋租赁期限较短，稳定性相对较弱，不足以满足长期居住的需求。居住权是物权，具有优先效力和对世效力。由此可见，居住权并非房屋租赁可以替代的权利。[②]

（三）居住权的权利范围是满足生活居住的需要

依照《民法典》第 366 条的规定，居住权的权利范围限于“满足生活居住的需要”，即居住权人无权将住宅用于生活居住之外的其他用途，如仓储、商业办公等。依物权类型固定理论，此为居住权权利内容的强制性规定，当事人不得约定排除。[③] 即使双方在居住权合同中约定该住宅可以出租，承租人也不能用于其他用途尤其是商业经营的用途，如开宾馆、小型超市、棋牌室等。

---

① 王利明：《论民法典物权编中居住权的若干问题》，载《学术月刊》2019 年第 7 期。

② 最高人民法院民法典贯彻实施工作领导小组主编：《中华人民共和国民法典物权编理解与适用》（下），人民法院出版社 2020 年版，第 864 页。

③ 叶阳：《民法典居住权制度的若干问题》，载《人民司法》2020 年第 34 期。

三、居住权的权利主体与权利客体

（一）居住权的权利主体也即居住权人应是自然人

《民法典》中没有对居住权的主体即居住权人应是法人还是自然人作出明确的规定，但基于历史与文义解释，本书认为：居住权主体应当限定于自然人。从历史的发展来看，居住权制度起源于罗马法的人役权制度，并植根于“用益权—使用权—居住权”的权利架构之中，是在家长制和概括继承制的基础上为解决生活困难、无独立财产的弱势群体的居住问题而创设的权利。罗马法学家马尔西安说：“役权附着于人身。”从居住权制度的诞生之日起，它就是为特定身份的自然人服务的。从文义来看，“居住”是一个富含伦理的概念，它意味着在某一处所长久地生活，体现了强烈的人身性。法人和其他组织对住宅只能是使用、利用，而不能是居住。因此，居住权的主体只能是自然人。①

所有权人可否为两个及以上的自然人共同设立居住权？对此，应作肯定回答。居住权可以为两个及以上的人共同设立（如子女为父母共同设立居住权），由权利人共同享有居住权。这里的共有为一种准共有，而且是准共同共有。② 当然，所有权人可以将住宅的不同区域为不同的居住权人分别设立居住权。例如：将院子的东侧与西侧房屋分别为舅舅一家与叔叔一家设立居住权。

（二）居住权的设立主体也即住宅所有权人③可以是自然人或其他民事主体

值得注意的是，《民法典》第 367 条规定居住权合同应当包括“当事人的姓名或者名称和住所”，同时出现了用以指代自然人的“姓名”和用以指代自然人以外其他民事主体（法人、非法人组织）的“名称”。本书认为：该条是对居住权合同主体的规定，虽然居住权人只能为自然人，但住宅所有权人可以是其他民事主体。

法人、非法人组织不能成为居住权的权利主体，但并不否定其可以作为居住权的设立主体。因此，对于《民法典》第 367 条中的“当事人的名称”应作限缩解

---

① 叶阳：《民法典居住权制度的若干问题》，载《人民司法》2020 年第 34 期。

② 房绍坤：《论民法典中的居住权》，载《现代法学》2020 年第 4 期。

③ 为了行文通顺，本书一般将住宅所有权人称为房屋所有权人，或简称为所有权人，实质是同一含义。

释，即法人、非法人组织只能作为居住权的设立主体，而不能作为居住权人。①

（三）居住权的客体应为他人所有的住宅②

关于居住权的客体，《民法典》使用的是“住宅”的概念，而非是房屋或建筑物这样比较常见的法律概念。这主要是对应居住权的设立目的在于“满足生活居住的需要”。“住宅”是范围相对比较窄的概念，是房屋或建筑物的其中一种类型，住宅应具有生活居住的功能。就住宅的范围而言，无论是城镇住宅还是农村住宅，无论是建筑物区分所有权中的住宅还是其他住宅，均可以作为居住权的客体。③ 根据对住宅的范围的一般理解，住宅肯定不包括商业办公用房与厂房，但是否可以包括可供生活居住使用的居住型公寓、养老公寓、员工宿舍等，还值得商榷。

作为通常意义以及财产意义上的住宅，在这一层面，住宅既应理解为供人居住的房屋，亦应理解为居住权语境下的住宅。首先，住宅一般应为人造建筑物；其次，住宅应当具备独立的空间；最后，住宅应当包括固定、长期、连续、全面居住的意思。④ 但对于一些产权归属不明确或者违法的建筑物、私自搭建的房屋，因为无法办理产权登记，自然也不能办理居住权设立登记。

居住权设立于他人所有的住宅之上，正如法谚所言：自己的物不能提供（作为役权）服务。但有观点认为，也可能存在于自己住宅上预先设立居住权的情形。如住宅所有人基于特定需求，可以将自己所有的住宅对外出售并保留居住权，此时即等同于就自己的住宅上设立居住权。这里的“就自己的住宅”设立居住权只存在于观念上。在实践中，为实现上述交易目的，住宅所有权人必然要在办理居住权设立登记前完成所有权转让登记，或者同时办理居住权设立登记和所有权转让登记。居住权一旦设立，所附着的必然是他人所有的住宅。因而，所谓“就自己的住宅”设立居住权在实践中是无法实现的。⑤

① 房绍坤：《论民法典中的居住权》，载《现代法学》2020 年第 4 期。

② 为了行文通顺或引文的需要，本书有时会出现住房、住处或房屋的表述，一般指的是住宅。

③ 房绍坤：《论民法典中的居住权》，载《现代法学》2020 年第 4 期。

④ 最高人民法院民法典贯彻实施工作领导小组主编：《中华人民共和国民法典物权编理解与适用》（下），人民法院出版社 2020 年版，第 871 页。

⑤ 叶阳：《民法典居住权制度的若干问题》，载《人民司法》2020 年第 34 期。

四、居住权的设立方式

从《民法典》的相关规定来看,居住权的设立主要有合同和遗嘱两种方式。

(一)居住权可以通过订立合同方式设立

合同是设立居住权的主要方式。依照《民法典》第367条规定,居住权合同属于要式合同。采用要式合同,可以明确合同的内容,减少可能出现的纠纷。未采用书面形式的居住权合同,原则上应认定为不成立。但以下两种为例外:一是当事人自认。当事人的自认可以采用多种形式,如在法庭上的答辩、作证或书面承认等其他形式。二是履行治愈。《民法典》第490条第2款规定,虽然居住合同应当采用书面形式订立,如果当事人未采用书面形式但是一方已经履行主要义务,对方接受时,该合同成立。① 在处理与居住权相关的历史问题时,尤其是为了保护老人、儿童等弱势群体的合法利益,对未订立居住权合同或未办理居住权设立登记但受益人已经实际长期居住的情况,特别是所有权人对受益人有赡养、抚养义务的情况,法院不能一概不予认定,否则就可能出现老人、儿童无处居住的情况,违背了公序良俗原则。对于可以设立居住权的情况,法院可以根据受益人的请求要求所有权人配合办理居住权设立登记;如果住宅已经被出售并办理所有权转让登记,导致无法设立居住权的,该受益人可以要求所有权人承担违约责任,额度应相当于因设立居住权而产生的可得利益,或由所有权人出资租赁与该住宅相似条件的房屋并提供给受益人居住,满足其生活居住的需要。

按照《民法典》第367条规定,居住权合同条款一般应当包括当事人的姓名或者名称和住所、住宅的位置、居住的条件和要求、居住权期限和解决争议的方法,这些应属于提示性条款。其中,必备条款为当事人和住宅的基本信息,如果必备条款欠缺,将无法办理居住权设立登记。其他的条款属于非必备条款,当合同对非必备条款未作约定时,可以适用合同漏洞填补和解释规则作出认定。例如:对居住条件和要求没有约定的,居住权人依照《民法典》第368条的规定享有无偿居住的权利,但也应尽到善良管理人的注意义务,妥当管理、维护住宅,不得滥用居住权对住宅造成损害。居住权期限没有约定的,亦应依照客观情况予以考量。如

---

① 最高人民法院民法典贯彻实施工作领导小组主编:《中华人民共和国民法典物权编理解与适用》(下),人民法院出版社2020年版,第868页。

为老年人设立居住权，居住期限一般应至老年人去世；为离婚后困难一方设立，居住期限可以至居住权人另行结婚或经济条件好转时；为未成年人设立，居住期限可以至居住权人成年或具备独立生活能力时。对非必备条款的填补，还有必要根据居住权设立的目的，对是具有特定身份关系人的帮扶还是广义上的投资行为予以区分。对于前者，要注意充分运用伦理道德和公序良俗的理念；而对于后者，更应强调平等原则、合同自由原则、公平原则以及诚实信用原则的适用。①

（二）居住权可以通过遗嘱方式设立

罗马法中的继承制度是居住权产生的土壤和基础，遗嘱曾是罗马法中居住权设立的典型方式。《民法典》第 371 条规定可以遗嘱方式设立居住权。由于《民法典》第 369 条规定居住权不得继承，基于体系解释，遗嘱设立居住权只能适用于住宅所有权人以遗嘱为继承人或受遗赠人设立居住权的情形。遗嘱设立居住权的，应当适用《民法典》继承编的相关规定。②

以遗嘱方式设立居住权，实际上是住宅所有权人（遗嘱人）为继承人或其他受益人赋予一定期限的住宅占有权与使用权。住宅所有权人在遗嘱中将住宅指定由某个或多个继承人继承的同时，要求继承人同意其在该住宅上设立居住权；或者将住宅赠送给受遗赠人的同时，要求受遗赠人同意其在该住宅上设立居住权。对于继承人（或受遗赠人）而言，以遗嘱方式设立居住权是附义务的继承（或遗赠），应按照《民法典》第 1144 条关于“附义务的遗嘱”的规定执行。通过遗嘱设立居住权的，既不发生遗嘱继承，也不发生遗赠。无论是遗嘱继承还是遗赠，其针对的都是遗嘱人的遗产，而遗嘱人为他人设立的居住权并不属于遗产的范围，因此，不能产生遗嘱继承或遗赠的法律效果，其仅是居住权的设立方式而已。③

（三）居住权还可以通过生效的法律文书设立

《民法典》第 229 条规定：“因人民法院、仲裁机构的法律文书或者人民政府的征收决定等，导致物权设立、变更、转让或者消灭的，自法律文书或者征收决定等生效时发生效力。”所以，生效的法律文书可以是居住权设立的依据。尤其在赡

① 叶阳：《民法典居住权制度的若干问题》，载《人民司法》2020 年第 34 期。
② 叶阳：《民法典居住权制度的若干问题》，载《人民司法》2020 年第 34 期。
③ 房绍坤：《论民法典中的居住权》，载《现代法学》2020 年第 4 期。

养纠纷、分家析产纠纷、继承纠纷、离婚纠纷中，通过法院出具的判决书或调解书方式设立居住权是常见的情形，但也应办理居住权设立登记。

五、居住权登记制度

根据《民法典》第368条的规定，居住权与其他不动产物权一样，采取了登记生效主义。物权变动的时间通过公示得以确定，使物权产权归属关系登记的公示公信力得以向社会明确，这对居住权人与善意第三方的保护较为有利。按照《民法典》第214条规定，居住权的设立、变更和消灭，自记载于不动产登记簿时发生效力。因此，当事人仅签订居住权合同并不能导致居住权的设立，必须办理设立登记才能生效。

国务院在2014年11月发布《不动产登记暂行条例》，在该条例第5条中采用"列举+兜底"的形式规定了应当登记的不动产类型。"居住权"可以列入"（十）法律规定需要登记的其他不动产权利"的范围，适用于该条例第三章"登记程序"的相关规定。

因为设立居住权涉及物权变动效力，对所有权人与居住权人都有重大的利害关系。所以，在办理居住权设立登记时，一般应由当事人双方共同申请并到场办理。有特殊情况也可以由一方办理手续，如所有权人长期在国外或境外居住；当事人因年老生病、行动不便等特殊原因无法到场办理等。如果当事人无法到场办理，可以委托他人办理居住权设立登记，并出具本人签名的授权委托书。如果当事人属于无行为能力或限制行为能力的人，应由其监护人到场办理，并出具相关的证明材料。如果以遗嘱形式设立居住权，申请人应提供书面遗嘱与所有权人的死亡证明等材料。如果所有权人或其继承人不配合办理设立登记手续，居住权人也可以单方提出申请。如果有生效的法院判决书、调解书等法律文书明确记载办理居住权设立登记内容，法院也可以应居住权人的申请强制执行或采取移送执行的方式要求登记机构予以配合。

办理居住权设立登记时，申请人应当提交下列材料，并对申请材料的真实性负责：(1)不动产登记申请书；(2)申请人、代理人身份证明材料、授权委托书；(3)设立居住权的住宅权属证书；(4)书面形式的居住权合同或遗嘱、生效法律文书等材料。

居住权设立登记手续完成后，登记机构应当向居住权人核发居住权登记证明。

此外，居住权还可以办理变更登记与预告登记。根据《民法典》第 370 条的规定，居住权消灭的，应当及时办理注销登记。

六、居住权的流转制度

（一）居住权不得转让、继承

作为限制性的人役权，居住权用于调整特定人对他人所有住宅的利用关系，具有不可转让性。若允许人役权人将其权利转让，则有悖于人役权的本质。从比较法来看，关于居住权是否可以转让，主要分为禁止转让和限制转让两种立法模式。欧洲大陆各国在移植居住权制度时，普遍遵循了居住权不能转让与继承的精神。例如，《德国民法典》第 1092 条规定"限制的人役权（包括居住权）不得转让"，《法国民法典》第 634 条、《意大利民法典》第 1024 条、《瑞士民法典》第 776 条第 2 款均规定居住权不得转让与继承。随着时代变迁和社会发展，居住权的适用开始突破传统领域的限制，并由一种人身依附性权利发展为契约性和财产属性的权利。居住权的禁止转让随之出现松动，较为典型的是德国。德国民法在保护关于居住权不得转让的规定的基础上，又通过其特别民法《住宅所有权与长期居住权法》发展出了一项特殊的长期居住权，可以转让、出租和继承。①

如果立法允许居住权转让，可能会出现居住权人并没有生活居住的需要而将居住权转让以获得利益，导致实际居住人并不是所有权人所需要帮助或扶养的人员，这样可能会损害所有权人的利益且不符合其设立居住权的正式意愿，也违背了创设居住权制度的初衷。所以，我国居住权制度采用禁止转让模式，这符合传统人役权制度的规定。

但在现实中，也存在出于消费或投资目的而有偿设立长期居住权的情况，如将原来的长期租赁变为有偿设立居住权形式。如果居住权人因某些原因（如出国定居、到其他城市长期工作），无法实际使用该住宅但已经缴纳了全部使用费，若在居住权合同中约定不能出租，且所有权人不愿意退还使用费或不同意提前解除居住权合同，必然会对居住权人造成很大的经济损失，也不符合有效利用该住宅

---

① 最高人民法院民法典贯彻实施工作领导小组主编：《中华人民共和国民法典物权编理解与适用》（下），人民法院出版社 2020 年版，第 883 页。

的目的。在实际操作中,可以采取一些变通的办法,如采取居住权人与所有权人、第三人三方商定或签订协议方式,由所有权人与居住权人提前解除原居住权合同并办理注销登记,再与第三人签订新居住权合同并办理设立登记,这样可以变相实现住宅使用权的流转,在一定程度上缓解居住权不得流转的阻碍流通之弊。

虽然居住权不得继承,但如果在居住权长期、有偿设立的方式下,合作建房的出资人可以要求住宅所有权人将其继承人(如子女)也列为居住权人,这样即使以后出资人去世,其继承人还可以继续长期居住。

(二)居住权本身不能办理抵押

因为抵押权是通过对抵押财产折价或者请求法院拍卖、变卖的方式实现,而居住权不得转让,因而于居住权上无法设立抵押。最高人民法院《关于适用〈中华人民共和国担保法〉若干问题的解释》(已失效)第 5 条第 1 款规定,以法律、法规禁止流通的财产或者不可转让的财产设定担保的,担保合同无效。①

就这一点而言,因为居住权具有人役权鲜明的特点,不能像土地承包经营权、建设用地使用权等用益物权一样进行抵押或转让,也不能像地役权一样,虽然不能单独抵押或转让,但可以随着土地承包经营权、建设用地使用权等转让而一并转让。即使居住权是出于消费或投资目的设立的,居住权人也无法将居住权进行抵押。

法律并没有禁止设立居住权的住宅办理抵押,但在实现抵押权时,有可能会出现抵押权与居住权之间的冲突。如果两者发生冲突,应以权利的设立登记的先后顺序来认定何者效力优先,即物权的"时间在先,权利在先"原则。

(三)设立居住权的住宅经当事人约定可以出租

根据《民法典》第 369 条的规定,设立居住权的住宅不得出租,但是当事人另有约定的除外。出租是实现收益权的重要手段,租赁权是一种合同债权。② 如果在居住权合同中明确约定"可以出租",居住权人可以出租形式实现收益,这在有偿设立居住权的情况下比较常见;如果在居住权合同中约定"不能出租",双方应遵守该约定;如果在居住权合同中对此没有约定,则意味着居住权人无权出租,这

---

① 叶阳:《民法典居住权制度的若干问题》,载《人民司法》2020 年第 34 期。

② 下文出现"承租权",主要是从承租人的角度分析,租赁权与承租权基本是同一含义。

在无偿设立居住权的情况下比较常见。

以消费或投资为目的设立居住权，当事人约定设立居住权的住宅可以出租，既是居住权财产权利属性的重要体现，也是对居住权不得转让制度的缓和。如果是出于帮扶的目的设立居住权，允许设立居住权的住宅出租可以适当改善居住权人的生活条件，并不违背居住权设立的初衷，但应得到房屋所有权人的同意。承租人对住宅享有的权利来源于居住权人，自不应当超出居住权人应当享有的权利范围。居住权人的权利范围仅限于以“满足生活居住需要”为目的的占有和使用，承租人的权利亦应受此权利范围的限制，不能扩展到商业经营等其他领域。①

需要说明的是，设立居住权的住宅经当事人约定可以出租，是“使用出租”，并非“居住权经当事人约定可以出租”。

七、居住权的消灭事由

《民法典》第370条中规定：居住权期限届满或者居住权人死亡的，居住权消灭。

居住权作为用益物权，是一种有期物权。当居住权合同约定有存续期间时，期限届满的，居住权消灭。那么，如果居住权合同中对居住权期限没有约定或约定不明确的，应当如何认定呢？居住权期限是居住权合同中应有的重要条款，如果缺少该条款，登记机构可以要求双方协商予以补正。如果因为居住权期限不明确或无法确定而产生纠纷引起诉讼，需要法院进行裁判后才能办理设立登记。

如果居住权人死亡，即使居住权期限未满，居住权也消灭，体现了居住权具有人役权的鲜明特色。因为居住权不能被继承，所以居住权人的继承人或与其实际共同生活的人员，也不能取得继续居住的权利。居住权消灭是办理居住权注销登记的前提，办理居住权注销登记后，才意味着居住权的真正消灭，否则将会继续影响所有权人对此住宅的处分权利。

除了以上两种导致居住权消灭的法定事由外，可以办理居住权注销登记的其他常见事由还有：居住权人放弃居住权，居住权合同提前解除，居住权撤销，人民法院、仲裁机构的生效法律文书导致居住权消灭，住宅被征收，住宅灭失或严重损毁，居住权与所有权混同（归于同一人）。

---

① 叶阳：《民法典居住权制度的若干问题》，载《人民司法》2020年第34期。

第二节 从物权法到民法典对居住权的规定变化

从20世纪90年代初开始,我国的法学理论界开始对居住权制度有了一些零星的介绍与讨论。居住权制度真正进入我们的视野是在物权法的征求意见稿中。我国在2002年《物权法(征求意见稿)》中首次在法律层面提出了居住权的概念。2005年《物权法(草案)》第四次审议稿中较为详细地规定了居住权制度,在体例上专设一章,分12个条文予以规定。但是2007年3月16日颁布的《物权法》①却删除了该制度。2001-2007年,我国的法学理论界曾为是否要设立居住权制度发生过比较激烈的争论。

2018年后,随着我国再次启动民法典的立法工作,法学理论界关于设立居住权制度的呼声也越来越高,司法实务界也表示赞同,赞成居住权立法的声音明显超过了反对声。在2018年《民法典物权编(草案)》(一审稿)中又一次出现了居住权制度。2020年5月28日,第十三届全国人民代表大会第三次会议表决通过了《民法典》,自2021年1月1日起施行。《民法典》物权编第十四章"居住权"中用6条共300余字对居住权进行规范。随着立法的完成,这场居住权是否入法的争论终于画上了句号。

一、《物权法(草案)》中对居住权的规定

1998年年初,第八届全国人民代表大会常务委员会法制工作委员会(以下简称全国人大法工委)成立民法起草工作小组,任务是为民法典和物权法的制定准备草案。物权法的起草与合同法一样,采取委托专家学者制定草案的形式开始的。该小组委托中国社会科学院法学研究所梁慧星研究员与中国人民大学法学院王利明教授分别牵头完成物权法建议草案专家建议稿的撰写工作。

此后两年,两位学者分别牵头完成物权法建议草案专家建议稿的起草:一是由梁慧星研究员牵头的物权法起草小组于1999年10月完成、2000年3月由社会科学文献出版社出版的《中国物权法草案建议稿——条文、说明、理由与参考立法

① 《物权法》现已失效。

例》，该书荣获中国社会科学院第四届优秀科研成果奖，该书没有提及居住权。二是由王利明教授牵头的物权法起草小组于 2000 年完成、2001 年 4 月由中国法制出版社出版的《中国物权法草案建议稿及说明》。该书的“用益物权”中包括土地使用权、农村土地承包经营权、宅基地使用权、地役权、典权、空间利用权、特许物权，没有明确提出居住权。

2000 年 12 月 28－29 日，全国人大法工委组织有关专家在北京召开物权法研讨会，对专家建议稿进行了广泛的讨论，并对物权法的起草提出了一系列的建议。在 2001 年 5 月 28 日全国人大法工委召开的《物权法（草案）》专家讨论会上，著名学者江平教授提出考虑将居住权制度纳入物权法中的建议，该制度设立的主要目的是用于解决父母的居住问题、离婚妇女的居住问题和弱势群体中的保姆的权利。此观点得到了部分学者与法官的支持。①

此后，全国人大法工委在梁慧星和王利明两位学者草案专家建议稿的基础上完成了《物权法（征求意见稿）》，该征求意见稿于 2002 年 1 月下发到地方人民代表大会和政府行政部门、各大学法学院和研究机关、法院等，开始广泛征求意见。《物权法（征求意见稿）》首次在我国法律草案中提出了“居住权”，用 8 个条文规定了居住权制度。

2002 年 12 月 23 日，提交全国人民代表大会常务委员会（以下简称全国人大常委会）进行第一次审议的《民法典（草案）》物权编除个别内容外，与 2002 年《物权法（征求意见稿）》基本相同。

《民法典（草案）》公布后，法律界对其的评价比较复杂，赞同与批判同时存在，全社会总的愿望是期望中国的民法典在此后继续得到审议并尽快出台。但民法典的立法进程并没有像人们期待的那样顺利，之后再没有关于民法典整体立法的具体日程表，只有在适当时候安排《民法典（草案）》物权编审议的计划。

此外，在一些专家学者起草的民法典草案中也出现了居住权制度。2004 年 5 月，徐国栋教授在其主编的、由社会科学文献出版社出版的《绿色民法典草案》第五分编“物权法”中，在借鉴其他国家物权法体例和内容的基础上，采取地役法和人役法的二分法，并在人役权中规定了用益权、使用权和居住权，对居住权制度进行了较为详细的规定。

---

① 申卫星：《我国物权立法中论争焦点问题探讨》，载《法学杂志》2006 年第 4 期。

2004年11月,王利明教授主编的、由中国法制出版社出版的《中国民法典草案建议稿及说明》第五编“物权”第三章“用益物权”中包括土地使用权、农村土地承包经营权、宅基地使用权、地役权、居住权、典权。该书用了10个条文对居住权作出规定,并在所附说明中对居住权制度的意义以及主要内容予以详述。

2004年8月3日,全国人大法工委形成《物权法(草案)》修改稿。同年10月15日,提交全国人大常委会进行第二次审议,形成委员长会议审议稿——《物权法(草案)》。2005年6月26日,第十届全国人大常委会第十六次会议第三次审议《物权法(草案)》。

2005年7月8日, 全国人大常委会办公厅发布《关于公布〈中华人民共和国物权法(草案)〉征求意见的通知》,向社会各界广泛征求意见。该版本的《物权法(草案)》明确规定了“居住权”制度,在体例上专设一章,分12个条文予以规定。内容如下:

第十五章 居 住 权

第一百八十条 居住权人对他人享有所有权的住房及其附属设施享有占有、使用的权利。

第一百八十一条 设立居住权,可以根据遗嘱或者遗赠,也可以按照合同约定。

设立居住权,应当向登记机构申请居住权登记。

第一百八十二条 居住权人应当合理使用住房及其附属设施。居住权人应当承担住房及其附属设施的日常维护费用和物业管理费用,可以不支付住房使用费,不承担重大维修费用,但遗嘱、遗赠另有表示或者合同另有约定的除外。

第一百八十三条 居住权不得转让和继承。

居住权人不得将居住的房屋出租,但遗嘱、遗赠另有表示或者合同另有约定的除外。

第一百八十四条 住房所有权人应当保障居住权人对住房及其附属设施占有、使用的权利。

居住权人对部分住房享有居住权的,可以使用该住房的共用部分。

第一百八十五条 居住权设立后,住房所有权人变更的,不影响居住权。

第一百八十六条 居住权的期限根据遗嘱、遗赠或者合同确定;无法确定的,成年居住权人的居住权期限至其死亡时止,未成年居住权人的居住权期限至其独立生活时止。

第一百八十七条　居住权人有下列情形之一的,住房所有权人有权撤销居住权:

(一)故意侵害住房所有权人及其亲属的人身权或者对其财产造成重大损害的;

(二)危及住房安全等严重影响住房所有权人或者他人合法权益的。

第一百八十八条　有下列情形之一的,居住权消灭:

(一)居住权人放弃居住权的;

(二)居住权期间届满的;

(三)解除居住权关系的条件成就的;

(四)居住权被撤销的;

(五)住房被征收的;

(六)住房灭失的。

第一百八十九条　因住房灭失,住房所有权人获得赔偿金的,应当给予居住权人适当补偿;没有独立生活能力的居住权人,也可以放弃补偿,要求适当安置,但因居住权人故意或者重大过失致使住房灭失的除外。

第一百九十条　居住权消灭的,住房所有权人应当及时办理注销登记。

第一百九十一条　本章规定的居住权,不适用因婚姻家庭、租赁产生的居住关系。

以上规定共有12条700余字,与后来正式颁布的《民法典》关于“居住权”共6条300余字的规定相比,内容更加详细。其中关于住宅的维修义务承担、居住权的期限确定、住房所有权人的合同解除权、居住权消灭原因、居住权利益补偿等内容,是《民法典物权编(草案)》中没有的。

《物权法(草案)》经过征求意见后进行修改,又经过了全国人大常委会的四次审议,并继续修改完善。在向社会广泛征求意见的过程中,法学理论界、司法实务界和民众围绕居住权问题展开了激烈的讨论。全国人民代表大会宪法和法律委员会审议后认为:居住权的适用范围很窄,居住权纠纷多发于亲属朋友之间,可通过婚姻法、合同法等救济渠道加以解决。因此,2006年《物权法(草案)》(五次审议稿)删除了居住权的规定。2006年8月22日《全国人大法律委员会关于〈中华人民共和国物权法(草案)〉修改情况的汇报》中记载:“草案四次审议稿第十五章对‘居住权’作了规定。对物权法要不要规定居住权,一直有争论……法律委员会研究认为,居住权的适用面很窄,基于家庭关系的居住问题适用婚姻法有关抚养、赡养等规定,基于租赁关系的居住问题适用合同法等有关法律的规定,这些情形都不适用草案关于居住权的规定。而且,居住权大多发生在亲属朋友之间,一旦发生纠纷,可以通过现行有关法律规定的救济渠道加以解决。因此,法律委员会建议将这一章删去。”

居住权制度在我国《物权法(草案)》中从有到无的跌宕起伏,引发了诸多争议。立法机关最终放弃了该项制度,2007 年 3 月 16 日第十届全国人民代表大会第五次会议通过的《物权法》没有将“居住权”作为一项单独的物权予以规定。其理由是:居住权制度在我国仍然存在较大的争议,理论界和民众的意见不统一,立法机关在各方意见不统一的情况下,决定在我国《物权法》中暂不设立居住权制度。

表 1-1　居住权在物权法草案审议过程中的设置情况①

时间	法律草案	章及标题	条文数
2002 年 1 月	《物权法(征求意见稿)》	第十八章　居住权	8 个条文
2002 年 12 月	《民法典(草案)》第二编　物权	同上	同上
2004 年 9 月	《物权法(草案·修改稿)》	第十六章　居住权	11 个条文
2005 年 7 月	《物权法(草案)》	第十五章　居住权	12 个条文
2007 年	《物权法(草案)》	已删除	

二、法学理论界对是否设立居住权制度的争论

在《物权法》起草与讨论过程中,我国法学理论界开始关注与讨论居住权制度。其间,我国的法学理论界曾为是否要设立居住权制度发生过一场比较激烈的争论。

在反对居住权入法的观点中,最主要的无疑是中国社会科学院法学研究所研究员梁慧星的观点。他在《人民法院报》发表的《不赞成规定“居住权”?》一文中

① 参见申卫星:《民法典居住权制度的解释与适用》,载 https://weibo.com/ttarticle/p/show? id = 2309404554424595906644,2021 年 11 月 30 日最后访问。

主要针对离婚妇女、父母、保姆三类群体的居住问题分别进行分析：一是离婚一方的居住问题。他认为：20世纪80年代曾经作为最严重的社会问题存在的住房困难，已经基本解决。离婚后女方的居住问题已不再是困扰法院的难题。二是父母的居住问题。他认为：子女履行赡养义务，当然必须解决父母的居住问题。由此可见，在我们的社会中，父母的居住及丧夫的寡母的居住，在法律上有充分的保障，不会发生任何问题。三是保姆的居住问题。他认为：在使用保姆的家庭中，准备给保姆永久居住权的，恐怕只是极个别的情形。所以，他认为：物权法草案创设所谓"居住权"，与中国的国情和实际是违背的，建议将之删去。①

也有其他学者也发表了不赞成居住权立法的观点。如房绍坤教授在《居住权立法不具有可行性》一文中提出：尽管许多国家的民法都规定了居住权，但在我国物权法中设置居住权缺乏可行性，因为从居住权的立法结构来看，居住权不能脱离人役权的框架独立构建；从居住权产生的社会基础、居住权的功能、居住权的存在价值来看，我国没有设置居住权的现实需要。②

2001－2007年发表的关于居住权的相关论文，大多是赞成居住权入法的。下面择要简述一下：

钱明星教授的《关于在我国物权法中设置居住权的几个问题》一文发表时间较早，而且发表在《中国法学》上，所以影响力较大。该文首先从居住权的历史沿革出发，研究了罗马法以及法国、德国物权法有关居住权的立法例；其次，根据我国社会发展的现状以及发展趋势，就居住权是房屋这一财产在财产体系中的地位提高的必然反映、居住权有利于提高房屋的利用效益、居住权有利于发挥家庭职能、居住权有利于平衡房屋的利用利益等几个方面说明了在我国物权法中确认居住权这一他物权形式的必要性；最后，提出我国物权法对于这种因居住而使用他人房屋的权利，应当以"居住权"概括之。文章还对居住权的取得和消灭、居住权的效力等具体问题提出了自己的设想。③

高洪宾在《人民法院报》上发表的《设定居住权有其必要》，是针对该报此前发表的梁慧星的《不赞成规定"居住权"》进行的反驳。他认为，梁先生文章的视角失之偏颇，所以该文的一些观点是值得商榷的。高洪宾认为，在我国设定居住

① 梁慧星：《不赞成规定"居住权"》，载《人民法院报》2005年1月12日。

② 房绍坤：《居住权立法不具有可行性》，载《中州学刊》2005年第4期。

③ 钱明星：《关于在我国物权法中设置居住权的几个问题》，载《中国法学》2001年第5期。

权有其必要。①

申卫星教授发表在《中国法学》上的《视野拓展与功能转换:我国设立居住权必要性的多重视角》,角度独特,观点有新意。该文提出:可以扩大居住权的适用空间,在生活中找出更多的场景,赋予它更强的生命力。文章不再单一地从保护弱者的角度来探讨居住权,而是在视野拓展的基础上进行社会居住权的功能转换,由社会性居住权转换成社会性居住权与投资性居住权并存的模式。作者从两个纬度来拓展:一是考察先进国家的立法例,寻求其他国家的居住权制度的一些特殊功能;二是从我国社会实际生活中来考察,看看究竟有哪些领域需要用居住权加以规范,是否真的需要居住权制度。这种视野的拓展和功能的转换,坚定了我们设立居住权的信心。在这样一个研究路径和基调上,我们要努力挖掘我国居住权的立法需求,为我国物权法居住权制度的设立拓展生存空间。②

王富博将其博士论文的研究题目确定为《居住权研究——我国物权立法的继受与创新》,是国内第一篇研究居住权制度的博士论文。他在《居住权制度适用范围初探——兼评〈中华人民共和国物权法(草案)〉的相关规定》一文中提出:我国物权立法中增设居住权制度的规定无疑是法律移植上的一大突破,但尚有许多理论问题值得探讨。其中居住权制度的适用范围是一个必须澄清的关键性问题,因为这关系到对居住权制度价值和制度功能的认识,并影响到制度体系的建构。该文还对我国物权法草案及审议稿中有关居住权适用范围的相关规定进行了评析,提出了修改与完善的建议。③

在《物权法(草案)》征求意见过程中,法学理论界围绕居住权问题展开了激烈的讨论。此后,一些学者对居住权从《物权法》中删除表示出很遗憾,坚持认为我国设立居住权具有正当性与必要性。赞成居住权入法的主要有以下几种观点:④

1. 居住权具有排他性的物权效力可以更为有效地保护弱势群体。居住权可

---

① 高洪宾:《设定居住权有其必要》,载《人民法院报》2005年2月2日。

② 申卫星:《视野拓展与功能转换:我国设立居住权必要性的多重视角》,载《中国法学》2005年第5期。

③ 王富博:《居住权制度适用范围初探——兼评〈中华人民共和国物权法(草案)〉的相关规定》,载《法律适用》2006年第1期。

④ 李伟:《浅议我国居住权的立法争议和制度设计》,载中国法院网,https://www.chinacourt.org/article/detail/2008/08/id/317092.shtml,2021年11月30日最后访问。

以其特有的物权效力确认居住权人对房屋的使用权，为这些弱势群体终生使用该住房的需要提供法律依据。虽然现实生活中存在如租赁、借用方式而利用房屋进行居住的情形，但其效力都不及居住权，因为租赁、借用在性质上属于债权范畴，其效力不及居住权的物权效力。通过居住权制度，居住权人可以直接地支配房屋，并具有排他的优先效力和物上请求权，保障居住权人对于作为其权利标的物住房的独立支配权。

2. 居住权有利于所有权人对房屋进行利用和使用的最大化。对财产进行最大化利用是现代社会人们追求的最终目标，这一效能是立法、司法以及人们从事物权行为时所必须予以考虑的。设立居住权可以有效地将房屋的所有权和使用权进行分配，使房屋得到最好的利用。

3. 有利于保证房屋所有人对其所有的财产进行自由处分。房屋所有人可以通过遗嘱、遗赠以及合同方式为他人及自己设定居住权，同时将房屋所有权留给其继承人继承。居住权不但可以满足所有权人生前对其财产进行有效利用，而且在所有权人死后还能够通过处分控制财产的归属，使所有人的意志贯彻在各个方面。

就居住权制度的立法争议，否定说有些观点值得商榷，肯定说的某些理由也还有必要进行反思。①

三、居住权制度在《民法典物权编（草案）》中的变迁

虽然在2007年正式颁布的《物权法》中删除了“居住权”的规定，但在司法实务中，与居住权相关的案例的数量呈逐年增长趋势。在实体法上，由于我国《物权法》没有规定居住权制度，故普通民众主要依赖生活经验而法官则依靠法律解释来应对居住权纠纷，主要表现为借助公序良俗原则保护居住权、在物权或债权意义上保护居住权、将居住权作为执行异议依据或恶意认定标准等案型，由此陷入司法裁判困境。②

由于“制度供给”的明显不足，司法实务界也开始呼吁在我国法律中设立居住权制度。随着社会环境的变化，在我国再次启动《民法典》的立法工作后，法学

---

① 李伟：《浅议我国居住权的立法争议和制度设计》，载中国法院网，https://www.chinacourt.org/article/detail/2008/08/id/317092.shtml，2021年11月30日最后访问。

② 曾大鹏：《居住权的司法困境、功能嬗变与立法重构》，载《法学》2019年第12期。

理论界与司法实务界关于设立居住权制度的呼声也越来越高。最高人民法院也向全国人大常委会提出在《民法典》中设立居住权制度的建议。为了回应这种社会需求,在2018年《民法典物权编(草案)》(一审稿)中又出现了“居住权”制度,但内容非常单薄,只有4个法条。内容如下:

第十四章 居 住 权

第一百五十九条 居住权人有权按照合同约定,对他人的住宅享有占有、使用的权利,以满足生活居住的需要。

设立居住权,当事人应当采取书面形式订立居住权合同。

设立居住权的,应当向登记机构申请居住权登记。居住权自登记时设立。

第一百六十条 居住权不得转让、继承。居住权涉及的住宅不得出租,但当事人另有约定的除外。

第一百六十一条 居住权人死亡,居住权消灭,但当事人另有约定的除外。

第一百六十二条 以遗嘱方式设立居住权的,参照本章规定。

与此前的《物权法(四次审议稿)》相比,这些规定不仅条文少,而且内容也只有原来的1/4。在办理登记实务中,可能出现一些争议,例如:如果居住权合同的主要条款内容不清楚,不动产登记机构就很难判断,在居住权登记证明中应记载登记哪些内容?

因为居住权制度有可能被写入《民法典》,原来支持在《物权法》中规定居住权的一些专家学者如申卫星、王利明、曾大鹏、陈华彬等人积极撰写文章,提出在民法典物权编中如何规定居住权的建议。此外,其他一些专家学者也陆续发表文章,加入赞成的行列。与10多年前的那次争论相比,赞成居住权立法的声音明显超过了反对声。

在征求意见后,在2019年《民法典物权编(草案)》(二审稿)中增加了第159条之一、第159条之二两个条文,对居住权合同的内容进行了规范,并明确将居住权定性为无偿设立的用益物权。具体内容如下:

第十四章 居 住 权

第一百五十九条 居住权人有权按照合同约定,对他人的住宅享有占有、使用的用益物权,以满足生活居住的需要。

第一百五十九条之一　设立居住权，当事人应当采用书面形式订立居住权合同。

居住权合同一般包括下列条款：

（一）当事人的姓名和住所；

（二）住宅的位置；

（三）居住的条件和要求；

（四）解决争议的方法。

第一百五十九条之二　设立居住权的，应当向登记机构申请居住权登记。居住权自登记时设立。

第一百六十条　居住权无偿设立，不得转让、继承。设立居住权的住宅不得出租，但是当事人另有约定的除外。

第一百六十一条　居住权人死亡的，居住权消灭，但是当事人另有约定的除外。

第一百六十二条　以遗嘱方式设立居住权的，参照适用本章规定。

《民法典物权编（草案）》（二审稿）中关于居住权的内容已经比较接近后来颁布的《民法典》的相关内容，除了条款序号外，内容上的实质差别在于以下几个方面：

1. 设立居住权的房屋所有权人可以是法人或非法人组织。在“居住权合同一般包括下列条款”中将“（一）当事人的姓名和住所”修改为“（一）当事人的姓名或者名称和住所”，增加“或者名称”意味着设立居住权的房屋所有权人可以是非自然人，即法人或非法人组织，这样可以拓展设立居住权的住宅来源。

2. 在居住权合同条款内容中增加“居住权期限”。在“居住权合同一般包括下列条款”中增加“（四）居住权期限”，至少可以起到三个方面的作用：一是不动产登记机构可以要求当事人在居住权合同中明确居住权期限，对于期限不明确的，可以要求补正；二是居住权采取登记生效主义，经过登记的居住权有宣示意义，可以对抗抵押权，明确居住权期限，可以让第三人尤其是债权人判断是否要接受该住宅的抵押，可以让受让人判断权利的受限时间；三是明确居住权期限，可以避免争议、减少纠纷。

3. 在原来规定的“居住权无偿设立”后加上“但是当事人另有约定的除外”。以“居住权无偿设立”为原则，意味着如果当事人在居住权合同中没有明确约定房屋使用费等经济对价，居住权人可以主张无偿居住。这样规定是为了保护老年人、未成年人、残疾人等弱势群体的居住权益，但这样的规定也会导致居住权适用范围很窄。后来加上“但是当事人另有约定的除外”，这就意味着居住权可以有偿方式设立，其消费性与投资性功能得到承认，也说明居住权具有市场交易的商品价值。

4. 在“居住权消灭”原因中增加“居住权期限届满”。这样表述更加清楚，避免很多人将此条规定理解为只有“居住权人死亡”才会导致“居住权消灭”，意味着居住权期限只能是长期的、不确定的（到居住权人去世为止）。明确居住权期限届满后居住权消灭，与居住权主要是以合同方式设立相契合，而且是对合同当事人真实意愿的尊重，是当事人意思自治原则的体现。

5. 新增“居住权消灭的，应当及时办理注销登记”。因为设立居住权需要办理设立登记，其权利消灭，自然应该办理注销登记。如果不需要办理注销登记，将会导致出现这种现象：居住权实际上已经消灭，但在不动产登记机构的登记簿上还是显示该住宅存在居住权，所有权人将无法办理抵押，房屋转让的价值也会受到很大的影响，这样就会严重损害所有权人的合法利益。

表 1－2 居住权在民法典草案审议过程中的设置情况①

时间	法律草案	章及标题	条文数
2018 年 3 月	《各分编（草案·征求意见稿）》	第十四章　居住权	4 个条文
2018 年 8 月	《各分编（草案·一次审议稿）》	同上	同上
2019 年 4 月	《物权编（草案·二次审议稿）》	同上	6 个条文
2019 年 12 月	《民法典（草案）》	同上	同上
2020 年 5 月	《民法典》	同上	同上

我国的居住权制度，从在《物权法（草案）》中写入到后来的删除，到《民法典（草案）》中再次写入并最后获得通过，中间经历了一些变化；内容在《物权法（草案）》中从原来的 8 条增加到后来的 12 条，后来在《民法典（草案）》中从原来的 4 条增加到发布时的 6 条，反映了其中的争论与修改、完善。现有“居住权”一章内容还是比较单薄，是否可以适用《民法典》中的其他规范也不清楚，可以通过制定

① 参见申卫星：《民法典居住权制度的解释与适用》，载 https://weibo.com/ttarticle/p/show? id = 2309404554424595906644，2021 年 11 月 30 日最后访问。

行政法规的方式加以完善，还可以在司法实践中由最高人民法院以颁布司法解释的方式明确如何适用相关法律规范。

第三节　居住权与其他权利的初步比较分析

一、居住权是一种限制性的人役权

虽然我国法律没有人役权的相关规定，但法学理论中早已引入这一概念，并有较多探讨。

人役权是指为特定人的方便或利益而利用他人的动产或不动产的物权。人役权具有专属性，即专为特定人而存在，其不能与权利人分离，进而具有期限性和不可转让的特性。因人役权为一种用益物权，故而其具有相对独立性，其一旦设定，便可对抗不动产或动产的权利人和第三人。一言以蔽之，人役权的使用或收益权是独立于不动产或动产所有权及其他不动产或动产权利的。① 人役权无偿地将所有权的权能分属于两方；人役权是不能让与的权利，但权利的行使可以转让，如转让某年对某土地的收获权；就人役权的性质而言，它不能与权利人相分离，故权利人死亡，其权利即行消灭。②

根据大陆法系国家民法的规定，居住权是在他人的房屋之上设定的权利，此种权利仅仅是为特定个人设立的，所以具有一定的人身属性。而且，该权利不得转让也不得继承，只能由权利人享有该权利，所以居住权是一种限制性的人役权。

我国《民法典》在将居住权作为一种用益物权作出明确规定的同时也承认了它具有人役权的特点。具体而言，表现在以下几个方面：(1)为特定人设立。居住权虽然具有财产属性，但同时也具有较强的人身属性，只能由特定的权利人所享有，用马尔西安的话来说，就是“役权(servitutes)附着于人身”。《民法典》第369条“居住权不得转让、继承”的规定即表明了这一特征。(2)居住权以期限届满或以权利人的终身为限。与其他用益物权一样，作为人役权的居住权也有存续的期限，这种期限虽然可由双方当事人予以约定，但其以居住权人的生命为限。

① 陈华彬：《人役权制度的构建——兼议我国〈民法典物权编(草案)〉的居住权规定》，载《比较法研究》2019年第3期。

② 周枏：《罗马法原论》(上册)，商务印书馆1994年版，第368页。

可以说，作为保护权利人居住行为的用益物权，居住权是一种长期的、稳定的权利。《民法典》第370条的规定表明居住权具有终身性，一旦该权利人死亡，这种需求随之消失，居住权也随之消灭，无法成为继承的对象。(3)以无偿设立为主。人役权为具有特定情感关系的人设立，其所具有的是恩赐和慈善的价值，因而通常以无偿为特征。《民法典》第368条规定，居住权一般是无偿设立，也体现了人役权鲜明的特点。概言之，作为用益物权的居住权是一种人役权，它以他人的房屋为标的物，以满足特定权利人的居住需要为目的，具有高度的人身依附性，在市场流通性和可继承性上受到很大限制，从而不同于其他的用益物权。①

居住权作为一种人役权，保障了部分社会弱势群体的基本生存权利，体现了民法的人文关怀，符合人权保障要求。这项制度，将物的所有和利用相分离，有利于物尽其用，充分发挥物的使用价值，与现代物权法的发展方向是一致的。但因为居住权是限制性的权利，其适用范围狭窄，难以在家庭婚姻关系之外充分发挥制度价值和功能，变成了相对封闭的、不完全独立的财产权，难以达到现代商品流转的社会要求。

二、居住权是一种特殊的用益物权

居住权是"对他人的住宅享有占有、使用的用益物权"，所以居住权应该适用用益物权的一般规则，其他各国的立法中一般都有类似的适用规范。但在我国《民法典》物权编中，对用益物权的规定非常简单，在第三分编"用益物权"第十章"一般规定"中只有简单的7条规范，所以只能进行简单的比较分析。

《民法典》第240条规定："所有权人对自己的不动产或者动产，依法享有占有、使用、收益和处分的权利。"所有权是物权的基本形态，是权利人依法按照自己的意志通过对其所有物进行占有、使用、收益和处分等形式，进行独占性支配，并排除他人非法干涉的永久性物权。房屋所有权是所有权的一种，也具有物权的权能，包括积极权能与消极权能。占有、使用、收益和处分四项权能共同构成所有权的积极权能。

居住权作为用益物权的一种类型，也具有用益物权的基本属性。具体体现在以下几个方面：

---

① 王利明：《论民法典物权编中居住权的若干问题》，载《学术月刊》2019年第7期。

1. 用益物权的权能范围。《民法典》第323条规定："用益物权人对他人所有的不动产或者动产，依法享有占有、使用和收益的权利。"与居住权的定义相比，用益物权的范围更广一些，还包括收益的权能。事实上，居住权也可以包括部分收益权能，如居住权人可以收取其所居住的房屋附属的树木的果实等自然孳息。此外，如果在居住权合同中约定设立居住权的住宅可以出租，居住权人也可以通过将该住宅出租获得收益。所以，居住权与用益物权的权能范围并没有本质差别，只是将收益权作为当事人可以意定行使的权能。

2. 用益物权需要办理登记。法定的几种主要的用益物权，如土地承包经营权、建设用地使用权、宅基地使用权，与居住权一样，也采取了登记生效主义。登记生效主义有利于维护交易的稳定合法性，但不利于交易的方便快捷。

3. 用益物权的行使规范。《民法典》第241条规定："所有权人有权在自己的不动产或者动产上设立用益物权和担保物权。用益物权人、担保物权人行使权利，不得损害所有权人的权益。"第326条规定："……所有权人不得干涉用益物权人行使权利。"因为用益物权的行使可能会与所有权发生冲突，如果偏袒保护其中一方的权益，必然会损害另一方的权益。因此，要进行一定的利益平衡，在行使用益物权时既"不得损害所有权人的权益"，又尽量不要出现所有权人"干涉用益物权人行使权利"的情况。而且，一旦一方的合法权益受到侵犯，应该有合适的救济途径。如居住权人使用房屋时，可以进行必要的装修与改造，但不能损坏房屋的质量、破坏房屋的结构，否则所有权人可以要求其恢复原状、消除危险，并承担损害赔偿责任；同时，所有权人不能限制居住权人按照正常方式使用住宅内的设施设备，居住权人对于因合理使用造成的正常损耗不负赔偿责任。

4. 用益物权受到损害后的弥补。《民法典》第327条规定："因不动产或者动产被征收、征用致使用益物权消灭或者影响用益物权行使的，用益物权人有权依据本法第二百四十三条、第二百四十五条的规定获得相应补偿。"如果设立居住权的住宅被征收，可能导致居住权的失去，居住权人可以要求所有权人为其设立新的居住权或者提供一定的经济补偿。

居住权与其他用益物权比较，也有一定的独特性。例如：居住权不得转让、继承，这是区别于土地使用权最明显之处；居住权只能设置在他人的住宅上，不能设置在商业办公用房、厂房等建筑物上；居住权只能用于满足生活居住的需要，不能用于其他用途，这说明居住权具有一定的人身依附性。

三、居住权与地役权的比较分析

居住权一般被认为是“限制性的人役权”。在法学理论中,役权分为人役权与地役权,这两种役权是比较相似的用益物权类型。

地役权是为自己特定土地的便利而利用他人特定土地的权利。承担地役权的土地称为供役地,利用地役权的土地称为需役地。地役权也是一项他物权,其存在以供役地和需役地属于不同的所有人为要件;地役权直接为了供需役地的利用而设,不能以需役地所有权人的娱乐等目的设立;地役权的行使以需役地的需要为限,这样可以防止役权人滥用其权利;地役权是供役地与需役地间的关系,是物与物的关系,实际上是人与人之间的关系,不过是通过物而表现出来;地役权具有永久性,它随土地而始终,不因土地所有人的变更而受影响;地役权具有不可分性。①

《物权法》第十四章就规定了“地役权”(第 156 条至第 169 条),该规定在《民法典》中继续保留且内容基本未变,在《民法典》物权编第十五章“地役权”中有 14 条规定(第 372 条至第 385 条)。与对地役权的相对详细的规定相比,《民法典》对居住权的规定明显单薄,居住权制度可以借鉴对地役权的部分规范在实践中加以完善。

居住权与地役权的主要相似之处在于:两种权利都是利用他人的不动产,受益人因此获得一定的支配权利与收益;两种权利的设立都应当采用书面形式订立合同;在权利流转制度上都受到一定的限制,居住权不得转让、继承,地役权不得单独转让或抵押。

居住权与地役权的主要差别有:(1)权利客体类型不同,居住权的客体是他人的住宅,地役权的客体是他人的不动产(一般是指土地);(2)权利主体存在一定的差异,居住权人只能是自然人,而地役权人除了自然人以外,还可以是法人或非法人组织;(3)设立方式不同,居住权以无偿设立为主,也可以双方约定采取有偿方式,但地役权原则上是有偿设立形式,无偿形式为特例;(4)权利生效方式不同,居住权采取登记生效主义,居住权自登记时设立,而地役权采取登记对抗主义,地役权自地役权合同生效时设立,未经登记,不得对抗善意第三人。此外,居住权合同与地役权合同在内容条款要求上也存在一定的区别。

---

① 周枏:《罗马法原论》(上册),商务印书馆 1994 年版,第 362 – 363 页。

本书认为，对地役权的部分规范，可以供居住权制度借鉴但不能直接适用。

《民法典》第 375 条规定："供役地权利人应当按照合同约定，允许地役权人利用其不动产，不得妨害地役权人行使权利。"在《物权法（草案）》中曾有类似的规定："住房所有权人应当保障居住权人对住房及其附属设施占有、使用的权利。居住权人对部分住房享有居住权的，可以使用该住房的共用部分。"由此可见立法的本意。此规定符合《民法典》第 326 条第 2 句的规定："所有权人不得干涉用益物权人行使权利。"

《民法典》第 376 条规定："地役权人应当按照合同约定的利用目的和方法利用供役地，尽量减少对供役地权利人物权的限制。"在《物权法（草案）》中曾有类似的规定："居住权人应当合理使用住房及其附属设施。"由此可见立法的本意。此规定符合《民法典》第 241 条第 2 句的规定："用益物权人、担保物权人行使权利，不得损害所有权人的权益。"

《民法典》第 377 条规定："地役权期限由当事人约定；但是，不得超过土地承包经营权、建设用地使用权等用益物权的剩余期限。"因为地役权是土地承包经营权、建设用地使用权等用益物权的衍生权利，所以其期限设置自然不能超过这些用益物权的剩余期限。居住权期限也由当事人约定。由此类推，如果在居住权合同中约定可以出租，房屋租赁权是居住权的衍生权，设立居住权的住宅的出租期限也不能超过居住权的剩余期限。

《民法典》第 378 条规定："土地所有权人享有地役权或者负担地役权的，设立土地承包经营权、宅基地使用权等用益物权时，该用益物权人继续享有或者负担已经设立的地役权。"据此类推，如果住宅已经设立居住权并办理设立登记，所有权人想再设立抵押权等担保物权，按照物权的"时间在先，权利在先"原则，即使房屋抵押权行使，居住权可以继续存在，不受影响。

《民法典》第 379 条规定："土地上已经设立土地承包经营权、建设用地使用权、宅基地使用权等用益物权的，未经用益物权人同意，土地所有权人不得设立地役权。"据此类推，如果住宅已经设立抵押权并办理设立登记，未经抵押权人同意，一般不能再设立居住权。一旦抵押权行使、导致房屋被处分，居住权自然消灭，不能够对抗在先设立的抵押权。

此外，《民法典》第 384 条也值得借鉴："地役权人有下列情形之一的，供役地权利人有权解除地役权合同，地役权消灭：（一）违反法律规定或者合同约定，滥用地役权;(二)有偿利用供役地,约定的付款期限届满后在合理期限内经两次催告未支付费用。”相似情况下,如果居住权人违反法律规定或者合同约定,将设立居住权的住宅用于商业用途或非法用途、明确约定不能出租但还是擅自出租且拒不改正的,可以被视为“滥用”居住权,所有权人可以提前解除居住权合同;如果居住权采取有偿设立形式,居住权人在“约定的付款期限届满后在合理期限内经两次催告未支付费用”,所有权人也应可以提前解除居住权合同。当然,这些规范地役权的内容不能直接适用于居住权,只能类推适用或作为说理的依据,以后应在最高人民法院发布的相关司法解释中予以明确。

四、居住权与国际法意义上的住房权的比较分析

1948 年 12 月 10 日,联合国大会通过第 217A(Ⅱ)号决议并颁布《世界人权宣言》,为国际人权领域的实践奠定了基础,对后来世界人民争取、维护、改善和发展自己的人权产生了深远影响。《世界人权宣言》第 25 条第 1 款规定:人人有权享受为维持他本人和家属的健康和福利所需的生活水准,包括食物、衣着、住房、医疗和必要的社会服务;在遭到失业、疾病、残废、守寡、衰老或在其他不能控制的情况下丧失谋生能力时,有权享受保障。自此,住房权成为一项国际法意义上的基本人权。

1966 年 12 月 16 日签署的《经济、社会及文化权利国际公约》第 11 条第 1 款规定:“本公约缔约各国承认人人有权为他自己和家庭获得相当的生活水准,包括足够的食物、衣着和住房,并能不断改进生活条件。各缔约国将采取适当的步骤保证实现这一权利,并承认为此而实行基于自愿同意的国际合作的重要性。”再次强化了对食物、衣着和住房的权利保障,而且强调要“足够”。

1991 年 12 月 12 日联合国经济、社会及文化权利委员会通过的《第四号一般性意见:适足住房权》,对住房权进行了细化、详细的描述,并可以看出住房权的主要内容与救济方式。

在关于住房权的英文著述中,表达住房权及相似概念的词语比较多,常见的是“Housing Rights”(一般翻译成“住房权”)与“The Right to Adequate Housing”(一般翻译成“适足住房权”)。其中,“The Right to Adequate Housing”是联合国文件中关于住房权的表达,也可以说这种英语表达是住房权的权威表述。在《第四号一般性意见:适足住房权》中首次全面运用了“Adequate Housing”这一词,并

在第 8 条中对此进行了详细的解释与说明。

杜芳博士认为，住房是人类正常健康生活的基本要求，是立足于社会的基本前提，是确保人类尊严不可或缺的一部分。它不仅是保障人们安全和免遭外界侵扰的物质需要，同时还能实现人们关于隐私和个人空间的深层心理需要。住房权是指公民有权获得可担负起的适宜于人类居住的，有良好物质设备和基础服务设施的，具有安全、健康、尊严，并不受歧视的住房权利。住房权是一项基本的人权，在人权的权利体系中，住房权归属于经济、社会和文化权利中的社会权利。①

杜芳博士还认为，公民住房权包括两个方面的内容：一是积极住房权。主要内容应为住房价格的可承受性、住房条件的可居性、住房机会的平等性、住房的非驱逐性、住房的融合性。二是消极住房权。其主要内容为住房安宁权、住房隐私权、住房财产权等。②

杜芳博士所描述的积极住房权与国际法意义上的"适足住房权"是基本一致的，属于人权的范畴，是指公民在一定条件下所享有的要求政府为其提供符合人格尊严的住房的受益权。③ 但是，消极住房权中的主要内容更多体现的是对公民拥有的私有财产权利的司法保障。

我国法学理论界以前存在将住房权和居住权混为一谈的普遍现象。随着《物权法》制定过程中的争论与《民法典》中将居住权制度纳入其中，将居住权明确为"对他人的住宅享有占有、使用的用益物权"，居住权与住房权的概念开始有所区别。

从性质上看，居住权是一种物权，属于一般权利的范畴，因而，在其法律关系中民事主体之间是平等的关系。国际法意义上的住房权属于人权，属于基本权利的范畴。由于人权性质决定了在这种法律关系中主体是固定的，权利人是中低收入者，而义务人则是国家和政府。国家和政府有义务保障中低收入阶层取得其有尊严住房的基本权利，这种权利的实现可能通过市场的方式，也可以通过国家直接建造的方式。④

国家对公民住房权的有尊重义务、保护义务、促进义务和实施义务。下文通

---

① 杜芳：《我国公民住房权的司法保障研究》，世界图书出版公司 2013 年版，第 1 页。
② 杜芳：《我国公民住房权的司法保障研究》，世界图书出版公司 2013 年版，第 11－22 页。
③ 杜芳：《我国公民住房权的司法保障研究》，世界图书出版公司 2013 年版，第 12 页。
④ 王宏哲：《住房权研究》，中国法制出版社 2008 年版，第 32 页。

过对联合国人居署提供的住房权行动分列表(见表1－3)的详细分析来展现国家在住房权领域所负有的一般义务。

表1－3 联合国人居署提供的住房权行动分列表①

尊重	保护	促进	实施
防止非法驱逐和强迫迁出	防止侵犯住房权	保障住房占用权	消除、防止和消灭无家可归现象
防止一切形式的歧视	国内补救和国际法的国内适用	立法审查确认住房权	增加住房公共支出并恰当确定支出对象
防止任何倒退措施	确保所有群体权利平等	制定标志充分实现的基准	人人都有适足可居住房
各种基于住房的自由	人人有机会获得承受得起的住房,制定承受力基准	制订国家住房权战略	制定实际住房最低标准
隐私权和对住房的尊重	需要特别措施扶持环境不利群体获得住房的机会	注重脆弱群体的权利	提供一切必要的服务和基础设施
大众参与住房决策	对住房实行居民民主管理	获得住房信息的机会	大众住房融资和储蓄计划
尊重住房的文化标志	房租水平和私营住房部门活动的节制	确保承受得起的土地的充足供应	社会住房的建造

五、居住权与公法意义上的住宅权的比较分析

首先,初步明确一下法律意义上的住宅的概念。无论是住宅权还是居住权,其权利的载体都是住宅,但住宅并非一个明确的法律概念。我国现有法律法规中也没有对住宅有过一个明确的定义。不同领域的人由于其出发点差异,对住宅的解释分歧颇大。如按照人们在日常生活中对住宅的理解,住宅即住房,是供人居住的房屋。一般来说,住宅应包含以下几个方面的要素:住宅是相对独立的空间;住宅是以居住行为为内容的空间;住宅是有连续居住的意思。作为生活的必需品,住宅的价值在于为人类提供了安身立命之所,它满足了人们的基本生存需要。

① 参见王宏哲:《住房权研究》,中国法制出版社2008年版,第141－142页。

与衣、食、行这些基本生活行为不同，住宅除了居住价值还具有社会价值和经济价值。后两个价值决定了住宅是一种具有宪法价值的特殊财产。绝大多数国家都注意到保护住宅不受侵犯的价值，将其作为一项基本权利写入宪法。从这一角度来说，住宅呈现出了它的另一层概念——作为隐私的住宅。隐私权是保护私人生活不受非法干涉的权利，对隐私的法律保护在现代社会已被普遍接受。从获得保障的角度来说，住宅应当包含以下几个要素：权属受法律保障、配套设施和服务、具有可获得性。①

其次，分析一下对住宅权的理解。我国的住宅权概念主要是从宪法规定的角度、从公法意义上来论述的。我国《宪法》第二章“公民的基本权利和义务”第39条规定：“中华人民共和国公民的住宅不受侵犯。禁止非法搜查或者非法侵入公民的住宅。”由此可见，“住宅不受侵犯”是公民的基本权利，也是住宅权的具体内容之一。

我国法学理论界以前用得较多的是“住宅权”的概念，而且大多是从公法意义上来进行研究与分析，例如：将住宅权作为宪法规定的公民基本权利，从社会权层面分析住宅权，侧重对住宅权的宪法保障与行政保护等。在可查到的相关学术著作中，大多是以住宅权来命名的。

在国内较早研究住宅权的《中国住宅法研究》中，南京大学金俭教授提出，住宅权（the right to adequate housing），即获得适足或充分住房的权利，对于全世界的每一个人、每一个家庭、每一个社会群体的健康与安宁都是十分重要的。他认为住宅是人类的基本需要之一应得到法律保护的观点已成为人类的一项共识。②

周珂教授认为：“住宅权是基本人权，它是指全体社会成员取得住宅和逐步改善住宅的权利。”住宅问题首先是“住有所居”问题。所谓“住有所居”，是指人们为满足最基本的居住需求而取得住宅的权利。住宅的改善问题是指在实现了住有所居、解决了基本的住宅需求以后，人们为了满足更高的住宅需求，而选择更适宜的住宅、改善住宅条件的问题。③

金俭教授认为，住宅权具体包括：“居住权”、安全与健康权（或称舒适权）、住宅的公平权、住宅的私密权（隐私权）、住宅选择的偏好权、住宅救济权以及住宅

① 廖丹：《作为基本权利的居住权研究》，法律出版社2018年版，第9－23页。

② 金俭：《中国住宅法研究》，法律出版社2004年版，第55页。

③ 周珂主编：《住宅立法研究》，法律出版社2008年版，第7－9页。

不受侵犯权与自由处分的权利。①

其中,“居住权”是公民住宅权中最基本的权利,只有“安居”,才能乐业,没有住房,一切权利都无从谈起。人们为了生存,首先必须有一个能挡风避雨的生活场所,这是作为一个人的最低的生存权利。适足或适宜的住宅必须是可以居住的,可以保护居住权免受寒冷、潮湿、炎热、雨、风或其他危害健康的危险,能够保证居住者人身安全的。② 不过,此处分析的“居住权”应该理解为“居住权利”或“居住权益”,是对自有住宅的占有与使用权。

在《作为基本权利的居住权研究》一书中,作者廖丹认为:“较之住房权的称谓,用居住权来指称宪法中关于公民居住行为的权利更加合适。”③考虑到《民法典》颁布实施后,“居住权”已经有特定的含义,所以作者将公法意义上的关于公民居住行为的权利称为“住宅权”,显然,住宅权是比居住权包括范围更广的权利,而且在含义上有明显的区别。

廖丹认为,住宅权应当由四项权利构成:(1)居所选择的权利;(2)住宅的所有权;(3)住宅不受侵犯的权利;(4)获得住房的权利。④

我国《宪法》第39条规定的是“住宅不受侵犯”的权利,缺少对其他住宅权利的直接规定。其他一些国家的宪法中有对关于住宅权利的相关规定。《俄罗斯宪法》第40条规定:“每个人都有获得住宅的权利。任何人不得被任意剥夺住宅。”《比利时宪法》第10条规定:“住宅不受侵犯;非在法定场合依照法定手续,不得对住宅进行搜查。”《波兰宪法》第75条规定:“政府应当制定政策以有利于满足公民住房需求,特别是减少无家可归者,促进低收入住房的发展和支持旨在满足每一公民的住房需求为目的的行为。”《荷兰宪法》第21条规定:“政府关心维护国家居住条件,保护和改善环境。”《葡萄牙宪法》第44条规定:“公民在国内任何地区迁徙和定居的权利受到保障。”

从上述分析可知,“居住权利”是公民住宅权中的一种权利,是公法意义上的住宅权在私法领域的具体体现,主要是所有权人对自有住宅的占有与使用权。但如果所有权人将这种居住权益无偿赠与或有偿转让给他人,受益人获得的权利就

① 金俭:《住宅权、住宅区分所有权及对我国不动产所有权理论的发展》,载王利明主编:《物权法专题研究》,吉林人民出版社2001年版。

② 金俭:《中国住宅法研究》,法律出版社2004年版,第59页。

③ 廖丹:《作为基本权利的居住权研究》,法律出版社2018年版,第5页。

④ 廖丹:《作为基本权利的居住权研究》,法律出版社2018年版,第7-8页。

是居住权，是一种他物权。

六、居住权与居住权利、居住权益的差异

在平常生活中，我们也经常使用“居住权”这个说法，但实质上是“居住权利”或“居住权益”（权益是权利与利益的合称）的意思，这种权利一般是指对某个房屋有一段时间的占有与使用权，主要用于生活居住的需要。但在我国，使用权是一项权能，并非法定的一种用益物权。所以，这种“居住权利”的说法往往比较含糊。例如，某人购买了一套住房，等房产商交付后，所有权人自然就拥有对该住房的居住权利；某人租赁了一套房屋，等交付租金后，出租人向承租人交付钥匙后，承租人自然就拥有对该房屋在租赁期内的居住权利；子女需要赡养父母，将自己所有的一套房屋提供给父母实际居住，即使没有订立任何居住权合同或办理设立登记，父母还是可以在该房屋内居住；某人将酒店中某一房间长期包租下来，自然可以享有一段时间在该房间内生活居住的权利；某人租赁的是办公用房，但将其中一间装修成卧室，可以在其中休息或睡眠，也可以起到居住的功能。以上这些常见的情况，可以笼统称为“居住权利”或“居住权益”，但都不是《民法典》规定的“居住权”。

《民法典》第366条明确了“居住权”的定义。民法意义上的“居住权”是有特指的，与通常所说的“居住权利”存在明显的差异。所有权人在自己的住宅里生活居住，是所有权人行使占有与使用权的表现，但不是“居住权”；承租人在他人的住宅里生活居住，是行使租赁权的表现，也不是“居住权”。包住在酒店的房间里睡眠，虽然都满足了生活居住的需要，但因为载体不是住宅，而无法办理设立登记；即使是长期居住，如果没有办理居住权设立登记，居住权也没有生效。

要把握民法意义上的“居住权”，除了明确是“享有占有、使用的用益物权”这一基本性质外，还需要特别注意以下三点：一是设立在他人的住宅上；二是满足生活居住的需要；三是居住权需要办理设立登记后生效。除此以外，实际使用人对住房的占有、使用的权利，我们可以统称为“居住权利”。此前大量实际存在的可以长期居住但没有签订居住权合同或办理设立登记的现象，我们可以将受益人的权利称为“居住权利”，但这只是一种债权。受益人可以通过行使请求权并要求办理设立登记，将这种“居住权利”转变为“居住权”，这样可以获得更好的法律保护效力。

第二章

居住权制度的渊源与发展

第一节 传统罗马法中的居住权制度

居住权是一个古老的法律概念,在罗马法中就有明确规定。后世大陆法系主要国家都追随罗马法的传统规定了居住权制度,但并非对罗马法居住权制度的全盘接受,而是结合各自不同的经济、政治、文化特点进行了相应的发展。考察居住权制度发展的历史进程,可以通过比较,归纳出居住权制度发展与演变的规律,为我国居住权制度的完善提供借鉴意义。

一、居住权产生的历史背景和社会基础

从渊源来看,居住权是罗马市民法上的制度,最早产生于罗马婚姻家庭关系中,其本源来自家庭的伦理性。在罗马共和国扩张以前以及扩张后的相当一段时间里,罗马家庭作为一种政治组织和社会基本细胞,在其社会生活中居于主要地位。[①] 家庭的基础是家长权,家长权是指家长对全部家庭成员的人身及其财产享有的绝对支配权。为了保持家庭的延续,进而维护整个社会的秩序,与家长权相适应,在古罗马早期,在财产继承方面实行概括继承制度,家长往往以遗嘱方式指定其中一家子为财产的概括继承人,妻子和其他子女一般不能取得家产继承权,为了保障他们生活,家长常常通过遗赠方式,将部分遗产的使用权赠与妻子和其

① 江平、米健:《罗马法基础》,中国政法大学出版社 2004 年版,第 155 页。

他子女，包括房屋的居住权。[①] 所以，居住权最初是作为生活保障而存在的，与财产继承制度紧密相关。在古罗马，居住权作为家长处分其遗产的一种手段，是在早期社会中就已经存在的客观事实。家长通过遗赠方式将房屋的居住权赠与部分没有继承权而又需要照顾的家庭成员，特别是继承权被剥夺的寡妇和未婚女儿，使之获得一种供养，以保障受遗赠人的基本生活需要，而保留所有权给其继承人，在受照顾的人死亡后，继承人再恢复所有权的圆满状态。[②]

到了罗马共和国末期，随着向外扩张，外省人不断增加，传统的婚姻制度发生了变化，一种新的婚姻形式——无夫权婚姻日益增多。此种婚姻的当事人不需要有婚姻权，夫对妻也不能因结婚而取得"夫权"，故适用于外国人。所以在无夫权婚姻中，夫妻之间因不是宗亲关系，所以在法律上一般不享有继承权。[③] 另一个重要的社会现象是，被解放的奴隶不断增多，这些人也不享有继承权。每遇家长亡故，那些没有继承权而又缺乏或丧失劳动能力的人的生活就成了问题。因此，丈夫和家主就把一部分家产的使用权、收益权、居住权等遗赠给妻子或被解放的奴隶，使他们生有所靠，老有所养。这些权利，优帝一世时期统称为人役权。[④]

由此可见，居住权植根于罗马社会特殊的家庭制度和遗产继承制度，是罗马人在不违反家长制和家子一人概括继承制的情况下，使部分家庭成员，特别是生活困难、无独立财产的老年配偶或被解放的奴隶得以供养而创设的法律制度。由于设立居住权的目的是使具有特殊身份关系的家庭成员或被解放的自由人得到供养，所以居住权具有高度的人身性和浓厚的伦理性，不允许自由转让。[⑤]

二、居住权与人役权、用益权、使用权之间的关系

在罗马法体系中，居住权属于人役权的一种。人役权隶属于役权这个上位概念。罗马法中役权包括地役权和人役权两种。役权的拉丁语为"Servitutes"，其本意为奴隶状态、奴役，引申为束缚。役权是为特定的土地或特定人的便利和收益

---

① 王利明：《论民法典物权编中居住权的若干问题》，载《学术月刊》2019年第7期。

② 王富博：《居住权研究——我国物权立法的继受与创新》，中国政法大学2006年博士学位论文，第5页。

③ 王富博：《居住权研究——我国物权立法的继受与创新》，中国政法大学2006年博士学位论文，第5页。

④ 周枏：《罗马法原论》（上册），商务印书馆1994年版，第361页。

⑤ 王富博：《居住权研究——我国物权立法的继受与创新》，中国政法大学2006年博士学位论文，第6页。

而利用他人之物的权利,故为所有权的一种负担。有役权负担的所有人对其物的所有权受到一定的限制,但役权并不是所有权的部分权能。有役权负担的财物,其经济价值受到了一定的损害。所有人在尊重役权人权利的范围内仍可自由行使其权利,役权一旦消灭后,即可恢复其完全的权利。罗马最早产生的役权是耕作地役权。① 换言之,地役权是最早出现的一种役权,人役权的出现要晚于地役权。从发生学上观察,人役权在某种程度上源于地役权,具有地役权的内容,并具备地役权多样性的特征。②

人役权是指为特定人的利益而利用他人之物的权利,即以他人之物供自己使用或收益的权利。③ 人役权的根本目的不是实现所有权人的利益,而是满足非所有权人对所有人之物的利用需求,以解决物的归属和利用之间的矛盾,实现具有特定身份关系的人的生存权。④

在罗马法中,人役权可以分为:用益权、使用权、居住权、牲畜使用权。⑤ 其中,用益权、使用权、居住权对后世的影响最大,而牲畜使用权由于明显带有奴隶社会的痕迹,在后世民法中几乎不见踪影。⑥

用益权是指无偿地使用收益他人的物而不损坏或变更其物本质的权利。享有权利的人为用益权人,所有权人则被称为虚有权人。因为所有权的效用即在使用与收益,所有权人将使用收益权转让给他人,仅余处分权,此项处分权也因用益权的关系而大受限制,因此盖尤斯称这种所有权为“虚有权”。从罗马古时起,用益权就是人役权重最重要的一种,它被家长用作处分其遗产的一种手段。因为罗马人经常以遗嘱方式将某项遗产的使用收益权遗赠给他需要照顾的人,使其生活获得保障,而保留虚有权给其继承人。等受照顾的人死亡后,继承人再恢复其完全的所有权。作为用益权的标的物须具备一定的条件,其条件是:须为他人所有物;须为不消费物;须为有体物。⑦ 由于用益权的目的在于维持用益权人的日常生活需要,因此不论动产还是不动产,包括房屋,都可以成为用益权的标的。用益

① 周枏:《罗马法原论》(上册),商务印书馆 1994 年版,第 360 页。
② 刘阅春:《居住权的源流及立法借鉴意义》,载《现代法学》2004 年第 6 期。
③ 周枏:《罗马法原论》(上册),商务印书馆 1994 年版,第 368 页。
④ 屈茂辉:《论人役权的现代意义》,载《金陵法律评论》2002 年第 1 期。
⑤ 周枏:《罗马法原论》(上册),商务印书馆 1994 年版,第 368 页。
⑥ 刘阅春:《居住权的源流及立法借鉴意义》,载《现代法学》2004 年第 6 期。
⑦ 周枏:《罗马法原论》(上册),商务印书馆 1994 年版,第 369 页。

权可以拟诉弃权、分配裁判、直接遗赠、用益权保留等多种方式而发生,但以遗赠设立为主。用益权可因用益权人的死亡而消灭,或因用益权人的人格减等而消灭,或因不以规定的方式在规定的期间内行使消灭,或因混同而消灭。此外,还可因用益物的灭失或因瑕疵不适合使用而消灭。[①]

在罗马法中,用益权人的权利包括使用权与收益权两项。使用权即设定用益权时标的物上原有的或约定的使用该标的物及其从物的权利。用益权中的使用权含义较广,即在收取孳息之外和不损害物件的本质以及不变更其用途的范围内,得为各种利用。收益权是指用益权人对用益物受收取一切孳息的权利。无论是自然孳息、加工孳息还是法定孳息,其范围和多少,由设定时决定。用益权人对于孳息有完全处置权,既可以自行消费,也可以让与他人,且可将其收取孳息权利的行使转让给第三者。用益权人的义务主要有:在用益权开始前,应提供有清偿能力的保证人,在一些特殊情况下可以免予提供担保;在用益权存续期间应尽善良家长的注意;不得变更用益物原来的或约定的用途;应承担用益物的日常负担,包括必要的维持费、修缮费与赋税,但不包括大修费(如翻修房屋或更换梁柱的费用);用益权终了时返还原物和附属物。[②]

在用益权人与虚有权人的关系方面,双方各为独立的物权享有人,两者之间并无债的关系,仅互负不侵害对方利益的义务。一方面,所有人就用益物不负为积极行为的义务,仅负有供用益权人使用收益其物的义务,不得有妨碍用益权的行为。同时,虚有权人仍是所有权人,对其物仍然占有,故可申请占有令状以阻止一切侵害其占有的行为。另一方面,用益权人也应尊重虚有权人的利益,不得毁损用益物,否则构成私犯。此外,虚有权人为保护其利益起见,常于用益权开始前,要求用益权人以要式口约保证对用益物加以善良家长的注意,于用益物权终止时负责返还原物,并由保证人担保该义务的履行。[③] 其一般称为"用益保证"。

使用权是指权利人在个人需要的范围内,对他人的物按其性质加以使用的权利。如标的物为房屋,则可供居住。使用权与用益权不同,用益权包括使用和收益两种权能,而使用权则无收益的权能。使用权人不得将其权利的行使完全让与

---

① 申卫星:《视野拓展与功能转换:我国设立居住权必要性的多重视角》,载《中国法学》2005 年第 5 期。

② 周枏:《罗马法原论》(上册),商务印书馆 1994 年版,第 370 - 374 页。

③ 周枏:《罗马法原论》(上册),商务印书馆 1994 年版,第 372 - 373 页。

他人，而用益权人则可以。关于使用权人的其他权利和义务，则与用益权人相同。使用权人应妥善保全使用的标的物，不得变更其用途，使用权终了时应返还原物，并对上述义务提供适当的保证等。①

居住权作为使用权的一种，是指非所有人居住他人房屋的权利。当时的居住权是受遗赠人可终身享有的权利；居住权人不能将居住权赠与或转让他人，居住权不因未行使或人格减等而消灭；另外，享有居住权的人在一定条件下，也可以将居所出租给他人。②

通过比较可以发现，居住权在以下方面不同于用益权和使用权：一是权利范围不同。居住权只能就房屋设立，用益权和使用权设立的范围则要宽泛得多，用益权不仅就土地或房屋设立，而且也可就奴隶、驮畜以及其他物设立；但与使用权相比，居住权人享有一定条件下的出租权，而使用权人只能无偿地使用标的物，却不能出租使用物。二是终止的原因有所不同。居住权不因未行使或人格减等而消灭，而此两种事项，都是用益权和使用权的终止原因。③

尽管这三种权利之间存有这样或那样的不同，但三者的关系大致可以概括如下：居住权属于使用权的一种，故也有人将其称为小使用权；使用权又是用益权的一种；这三种权利又都隶属于人役权。所以，后世各国民法典在继受居住权制度进行立法时，在立法结构上，居住权都是跟随于用益权和使用权之后的，而且《德国民法典》《意大利民法典》《瑞士民法典》更是明文规定，居住权中没有明确规定的，可以准用其前关于用益权和使用权的规定。所以，对居住权制度的研究，要参考有关国家对用益权和使用权可适用的规定。④

三、传统罗马法中关于居住权的规定与相关理论

罗马法上的居住权是指居住他人房屋的权利，属于使用权，但其权利又大于一般的使用权。究其原因，乃是因为由遗嘱授予居住权远在其他人役权产生之

---

① 周枏：《罗马法原论》（上册），商务印书馆1994年版，第374－375页。

② 申卫星：《视野拓展与功能转换：我国设立居住权必要性的多重视角》，载《中国法学》2005年第5期。

③ 申卫星：《视野拓展与功能转换：我国设立居住权必要性的多重视角》，载《中国法学》2005年第5期。

④ 申卫星：《视野拓展与功能转换：我国设立居住权必要性的多重视角》，载《中国法学》2005年第5期。

前，最初作为受遗赠人享受某种利益的事实，优帝一世正式将之列入人役权。判例上为了维护遗嘱自由的原则，尊重遗嘱人的意志，在人役权的规则形成之后，对旧有习惯未加改变，遂致使居住权与一般的使用权有所不同：居住权不因未行使或者人格减等而消灭。①

罗马法上的役权的种类繁多，充分说明了罗马法中用益物权已相对发达，初具后世雏形。但就罗马法律对居住权的论述来看，条文简单，内容也并不详尽。优帝时期的罗马法律就居住权的论述屈指可数：居住权是受遗赠人终身享有的权利；不能将居住权赠与或转让他人，居住权不因未行使或人格减等而消灭；另外，查士丁尼曾言："对享有居住权的人，为了事务的功利，根据马尔切勒的意见发布了朕的决定，朕允许他们不仅自己于其中过活，而且也可以将之租与他人。"②仅从法律的明文就可直观地发现：(1)罗马法当时没有抽象出居住权的概念；(2)居住权的权能非常有限，仅于占有使用房屋和一定限度的出租权，因此其效力范围均窄于前两种权利；(3)罗马法缺乏对居住权人的义务的规制；(4)设立方式较单一，仅提到了遗赠；(5)终止方式亦不同于前两者，不因未行使或人格减等而消灭。③

尽管罗马法对于居住权的概念没有给出完全的定义，但是居住权的概念仍然透过《学说汇纂》的论述渐渐明朗。《学说汇纂》第七卷将使用权和居住权划归于第八篇，有其特殊的意义。这种意义表现在：居住权是使用权的一种特殊形式，居住权的标的是房屋，仅仅是针对房屋的一种权利。使用权的标的除了房屋之外，还包括土地和其他财产。因此，两者是涵盖与被涵盖的关系，当使用权和居住权的标的均指向房屋时，区分使用权与居住权意义并不大。④

居住权因与用益权的特殊关系，可以准用用益物权的大部分规则。居住权在设定方式上有遗嘱、拟诉弃权、保留居住权的物之转让等，但遗嘱仍然是最主要的设立方式。值得一提的是，罗马法上承认用益权的时效取得，这一规则对于居住权也是适用的。居住权人应尽善良管理人的注意义务妥善维持标的物的性质和原来用途，并提供相应的担保。居住权人应负担房屋的日常费用，包括必要的维

① 刘阅春：《居住权的源流及立法借鉴意义》，载《现代法学》2004 年第 6 期。

② [罗马]查士丁尼：《法学总论——法学阶梯》，张企泰译，商务印书馆 1989 年版，第 63 页。

③ 陈信勇、蓝邓骏：《居住权的源流及其立法的理性思考》，载《法律科学》2003 年第 3 期。

④ 米健译：《民法大全学说汇纂（第七卷）（用益权）》，法律出版社 1999 年版。

修费、赋税等,但不包括大修费。居住权人可通过抛弃居住权而免除上述义务。①

对居住权的保护,可以参考对役权的保护,在罗马法上提供了诉权和令状两种保护制度。在市民法上,可以提起"役权确认诉";在大法官法上,可以提起"准役权确认诉"。至于所有权人对他人主张在其不动产上享有役权或滥用役权的,得提起"排除侵害之诉"或"所有权保全诉"。②

役权消灭的原因有四:役权成立要件的欠缺,役权人对其权利的抛弃,期限的届满或条件的完成以及役权的不行使。役权成立要件的欠缺包括以下几种情况:役权标的物灭失或变为非财产物,致役权无从行使;需役地灭失,用益权人、使用权人死亡或人格变更;用益权人为法人的,用益权因法人的解散而消灭,否则其期限以 100 年为限;混同,因役权为他物权,自因同一物的所有权和他物权归属同一人而消灭。③ 以此类推,居住权因居住权人死亡、居住权期限届满、房屋灭失、居住权抛弃、居住权与所有权混同等原因而消灭。

四、罗马法中传统居住权的主要特点

从历史渊源上考察,我们可以看出罗马法中传统居住权的一些特点:④

1. 伦理性。伦理性是传统居住权最主要的特征,其他特征均是由此衍生而出。居住权的伦理性源于其所调整的婚姻家庭关系的伦理本质,体现在设定方式上,一般采用遗嘱或遗赠的方式,具有温情脉脉的伦理色彩,设立的目的是解决特定身份的家庭成员或被解放的奴隶的生活困难,具有扶危济困的道义性质、救助性质,一般无偿设立。

2. 人身性。居住权是家长(房屋所有权人)为特定身份关系的家庭成员或被解放的奴隶而设,具有人身专属性。由于这种人身性的限制,罗马法中的居住权只能适用于自然人,且不能够自由转让。关于居住权是否可以把权利的行使出租给第三人,罗马法学家曾经存在争议,优帝一世时予以肯定,这种情况只能算作居住权人身性的一种例外。

3. 期限性。居住权的期限性由两种因素所决定:其一,因居住权是为特定身

---

① 周枏:《罗马法原论》(上册),商务印书馆 1994 年版,第 374 页。

② 周枏:《罗马法原论》(上册),商务印书馆 1994 年版,第 379－380 页。

③ 周枏:《罗马法原论》(上册),商务印书馆 1994 年版,第 380－381 页。

④ 王富博:《居住权研究——我国物权立法的继受与创新》,中国政法大学 2006 年博士学位论文,第 8 页。

份的自然人所设定，具有伦理性和人身专属性，一旦该权利人死亡，居住权即失去存在的意义，自然应消灭，故罗马法上居住权必定是有期限的。居住权的期限可以由所有权人通过遗嘱规定，最长期限为权利人的终生。其二，因居住权为所有权上的一种负担，如果任其永续，将使所有权完全被掏空，所有人必不愿设定居住权，这不但会有损居住权人的利益，而且将影响到居住权制度自身的存续与发展，所以居住权必须有期限的限制。

古罗马人创设居住权制度，运用将所有权与使用权相分离的办法，解决了特定财产制度和家庭模式下部分社会弱势群体的居住问题，保障了其生存权这一基本权利，体现了民法的人文关怀，符合社会正义，可谓既适应当时社会要求的制度创造，又有利于充分发挥房屋的价值。

但罗马法中的传统居住权制度也有其不足：将所有权的权能分属于两方，妨碍对标的物的改良，不利于经济的发展。居住权的适用范围狭窄，抑制了居住权的经济价值和收益功能，无法适应商品交易社会的要求。这提醒我们，在对居住权制度进行借鉴和继受时，必须充分考虑居住权的社会基础和制度的适应性。①

第二节 大陆法系对居住权制度的继受与发展

自东罗马帝国灭亡后，罗马法日趋衰微，沉默了几世纪后于十一二世纪开始复兴。罗马法所蕴含的私法精神、深邃的理论和先进的民事制度为欧陆各国所传承，法国和德国更是其典范，形成大陆法系，并进一步影响了世界其他国家。

尽管罗马法所处的古代农业社会与近现代工业社会有着巨大的不同，但是有一些东西却是相似的。房屋仍然是现代社会最为重要的政治、经济和社会问题。由于住房关系到人们的基本生存条件，又由于住房的价值较大，使人人拥有一个有完全所有权的住房的愿望几乎不可能实现。但是，人们希望自己能够享有长期的受法律保护的居住权。同时，由于罗马法对于后世民法的巨大影响，居住权制度作为解决住房问题的制度仍然受到各国法律的青睐，以法国、德国为代表的大陆法系国家基本上沿袭了罗马法的做法。总的来说，欧陆各国的民法典几乎都有

① 王富博：《居住权研究——我国物权立法的继受与创新》，中国政法大学 2006 年博士学位论文，第 9 页。

居住权的规定,但是各国在继受罗马法的规定时,都针对本国的社会文化、传统的差异进行了部分的修正,主要表现在成立要件、设立方式、权利义务等方面的区别。①

一、《法国民法典》中的用益权、使用权与居住权

1804 年《法国民法典》(又称《拿破仑民法典》)几乎完整移植了罗马法中人役权和地役权的二元结构体系,并在第二卷"财产及所有权的各种变更"中,设第三编专门规定"用益权、使用权及居住权",居住权规定于该编的第二章"使用权及居住权"。②

《法国民法典》在罗马法基础上又有所创新,在体例结构与内容上有所变化,尤其是体现在对居住权与用益权的关系方面。就体例设置来看,《法国民法典》第三编共 59 个条文中(第 578 - 636 条),第一章用益权就占据 47 条,而使用权与居住权同置一章,也只占 12 条(第 625 - 636 条)。仅从条文数量和用益权前置的体例便可看出,和罗马法一样,《法国民法典》对用益权更加重视,对使用权和居住权则基本上除凸显其各自独特之处外,其余部分均可适用用益权之规定。从内容来看,《法国民法典》从用益权的概念、设立的方式、种类和对象直到其消灭,尤其是用益权人的权利义务均作了详尽的规定。其中,第 578 条规定了用益权的概念:"用益权为如同自己所有,享用所有权属于他人之物的权利,但用益物权人应有保存该物本体的义务。"③这一概念与罗马法关于用益权的界定如出一辙,可以看出,"除处分权外,用益权人具有与所有人相同的权利"。"用益权按法律规定或人的意志而设立"(第 579 条);"用益权的设立,得为无条件的,附期限的或附条件的"(第 580 条);"用益权得对各种动产或不动产设立"(第 581 条)④;可见其权利对象很广泛。使用权被界定为用益权之一种,只是对象仅限于动产,权能也基本上限于使用且"仅得为其本人与家庭请求所需之部分",而居住权基本上可适用使用权的规则,只是内容上比使用权受到更为严格的限制。该法典同时规定,使用权与居住权可以按用益权同样的方法设立与消灭(第 625 条)⑤。所以,

① 刘阅春:《居住权的源流及立法借鉴意义》,载《现代法学》2004 年第 6 期。
② 马青民译:《法国民法典》,北京大学出版社 1982 年版,第 6 页。
③ 马青民译:《法国民法典》,北京大学出版社 1982 年版,第 125 页。
④ 马青民译:《法国民法典》,北京大学出版社 1982 年版,第 125 页。
⑤ 马青民译:《法国民法典》,北京大学出版社 1982 年版,第 132 页。

在法国，使用权又被称为“小用益权”，居住权则又有“小使用权”之称。

受罗马法的影响，《法国民法典》中的居住权在性质上类似于使用权，具有人役权的特性。尽管《法国民法典》中关于居住权的设定、权利的范围、权利的消灭等与使用权规定相同，但与使用权相比，在内容上受到更为严格的限制。《法国民法典》规定：对房屋有居住权的人，虽此项权利给予时尚未结婚，得与其家属一起在此房屋内居住（第632条）；居住权以权利取得人及其家属居住所必要为限（第633条）；居住权不得转让或出租（第634条）。[①] 根据一些法国学者的观点，居住权具有某些物权的性质，但也明显具有人身属性。

《法国民法典》是自由资本主义时代的产物，所有权绝对原则、契约自由原则等对居住权制度产生了很大影响，并在其中有充分的体现。为了体现对所有权人的保护，《法国民法典》对居住权人规定了担保义务和善良管理人的注意义务。“使用权及居住权，与用益权的情形相同，如未事先提供担保并制作成现状书及目录，不得享受其利益”（第626条）；“使用权人及居住权人应谨慎稳妥地享受其权利”（第627条）。[②] 同时该法典第605条、第606条规定，用益权人应负担房屋的日常修缮及捐税义务，大规模的修缮则由所有人承担。由于《法国民法典》中没有规定对“虚所有权人”不履行其义务的制裁措施，故其规定有不完备之处，房屋的大修无从保障，这似乎是居住权制度设计中不可避免的结果。在实践中，这一问题也相当尖锐。[③]

《法国民法典》对传统居住权制度的创新发展，主要是通过契约自由原则体现的。《法国民法典》对居住权的设立方式进行了改变，从罗马时期以遗赠设立为主，转为以契约作为普遍的设立方式。[④] 在《法国民法典》中，居住权的内容和范围的确定也充分体现了契约自由的精神。该法第628条规定：“使用权及居住权，根据确立此种权利的证书处理，其范围得广狭，亦根据此证书确定。”[⑤]第630条以下关于居住权的规定属任意性规定，只有在当事人未作约定的情况下才具有补充当事人意思不足的作用。这就意味着，《法国民法典》赋予当事人以创设居

① 马青民译：《法国民法典》，北京大学出版社1982年版，第133页。

② 马青民译：《法国民法典》，北京大学出版社1982年版，第132页。

③ 尹田：《法国物权法》，法律出版社1998年版，第534－535页。

④ 申卫星：《视野拓展与功能转换：我国设立居住权必要性的多重视角》，载《中国法学》2005年第5期。

⑤ 马青民译：《法国民法典》，北京大学出版社1982年版，第132页。

住权的广泛自由,可以按照意思自治原则,约定其权利范围和内容。这无疑赋予了当事人以突破居住权人役权性质限制的自治权利,为居住权的发展预留了一条广阔的通道,增强了居住权的灵活性、可适用性。①

居住权的消灭准用用益权的规定。《法国民法典》第617条规定:用益权因下列原因而消灭:用益权人自然死亡及民事上死亡;约定的用益权的期限届满;用益权人与所有权人两种资格合并或集中于一人;30年不行使用益权,作为用益权客体之物全部灭失。第618条第1款规定:用益权人因滥用其用益权造成不动产毁损,或不予维修任其灭失时,用益权亦得因而消灭。② 与罗马法不同的是,法国居住权有除斥期间的规定,其可以因30年不行使而消灭。

现代法国判例在居住权的行使方式上也体现出了灵活性,在特定的场合,允许用一项终身年金代替居住权。当享有居住权的当事人身体状况不允许其再在该地点居住(如年老)及被强制入住养老院时,法院也可行使这一转换的权利,判给当事人一笔替代用的年金。③

综上可知,《法国民法典》关于居住权的规定,尽管与罗马法一脉相承,但至少体例设计清晰,概念相对明确,摆脱了罗马法三种权利交互纠缠,地位难以界定的复杂混乱局面。此外,《法国民法典》制度设计也更为完整详尽,规定居住权的设定方式增多,且为居住权人设定了义务。《法国民法典》对德国、意大利、瑞士、比利时、卢森堡、荷兰、西班牙、葡萄牙等欧陆国家的民法有非常大的影响,居住权制度通过传播也扩展到了其他大陆法系国家中。

二、《意大利民法典》中的用益权、使用权与居住权

在意大利,直到1700年,普通罗马法一直与起源于中世纪的法律制度和众多国家的特别立法相伴。1805年,拿破仑在意大利推行他主持制定的民法典,即1804年《法国民法典》。拿破仑倒台后,先前的统治者复辟后,接受了按照法国模式制定的法典。后来,随着意大利王国的统一(1859年),在统一立法愿望的引导下,意大利于1865年通过了《民法典》,主要效仿的是法国模式。此后,一直到

① 王富博:《居住权研究——我国物权立法的继受与创新》,中国政法大学2006年博士学位论文,第10页。

② 马青民译:《法国民法典》,北京大学出版社1982年版,第131页。

③ 尹田:《法国物权法》,法律出版社1998年版,第534-535页。

1942年3月16日通过新的《意大利民法典》，成为罗马法系的法典化历史中的一个重要里程碑，其后虽然历经多次修改但主体结构未变，一直在意大利法律制度中保持着中心的地位。[①]

1942年《意大利民法典》在第三编“所有权”中规定了第五章“用益权、使用权和居住权”（第978－1026条）。与《法国民法典》的结构很类似，其在第一节“用益权”中，用43条（第978－1020条）详细规定了用益权的一般规定、用益权人的权利、用益权人的义务、用益权的消灭与变更，可见对用益权更加重视；在第二节“使用权和居住权”中只有6条规定（第1021－1026条），并规定“在不与本节的规定相抵触的情况下，本法有关用益权的规定准用于使用权和居住权”（第1026条）。[②]

《意大利民法典》对用益权的规定比较详细，而且很多规定是居住权可以参照适用的。如其规定：用益权或依法设立，或依据人的意愿设立，还可以通过时效取得（第978条）；用益权的最长期限以用益权人的终身为限，为法人设立的用益权不得超过30年（第979条）；用益权人对物享有使用收益的权利，但是，应当按照物的经济用途进行使用（第981条）。此外，该法典还规定：在返还用益物时，用益权人有权请求补偿为改良用益物支出的费用。补偿金应当选取改良费和因改良而使用用益物增加的价值中金额较低的一项进行支付（第985条）。用益权人应当在用益权消灭时返还构成用益标的的物品；在享有和使用用益物时，用益权人应当尽善良家长的注意义务（第1001条）。[③]

在用益物维修义务的规定上，内容比较详细：保存、管理和正常修缮用益物的费用由用益权人承担。由于用益权人未履行正常修缮义务而导致必须进行非常修缮的费用也由用益权人承担（第1004条）。非常修缮的费用由所有权人承担。非常修缮指为确保主壁和拱顶的坚固性进行的修缮以及房梁、全部或者大部分屋顶、平台、楼梯、沟、水道、承重墙或者围墙的更换。在用益权存续期间，用益权人应当对所有权人为非常修缮支出的费用承担支付利息的责任（第1005条）。如果所有权人拒绝进行应当由他承担的修缮工作或者无正当理由修缮迟延，则用益权人有权自己进行修缮并且垫付修缮费。在用益权消灭时，用益权人有权请求不附

① 费安玲、丁玫译：《意大利民法典》，中国政法大学出版社1997年版，前言第1页。
② 费安玲、丁玫译：《意大利民法典》，中国政法大学出版社1997年版，第283页。
③ 费安玲、丁玫译：《意大利民法典》，中国政法大学出版社1997年版，第272－277页。

加利息地偿还支出的修缮费。为保证所有权人偿还费用,用益权人可以留置修缮的不动产(第1006条)。而且,以上第1005条与第1006条的规定准用于因年久失修或者意外事变造成的、构成用益权客体必不可少的附属部分损毁的情况。[①]较好地解决了房屋的维修费用负担问题,并提供了有效的保障机制。

居住权的消灭准用用益权的规定,如第1014条规定:除本法第979条规定的情况[②]以外,用益权还因下列原因消灭:因经过20年不行使而消灭;因用益权人和所有权人身份的竞合而消灭;因用益物全部灭失。第1015条第1款规定:用益权还可以由于用益权人转让、损毁或者不进行正常修缮任其消灭等滥用用益权的行为而终止。第1016条规定:在用益物部分灭失的情况下,用益权在其余部分上继续存在。[③]《意大利民法典》与《法国民法典》的相关规定基本相似,主要差别在于对除斥期间的规定不同,《意大利民法典》规定用益权可以因经过20年不行使而消灭。此外,《意大利民法典》中对用益权灭失的补偿问题规定得比较详细,具体见第1017-1020条规定。

《意大利民法典》中的使用权和居住权,除了进一步明确"家庭"的范围以及强调判断"需要"的限度时应考虑权利人的社会地位外,几乎与《法国民法典》的规定一样。如其规定:对房屋享有居住权的人可以在自己和家庭需要的限度内享用房屋(第1022条);在权利设立时权利人尚未结婚的情况下,家庭的范围应当包括使用权或者居住权发生以后出生的子女。此外,即使收养、认领及领养是在使用权或者居住权发生以后完成的,家庭的范围同样应当包括养子女、认领的私生子女和领养的子女。最后,家庭的范围还应当包括由于为权利人本人或者权利人的家庭提供服务而与权利人一起生活的人员(第1023条);使用权和居住权不得转让或租赁(第1024条)。此外,意大利还就费用的承担作出规定,按照第1025条的规定,"对房屋享有居住权人并且占有全部房屋的人,与用益权人一样承担正常修缮费和其他房屋的税费",如果仅占有一部分房屋,则按照享用的比例承担支付上述费用的义务。[④]

---

① 费安玲、丁玫译:《意大利民法典》,中国政法大学出版社1997年版,第278-279页。
② 是指期限届满。——作者注
③ 费安玲、丁玫译:《意大利民法典》,中国政法大学出版社1997年版,第281页。
④ 费安玲、丁玫译:《意大利民法典》,中国政法大学出版社1997年版,第282-283页。

三、《瑞士民法典》中的用益权与居住权

《瑞士民法典》于1907年12月审议通过，并于1912年1月1日起施行。相较于欧洲其他主要国家的民法典，其在结构和语言方面有许多独到之处。其全部条文仅977条，且每条很少包括3款以上，每款一般仅一句；在各条边页加有小标题，提纲挈领，与条文具有同等效力，通常是条文主旨之概括。《瑞士民法典》生效之后，影响颇大，甚至受到“克隆”。1926年，土耳其对《瑞士民法典》略作修改，即为其所用。①

《瑞士民法典》深受大陆法系的影响，同样也确立了居住权制度。其体例分为所有权和限制物权两大部分，集用益物权和担保物权于限制物权之一统，充分说明自物权与他物权二元体系理论对其产生的深远影响。与传统人役权体系不同，在《瑞士民法典》中没有规定使用权。其在第四编“物权法”第二部分“限制物权”第二节“用益权及其他役权”（第745－781条）中专门规定了居住权，把居住权作为“其他役权”之一种规定在用益权（第745－775条）后。其中对居住权的规定只有3条（第776－778条），内容比较简单。其中，第776条是“一般规定”，明确“居住权系指居住建筑物的全部或一部分的权利”，“居住权不得转让或继承”，并规定：“本法无相反规定时，居住权适用用益权的有关规定”。第777条是关于“居住权利人的请求权”，其内容是：居住权通常以权利人的个人必需为标准。但是，如居住权未明文仅限定某权利人本人时，可收留其家属或家人同住。居住权仅以建筑物的某部分为限时，权利人可以使用公共设施。第778条是“负担”的规定，其内容是：权利人有独立居住权的，可负担通常保养费用。权利人仅享有公有权的，保养费用由所有人负担。②

因为“居住权适用用益权的有关规定”，所以应考察《瑞士民法典》对用益权的相关规定。如该法典第745条规定“标的物”：对动产、土地、权利及财产，可设定用益权。用益权赋予权利人对物的全部使用及收益的权利。第748条规定“消灭原因”：用益权，因其标的物灭失而消灭；土地用益权，除上述情形外，因登记被涂销而消灭。但用益权的设定无须登记的，不在此限。用益权，因期满、抛弃或权利人死亡等原因消灭时，土地所有人仅有请求涂销登记的权利。法定用益权，因

① 殷生根、王燕译：《瑞士民法典》，中国政法大学出版社1999年版，前言。
② 殷生根、王燕译：《瑞士民法典》，中国政法大学出版社1999年版，第219页。

其法定原因的消灭而消灭。第749条规定“期限”:用益权,因权利人死亡或法人解散而消灭。但法人的用益权,仅以存续一百年为限。第750条规定“灭失物的赔偿”:所有人无恢复灭失的用益权标的物的义务。所有人恢复其灭失物时,用益权亦恢复。灭失物因公有征收或保险等原因被赔偿时,用益权对赔偿物仍然存在。① 需要特别注意的是,按照《瑞士民法典》第746条的规定,居住权作为不动产用益权,其设定须在不动产登记簿上进行登记。

在用益权标的物的返还方面,《瑞士民法典》规定得比较详细、清楚。第751条规定“义务”:用益权期满后,占有人须返还用益权的标的物。第752条规定“责任”:用益权人对用益权的标的物的消灭及贬价,负担一切责任。但能证明损害非其过失造成的情况除外。对于非属用益消耗范围内的消耗,用益权人负赔偿责任。对于因正常使用而造成用益权的标的物的贬价,用益权人无赔偿责任。第753条规定“费用”:用益权人非因义务而支付的革新费用,在返还用益权的标的物时,可依无因管理人的规定请求赔偿。用益权人建造的设施,所有人不愿赔偿时,用益权人可拆除该设施,但负有恢复原状的义务。第754条规定“赔偿请求权的消灭”:所有人对物的变更或贬价的赔偿请求权,以及用益权人对设施费用的赔偿或拆除的请求权,在物返还后,经一年不行使而消灭。②

在用益权人的权利方面,《瑞士民法典》第755条规定:用益权人有占有其物、使用及收益的权利。用益权人负责管理用益权的标的物。用益权人须以善良管理人的注意行使本条的权利。③

《瑞士民法典》与其他欧陆国家民法典的一个重要区别之处是专门规定了“所有权人的权利”,体现了对居住权人与所有权人的利益保护平衡。如第759条规定“监督”:所有人,对于任何对物的违法的或不适当的使用,可声明异议。第760条规定“担保请求权”:所有人在可证明其权利受到危害时,有权请求居住权人提供担保。需注意的是,此项担保请求权行使的前提条件是所有人可证明权利受到了危害,这与其他国家在设定居住权时即要求提供担保不同。第763条规定,所有人及用益权人可随时请求以共同费用,就用益权标的物制作公证财产清单。区别之处在于,非像其他国家在设定居住权时即要求制作财产清单。第767

① 殷生根、王燕译:《瑞士民法典》,中国政法大学出版社1999年版,第212-213页。
② 殷生根、王燕译:《瑞士民法典》,中国政法大学出版社1999年版,第213-214页。
③ 殷生根、王燕译:《瑞士民法典》,中国政法大学出版社1999年版,第214页。

条规定"保险":用益权人为所有人的利益,应对用益权的标的物加以火灾或其他灾害保险。但上述保险仅以地方的习惯见解及善良管理人应尽的义务为限度。保险费,在用益权存续期间,由用益权人负担。①

此外,《德国民法典》《西班牙民法典》《葡萄牙民法典》等欧陆国家的民法典都对居住权制度进行了明文甚至是专章的规定,其对居住权的定位均为具有人身属性的人役权,所以一般规定居住权不得转让或者继承,其权利范围也通常是以居住权人及其家庭成员的生活必需为限。在德国民法中有两种类型的居住权,具有一定的特殊性,在本章第四节中专门进行详细介绍,此处不再赘述。

四、大陆法系居住权制度的比较与发展

综观大陆法系主要国家的民法典可以看出,各国都继受了起源于罗马法的居住权制度,共同的渊源使各国居住权制度在构造上具有相似性,功能上具有延续性,都具有对生活困难的特定社会群体提供住房保障和救助功能。因而具有以下共性:②

1. 结构体例上基本一致。在役权制度下,先承认地役权与人役权的二元结构划分,然后把居住权视为人役权之一而规定在用益权(或使用权)之后。居住权总是存在于"用益权—(使用权)—居住权"这一权利梯队中,它们的权能具有包括与被包括的关系。在具体的规范上,居住权可以准用用益权的相关规则。

2. 居住权只能为特定身份关系的人设定,具有人身性限制,基本属于传统人役权,且不得转让或继承。这导致了居住权的封闭性和不具有流转性,适用范围狭窄。各国都不同程度地认识到了这一问题,纷纷寻求解决途径,主要办法是采取意思自治原则,规定当事人可以采取合意约定权利内容。

3. 功能上具有共同性。罗马法设立居住权等人役权的根本目的在于解决没有继承权又缺乏劳动能力的特殊群体的生活问题,其立足点是利用人利益的保护,以维护婚姻家庭关系的伦理性质。这一古老的功能在现代社会各国普遍被保留下来,成为居住权的基本制度功能。

4. 对居住权人权利的行使均作出限制,规定了其应承担的相应义务,以平衡

① 殷生根、王燕译:《瑞士民法典》,中国政法大学出版社 1999 年版,第 215 – 217 页。

② 王富博:《居住权研究——我国物权立法的继受与创新》,中国政法大学 2006 年博士学位论文,第 16 – 17 页。

所有权人的利益保护。各国在规定居住权人权利的同时,都明确了其应负担的善良管理人的注意义务、维修义务、担保义务等,以平衡对所有权人的平等保护。

居住权在大陆法系的发展除因其同源同质而体现共性以外,由于时代的变迁、社会的进步、经济的发展以及物权的固有法属性,还表现出差异性。这种差异性具体体现在:①

1. 类型上出现分化。除传统居住权外,还出现了一种不同于传统居住权的收益性居住权,最典型的是德国在单行法中规定的长期居住权。居住权类型上的分化是社会经济条件变革后对居住权的必然要求,丰富了居住权的理论体系,完善了制度功能,使居住权更加适应时代发展要求。

2. 具体制度规则上存在差异。各国都结合本国的社会经济需求设计居住权制度,居住权的具体规则更加体现各国的具体国情。如在尊崇意思自治原则的法国,改变了罗马法居住权主要依据遗嘱而设定的方式,使契约成为居住权最主要的设立方式。《瑞士民法典》中规定了居住权人应对居住权标的物投保火灾险或其他灾害保险。

综上所述,欧陆主要国家的民法典几乎都有居住权的规定,而且与罗马法相比,由于社会背景已经变化,各国修正了罗马法规定中的不足之处,同时更多地融入了当时社会的需要和时代的特征,使居住权具有了更为广阔的发展空间。

五、东亚主要国家与地区对居住权制度继受的"中断"

值得注意的是,在"西法东渐"的过程中,东亚主要国家与地区在其法治建设过程中普遍继受了以法、德为代表的大陆法系的物权制度,但一般没有引入人役权制度,居住权制度更是不见踪影。

日本民法虽然移植于德国民法,但《日本民法典》没有规定用益权、居住权等人役权制度。究其原因,有学者认为,《日本民法典》未设用益权等人役权是认为"人役一项该国无此习惯,且复有碍于经济之流通,故仅取地役权"②。

韩国也没有引入人役权制度。

---

① 王富博:《居住权研究——我国物权立法的继受与创新》,中国政法大学 2006 年博士学位论文,第 16 – 17 页。

② 郑玉波:《民法物权》,台北,三民书局 1992 年版,第 181 页。

我国台湾地区虽然也是以欧洲大陆法系各国民法为参考,但没有引入人役权制度,没有规定居住权制度。其民事相关规定认为:“欧洲诸国民法于地役权及人役权皆设有规定。惟东西习惯不同,人之役权为东亚各国所无。日本民法规定地役权,而于人之役权于明文……故本‘法’只设地役权也。”①

诚然,上述理由是较为充分的。有学者认为,用益权等人役权未被《日本民法典》和我国台湾地区相关规定确认的更深层次原因是对用益权等人役权功能的认识决定的。在《日本民法典》和我国台湾地区相关规定制定时,用益权主要还是养老的功能,其养老之外的其他功能还没有得到发展和承认,而日本和我国台湾地区都实行家庭(家族)养老制度,加之普遍缺乏家庭成员之间的平等、独立观念,故用益权、人役权的“东渐”命运只能是“消失”,不为民法所确认。②

由于居住权自罗马法起,就隶属于“用益权—使用权—居住权”的人役权制度框架之下,因此随着人役权整个制度不为东方国家所用,居住权制度也就销声匿迹了。③

但在东亚地区有个例外,我国澳门地区民法典受《葡萄牙民法典》的影响,在其第三卷“物权”第三编中规定了“用益权、使用权及居住权”,其中第一章非常详细地规定了用益权制度,第二章规定了使用权及居住权制度。所以,认为东亚地区无居住权规定或者称居住权在东亚的继受中断的结论,并不完全准确。

有学者提出:日本、韩国等未规定居住权制度在内的人役权,并不必然成为我们也不应规定的理由。地理上的相邻,并不构成制度一致的必然要求。相反,是否应规定居住权制度,还应考察我国现实生活对其的需求。④ 我国法律在渊源上应该说与大陆法系比较接近,吸收其较多传统。在《物权法》中,虽然没有规定人役权,但规定了用益物权,并规定了地役权。后在《民法典》中创设了居住权制度,在东亚地区的法律体系中算是一种特色。

---

① 王泽鉴:《民法物权:用益物权·占有》,中国政法大学出版社2001年版,第73页。

② 屈茂辉:《论人役权的现代意义》,载《金陵法律评论》2002年第1期。

③ 刘阅春:《居住权的源流及立法借鉴意义》,载《现代法学》2004年第6期。

④ 申卫星:《视野拓展与功能转换:我国设立居住权必要性的多重视角》,载《中国法学》2005年第5期。

第三节　英美法系类似立法规定与判例规则

英美法系，亦称“普通法系”，是以英国普通法为基础发展起来的法律的总称，指英国从11世纪起主要以源于日耳曼习惯法的普通法为基础，逐渐形成的独特的法律制度以及仿效英国的其他一些国家和地区的法律制度。英美法系产生于英国，后扩大到许多国家和地区，包括美国、加拿大、印度、巴基斯坦、孟加拉国、马来西亚、新加坡、澳大利亚、新西兰以及非洲的个别国家和地区。英美法系历史悠久，影响较大，注重法的延续性，以传统、判例和习惯为判案依据。

英美法系也有关于房屋居住问题的法律规定，但由于不存在大陆法系的物权概念和完整的物权制度体系，所以即使有关于居住权的表述，其含义也与大陆法系物权法中的居住权有所不同，其一般是指当事人基于生存和生活的需要而获得房屋以供居住的权利，属于生存权的一种，主要规定在婚姻家庭法中，多以判例或特别法的形式体现，用以解决与婚姻有关的房屋住宅问题。对英美法系相关立法进行考察，有助于我们开拓视野，全面认识居住权。①

一、英国家庭法中的相关规定

英国对个人居住问题主要规定在1996年《家庭法案》(*Family Law Act*)中。该法案将家庭住宅的解决与避免家庭暴力相联系。并专设第4章“家庭暴力与家庭住宅的占有”，规定了家庭住宅的居住制度。在该章中，涉及了“婚姻住宅居住权”“居住令”“互不妨害令”“关于居住令及互不妨害令的附加条款”等内容，其中有对婚姻住宅权的专门规定，如规定了一方配偶无产权时的婚姻住宅权，设有负担的婚姻住宅权的效力及关于婚姻住宅权的附加条款，而且为保障婚姻住宅权的安全与公平，还建立了居住令和互不妨害令的令状制度，并规定了相应的申请保护程序。②

---

① 王富博:《居住权研究——我国物权立法的继受与创新》，中国政法大学2006年博士学位论文，第21页。

② 王富博:《居住权研究——我国物权立法的继受与创新》，中国政法大学2006年博士学位论文，第21页。

根据《家庭法案》的规定，婚姻住宅居住权是一方配偶根据契约或法律授权而对婚姻住宅享有的居住、使用的权利。其中的住宅是广义的概念，包括：任何作为住所之建筑或其组成部分；任何作为住所的车辆、可供居住的船或结构物，以及一切属于住宅并与之一起占有的院子、花园、附属小屋。但上述住宅必须是作为婚姻生活所用的住宅，对婚姻双方未曾作为且从未打算作为婚姻住宅的房屋不适用。婚姻住宅居住权是住宅所有权上的一项负担，配偶一方非基于法院的令状不得将享有居住权的另一方配偶逐出该住宅。享有居住权的配偶一方未占有住宅时，其可以向法院申请，经许可后进入并占有该住宅。该项居住权存在于婚姻关系存续期间，但对于同居人、前同居人、离婚后的前配偶也同样适用。①

根据《家庭法案》第 49 条的规定，享有婚姻住宅居住权的当事人负有下列义务：(1)对住宅的日常维修义务；(2)交付与住宅相关的租金、抵押金或其他支出；(3)在占有或使用住宅中的家具或其他用品的过程中，应尽合理的注意义务；(4)采取合理措施保障住宅、家具及其他用品的安全。在具体案件中，法院在判决当事人承担上述义务时，应考虑双方当事人的经济状况及来源，以及他们承担的或将来可能承担的经济义务，包括对对方及子女的经济义务。

《家庭法案》中对婚姻住宅居住权有严格的程序保障，集中体现在第 33 条至第 38 条关于居住令的规定上。英国法奉行“程序先于权利”的原则，这就意味着普通法上的权利完全有赖于实施它的诉讼程序而存在，即“无令状则无权利”。享有婚姻住宅居住权的人应向法院申请居住令，法院应考虑各方当事人及子女的住宅需要及来源，各当事人的经济来源，不作出指令或判决对双方当事人及子女的健康、安全和幸福的影响，以及双方当事人此前的行为等，决定是否行使其权力及以何种方式行使权力。法院严格的诉讼程序及自由裁量权发挥着重要的作用。②

与大陆法系国家或地区的居住权制度比较，英国《家庭法案》中的婚姻住宅居住权制度有其自身的特点：其一，制度设立的目的不仅仅是帮助住房困难的当事人，还关注到解决家庭暴力的问题，而大陆法系国家或地区的居住权制度设立

---

① 王富博：《居住权研究——我国物权立法的继受与创新》，中国政法大学 2006 年博士学位论文，第 22 页。

② 曾大鹏：《居住权法律制度研究——以大陆法系民法为主的考察及其对我国的借鉴》，四川大学 2004 年硕士学位论文，第 30 页。

的目的中均没有包括解决家庭暴力这一项;其二,英国家庭法中的居住权的标的物往往限定为当事人的婚姻住宅(或是同居住宅),大陆法系国家或地区无此类规定;其三,在居住权的取得方式上,英国家庭法规定一般只能由相关当事人向法庭申请居住令,在极少的场合也可以由法庭主动发出居住令,而大陆法系国家或地区取得居住权的方式多样化,当事人可以设定遗嘱,可以通过契约的方式或者依据法律的直接规定等直接获得居住权。①

二、美国法中的相关规定与判例规则

美国有关房屋居住权利的规则,主要体现在离婚时对婚姻住宅进行分割的判例中。在对离婚住房处理时,所运用的规则与英国十分相似。在美国,多数州都有居住权获得要件与期限的规定。在许多判例中,法院判决对子女有监护权的一方配偶有使用该住宅的权利,至最小的孩子成年、高中毕业或该配偶再婚时为止。离婚后保留婚姻住宅由一方居住的,原则上由居住方支付抵押贷款、财产税、设备费及各种修理费用。但没有居住权的一方如保留了对房屋的利益,如在一定期限后享有优先购买权或分割售房款权的,应与居住方分担尚未到期的抵押贷款及主要的修理费用。在居住权期限届满后,如要对住宅进行分割的,有居住权的一方享有优先购买权,可以自行购买原配偶对该房屋的另一半产权。居住方的优先购买权是有期限的,通常为30天,超过30天无力购买的,原配偶享有相同期限的次第优先购买权。双方均无力购买的,可以出售住宅、分割房款。离婚时双方无力继续支付婚姻住宅的各种费用(如贷款、维修费用)时,法院可以作出当即出售该住宅、分割房款的判决。②

值得注意的是,美国除在婚姻家庭法有关于居住权的规定外,还有一种涉及居住权的法律制度,即美国法上的终生地产权制度(estate for life)。终生地产权制度,是指基于法律的规定或当事人的约定而产生,特定人于其生存期间内对特定财产(一般为不动产)享有所有权,但该特定人一旦死亡或当事人所约定的条件出现,该所有权即行终止的法律制度。终生地产权制度在美国具有广泛的应用场景,例如:父母在将房屋转让给子女时,可以同时设定自己为终生地产人;父母

① 姜颖杰:《居住权制度研究》,复旦大学2007年硕士学位论文,第12页。

② 刘东华:《离婚判决中女性的居住权问题——兼论我国的居住权立法》,载梁慧星主编:《民商法论丛》(总第18卷),金桥文化出版(香港)有限公司2001年版,第297页。

存活时，有权作为终生地产产权人使用房屋；父母身故后，子女自动成为房屋的所有权人，无须通过继承获得房产。创设终生地产权经常被作为地产计划中的一种技术，有经验的律师有时会为年老的所有权人起草一份转让房屋所有权给其子女但保留其对房产终生地产权的契约。这一保留保证了让与人余生有房可住，避免了让与人继续居住的状态会受到其子女的制约。①

常见的终生地产权有以下三种类型：(1)财产转让时，以受让人的寿命来确定的终生地产权；(2)财产转让时，以受让人以外的另外人的寿命来确定的终生地产权；(3)财产转让时，出让人约定受让人享有终生地产权，但附以一定的条件。②

三、英美法系相关立法规定的启示

与大陆法系居住权相比较，英美法系关于居住问题的规定在功能上与大陆法系传统居住权具有相似性，都是用来解决婚姻家庭关系中的住宅居住问题，以保障特定人的基本生活和生存权利。各个国家在所面对和需要解决的问题方面往往具有一致性，但所采取的制度措施和法律手段可能不同。在立法模式和具体规则方面，由于法律传统的不同，英美法系关于居住问题的立法规定与立法体例与大陆法系也有不同。英美法系不是将其规定在财产法中，而是规定在家庭法中，而且其相关规定属于强制性规定，不允许当事人以约定的方式加以排除；大陆法系的居住权主要是以遗嘱、合同等意定方式设定的，除法定居住权以外，一般可以通过约定排除其适用。③

英美法系虽然在法律渊源上与大陆法系不同，但其也有类似居住权的制度。美国法上的终生地产权制度，权利人在生存期间对不动产享有所有权，权利人可以对享有所有权的地产在其权利范围内进行转让、设立抵押和出租，该所有权在权利人死亡时即自动终止。终生地产终止后，如果不存在其他所有权受让人，则所有权自动返回至原产权人手里；如设定了其他产权受让人，则转移至受让人处。

---

① 申卫星：《视野拓展与功能转换：我国设立居住权必要性的多重视角》，载《中国法学》2005年第5期。

② 申卫星：《视野拓展与功能转换：我国设立居住权必要性的多重视角》，载《中国法学》2005年第5期。

③ 王富博：《居住权研究——我国物权立法的继受与创新》，中国政法大学2006年博士学位论文，第23页。

终生地产的期限以特定人的生命为衡量标准，特定人既可以是产权人，也可以是产权人所指定的人。美国法中的终生地产权，常被用作一种地产投资和收益的技术，使居住权在这个领域的伦理性大大减弱，类似于投资性居住权。这种制度可以为我们设计“以房养老”的模式提供重要的参考，这是居住权在新的时代环境下延续其生命力的一种进化。

除了绝对产权和终生地产权以外，英美法下的其他居住权利均为非产权，本质上为租赁权，因此不存在所谓非终生的、固定年限的产权。

第四节　德国民法中居住权制度的发展

德国民法中有两种类型的居住权：一是《德国民法典》规定的传统居住权；二是在德国特别民法《住宅所有权与长期居住权法》规定的长期居住权。这两部法律规定的居住权有很大的差别：前者是一种限制的人役权，不可转让，不得继承；而后者则是一项独立的用益物权，可以独立地转让和继承。显然，两者具有不同的社会功能。

一、《德国民法典》中对传统居住权制度的规定

《德国民法典》制定于1896年，1900年1月1日起生效。整个法典分为总则、物权、债的关系、家庭法和继承法五编，共2385条。《德国民法典》是罗马法与日耳曼法融合的产物，它注重逻辑思维和理论概括，整部法典具有结构严谨、规范细密、条理性强的特点。此后一百多年，该法典随着时代的发展而发展，经过多次修改，但主要修改是在债权部分，对总则与物权部分的修改不多。①

《德国民法典》承袭了罗马法中的所有权概念，即对土地和土地上的建筑物只能拥有一个统一的所有权，而不能对地上或地下建筑物中的某个特定空间单独享有所有权。因此，如果想要拥有自己的住宅，首先必须取得土地，然后在上面建房，或者是连地带房子一起买下，否则就只能租房居住。

《德国民法典》尽管同样承袭罗马法，以地役权与人役权二元结构为基础，但

① 郑冲、贾红梅译：《德国民法典》，法律出版社1999年版，第1页。

体例又有所不同,其第五章“役权”(第 1018 条至第 1093 条)分为地役权、用益权和限制的人役权,把限制的人役权看作一种介于地役权和用益权之间的权利。第 1093 条规定:“排除所有权人将建筑物或者建筑物的一部分作为住房使用的权利,也可以作为限制的人役权加以设定。权利人有权在住房中接纳其家属以及与其地位相当的服务和护理人员。上述权利仅限于建筑物的一部分的,权利人可以共同使用规定供居住权人共同使用的设备和设施。”①这种“限制的人役权”即居住权,有些书中翻译为“住房权”。由此可见,居住权是在他人的住宅之上设定的权利,而且是为“特定的人”设定的。第 1092 条规定,“限制的人役权不得转让。此种役权仅在允许让与时,始得让与他人”②。《德国民法典》所规定的居住权,作为一种限制性的人役权,忠实地秉承了罗马法的居住权传统,还不是一种真正独立的他物权,只是附属性的权利。③

《德国民法典》中对用益权的设定也更为缜密,将其进一步细化为物上的用益权、权利上的用益权和财产上的用益权,并针对不同的权利客体分别加以规定,以适应情形的特殊和复杂性。作为限制人役权的居住权可以准用用益权的大部分规则,《德国民法典》第 1093 条规定:“对此项权利准用第 1031 条、第 1034 条、第 1036 条、第 1037 条第 1 款、第 1041 条、第 1042 条、第 1044 条、第 1049 条、第 1050 条、第 1057 条、第 1062 条关于用益权的规定。”④当标的物为房屋时,两者内容有重复。与地役权相比,限制的人役权强调该权利为某个人利益,即为某一特定的人设定的役权,而不是为了土地的利益;与用益权相比,限制的人役权具有只能在不动产上设立,而且只能为某一特定的人设定的特点。

作为限制人役权的居住权具有以下特征:(1)居住权只能通过设立取得,并应遵从合意与登记的原则。(2)居住权人在行使其权利时,应维持房屋原来的经济用途,并依通常的经营规则进行使用。(3)当有下列情况时,居住权人负有及时通知所有权人的义务:建筑物灭失或毁损;有必要进行非常的修缮和改造;为保护建筑物免受未可预见的危险而有必要采取防护措施的;第三人对建筑物主张权利的。(4)居住权人为建筑物支出了费用,而自己对该费用本无负担的义务时,

---

① 郑冲、贾红梅译:《德国民法典》,法律出版社 1999 年版,第 253 页。

② 郑冲、贾红梅译:《德国民法典》,法律出版社 1999 年版,第 252 页。

③ 王富博:《居住权研究——我国物权立法的继受与创新》,中国政法大学 2006 年博士学位论文,第 11 页。

④ 郑冲、贾红梅译:《德国民法典》,法律出版社 1999 年版,第 253 页。

可以依无因管理的规定要求所有权人偿还。①

德国学者认为:“在终老财产范围内,这种时间上以及人身上的限制,当然完全有其意义。但在居住权某种程度上体现为投入建筑资金之对待给付时(建筑造价补贴),应另当别论;此时居住权之不得转让性与不得使用出租性,为一项不合理的缺陷。”②

就消灭的条件而言,德国民事立法及司法实务中一般认为,废止(放弃)、存续期间的届满或解除条件成就、权利人死亡、住宅因不可抗力倒塌等事由是居住权消灭的原因。③

德国还存在一种因所谓的建筑造价补助(Baukostenzuschuss)而设立的居住权。德国著名法学家鲍尔教授在《德国物权法》一书中曾举例说,一个人为曾向其提供给一笔大额建筑造价补助的补贴,在其房屋中一间住宅上设定一项长期居住权。由此可见,在德国合资建房地上权人筹资时,不一定要和其他出资人分享建筑物的所有权,也可以为其他出资人设立一份居住权,以满足其居住权的要求即可。对于出资人而言,也无须对等出资,即可实现其居住的需要,这显然为满足人们的需求提供了更多的选择。④

德国人最初解决传统居住权局限性的方式是在严格禁止人役权转让与继承的同时,规定用益权的行使可以交由他人(第1059条第2款),居住权准用其规定,将原本被严格禁止流转的权利以用益权行使的形式交由他人,变相地解决了居住权不能流通的问题。但此时居住权只能作为附属权利同用益权转让,并不具备独立转让能力。而后德国在《德国民法典》的修订过程中,数次修改用益权制度增强其可转让性和独立性。如1935年12月13日《用益权和限制的人役权转让法》规定,如果出于公共利益的原因,用益权可以转让。1953年3月5日《关于恢复民法领域的法律统一的法律》规定法人可以概括继承或个别移转的方式进行用益权的移转。1996年7月《关于修改限制性人役权的法律》规定有权利能力的人和公司亦可移转其权利。这样,对于法人实体,用益权和限制的人役权部分地、

---

① 王富博:《居住权研究——我国物权立法的继受与创新》,中国政法大学2006年博士学位论文,第11页。

② [德]鲍尔、施蒂尔纳:《德国物权法》,张双根译,法律出版社2004年版,第655页。

③ 孙宪忠:《德国当代物权法》,法律出版社1997年版,第253页。

④ 申卫星:《视野拓展与功能转换:我国设立居住权必要性的多重视角》,载《中国法学》2005年第5期。

逐步地实现了可转让性,但就权利人为自然人时,仍然无法进行居住权的转让。①

二、德国《住宅所有权与长期居住权法》的相关规定

在德国历史上,德国的普通法和部分地方法一直认可与土地相分离的所谓"楼层所有权",这种所有权形式在《德国民法典》生效后虽不能新设,但仍在实际生活中存在。由于其法律基础和界限划分不明确,由此产生的法律纠纷很多,因此这种楼房常被称为"是非之巢"。第二次世界大战结束后,德国的大量住宅被战火摧毁,住宅紧缺问题亟待解决,为促进住宅建造并使人们比较容易拥有自己的住宅而不只是租房居住,继续拘泥于《德国民法典》规定的所有权概念就显得不合时宜。在此背景下,随着社会的发展和居住需求的增长,德国《住宅所有权与长期居住权法》于1951年3月15日通过并于3月20日起生效。该法共分四个部分64条,其中第一部分"住宅所有权"又分为四章,内容相当详尽。该法第二部分专门规定了"长期居住权",共有12条内容(第31-42条)。②

该法第一部分先明确了相关的概念:"按照本法规定,可以在住宅之上成立住宅所有权,在建筑物的不以居住为目的的空间成立部分所有权。住宅所有权指的是对一个住宅的特别所有权及其所属的共有财产之共有份额的结合。部分所有权指的是对建筑物不以居住为目的空间的特别所有权及其所属共有财产之共有份额的结合。"③

该法的特点主要有三个:(1)住宅所有权的概念分为三部分,即由供居住或供其他用途(如营业或办公用)的建筑物空间上所设立的专有所有权,住宅所有权人共用建筑物(如屋顶、外壁、基地等)上所设立的持份共有权,基于共同关系而产生的身份上的成员权;(2)在未来的建筑计划书上,得预先创设专有所有权;(3)管理机构除了住宅所有权人会议外,还有管理人。于必要时,并得设管理委员会,以辅助管理人履行职务。④

---

① 王富博:《居住权研究——我国物权立法的继受与创新》,中国政法大学2006年博士学位论文,第12页。

② 张忠野等译:《德国住宅所有权法和住宅所有权》,载《当代主要国家物业管理法》,北京大学出版社2014年版,第531-549页。

③ 张忠野等译:《德国住宅所有权法和住宅所有权》,载《当代主要国家物业管理法》,北京大学出版社2014年版,第531页。

④ 陈华彬:《建筑物区分所有权》,中国法制出版社2011年版,第32页。

德国制定该法的目的是运用公有资金、私有储蓄作为资本,克服当时住宅缺乏的局面,且将本来的房屋租赁关系变更为受该法规制的住宅所有权关系,并同时以遭受破坏的城市的再建作为其目标。① 此目标在1970年年底就已基本达到。该法施行后,在1953年至1988年的35年里,原联邦德国地区以此种所有权形式建造了235万套住宅。后来,全德国共有约400万套住宅和非住宅用房在其基础上得以建造,可以说,这部法律达到了预期目标。②

长期居住权作为在一块土地上设立的负担,是一种特殊的限制性物权。其概念是"为其利益而设定负担的人有权排除所有权人居住或者以其他方式使用在该土地上建造的或者将要建造的建筑物的特定住宅""长期居住权可以扩展至该土地上建筑物以外的部分,只要住宅在经济意义上居于主导地位""只有住宅是独立的,才可以设立长期居住权"。③ 长期居住权必须在土地登记簿上登记才能产生,长期居住权的标的和内容的详细标示可以援引登记同意。建筑机关签名并加盖印章或者图章的建筑图纸或者建筑机关出具的相关书面证明,可以作为登记许可的附件。④

长期居住权可以转让和继承,并不得附条件设定。如果双方没有其他约定,居住权人应承担类似住宅所有权人的相关义务,而且可以使用供共同使用的建筑物和土地的特定部分、设备和设施。作为长期居住权的内容可以约定:(1)使用的种类和范围;(2)设定长期居住权的建筑物部分的养护和维修;(3)权利人承受公共的或者私法上的土地负担的义务;(4)建筑物的保险和毁损情况下的重建;(5)所有权人在特定前提条件下要求提供担保的权利。⑤

该法对长期居住权设立条件采取非严格限制。其体现在:第一,充分意思自治。居住权的存续不再与人身属性相联系,取决于当事人的意思自治,目的也不再是满足基本的生活居住需求,而是满足当事人的意思要求。第二,设立的有偿

---

① 陈华彬:《建筑物区分所有权》,中国法制出版社2011年版,第33页。

② 郑冲:《德国住宅所有权法和住宅所有权简介》,载 https://max. book118. com/html/2017/0717/122669456. shtm。

③ 张忠野等译:《德国住宅所有权法和住宅所有权》,载《当代主要国家物业管理法》,北京大学出版社2014年版,第540页。

④ 张忠野等译:《德国住宅所有权法和住宅所有权》,载《当代主要国家物业管理法》,北京大学出版社2014年版,第541页。

⑤ 张忠野等译:《德国住宅所有权法和住宅所有权》,载《当代主要国家物业管理法》,北京大学出版社2014年版,第541页。

性。居住权剥离出人役性后,少了身份属性的限制体现为纯用益性,旨在实现对房屋的多元化利用,其目的是最大化收益。居住权从特定群体转向市场经济的不特定群体,从公益转向私益,当事人之间通过合同设立居住权,自应依据有偿原则协定相应的对价。①

虽然长期居住权可以转让,但双方可以在内容中约定,居住权人让与长期居住权需要取得所有权人或者第三人的同意。还可以约定,居住权人有义务在特定条件下将长期居住权转让给土地所有权人或者由其制定的第三人(复归请求权),不能将复归请求权与土地所有权分离。如果长期居住权涉及租赁保护,则只有存在出租权能够要求或者通知解除租赁关系的事由时,所有权人才能行使复归请求权。复归请求权在所有权人知晓权利行使的前提条件具备之时起6个月内因时效而消灭,无论是否知道,在权利行使的前提条件具备之时起两年后因失效而消灭。双方还可以在内容中约定,如果所有权人行使复归请求权,须给予权利人补偿,还可以就补偿的计算或者数额或者支付的方式进行约定。如果长期居住权被转让,则受让人自取代让与日起承担其权利存续期间与所有权人的法律关系所产生的关系。②

由此可见,为了保证所有权人对长期居住权的影响,住宅所有权人享有两种权利,即所有权人保留对让与长期居住权的同意权,以及保留在长期居住权人未合理使用住宅时,对长期居住权的复归请求权。③

居住权人可以将设定长期居住权的建筑物或者土地之部分使用出租或者用益出租,但一旦长期居住权消灭,使用租赁或者用益租赁关系也同时消灭。④

长期居住权的效力更重要的是表现在消灭上,长期居住权仅因约定期限届满,或因被废止(放弃)而消灭。长期居住权与民法典规定的传统居住权不同,可以通过物权转让合同和继承等方式产生,不因权利人之死亡而消灭,也与使用租赁不同,不得通过终止表示而使其消灭。但是,该法规定可以通过约定的回归请求权达到终止的目的。

作为一部特别民法,该法一方面遵从了《德国民法典》物权编中规定的基本

---

① 林洋、唐万钰:《德国居住权制度的特点》,载 http://www. legaldaily. com. cn/Culture/content/2021 -03/12/content_8454970. htm。

② 张忠野等译:《当代主要国家物业管理法》,北京大学出版社 2014 年版,第 542 页。

③ [德]鲍尔、施蒂尔纳:《德国物权法》,张双根译,法律出版社 2004 年版,第 660 页。

④ 张忠野等译:《当代主要国家物业管理法》,北京大学出版社 2014 年版,第 542 页。

原则,另一方面也在建筑物区分所有权的具体问题上有更加详尽的规定,由此建立了具有德国特色的建筑物区分所有权制度。该法的颁布实施,使德国的建筑物区分所有权在20世纪60年代得到了急剧飞跃的发展,但是随之产生了新的问题。于是在颁布20余年后,德国在1973年3月30日和7月30日两度对其予以修正。此后该法一直随着历史的脚步不断更新,2007年3月26日德国再度对其进行了修正,新的《住宅所有权与长期居住权法》于2007年7月1日正式施行。

三、长期居住权与住宅租赁制度的逐渐融合

在《德国民法典》中,住宅租赁权得到比较严格的法律保护。根据2019年更新后的《德国民法典》,对住宅租赁的专门规制在其第二编"债务关系法"第八章"各种债务关系"第五节"租赁与用益租赁合同"中,由租赁一般原则、住宅(居住空间)租赁、其他物的租赁等五部分组成。其中住宅租赁部分(第549条至第577a条)内容包括一般原则、租金、出租人法定质权、合同缔约方变更、租赁关系终止、特别规定共6个方面。

《德国民法典》特别注重租赁关系长期稳定。其包括以下几个方面:(1)限制出租人擅自解除住宅租赁合同的权力。第573条规定,出租人仅在有正当利益时方可终止住宅租赁,正当利益主要包括:承租人严重违反住宅租赁合同;承租人拖欠租金两个月以上的,但承租人能补交的除外;承租人不履行义务,损坏房屋及设施设备,持续扰乱居住安宁的;出租人需自用或者其直系亲属需使用出租住宅等。(2)终止住宅租赁需书面通知承租人并告知其可提出异议的程序和权利。(3)终止租赁需提前通知承租人。(4)承租人对终止租赁可提出异议。(5)设定默认租赁延期。(6)确定法定优先承租。承租人死亡后,其共同的家庭成员有租赁继承权。(7)除出租人将住宅出售给其家庭成员的外,出租人出售租赁住宅的,承租人拥有优先购买权。(8)买卖不破租赁。出租人将租赁住宅转让给第三人的,第三人承继出租人的权利义务。

《德国民法典》对住宅租金调整的规定有效保障了德国住宅租金水平长期保持相对平稳,如法律限制租金上涨的幅度。通常情况下,3年内租金上涨不得超过20%,而且规定出租人不得以提高租金为目的而终止租赁关系。

《德国民法典》对出租住宅改善程序、内容和救济作出了细致的规定。在涉

及住宅租赁的众多条款中，均特别强调对承租人不利的合同条款无效。

这些规定成为促进德国社会住宅租赁市场发展、住宅租赁关系稳定的法律基石。住宅租赁活动有充分的法律保护，有助于德国居民形成通过租赁解决长期居住问题的消费理念。根据柏林住宅城市发展和住宅部提供的资料，当时德国约有8200万人口，住宅约有4170万套，其中：产权人自住的1730万套，占43%；私人出租的1500万套，占37%；各类组织出租的830万套，占20%。在柏林、慕尼黑等大城市住宅租赁率更高。

租赁在民法中被视为一种债法关系，这是租赁权与居住权最本质的区别。德国的长期居住权制度与住宅租赁制度逐渐融合一起。租赁权制度与长期居住权在制度功能、设立方式、权利外观等方面具有诸多相似性。两种制度都在促使住宅所有权中的使用权流转而获得法定收益，设立都是通过合同形式，权利外观都表现为占有和使用他人住宅，同时在不动产登记部门进行不动产登记。两者的主要区别在于：居住权的客体范围被限制在“满足生活居住”需求的住宅上，租赁权客体范围已涵盖居住权的客体范围。

四、德国居住权制度发展演变的借鉴意义

《住宅所有权与长期居住权法》规定的长期居住权和《德国民法典》中的传统居住权一样，是以住宅为标的物的一项物权性使用权。但与其不同的是，长期居住权是可以转让和继承的，而且长期居住权人有权进行任何合理的用益，特别是有权进行使用出租和用益出租，这一点极大地满足了人们居住和投资的双重需求，成为居住权制度重要的发展空间。德国立法部门试图在保留传统居住权制度的同时，在特别法中规定一种新的类似的制度，来改变原有居住权不具有流通性的弊病，同时也可满足特定人对他人房屋居住的要求。

当今市场经济发达国家在解决居民住宅保障制度上主要有两种模式：一种是在新加坡、瑞典、加拿大等高福利国家，他们的住宅保障范围几乎涵盖了全体国民，如新加坡就有将近90%的家庭居住在他们的“组屋”之内，这些国家主要通过住宅的实物分配来提高国民的住宅福利待遇；另一种是在美国、日本、德国等发达国家，以中低收入群体为主要住宅保障范围，在保障中低收入群体住宅权利的同

时,也很注意大力发展住宅的商品市场,以此促进整个社会住宅水平的提高。①

我国经过住房制度改革后,经历了20多年的房地产高速发展阶段,住房紧张的情况得到很大的缓解,局部区域出现房屋相对过剩的情况。但我国房地产市场化、投机行为盛行,我国居民的住宅以私有为主,住宅租赁市场一直发展缓慢。在对中低收入群体的住宅保障方面,除了各地政府提供经济适用房、廉租房等措施以外,还要积极发展住房租赁市场。所以,党的十九大提出"加快建立多主体供给、多渠道保障住房制度"。

德国作为中国近现代以来引进法律制度的主要来源国,其很多法律制度对我国具有比较法上的借鉴意义。所以,德国民法上的居住权制度也值得我们借鉴,其对住宅租赁制度的重视与有力保障对于推动我国的住宅租赁制度也有重要的借鉴意义。就居住权制度的适用而言,可以从以下几个方面入手:

1. 从所有权型住宅向非所有权型住宅转变。政府要改变原来将作为公共资源的保障房出售的做法,逐渐减少乃至取消经济适用房、安居房等政策性房产的出售。将绝大多数的公有住房改为公共租赁房,向符合条件的公众开放。另外,可以发展社会保障性居住权,如试点在公有住房上以无偿设立居住权的方式保障特困群体的居住条件。

2. 通过有偿设立居住权方式,适当限制所有权人的权利。对于一些长期的住宅租赁合同,可以转变为居住权合同,这样不仅可以突破租赁合同最长期限为20年的限制,而且更加有利于对居住权人的权益保护,使所有权人不能任意解除合同。居住权作为一种用益物权,将限制所有权人的处分权,对居住权人更为有利;同时,居住权也更能满足我国居民希望长期居住的心理需求。

3. 利用居住权的功能拓展住房供给渠道,激活农村住房。居住权除了保障性功能外,还有投资性与消费性功能。例如,可以采取城市居民与农村村民合资建房的方式,房屋所有权归农村村民,并为城市居民设立长期居住权,这样不仅不会突破国家对农村宅基地的管理规范,而且可以改善农村村民的住房,推动新农村建设。

---

① 王爱民:《论我国住房保障法律制度的完善》,中国政法大学2008博士学位论文,第7页。

第五节 我国《澳门民法典》中的居住权制度

一、《澳门民法典》的历史演变与相关规定

我国澳门地区在1999年12月20日回归祖国前，一直沿用葡萄牙的民法。1966年11月25日，葡萄牙立法机关通过新的《葡萄牙民法典》，于1967年9月4日延伸适用于澳门地区。此后，葡萄牙立法机关对《葡萄牙民法典》进行了多次修改，其中有关家庭、继承权等多方面，这些修改均通过法令延伸适用于澳门地区。

1999年8月3日，《澳门民法典》公布，于1999年10月1日开始生效。自始，我国澳门地区有了自己的民法典。

《澳门民法典》共分5卷，分别是：总则、债法、物权法、亲属法和继承法，共计2161条，较1966年《葡萄牙民法典》2334条少了173条。《澳门民法典》不仅受到《葡萄牙民法典》的直接影响，其体例和内容也基本上与《法国民法典》雷同，可见也受到《法国民法典》的间接影响，继承了大陆法系的立法传统。在其第三卷"物权"第三编"用益权、使用权及居住权"中，第一章规定了"用益权"制度，用38条进行了非常详细的规范（第1373条至第1410条）；第二章规定了"使用权及居住权"制度，虽然仅规定了6条内容（第1411条至第1416条），但该法第1416条规定："规范用益权之规定，如符合使用权及居住权之性质，则适用于使用权及居住权。"由此可见，其居住权制度体系还是比较完备的。

二、《澳门民法典》对用益权的相关规定

《澳门民法典》对用益权的规定是非常详细的。第1373条规定了用益权的概念："用益权系指对属他人之一物或一项权利在一段期间内全面享益而不改变其形态或实质之权利。"

在第一节"一般规定"中比较重要的规范有：

第1374条规定了用益权的设定方式："用益权得透过合同、遗嘱、取得时效或法律规定而设定。"

第1377条规定了用益权的存续期，其中主要内容：除非双方有明确约定，用益权不能被继承，因用益权人死亡或法人消灭而终止；用益权的最长存续期不能

超过 30 年;有偿设立的用益权的最短存续期一般不低于 2 年。

第 1378 条规定了用益权之有偿性或无偿性,“用益权视为无偿,但在其设定依据上明确指出为有偿者除外”。

第 1379 条规定明确了年金之支付时间与承担违约责任的详细规定。

第 1380 条规定“将用益权转予第三人”。因在第 1414 条规定了“权利之不可移转性”,所以使用权与居住权不能转让,也即不能适用该条规定。

第 1381 条规定:“用益权人之权利与义务受用益权之设定依据规范;如在该依据中无规定或无足够之规定,则应遵守以下各条之规定。”用益权人的权利与义务,按照双方事先的约定优先或者根据遗嘱内容明确,如果没有约定或不明确,可以适用第二节“用益权人之权利”与第三节“用益权人之义务”中的相关规定。

第二节“用益权人之权利”第 1382 条规定:“用益权人得使用、收益及管理用益物或用益权利,但应如善良家父般为之,且须顾及该物或权利之经济用途。”用益物权人应尽到善良管理人的注意义务,进行合理使用、妥善管理。

其中与将房屋作为“用益物”的居住权密切相关的主要条款有:第 1383 条规定:“用益权之范围包括一切附在用益物上之物及用益物上之各种固有权利。”第 1384 条第 1 款规定:“用益权人有权在用益物上作出其认为适当之有益或奢侈之改善,但不得改变该物之形态、实质或其经济用途。”第 1387 条第 1 款规定:“如用益权涉及不可消耗但可因使用而毁损之物,则用益权人在用益权届满时,仅有义务以物所处之状况作出返还,但因将用益物用在非其固有之用途上或因用益权人之过错而造成用益物毁损者除外。”

第三节“用益权人之义务”中与将房屋作为“用益物”的居住权密切相关的主要条款有:

第 1395 条第 1 款规定:“用益权人在接管财产前有义务:a)在经传唤所有人或其在场之情况下将财产列出,并就该等财产之状况,及倘有之动产之价值作出声明;b)在被要求提供担保时,则提供之,用以担保财产之返还或因财产属可消耗物而担保返还其相应价额,以及用以担保因其过错造成财产毁损时之修补,或担保其他应支付之损害赔偿。”

第 1396 条第 1 款规定:“如用益权人不提供应作之担保,则所有人有权提出下列要求或要求采取其他适当措施:涉及不动产者,要求将之出租或交由他人管理之”;第 1398 条规定了“一般修补”责任,在将房屋作为“用益物”时,可以将“一般修补”理解为“一般维修”或者“通常维修”。

第1399条规定了“特别修补”责任。

第1400条规定：“针对用益财产收益之税项及其他按年支付之负担，由在其到期时拥有用益权之人负责支付。”这一规定与第1415条规定的“因使用及居住而生之义务”，内容基本相符。

第1401条规定：“用益权人知悉第三人作出足以侵害所有人权利之行为者，即有义务将之通知所有人，否则，用益权人须对所有人可能遭受之损害负责。”

第四节“用益权之消灭”的规定与将房屋作为“用益物”的居住权的关系比较密切，大多数条款应可以适用。例如，在第1402条中规定“用益权消灭之原因”；在第1403条中规定“用益权人之不当使用”的法律后果；在第1396条中规定“担保之欠缺”；在第1404条中规定“在第三人达至特定年龄时终止之用益权”；在第1405条中规定“解除负担之取得时效”；在第1406条中规定“用益物或用益权利部分失去及用益物之转变”；在第1407条中规定“楼宇之损毁”后的处理；在第1408条中规定“损害赔偿”责任的承担；在第1409条中规定“损毁之用益物之保险”的处理；在第1410条中规定“用益物之返还”。

三、《澳门民法典》对使用权与居住权的规定

《澳门民法典》对使用权与居住权的规定比较简略。第1411条第1款规定：“使用权是指权利人及其亲属得在本身需要的限度内，使用他人的特定物及收取有关孳息之权能。”同条第2款规定：“涉及住房之使用权，则称为居住权。”由此可见，这里使用权的概念接近于西方国家的人役权，使用权只能是给自然人而非法人带来收益。使用权的存在是以有关权利人及其家庭的需要为前提，这与用益权不同，用益权不需要此前提。居住权是使用权的一种特殊类型。所以，居住权的受益人（居住权人）也只能是自然人，不能是法人。

第1412条“设定、消灭及制度”第1款规定：“使用权及居住权之设定及消灭，与用益权之设定及消灭之方式相同。”具体可见此前第1374条中规定用益权的设定方式与第四节“用益权之消灭”。

第1412条第2款规定：“使用权及居住权，不得在其受益人死后继续维持。”使用权及居住权因受益人的死亡而消灭，不具有继承性。

第1412条第3款规定：“使用权及居住权受其设定依据规范；如在设定依据

中无规定或无足够之规定，则应遵守以下数条之规定。”当事人在合同中有约定或遗嘱人在遗嘱中有明确说明的，应尊重其意思表示；如果没有约定或者说明不明确的，或者法律没有明确规定的，则按照以下的第 1413 条、第 1414 条、第 1415 条规定。

第 1413 条规定了“使用权人或居住权人的亲属范围”，“仅包括配偶、受权利人扶养之子女、以及其他应由权利人扶养之血亲”。此外，“与权利人有事实婚关系之人，以及基于为权利人服务或为本条所指之人服务而与权利人一起生活之人，均等同于权利人之亲属”。

第 1414 条规定了“权利之不可移转性”，“使用权人及居住权人均不得将其权利转予他人或出租予他人，亦不得以任何方式在其权利上设定负担”。也就是说，使用权与居住权不能出租、转让，也不能设立抵押等权利负担。

第 1415 条规定了“因使用及居住而生之义务”，“如使用权人收取房地产之全部孳息或占用整幢楼宇，则须如同用益权人般负责一般修补、承担管理开支、税捐及按年支付之负担”，“如使用权人仅收取部分孳息或仅占用楼宇之一部分，则须按其收益比例，承担上款所指之开支”。该条既规定使用权人有一定的收取孳息的权利，又明确了使用权人需要负担相应的物业服务费、税费及一般维修费用。

第 1416 条明确了“规范用益权之规定，如符合使用权及居住权之性质，则适用于使用权及居住权”。也就是说，使用权及居住权可以适用第一章“用益权”中第 1373 条至第 1410 条的相关规定。

四、《澳门民法典》相关规定的借鉴意义

与我国澳门地区相比，内地《民法典》中对居住权的六条规定比较简单，而且对用益物权的规范也比较简单，所以居住权可以直接适用的规定很少。难以解决实践中可能会产生的众多纠纷，可能会出现制度供给不足的问题。内地居住权制度存在一些亟待完善之处。

《澳门民法典》对用益权、使用权、居住权的相关规定比较详细、明确，对完善内地居住权制度有重要的借鉴意义：

1. 要明确与居住权人必要共同生活的人的范围及权益保障。借鉴其第 1413 条规定，可以将与居住权人必要共同生活的人的范围确定为以下三类人员：一是家庭成员，包括居住权人的配偶、子女和其他共同生活的近亲属；二是居住权人供

养的近亲属以外的人员；三是为居住权人提供生活服务的人员，如保姆、护工等。这些人可以享有与居住权人类似的居住权益。

2. 要明确居住权人需要负担与居住权相关的使用费用、物业服务费与日常维修费用。借鉴其第 1415 条规定，除非当事人在居住权合同中另有约定，一般应由居住权人自行承担水、电、煤气、取暖等使用费用与物业服务费；日常的维修费用，一般也由居住权人承担。如果是在一套住宅的部分区域设立居住权，可以按照实际使用的面积比例，来承担相应的费用支出。如果居住权人是所有权人有赡养、抚养或扶养义务的人员，对费用的承担可以另作约定或者按照习惯处理。

3. 要明确居住权人的主要权利。内地《民法典》对此没有明确规定，只能参考适用“租赁合同”中对承租人的相关规定。可以借鉴《澳门民法典》第三编第一章第二节“用益权人之权利”的相关规定，尤其是第 1382 条、第 1383 条、第 1384 条、第 1387 条规定。

4. 要明确居住权人的主要义务。内地《民法典》对此也没有明确规定，只能参考适用“租赁合同”中对承租人的相关规定。可以借鉴《澳门民法典》第三编第一章第三节“用益权人之义务”的相关规定，从第 1395 条至第 1401 条。尤其是第 1395 条规定的“财产之列出及担保”有很大的借鉴意义，设立居住权的住宅在交付给居住权人前由双方点验并列出财产清单的做法，可以减少以后因住宅内实施或设备等财物损失引起的纠纷；第 1401 条规定的用益权人对发生的“第三人之侵害行为”有通知所有人的义务，可以保护所有权人的合法权益。

5. 要增加居住权的消灭原因。内地《民法典》第 370 条对居住权消灭原因规定得比较简单，现实中肯定不止这两种原因。可以借鉴《澳门民法典》第三编第一章第四节“用益权之消灭”中第 1402 条规定，在实践中增加居住权的消灭原因，例如：居住权人放弃居住权，住宅灭失，住宅被征收，居住权被撤销，居住权与所有权归于同一人等。

6. 要明确居住权消灭后的责任承担与利益补偿。内地《民法典》对此没有明确规定。在《澳门民法典》第三编第一章第四节“用益权之消灭”中对此有比较详细的规定，值得借鉴。例如：第 1403 条规定了“用益权人之不当使用”的法律后果，第 1407 条规定了“楼宇之损毁”后的处理，第 1408 条规定了“损害赔偿”责任的承担，第 1409 条规定了“损毁之用益物之保险”的处理，第 1410 条规定了“用益物之返还”。

第三章

居住权的基本问题探讨

第一节　居住权的不同分类

对居住权进行不同的分类，可以从不同的侧面深化对居住权的认识，进一步把握其本质。依照不同的标准，可以将居住权划分为不同的类型，以下列举几种划分标准并进行初步分析。

一、按照设立时居住权人是否要支付经济对价，可以分为无偿设立的居住权与有偿设立的居住权

如果居住权无偿设立，房屋所有权人与居住权人之间一般存在特殊的身份关系，如近亲属、以前的配偶、亲友、保姆等；房屋所有权人无偿设立居住权的主要目的如下：承担扶养义务、恩惠性质、帮困助残性质等。无偿设立居住权应准用赠与合同规则。在这种情况下，除了法定的赡养、抚养或扶养义务外，房屋所有人一般不需要承担较多的其他义务，例如，可以不承担房屋的维修义务，因住宅灭失或征收导致居住权消灭可以不给予经济补偿。居住权人也会受到一定的权利限制，例如，不能擅自出租住宅，不能让无关人员一起共同居住。

如果居住权有偿设立，所有权人与居住权人之间可以不存在特殊的身份关系，如可能是由原来的租赁房屋关系转化而来，或者因合作建房为出资人设立居住权，或因为养老需要为老年人设立居住权。有偿设立居住权应准用双务合同规则。在这种情况下，居住权人需要支付房屋使用费或其他经济对价，同时享受相应的权利，除了对房屋的占有、使用外，通常还有一定的收益权，例如，在合作建房

形式中，居住权人一般会要求所有权人同意其对外出租。

二、按照居住权设立方式的不同，可以分为以合同方式设立的居住权、以遗嘱方式设立的居住权与生效法律文书设立的居住权

前两种形式都是意定居住权，即依据当事人的意思表示设立的居住权。其中，通过合同方式是设立居住权的主要形式，体现了双方当事人的合意；依单方意思表示而设立的居住权的典型形式是依遗嘱而设定的居住权。意定居住权是当事人意思自治原则在房屋利用领域的重要体现，是当事人自由支配房屋财产权利的法律手段。在市场经济条件下，意定居住权将是居住权最主要的设立方式。①

这两种设立居住权的主要方式，存在一定的区别。如通过合同方式设立，说明双方已经达成合意，合同已成立但需要办理居住权设立登记手续，居住权才能生效。以遗嘱方式设立的居住权，还需要具有居住权人接受的意思表示。在一些遗嘱中有为某人设立居住权的意思表示，但没有明确设立的住宅位置或居住权期限，导致难以办理居住权设立登记，需要居住权人与房屋继承人之间以签订居住权合同或补充约定的方式予以明确。

法院的生效法律文书（包括判决书与调解书）作为居住权设立的依据，也是比较常见的方式。尤其在离婚纠纷处理中，法院通过判决或调解方式为经济困难、没有住处的离婚妇女或抚养孩子的无房一方（通常是女方）设立居住权；在继承纠纷、赡养纠纷、分家析产纠纷处理中，法院裁判可以为老年人或其他弱势群体人员设立居住权。设立居住权的法律文书生效后，如果所有权人不配合履行办理居住权设立登记义务，居住权人可以申请法院强制执行，或法院通知登记机构配合予以办理居住权设立登记。

三、按照居住权人及共同同住人的多少为标准，可以分为共享型的居住权与独享型的居住权

对在同一套住宅设立的居住权人数应没有限制，可以是一人或多人。如果居住权人是一人且没有其他同住人，是独享型的居住权；如果居住权人是多人，显然是共享型的居住权；名义上的居住权人是一人，但有多个共同居住人，也应被视为

---

① 王富博：《居住权研究——我国物权立法的继受与创新》，中国政法大学 2006 年博士学位论文，第 29 页。

共享型的居住权;如果居住权人与所有权人一起居住(如父母与子女同住,夫妻离婚后还住在同一套住宅中),也可视为共享型的居住权。

居住权人一般有允许他人同住的权利,同住之人可以包括三类;一是家庭成员,包括配偶、子女和其他共同生活的近亲属;二是为居住权人提供生活服务的人员,如保姆、护工等;三是居住权人供养的近亲属以外的人员。① 这些同住人在居住权期限内,也享受类似于居住权人的居住权益,即对房屋的占有与使用权;但不得擅自行使居住权人才能行使的权利,如将房屋出租或借用给他人;其对所有权人或第三人的抗辩,一般应通过居住权人表达。在居住权期限届满或居住权人死亡后,居住权消灭,其他同住人应及时退出所居住的房屋,除非得到所有权人的允许才能继续居住。

从利益平衡的角度分析,所有权人应有对居住权人的监督权。例如:居住权人将一些非必要的人员也纳入共同生活的人的范围,一起居住在住宅内,所有权人可以要求居住权人退出。如果允许居住权人擅自增加同住人,必然会增加对房屋的负担,加速对室内设施设备的损耗速度,甚至会严重影响到房屋的质量。而且,居住权人可能会以同住人或借住人的名义,擅自将房屋出租给他人以获利,这样也会损害到所有权人的合法权益。

四、按照居住权设立的区域的不同,可以分为完整区域设立的居住权与局部区域设立的居住权

如果将居住权设立在一整套住宅上,是完整区域的居住权,这是比较常见的情况。但在一些特殊情况下,也存在局部区域的居住权。例如,可以将住宅的其中一间或几间房屋为他人设立居住权,这在婚姻家庭纠纷与继承纠纷中经常出现;在养老公寓中提供其中一或两间房间为某个老年人设立居住权;将房屋的不同层或院子的不同侧为不同的居住权人设立居住权。在局部区域设立的居住权,居住权人应可以使用该住宅的公用部位及相关设施设备,如可以使用厨房、卫生间、阳台等;如果是在养老公寓中,居住权人可以使用公用设施,如食堂、活动室、训练室等。但这种情况下,也容易产生相邻关系的纠纷,如对电梯或楼梯的使用、对公用部位的利用、晚间声音的打扰等。除按照《民法典》第 288 条规定的“有利

① 房绍坤:《论民法典中的居住权》,载《现代法学》2020 年第 4 期。

生产、方便生活、团结互助、公平合理的原则”处理相邻关系外，还对相邻人的合法权利行使要有一定的容忍义务。对于对水、电、煤气等使用费用与物业服务费的承担，除了相关实际使用人有约定外，一般按照使用人所实际使用面积多少进行按比例分摊。

五、按照住宅的性质的不同，可以分为在公有住宅上设立的居住权、在单位所有的住宅上设立的居住权与在家庭私有住宅上设立的居住权

我国目前大部分住宅是家庭私有住宅，但还存在一些特殊类型的住宅，如公有住宅、企业所有的住宅等。对于公有住宅的承租权性质，有一些争论，因此引发较多的纠纷。根据现有的很多判例显示，法院支持在公有住宅上设立居住权。此外，还有一些由地方政府、国有事业单位建设的住宅，如经济适用房、人才房、廉租房等，产权在被个人购买前，应属于国有或单位所有，也属于公有住宅。有些企业通过购置部分住宅或建造员工宿舍方式等方式，为员工提供住处。居住型公寓、养老公寓具有生活居住的功能，也可能作为居住权的客体。

如果允许在这些公有住宅或单位所有的住宅上设立居住权（此前大多是以廉租形式出现），与在家庭私有住宅上设立的居住权有较大的区别：(1)居住人往往需要符合一定的资格条件。例如：企、事业单位建造或购置的住宅只提供给在本单位工作并达到一定工作年限的职工，养老公寓只提供给在一定年龄以上、身体无重大疾病的老人居住，经济适用房、廉租房适合收入较低、住房困难家庭。(2)居住人需要支付一定的使用费。公租房、廉租房支付的租金远低于市场价同类房屋的租金，有些只是为了维持房屋维修的成本费用支出，不能反映该房屋的市场价值；但在养老公寓、居住型公寓中居住，需要支付的费用较高，一般要高于市场同类房屋的租金，因为除了房屋使用费以外，还包括服务费用。(3)合同解除需要符合一定的条件。例如，企、事业单位提供的公有住宅或集体宿舍，如果居住人从所在单位辞职，也就失去了相应的居住权利；老人在养老公寓中居住，随着老人的去世而导致居住权消灭。

六、按照居住权的功能作用不同，可以分为家庭保障性居住权、社会保障性居住权、投资性居住权与消费性居住权

按照居住权的功能作用不同进行分类，不同的学者有不同的观点，但大同小

异。例如,申卫星教授根据居住权功能的不同,将居住权分为两大类:(1)保护社会弱者的居住权益——社会性居住权;(2)满足人们利用财产形式多样化的要求——投资性居住权。其中,社会性居住权是为生活中的弱势群体设立的,具有扶助、赡养、关怀的性质。社会性居住权通常是无偿的,不需要居住权人支付对价,最能体现人民之间互相帮助,互通有无,互相接济的道德风尚。它可以满足弱势群体对房屋的需求,有利于解决我国家庭成员中对房屋的需要,使诸如离婚妇女、保姆、未成年人等社会的弱势群体居者有其屋。但是,居住权对社会弱者的保护,不仅仅限于离婚妇女、保姆、未成年人等人群,还包括远亲、收留的流浪儿童、孤寡老人等。此外,实践中人们需要以“居住权”对财产进行利用的具体表现形式,所以需要设立投资性居住权。① 两种居住权的比较见表3-1。

表3-1 社会性居住权与投资性居住权的比较

基础分类	社会性居住权	投资性居住权
社会功能	保护弱势群体的利益	实现财产利用的多样化
设立方式	无偿设立	有偿设立

王富博在其博士论文《居住权研究——我国物权立法的继受与创新》中,按照居住权的功能将其分为两类:救助性居住权和收益性居住权。居住权作为对房屋利用的权利,具有财产价值,如将其无偿给予特定身份关系的人员,以实现扶助、救济的目的,就同时具有了伦理性。这种以财产价值来实现特定伦理要求的居住权称为救助性居住权。收益性居住权是指,被作一项独立财产权用于市场交易,以获取最大化经济效益的居住权。这种分类的意义在于二者的适用领域以及人身性、转让性不同。救助性居住权是因为特定身份关系的人无偿设立,目的在于实现扶助、抚养、救济和保障的功能,因此,主要适用于婚姻家庭领域,具有伦理性和较强的人身性,一般不允许自由转让。传统的人役权性质的居住权以保障具有特定身份关系的弱势群体的基本居住需求为宗旨,以无偿性为原则,体现了民法的人文精神和对特定主体的平等关怀,属于救助性居住权。收益性居住权强调居住权的财产性和经济价值,因具有收益目的和市场投资功能,可以适用于一切

① 申卫星:《视野拓展与功能转换:我国设立居住权必要性的多重视角》,载《中国法学》2005年第5期。

市场主体，没有明显的人身性限制，可以自由转让，遵循等价有偿的市场经济法则。①

曾大鹏博士在《居住权的司法困境、功能嬗变与立法重构》一文中将居住权分为两大类：(1)维护婚姻家庭关系稳定和社会公平正义的保障性居住权。保障性居住权可分为家庭保障性居住权和社会保障性居住权。家庭保障性居住权承担家庭生活保障的基本功能，其伦理基础在于特定家庭成员之间的互助精神。社会保障性居住权则是国家对特定社会群体的"社会保障"，其伦理基础在于社会保障。保障性住房旨在解决特定民众的居住问题，为实现从"居者有其屋"到"住有所居"的转变，可以在保留国家或单位住房所有权时赋予当事人居住权。同时，保障性居住权体现了立法对特定群体的优待，其中社会保障性居住权体现了国家或单位对部分社会成员或职员的优待，其仅在接受权利设立的主体方面具有人身特定性而不必然具有无偿性和不可让与性，因而其可以是有偿的，甚至可将其转让、继承或将标的物出租。(2)促进物尽其用和意思自治的投资性与消费性居住权。为促进住房达到物尽其用的功效，居住权的适用范围从传统的婚姻家庭和继承领域扩张到投资和消费领域，形成了投资性和消费性居住权。投资性居住权的设置目的在于投资，不同情形下的居住权机制可满足所有权人、居住权人以及第三人的多元化住房需求。在消费性居住权中，投资人为自然人提供居住服务，该自然人直接享有居住权。相应地，在法律层面上，需要现行法制认可此种居住权人依法享有消费者的相关权益。② 本书采纳曾大鹏教授的分类方法。

当然，还可以按照其他的标准对居住权进行划分。如根据居住权人的对象不同，可以分为老年人、未成年人、残疾人、离婚妇女、保姆等不同群体设立的居住权；按照居住权客体的不同，可以分为在家庭私有住宅、公有住宅、养老公寓、员工宿舍等不同房屋上设立的居住权；还可以根据住宅所在区域的不同分为在城市城镇住宅上与在农村住宅上设立的居住权。

---

① 王富博：《居住权研究——我国物权立法的继受与创新》，中国政法大学2006年博士学位论文，第27页。

② 曾大鹏：《居住权的司法困境、功能嬗变与立法重构》，载《法学》2019年第12期。

第二节　居住权的主要功能

一项法律制度尤其是一项用益物权制度的产生,都有其一定的历史背景和社会基础;关于居住权的法律规范的发展变化,直接影响了其功能的发挥。从整体而言,随着社会的改革与发展,现代国家对居住权的限制越来越小,其功能的拓展也相应越来越宽,本节主要阐述居住权的主要功能及其拓展变化。从《民法典》的相关规定看,我国的居住权沿袭了以赡养、抚养或扶养为目的的传统法律制度基础,拓展了社会保障属性,凸显了住宅价值利用多元化的功能。①

一、居住权的家庭保障性功能

在罗马法上,居住权本来属于使用权的范畴,由遗嘱授予居住权的情形最初仅作为受遗赠人享有某种利益的事实,优帝一世时才正式确定居住权为人役权之一种。初期的此种居住权主要适用于婚姻家庭和继承领域,用于保障婚姻家庭关系的稳定及其成员的生存。②

传统的居住权,其人役权的底色并未褪去,它以权利主体的特定身份为基础,承担着"家庭保障"的基本功能,并衍生出无偿性、不得转让或者继承等人身专属性内容。③

此前,虽然在我国《物权法》中未规定居住权制度,但在我国司法实践中对此情况并不陌生。尤其是在婚姻家庭纠纷与继承纠纷处理时,认可家庭保障性居住权的不乏其例。2001 年最高人民法院《关于适用〈中华人民共和国婚姻法〉若干问题的解释(一)》(已失效)第 27 条第 3 款规定:"离婚时,一方以个人财产中的住房对生活困难者进行帮助的形式,可以是房屋的居住权或者房屋的所有权。"据此,在一些离婚纠纷的判决书或调解书中,为无住处的离婚妇女设定居住权是很常见的法律现象。不仅如此,在司法实践中,该条款被类推适用于养老等情形,并在一些条件下被赋予对抗所有权的效力。如在赡养纠纷与继承纠纷的处理时,法

① 叶阳:《民法典居住权制度的若干问题》,载《人民司法》2020 年第 34 期。
② 曾大鹏:《居住权的司法困境、功能嬗变与立法重构》,载《法学》2019 年第 12 期。
③ 曾大鹏:《居住权的司法困境、功能嬗变与立法重构》,载《法学》2019 年第 12 期。

院在判决书中按照公序良俗的原则要求子女要为年迈的父母设立长期居住权，使老年人居有定所，这也是子女承担赡养义务的体现。

家庭保障性居住权的伦理基础在于特定家庭成员或亲戚之间的互助精神。具有较为特殊关系的人之间在居住方面帮助需要之人解决居住问题，所以居住权大多设立于具有较为特殊关系的人之间。例如：无宅院的长辈居住于晚辈的住宅，离异的配偶一方在其暂无居所时居住于另一方的住房，在甲地学习或工作的年轻人借住在亲属所有的住宅里等。这些"栖身者"对一项尽可能稳定的法律地位的需求，其合理性，自无须待说。如此一来，居住权制度既可助力"居者有其屋"，又可加厚"亲朋好友"间的情感，增强社会凝聚力，这正是友善、和谐等社会主义核心价值观的体现和具体落实。①

申卫星教授认为，居住权制度的实施有助于解决日趋老龄化的中国老年人养老问题。例如：在我国农村地区普遍存在父母为儿子建造结婚住房的风俗，房子建成后登记在儿子的名下，但父母因自己的房屋年久失修想到儿子那里住时，却不是那么容易。于此情形，我们亦可通过居住权制度来保障老年人的权益。父母建房给子女，所有权登记于子女名下，自己保留一份居住权，以备将来可能之用。在日益高涨的城市房价下，刚刚毕业的大学生买房时，往往会请求父母支持首付，但是父母倾其一生的积蓄支持子女购房，却无法保证自己有生之年老有所居。这时，我们完全可以借助居住权制度来满足老人和子女的不同需求，即由子女享有新购房屋的所有权，而出资首付的父母因此获得一份居住权。②

在房屋拆迁征收中，经常出现父母将拆迁所得的安置房登记在子女名下，但父母年老后，子女却不愿意与父母同住，导致父母失去住处的情况。此时可以借助居住权制度来解决此问题，即房屋登记在子女名下，但要为父母设立长期居住权。

二、居住权的社会保障性功能

1804年《法国民法典》对传统居住权制度进行了一定的改造，其主要创新发

① 崔建远、陈杭平：《居住权制度的价值功能体现在哪里》，载《检察日报》2020年8月19日，第3版。

② 申卫星：《从"居者有其屋"到"住有所居"——我国民法典分则创设居住权制度的立法构想》，载《现代法学》2018年第2期。

展之处是:居住权可以通过契约形式设立,而且当事人可以按照意思自治原则,约定其权利范围和内容。此后,其他大陆法系国家的民法典中对此也有类似的规定,在此以后合同成为设立居住权的最主要形式,这为居住权的功能拓展奠定了制度的基础,有偿设立形式在设立居住权时被普遍采用。

德国《住宅所有权与长期居住权法》规定的“长期居住权”是一种特殊的限制物权,是对公寓化住宅享有的以居住为目的的一种使用权。长期居住权必须在土地登记簿上登记才能产生,可以转让和继承。德国的长期居住权制度与住宅租赁制度逐渐融合一起,为德国的住宅租赁市场的发展起到重要的制度保障。

中华人民共和国成立后,我国对城市居民的住宅保障长期采取公租房的形式,公租房不仅有长期性、低租金等保障属性,而且具有可以进行互换、可以转租、可以继承等可流转的性能。所以,公房承租权被认为是接近物权的一种特殊权利,区别于一般的租赁权。此前的一些司法判例中,法院判决支持在公租房上设立居住权利。由此可见,虽然公租房承租权在法律权能上要高于居住权,但因为公租房承租权属于政策性的福利,无法办理设立登记,法律保护效力相对低一些。如果国家以后出台政策,允许在公有住房上设立居住权并办理设立登记,则意味着将公有住房承租权转化为居住权,这样会限制其流转性但保护效力更高。

我国的现有住房社会保障体系比较复杂,各类保障性住房层出不穷而又杂乱无章,如国家安居工程住房、经济适用房、廉租房、公共租赁住房、房改房、拆迁或棚户改造安置房、职工安置房、人才安置房(或人才公寓)等。北京、上海和广东等地还推行共有产权房来保障民生。这些保障性住房的共性有二:一是针对的社会群体具有特殊性;二是其伦理基础在于社会保障而非家庭保障,住房供给以低价或无偿为原则,具有社会福利性。但其中存在的最大问题是,当事人享有的权利为单独所有权、共有权、租赁权或居住权,有时产权界分根本不清晰,导致纠纷不断产生、判决见解不一。[①]

实际上,让当事人享有保障性住房的所有权或共有权,会导致其无偿或低价获取的权益过大,存在投机或套利空间,对其他社会成员有所不公;而倘若只是将保障性住房的租赁权给予当事人,则会因无对抗第三人的效力而造成当事人权利地位的不稳定。既然保障性住房的本意旨在解决特定民众的居住问题,为实现从

---

① 曾大鹏:《居住权的司法困境、功能嬗变与立法重构》,载《法学》2019年第12期。

“居者有其屋”到“住有所居”的转变，可以采取居住权制度对现有住房社会保障制度进行改革，在保留国家或单位的住房所有权之时仅仅赋予当事人居住权，从而达到目的与手段的一致性、社会公平与个案正义的协调性，以及所有权人与居住权人之间的利益平衡。①

社会保障性居住权则是国家对特定社会群体的“社会保障”，其伦理基础在于社会保障。设立社会保障性居住权对于特殊困难群体的居住条件保障有重要意义，与家庭保障性居住权的保障群体有所区别。家庭保障性居住权保障的是有特殊困难的某个自然人，不必以受益人是否有其他住处为条件；社会保障性居住权保障的是有特殊困难的某类群体，一般是受益人在本区域内没有其他住处为条件。而且，社会保障性居住权一般应是家庭保障性居住权的补充，只有家庭保障性居住权难以包括或无力解决的弱势群体，才是社会保障性居住权需要帮助的重点对象。

要解决低收入群体的住房问题，仅靠家庭成员或亲戚之间提供居住条件的保障也是不够的，还需要发挥社会保障性的功能。所以，王利明、申卫星等学者提出通过引入居住权制度来“完善住房保障体系”。我国目前的住房保障体系是多层次的，低收入群体由于自身经济条件的限制，没有能力进入市场，只能依靠政府保障解决住房问题，但相关的保障性住房制度在实践中的运用状态并不理想。之所以会出现这些弊端，深层次原因是经济适用房以移转所有权的模式来实现社会保障功能。为解决上述问题，在《民法典》物权编中规定居住权制度，不失为一剂良方。因为按照居住权的法律构造，在住房制度改革中，可以改造既有的经济适用房和廉租房等保障措施，对于国家投资兴建的房屋，可以由国家享有房屋的所有权，但政府可以为低收入家庭设置长期居住权，以满足其基本的居住需求。居住权人不局限于特定的自然人，还包括其家庭成员。但居住权人不能将居住权用于营利，也不得转让，这有利于实现住有所居，满足人们基本的住房需求。采取居住权的模式来提供住房保障，在无须转移房屋所有权的同时，又能限制居住权人对住房的处分，可以有效解决经济适用房产权不清、利用保障性用房牟利等现实问题。②

王利明教授认为居住权制度可以为“以房养老”提供重要支持。我国正逐渐

① 曾大鹏：《居住权的司法困境、功能嬗变与立法重构》，载《法学》2019 年第 12 期。

② 王利明：《论民法典物权编中居住权的若干问题》，载《学术月刊》2019 年第 7 期。

步入老龄化社会,以房养老正成为养老经济模式中不可忽视的一环。既有的以房养老模式,无论是反向抵押还是售后租回,都因为现有的制度而面临不可协调的矛盾,实践效果并不理想。居住权制度的设立则能在一定程度上解决前述问题,为以房养老提供法律支撑。依据这一制度,老年人可以与相关金融机构达成设定居住权并以房养老的协议,由老年人将其房屋所有权在协议生效后移转给金融机构,金融机构在该房屋上为老年人设定永久居住权,由金融机构根据房屋的价值向老年人进行定期的金钱给付,从而确保其生活质量不下降。在我国老龄化社会到来之际,在《民法典》物权编规定居住权制度,可以在以房养老方面发挥重要作用。①

相似的观点还有申卫星教授在传统的"养老腾宅"做法基础上提出的"老年人可以将身后的钱生前花"的做法。②

三、居住权的消费性功能

由于传统居住权人役性的限制,住宅功能缩限于满足居住权人的生活居住需要,因此,居住权人不能将居住权予以继承、转让,一般也不能将住宅出租给他人,否则就逾越了"满足生活居住"的限制。当居住权体现出用益性时,其脱离人身专属性的限制,作为一种纯粹的财产权利,则需具备交换价值和更广泛的使用价值,才能更好地发挥房屋多元化利用的效益。③

曾大鹏博士在《居住权的司法困境、功能嬗变与立法重构》一文中提出"消费性居住权"的概念。他认为:与投资性居住权中投资人(主要为自然人)自己直接享有居住权不同的是,消费性居住权中投资人(多为企业组织)为自然人提供居住服务,而该投资人为居住服务的经营管理者,该自然人作为居住服务的消费者而享有居住权。其主要包括以下情形:(1)时权式酒店的居住权。时权式酒店亦称分时度假酒店,作为一种将酒店服务业、旅游业、房地产业融于一体的商业运作模式,意指在多年中固定的期间(如两周或一月)拥有对酒店内某住房单位的一种权利,从而与他人分享一栋房屋或者其中的一部分。在时权式酒店的居住权模

---

① 王利明:《论民法典物权编中居住权的若干问题》,载《学术月刊》2019年第7期。

② 申卫星:《视野拓展与功能转换:我国设立居住权必要性的多重视角》,载《中国法学》2005年第5期。

③ 林洋、唐万钰:《德国居住权制度的特点》,载《人民法院报》2021年3月12日,第8版。

式中，消费者无须为了度假的目的而购买土地建房，通过等价有偿交易即可获得度假酒店一段时间的居住权。与此同时，消费者除了获得物权的法律保护，还会基于"消费者"的法律地位取得特别保护，如合同期限延长可能性、价格优惠待遇、知情权和撤回权等。(2)以房养老模式中的居住权。老年人以相对低的价格将房屋"空虚所有权"出售给金融机构，同时为自己保留居住权，金融机构为老年人提供养老资金，待老年人去世后，金融机构获得房屋的完整所有权。在各种以房养老模式中，老年人既获取了基本生活费又继续保留了居住的权益，而经营者最终亦将有条件地获得房屋所有权。(3)酒店式公寓与长租公寓中的居住权问题。酒店式公寓指提供酒店式服务和管理的公寓，意为"酒店式的服务，公寓式的管理"，在国内最早出现于深圳，然后在北京、上海、广州等地逐步拓展市场。由于我国始终未认可酒店式公寓类似于住房的转让合法性，登记机关对酒店式公寓不予办理产权过户登记手续，故购买者最终不得享有真正的房屋所有权。若赋予购买者可以登记居住权且该居住权可以转让、继承或将标的物出租，则可避免买卖合同债权的保障力太弱之缺憾，又可平衡当事人之间的合法权益。[①]

本书认为：将长期租赁住宅的合同转化为有偿设立居住权的合同，是比较可行的做法，也是居住权的消费性功能的重要体现。两种做法相似之处在于：都需要签订书面形式的合同，受益人都需要支付经济对价，并可以长期占有与使用住宅。两种做法主要差异之处在于：签订居住权合同后需要办理居住权设立登记手续，但租赁合同由当事人自己决定是否办理登记备案手续；租赁合同关系中承租人获得的是债权，出租人提前解除合同相对比较容易，办理居住权设立登记后居住权人获得的是用益物权，显然后者获得的法律保护效力更高，如房屋即使办理抵押或转让但不影响居住权的继承存在。在以后住宅租赁市场兴起后，很多人可能会选择有偿设立长期居住权的方式来获得居住条件的保障。这在德国已经取得成功经验，长期居住权制度与住宅租赁制度逐渐融合一起，为住宅租赁市场的发展提供了制度保障。

本书还认为：居住权的消费性功能与投资性功能之间的差异有时候很小，很多人设立这类用益性居住权有时既有消费的目的又有投资的目的，很难简单地将

---

① 曾大鹏：《居住权的司法困境、功能嬗变与立法重构》，载《法学》2019年第12期。

其归为哪一种类型。①

四、居住权的投资性功能

在欧陆国家的早期立法中，一般规定居住权不能转让、继承与出租；到了后期立法，开始有所松动，允许居住权人享有一定条件下的出租权。德国《住宅所有权与长期居住权法》中规定的"长期居住权"与美国法中的"终生地产权"，常被用作一种地产投资和收益的技术。居住权的功能拓展，使居住权在这个领域的伦理性大大减弱，而作为法律技术的灵活性则非常突出，可以称为"投资性居住权"。这是居住权在新的时代环境下延续其生命力的一种进化。

国内的一些学者研究居住权制度时，认为居住权具有投资性功能，并从此角度提出在民法典中设立居住权制度的必要性。

如申卫星教授提出：实践中人们需要以"居住权"对财产进行利用的具体表现形式，存在以下几种可能：(1)合资建房或购房时对居住权的需求。合资建房或者购房时，一般而言可以共同取得所建或所购房屋的所有权。但是，有时会出现以下情形，即因出资多少的不同，享有的权利也不同，会出现出资较多的一方取得所有权，出资较少的另一方则取得其在世期间的居住权的情形，从而满足人们投资和居住的双重需要。(2)居住权可以改善我国现有继承现状，使老年人可以将身后的钱生前花。(3)三亚模式中的居住权。(4)分时度假酒店式产权之中的居住权。②

曾大鹏博士提出：享有投资性居住权的当事人可能并无住房困难，可能还拥有其他住房，居住于该房之内并非其首要目的，而其真正目的在于投资。投资性居住权主要包括以下情形：(1)合作建房时设置的居住权；(2)合资购房时设置的居住权；(3)住房合作开发模式中的居住权。③

崔建远、陈杭平提出：社会生活实际需要法律承认投资性居住权，常见的例证至少有以下几种：(1)在一方出"钱"(投入建设资金)，一方出"地"(提供建设用地使用权)的合作建房的场合。用投资性居住权可以解决此类问题，即由出"钱"

---

① 为了区别起见，本书将居住权人通过有偿方式获得居住权并将住宅用于自己与家人居住生活需要，但一般不进行出租或变相的转让，定为居住权的消费性功能。

② 申卫星：《视野拓展与功能转换：我国设立居住权必要性的多重视角》，载《中国法学》2005年第5期。

③ 曾大鹏：《居住权的司法困境、功能嬗变与立法重构》，载《法学》2019年第12期。

的一方在相应的所建房屋之上享有居住权这种他物权，显然相对公平。(2)受有关政策的限制，某些身份的自然人、法人、非法人组织不得在某地购房，但确实需用房屋，若承租则受 20 年期间的限制，居住权制度是解决此类问题的好手段。(3)买房所需价款数额过高，承租要受 20 年租期的制约，权衡利弊，居住权方式最适合用房人。①

鲁晓明教授认为居住权在房屋利用方面具有积极的实践意义，其中举例有：(1)合资建(买)房。在合资建(买)房情况下，出资人若不为房屋共有人，则对于房屋不享有任何物权。事实上，由出资多的一方享有所有权、出资少的一方拥有一定期间居住权之约定，在民间并非少数。(2)以房养老。居住权与所有权区分的设计，允许老年人将房屋区分为两个更小的价值体，出售其中的所有权，而保留继续居住的权利，对于买卖双方均具有难以替代的益处。(3)房产投资。在现行房地产制度下，投资人只能选择购买所有权，或与出售人以合同约定使用权的方式进行投资。以单独所有权形式，投资成本明显过高；合同约定之使用权则受制于债权相对性的限制。若从居住权的角度解释，则既能有效降低投资成本，又能克服债权保障力弱的劣势。②

土地和房屋都是稀缺资源，应当充分发挥稀缺资源的利用效率，而财产所有权与使用权的分离是提高财产利用效率的必然选择。现在看来，越来越多的商业模式在探索这种权利分离模式，如将产品改造成服务，将出售所有权改造为出租使用权等，从而开拓了一些新的经济领域。③

投资性居住权能为房屋的利用提供新的选择。比如，在合作建房、购买分时度假房屋等交易中，让以投资为主要目的的出资者获得所有权，让主要为了解决居住问题的出资者获得居住权，房屋建造者可以在保有所有权的同时，减轻造价压力，而居住者在缴纳较少价金的同时，对房屋享有有效稳定的利用关系，从而可以实现双赢，促进物尽其用。④

此外，在房屋拆迁过程中，居住权制度还具有保障被拆迁人的居住权益的作用。在拆迁安置中，为更好地保障被安置人的居住利益，可以在被安置房屋中为

① 崔建远、陈杭平：《居住权制度的价值功能体现在哪里》，载《检察日报》2020 年 8 月 19 日，第 3 版。

② 鲁晓明：《“居住权”之定位与规则设计》，载《中外法学》2019 年第 3 期。

③ 王利明：《论民法典物权编中居住权的若干问题》，载《学术月刊》2019 年第 7 期。

④ 王利明：《论民法典物权编中居住权的若干问题》，载《学术月刊》2019 年第 7 期。

被拆迁人设置居住权,以保障其基本生活。从我国司法实践来看,有的法院也在拆迁安置纠纷中承认了被安置人对被安置房屋的居住权。①

综上所述,居住权除了满足生活居住需要外,还应当有更大的灵活性和更宽泛的适用范围,通过优化房屋所有权与财产利用权的配置,实现人们对住房的多样化利用,有效发挥住房的经济功能。

随着实践的探索,各种类型的消费性或投资性居住权将会不断出现,也会对居住权制度的适用问题提出新的挑战与法律规制的要求。如何在符合法律明确规定的"居住权不得转让、继承"的基础上,使居住权实现一定程度的可流转性,需要我们在实践中发挥想象力,进行适当的变通但又符合法律规范的设计。

第三节　居住权的法律效力

我国《民法典》并未规定居住权存续期间所有权人与居住权人之间的权利义务关系。然而,在设定居住权的情形下,居住权人长期排他性使用所有权人的房屋,必然会在所有权人与居住权人之间产生一系列的权利义务关系,这种权利义务关系在比较法上被称为法定债之关系。②

一般情况下,居住权合同签订后生效,在当事人之间产生特定的债权关系,主要体现为双方的权利与义务;办理设立登记后,才产生物权意义上的居住权,确定居住权人可以享有的权利内容与所需承担的义务。在欧陆国家的民法典中,一般对居住权的规定比较简单,但都规定居住权可以准用用益权的相关规定。在对用益权的相关规定中,一般会规定用益权人的权利与义务。在《瑞士民法典》中,还明确了所有权人的权利。因此,居住权的法律效力可以按照民法上关于用益权效力的规定加以确定。居住权是当事人意定设立的物权,所以居住权合同签订后会在当事人之间产生相应的权利与义务,在办理设立登记后产生居住权的法律效力,本节重点分析居住权人的权利与义务。

---

① 王利明:《论民法典物权编中居住权的若干问题》,载《学术月刊》2019年第7期。
② 席志国:《居住权的法教义学分析》,载《南京社会科学》2020年第8期。

一、对居住权的法律效力的解释

我国《民法典》没有明确人役权的概念，对用益物权的一般规定也比较简单，所以难以通过准用用益物权的规定来确定居住权的法律效力。同时，《民法典》对居住权的规定比较简单，这就容易形成法律漏洞。[①]

对此，可以采取以下几种方法进行解释：

1. 直接适用用益物权的一般规定。居住权作为一种用益物权，当然可以适用用益物权的一般规定，但相关条文不多。主要是第 326 条“所有权人不得干涉用益物权人行使权利”的规定与第 327 条关于被征收、征用时用益物权人的补偿请求权的规定。

2. 类推适用地役权的相关规定。居住权作为一种限制性的人役权，在没有规定人役权的情况，可以类推适用比较近似的地役权的相关规定。如第 375 条关于供役地权利人的义务的规定和第 384 条关于供役地权利人解除权的规定很值得借鉴。

3. 居住权合同可以参照适用赠与合同与租赁合同的相关规定。法律依据是《民法典》第 467 条第 1 款规定：“本法或者其他法律没有明文规定的合同，适用本编通则的规定，并可以参照适用本编或者其他法律最相类似合同的规定。”

4. 基于法律原则加以认定。对于法律漏洞，基于法律原则进行填补是一种有效的方法。按照民法上权利与义务相一致的原则，居住权人行使居住权时，应当承担与其权利相一致的义务。据此，居住权人在占有、使用他人住宅时，就应当对他人住宅承担相关的管理等义务。[②]

5. 基于比较法加以认定。在法律解释学上，比较法的方法也是一种重要的法律漏洞填补方式。从比较法上看，居住权是大陆法系国家民法上的普遍制度，因此，相关立法规定可供我国参考借鉴。[③] 尤其是各国立法中对用益权的相关规定有重要的参考价值。

6. 通过历史解释的方法加以认定。严格来说，历史解释并不是法律漏洞填补的方法，其仅是狭义法律解释的一种方式，但其对法律漏洞的填补也具有一定的

---

① 房绍坤：《论民法典中的居住权》，载《现代法学》2020 年第 4 期。
② 房绍坤：《论民法典中的居住权》，载《现代法学》2020 年第 4 期。
③ 房绍坤：《论民法典中的居住权》，载《现代法学》2020 年第 4 期。

作用。从我国居住权的立法历史来看,虽然《物权法》中没有规定居住权,但原《物权法(草案)》中对居住权作了相对较为详细的规定,其中就涉及居住权的效力。按照历史解释规则,从原《物权法(草案)》的规定中可以知道立法的本意,可以作为认定居住权效力的参考。①

二、居住权人的权利内容

居住权人在取得居住权后,即可以对他人所有的住宅行使占有、使用的权利。对其权利的行使,应该从以下几方面进行理解:

1. 符合设立居住权的目的,满足生活居住的需要。根据《民法典》的相关规定,居住权人使用他人的住宅应限于生活居住需要。因此,居住权人不得将住宅用于其他用途,如利用住宅进行商务办公,开设超市、商店、旅馆、茶馆或棋牌室等。当然,如出于职业的需求,在满足生活居住的前提下,居住权人可以利用住宅从事不违背生活居住需要的活动。如居住权人为个体商贩,可以将少量的物品存放于该住宅内。

2. 有权使用的范围,除了设定区域外,还包括公用部位与约定的附属设施。如果居住权设立在养老院内,居住权人可以利用养老院的公用部位,如食堂、活动室等;如果居住权在部分区域内设立,可以利用该住宅的公用部位,如厨房、卫生间、阳台等。如果该住宅有配套的附属设施,如车棚、杂物间等,居住权人一般也可以使用,但应以居住权合同中的约定为准。《物权法(草案)》中曾规定:住房所有权人应当保障居住权人对住房及其附属设施占有、使用的权利。居住权人对部分住房享有居住权的,可以使用该住房的共用部分。国外立法中也有类似规定,《德国民法典》第 1093 条第 3 款规定:"上述权利仅限于建筑物的一部分的,权利人可以共同使用规定供居住权人共同使用的设备和设施。"②《瑞士民法典》第 777 条第 3 款规定,居住权仅设定于建筑的某部分,居住权人仍有权使用公共设施。③

3. 可以合理使用住宅内的设施设备。住宅内的设施设备,如空调、冰箱、热水器、沙发、衣柜等,大多是生活所需,居住权人应可以使用,但要注意合理使用,避

---

① 房绍坤:《论民法典中的居住权》,载《现代法学》2020 年第 4 期。
② 郑冲、贾红梅译:《德国民法典》,法律出版社 1999 年版,第 253 页。
③ 叶阳:《民法典居住权制度的若干问题》,载《人民司法》2020 年第 34 期。

免出现非正常使用导致的损坏。如不要将尖锐物放置在沙发上,可能会导致沙发真皮损坏。如果当事人有明确约定,可以排除居住权人的使用或处理,如约定居住人不能擅自移动所有权人收藏并存放在储藏室中的字画与瓷器。

4. 与居住权人共同生活的人也可以享用类似的居住利益。国外立法中有类似规定,如《法国民法典》第 632 条规定,对房屋有居住权的人,虽此项权利给予时尚未结婚,得与其家属一起在此房屋内居住。①《意大利民法典》第 1022 条规定,对房屋享有居住权的人可以在自己和家庭需要的限度内享用房屋。《意大利民法典》第 1023 条规定,家庭的范围还应当包括由于为权利人本人或者权利人的家庭提供服务而与权利人一起生活的人员。②《瑞士民法典》第 777 条规定,居住权通常以权利人的个人必需为标准。但是,如居住权未明文仅限定某权利人本人时,可收留其家属或家人同住。③《德国民法典》第 1093 条第 2 款规定,权利人有权在住房中接纳其家属以及与其地位相当的服务和护理人员。④ 在合同中没有禁止性约定的情况下,居住权人有权允许其他人在住宅中一起生活居住,并享有与居住权人类似的权益。当然,这里的其他人并非没有限制,只限于特定范围内的人。同住之人可以包括三类:一是家庭成员,包括配偶、子女和其他共同生活的近亲属;二是为居住权人提供生活服务的人员,如保姆、护工等;三是居住权人供养的近亲属以外的人员。⑤ 如果双方在居住权合同对共同生活的人的范围有明确约定的,应从其约定,居住权人不能擅自扩大范围或提供给他人借住。

5. 可以排除所有权人或第三人的不当干涉。按照"所有权人不得干涉用益物权人行使权利"的一般规则,一旦居住权设立后,所有权人就失去了对该住宅的支配权,也不能要求居住权人搬离或将住宅再出租出去,除非出现居住权人滥用权利或其他特殊情况,所有权人才能行使解除权。第三人也不能干涉居住权人行使权利,如抵押权不能要求居住权人放弃在先设立的居住权,承租人不能以已承租该住宅为由要求居住权人搬离该住宅。

6. 要求所有权人配合办理居住权设立登记的请求权。所有权人与居住权人签订居住权合同后,产生的是债权关系,只有办理居住权设立登记后,居住权才生

---

① 马青民译:《法国民法典》,北京大学出版社 1982 年版,第 133 页。
② 费安玲、丁玫译:《意大利民法典》,中国政法大学出版社 1997 年版,第 282 - 283 页。
③ 殷生根、王燕译:《瑞士民法典》,中国政法大学出版社 1999 年版,第 219 页。
④ 郑冲、贾红梅译:《德国民法典》,法律出版社 1999 年版,第 253 页。
⑤ 房绍坤:《论民法典中的居住权》,载《现代法学》2020 年第 4 期。

效,成为一项用益物权。所以,如果只签订居住权合同未办理设立登记,是不能对抗善意第三人的。一旦在此期间,所有权人将房屋转让给第三人并办理转让登记,居住权人只能要求所有权人承担违约责任,无法要求第三人为其设立居住权。所以,签订居住权合同后,居住权人应催促所有权人配合其尽快办理居住权设立登记。

7. 如果合同有明确约定或经所有权人同意后,居住权人可以将住宅出租或出借给第三人。关于居住权人能否将房屋出租,各国的法律规定有一定差异。我国《民法典》第 369 条规定,设立居住权的住宅不得出租,但当事人另有约定的除外。也就是说,如果居住权合同中明确约定设立居住权的住宅可以出租的,则居住权人有权出租住宅。居住权人不仅可以出租全部住宅,而且可以出租住宅的一部分,如一个房间。当然,居住权人出租住宅的,不应超过居住权的剩余期限。同时,居住权人应当对承租人的行为负责。如承租人造成住宅损害的,居住权人应当承担赔偿责任。虽然《民法典》对设立居住权的住宅能否出借没有明确,但根据“举重以明轻”规则,如果房屋所有权人允许居住权人出租住宅,也就允许居住权人出借住宅。① 同理,如果不能出租,就不能出借,防止出现居住权人以出借的名义实际进行出租的行为。

8. 房屋所有权发生变动时居住权不受影响。居住权人对住宅的使用权不因住宅所有权人的变更而受影响。居住权虽然是对住宅所有权所施加的权利负担,但并不影响所有权人转让该住宅,如出卖、赠与等。同时,所有权人转让住宅的,对居住权也不产生影响,居住权人有权继续使用该住宅。对此,《物权法(草案)》中曾规定:居住权设立后,住房所有权人变更的,不影响居住权。新的住宅所有权人不得解除居住权,这是居住权追及效力的体现。这种情形类似于租赁合同中的“买卖不破租赁”原则。②

9. 因故失去居住权时可以请求补偿。按照《民法典》第 327 条的规定,如果设立居住权的住宅被征收,居住权人作为用益物权人可以获得相应补偿。《物权法(草案)》中曾规定:因住房灭失,住房所有权人获得赔偿金的,应当给予居住权人适当补偿;没有独立生活能力的居住权人,也可以放弃补偿,要求适当安置,但因居住权人故意或者重大过失致使住房灭失的除外。欧洲各主要国家的民法典中

---

① 房绍坤:《论民法典中的居住权》,载《现代法学》2020 年第 4 期。
② 房绍坤:《论民法典中的居住权》,载《现代法学》2020 年第 4 期。

都对用益权标的物的灭失是否给予赔偿或补偿有相关的规定，尤其是《意大利民法典》中对用益权灭失的补偿问题规定得比较详细（也适用于居住权灭失情况），可以进行借鉴。

10. 居住权人可以自愿放弃居住权。放弃权利也是对权利的一种处分行为，应尊重居住权人对自己权利的行使。在现实生活中，居住权人可能会因为各种原因放弃居住权，如出国定居、到外地工作、到养老院中生活等。有些是因所有权人出于帮困助残或恩惠性质而为居住权人偿设立居住权，现在所有权人因为经济困难需要转让房屋，居住权人出于理解而自愿放弃居住权。

以上是对居住权行使的一般理解，现实中一般不会全部地行使或行使受到一定的限制，有时候可能还会有更多的内容。

三、居住权人的相应义务

居住权人享有居住权的同时，也应当承担相应的义务，不能损害所有权人的合法权益。一般来说，居住权人的主要义务有以下几项：

1. 如果是有偿设立形式，居住权人应按时给付房屋使用费等相应经济对价；如果约定采取无偿设立形式，居住权人不需要支付经济对价，但应自行承担相关的使用费用；如果在居住权合同没有约定或约定不明确时，居住权的设立应视为无偿方式。

2. 合理使用室内设施设备、妥善管理住宅的义务，尽到善良管理人的注意义务。居住权人有权对住宅进行占有、使用，相应地，居住权人就有合理使用室内设施设备、妥善管理住宅的义务。居住权人应当按照合同的约定合理使用住宅，维持住宅的原有用途，不得改变房屋的结构。即使是在改变了房屋的结构和用途使房屋的价值有所增加的情况下也是如此。居住权人违反这一义务造成住宅损害的，应当承担赔偿责任。①

针对如何判断居住权人是否尽到了妥善管理住宅的义务，国外立法通常规定了居住权人应履行善良管理人的注意义务。国外立法以善意管理人的注意程度作为认定标准，是以居住权无偿为前提的。但在我国民法上，居住权可以有偿设立，在此情况下，善意管理人的注意程度是否还可以适用呢？对此，在我国民法

---

① 房绍坤：《论民法典中的居住权》，载《现代法学》2020 年第 4 期。

上，对于同一行为，法律通常区分有偿与无偿而分别确定行为人的注意义务程度。按照“同样问题同样处理”或“类似情形应当作类似处理”的类推适用原则，对于居住权人妥善管理的注意义务也应作如此认定。也就是说，在有偿设立的居住权中，居住权人因管理不善造成住宅损害的，应当承担赔偿责任；在无偿设立的居住权中，只有居住权人因故意或重大过失造成住宅损害的，才承担赔偿责任。[①]

3. 承担房屋的一般维修义务，保障房屋的安全性与宜居性。从立法例上看，各国和地区的民法基本上区分一般维修与重大修缮两种情形分别确定义务人：一般维修即必要维修（如修复被毁坏的门窗、脱落的墙皮等）由居住权人承担，重大修缮即特殊维修（如屋顶、房梁的翻修、更换等）由所有权人承担。其主要原因在于，一般维修涉及使用权的维持问题，属于保管性维修；重大修缮涉及所有权的保有问题，属于保存所有物维修。《物权法（草案）》中曾规定：居住权人应当合理使用住房及其附属设施。居住权人应当承担住房及其附属设施的日常维护费用和物业管理费用，可以不支付住房使用费，不承担重大维修费用，但遗嘱、遗赠另有表示或者合同另有约定的除外。但如果所有权人对居住权人需要承担赡养、抚养或扶养义务的，可以不受此影响，一般应由所有权人来承担所有的维修费用。

4. 应承担居住权存续期间的相关使用费用，如水费、电费、煤气费、宽带费、电视收视费、暖气费、物业服务费等。但如果房屋所有权人与居住权人存在特殊的身份关系（如父母与子女关系），房屋所有权人自愿承担费用的除外。

5. 承担类似承租人的其他义务。以有偿方式设立居住权，实际上与租赁房屋非常相似，一些居住权合同实际上是原来的长期租赁合同转化而来的，两者主要的差异在于需要办理居住权设立登记，对居住权人的利益保护更加有利。所以，居住权人也应当承担类似承租人的其他义务，如妥善保管标的物的义务，不能擅自改变房屋的用途，不得从事任何有害房屋的行为等，并且可以参照适用《民法典》第710条、第711条。如果居住权人及与其共同生活的人按照约定的方法或者根据标的物（包括住宅及设施设备，下同）的性质使用标的物，致使标的物受到损耗的，不承担赔偿责任。居住权人未按照约定的方法或者未根据标的物的性质使用标的物，致使标的物受到严重损失的，所有人可以解除合同并请求赔偿损失。

6. 不得擅自出租住宅和转让居住权的义务。按照《民法典》的规定，只有在

---

① 房绍坤：《论民法典中的居住权》，载《现代法学》2020年第4期。

合同有明确约定或得到所有人同意的情况下，居住权人才能出租住宅。因此，不得擅自出租住宅是居住权人的一项义务。如果居住权人违反这一义务，构成权利滥用。同时，《民法典》规定“居住权不得转让、继承”，而且这种规定是一种强制性规范；居住权人如有违反，不但行为无效，而且构成权利滥用。[①]

7. 出现特殊情况时，负有及时通知的义务。由于居住权人不是房屋的所有权人，因此有可能对房屋所有权受到来自第三人的侵害熟视无睹，而所有权人可能又住在别处，无法及时得知侵害行为的发生。因此，法律应该赋予居住权人保护所有权的附随义务，即通知的义务。[②] 国外立法中也有类似规定，例如，《法国民法典》第 614 条规定，在用益权存续期间，如第三人侵夺不动产，或以其他方式侵犯所有权人的权利时，用益物权人未将此情况通知所有权人，则对所有权人因此而受的损失，正如其对由自己造成的损害一样，负全部责任。[③]《德国民法典》第 1042 条规定，物灭失或者毁损的，或者有必要对物进行修缮或者改造，或者为保护物避免未能预见的危险而采取预防措施时，用益权人应立即通知所有权人。第三人对物无理主张权利的，亦同。[④]《意大利民法典》第 1012 条也有类似规定，在用益权存续期间，如果第三人侵占了土地或者侵犯了所有权的权利，则用益权人应当通知所有权人；如果未进行这一通知，则用益权人应当对因此可能给所有权人造成的损失承担赔偿责任。[⑤] 本书认为：当出现下列特殊情况时，居住权人负有及时通知所有权人的义务：房屋灭失或毁损；有必要进行重大的修缮和改造；为保护房屋免受未可预见的危险而有必要采取防护措施的；第三人对房屋主张权利的或者作出足以侵害所有人权利的行为。

8. 居住权期限届满后，按时返还住宅及设施设备的义务。参照《民法典》第 733 条的规定，返还的标的物应当符合按照约定或者根据标的物的性质使用后的状态。国外立法中也有类似规定，如《法国民法典》第 599 条规定，用益权人或其继承人得摘除其安装的镜、画及其他装饰品，但应使其场所恢复原状。[⑥]《德国民

---

① 房绍坤：《论民法典中的居住权》，载《现代法学》2020 年第 4 期。

② 陈艳风：《居住权权利义务内容之探析》，载《延边党校学报》2010 年第 2 期。

③ 马青民译：《法国民法典》，北京大学出版社 1982 年版，第 131 页。

④ 郑冲、贾红梅译：《德国民法典》，法律出版社 1999 年版，第 242 页。

⑤ 费安玲、丁玫译：《意大利民法典》，中国政法大学出版社 1997 年版，第 280 页。

⑥ 马青民译：《法国民法典》，北京大学出版社 1982 年版，第 128 页。

法典》第1049条第2款规定,用益权人有权取回自己设置于物上的设备。[①]《意大利民法典》第1001条规定,用益权人应当在用益权消灭时返还构成用益标的的物品。[②]《瑞士民法典》第751条规定,用益权期满后,占有人须返还用益权的标的物。[③]

9. 配合房屋所有权人或其继承人办理居住权注销登记的义务,除非居住权人已去世。

10. 为保持所有权的完整状态,所有权人有权对住宅进行必要的检查与监督。对此,居住权人负有容忍的义务。[④]

四、房屋所有权人的主要权利与义务

房屋所有权人的主要义务是将自己所有的住宅提供给居住权人占有与使用,除了要承担交付以外,还要保障所交付的住宅的安全性与宜居性,如不能是危房。签订居住权合同后,所有权人有配合办理居住权设立登记的义务。一般情况下,所有权人应承担房屋的重大修缮义务,但如果双方有约定,该重大修缮义务可以由居住权人自己承担。如果是采取有偿设立形式,所有权人有收取房屋使用费等经济对价的权利。如果居住权人延迟履行或者未完全履行该义务,所有权人有要求支付的请求权。居住权消灭后,所有权人有要求居住权人配合办理居住权注销登记的请求权,除非居住权人已经去世。

有学者认为:居住权设定后,所有人的主要义务系容忍义务,也即容忍居住权人对于住宅为符合居住权合同约定及居住权之本旨的使用,而不得行使所有人的原物返还请求权、妨害排除请求权等物上请求权。由于居住权是役权的一种,而役权的本质仅在于所有人容忍役权人对于标的物进行某种程度上的利用(积极或者消极利用),役权并不产生对于所有人的债权等,故所有权人原则上并不负有任何积极的义务。[⑤]

《民法典》第326条规定,所有权人不得干涉用益物权人行使权利。设立居住权后,所有权人将失去对该住宅的支配权,无法获知也难以控制居住权人对此房

---

① 郑冲、贾红梅译:《德国民法典》,法律出版社1999年版,第241-243页。

② 费安玲、丁玫译:《意大利民法典》,中国政法大学出版社1997年版,第277页。

③ 殷生根、王燕译:《瑞士民法典》,中国政法大学出版社1999年版,第213-214页。

④ 房绍坤:《论民法典中的居住权》,载《现代法学》2020年第4期。

⑤ 席志国:《居住权的法教义学分析》,载《南京社会科学》2020年第8期。

屋的使用状况,可能会存在一定的担忧。居住权人可能会以“所有权人不得干涉”为由,排除所有权人的检查与监督。如果发生财产损坏的情况,只能以后行使赔偿的请求权,但此时已经难以恢复原状或者居住权人无力赔付。所以,出于利益平衡的考虑,所有权人应享有对居住权人的监督权、求偿权和撤销权。

1. 监督权。由于是居住权人在占有、使用住宅,房屋所有权人很难控制,所以有可能会出现居住权人的行为可能损害所有权人合法权益的情况。居住权期限一般较长,前期难以发现,为了保障所有权人的利益,所以应赋予所有权人对居住权人的行为进行一定的检查与监督,如居住权人将其他人员也纳入共同生活的人,一起居住在住宅内,不仅会增加实际居住人,而且会加重对住宅的负担、加速使其变老旧;居住权人实际不居住,以借住的名义让其他人来居住,进行变相的出租;居住权人擅自改变用途,将住宅用于商务办公、开设棋牌室等。所有权人应对以上可能损害所有权人利益的情况进行监督,必要时可以要求居住权人进行整改或恢复原状。在《瑞士民法典》中有类似规定,如其第 759 条规定的“监督”:所有人,对于任何对物的违法的或不适当的使用,可声明异议。①

2. 求偿权。如果因居住权人不合理的使用造成房屋价值的非自然贬损的,或居住权人擅自改装和改建房屋、改变房屋的结构导致房屋质量严重受损的,所有权人可以要求居住权人恢复原状并赔偿经济损失,行使物权请求权。

3. 撤销权。在一些特殊情况下,所有权人可以向法院提出请求行使撤销权。《物权法(草案)》中曾规定住房所有权人有权撤销居住权的两种特殊情况。此外,如果双方在居住权合同中约定解除合同的条件或事由的,待解除条件成就或事由发生时,当事人有行使对居住权合同的解除权。

因为居住权是设立在所有权上的权利负担,任何一方行使权利时都有可能会对另一方产生一定的负面影响,所以双方负有相互容忍的义务,以不影响对方正常行使权利或不损害对方的合法权益为适度。

① 殷生根、王燕译:《瑞士民法典》,中国政法大学出版社 1999 年版,第 215 - 217 页。

第四章

居住权与其他权利的冲突及利益平衡

第一节 居住权与房屋所有权之间的冲突及利益平衡

《民法典》创设的居住权制度显然可以更好地保护居住权人的权利。在现实生活中，必然会出现居住权与房屋所有权、债权、抵押权、承租权等权利之间的冲突，所以要进行一定的利益平衡。

一、居住权与房屋所有权之间冲突的表现

居住权与房屋所有权之间的冲突，主要表现为：居住权的设立将影响到房屋所有权人对该住宅的收益权与处分权；房屋所有权人或第三人可能会干涉、妨害居住权人行使对该住宅的占有与使用权。在所有权的四项基本权能中，占有权与使用权由居住权人行使；在另外两项权能中，由于所有权人失去对房屋的实际支配，很难获得因房屋出租带来的收益，而且设立居住权后一般不能办理房屋抵押，转让价值也会受到明显的减损。所以，居住权一旦设立，居住权人便对房屋有了实际占有和排他的支配权限，所有权人对于房屋的权能受到极大的限制，成为"虚所有权"。如果居住权的设立将严重影响到所有权人的利益，所有权人可能宁可采取长期免费借用形式也不愿意办理居住权设立登记，这样居住权制度可能就名存实亡了。所以，出于公平合理原则，有必要平衡居住权人与所有权人之间的利益，给予所有权人一定的权利保障，这也是激活居住权制度的必然要求。

二、合理确定双方当事人的权利与义务

居住权的设立按照是否支付经济对价可以分为无偿设立与有偿设立两种方式，以无偿设立形式为主。在居住权无偿设立中，房屋所有权人与居住权人之间一般存在特殊的身份关系，如近亲属、以前的配偶、亲友、保姆等；房屋所有权人无偿设立居住权的主要目的有：承担扶养义务，恩惠性质，帮困助残等。无偿设立居住权应准用赠与合同规则。①

从居住权可以另行约定采取有偿形式设立可见居住权具有市场交易的商品价值，相当于承认居住权具有一定的投资性与消费性功能，这可以大大拓宽居住权的应用范围。有偿设立居住权应准用双务合同规则。②

所以，要区别居住权的无偿设立与有偿设立，合理确定所有权人与居住权人的权利与义务，当然以当事人在居住权合同中的约定内容优先。居住权无偿设立时，因为所有权人无法获得收益，所以需要承担的义务一般应相对较少，除非所有权人对居住权人有赡养、抚养或扶养等法定义务。居住权有偿设立时，可以参照房屋租赁合同，居住权人的权利与义务类似承租人，所有权人的权利与义务类似出租人。

房屋所有权人的主要权利：(1)如果采取有偿设立的方式，有收取房屋使用费等经济对价的权利；(2)如果居住权人延迟履行或者未完全履行该义务，所有权人有要求支付的请求权；(3)对居住权人的监督权，如居住权人将非必要的人员也纳入共同生活的人，一起居住在住宅内，所有权人可以要求居住权人令其退出；(4)对财物损坏的求偿权，如居住权人擅自改装和改建房屋、改变房屋的结构导致房屋质量严重受损的，所有权人可以要求居住权人恢复原状并赔偿经济损失，行使物权请求权；(5)合同约定的解除条件成就时，所有权人有行使对居住权合同的解除权；(6)居住权消灭后，要求居住权人配合办理居住权注销登记。在居住权无偿设立的情况下，所有权人不能行使前两项权利。

房屋所有权人的主要义务：(1)将自己所有的住宅提供给他人占有、使用，承担按时交付的义务；(2)保障所交付的住宅的安全性与宜居性，如不能是危房；(3)签订居住权合同后，所有权人有配合办理居住权设立登记的义务；(4)一般情

① 李兴：《居住权与其他物权的冲突与协调》，载茆荣华主编：《〈民法典〉适用与司法实务》，法律出版社2020年版，第200页。

② 李兴：《居住权与其他物权的冲突与协调》，载茆荣华主编：《〈民法典〉适用与司法实务》，法律出版社2020年版，第200页。

况下,应承担房屋的重大修缮义务,双方另有约定的除外。在居住权无偿设立的情况下,房屋所有权人可以不承担第四项义务。

关于居住权人的主要权利与义务可以参见本书第三章第三节内容,本节不再赘述。

三、尽量在居住权合同中明确相关事项

此外,双方当事人可以在订立居住权合同时对相关内容进行明确,如果没有约定或约定不明确,应从实现合同目的的角度进行合理确定,不能只是从有利于一方的角度进行解释或认定。具体可以包括以下几个方面:

1. 明确居住权的期限。居住权期限是居住权合同中应有的重要条款,如果缺少该条款,登记机构可以要求双方协商确定予以补正;如果不补正,登记机构可以不予办理设立登记。如果因居住权期限不明确或无法确定而产生纠纷引起诉讼,需要法院进行裁判后才能办理居住权设立登记的,法院不能将居住权期限一概认定为长期(到居住权人死亡为止),可以根据具体情况作出判决:如果居住权人为未成年人,居住权期限一般应至其能独立生活为止;如果居住权人为孤寡老人、生活困难的残疾人或其他失去劳动能力、有特殊困难的人员,居住权期限可以至其死亡为止;但对于其他人员,如离婚妇女、有劳动能力的青壮年、有一定经济来源的其他人,居住权期限应合理确定为一定的固定期限。

2. 合理确定居住的条件和要求。虽然"居住的条件和要求"被列为居住权合同中应有的一般条款,可以由双方约定,但双方可能不会很详细地进行约定,这是容易产生纠纷的原因。例如,双方没有在居住权合同约定物业服务费由谁缴纳,后来物业公司上门催讨,居住权人以此前自己住的房子不用交物业服务费而且在合同中也没有写明该由自己缴纳物业服务费为由予以拒绝,于是物业公司只能向房屋所有权人催讨物业服务费。在一般情况下,因房屋使用引起的费用,如水、电、燃气、物业服务费等,应由实际使用人缴纳,除非双方另外有明确约定或所有权人需要承担法定义务。又如,有些老年人原来长期生活在农村,后来到城市中居住,将一些生活习惯带到新的住处,如在家里或小区内养家禽,不仅会产生环境污染的问题,而且可能会引起周围邻居的不满,如果所有权人是老年人的亲戚为老年人无偿设立居住权,虽然在居住权合同没有写明这种情况,是否可以将"不能在家里养家禽"作为居住的条件?本书认为应该可以,这是在城市中居住的一般

要求,即使没有写入居住权合同也应作为居住的条件和要求。

3. 合理确定合同解除条件。有些合同解除条件,会在居住权合同中有明确的约定,如居住权人未按时、足额支付房屋使用费,居住权人将住宅用于商业用途或非法目的等。此外,在一些特殊情况下,所有权人应可以提前解除居住权合同,如《物权法(草案)》中曾规定:“居住权人有下列情形之一的,住房所有权人有权撤销居住权:(一)故意侵害住房所有权人及其亲属的人身权或者对其财产造成重大损害的;(二)危及住房安全等严重影响住房所有权人或者他人合法权益的。”但是,所有权人的合同解除权不能滥用,不能以居住权人的轻微过错或存在违约行为为由就单方面解除合同,导致居住权人失去住处,如居住权人拖延支付物业服务费,将住宅的附属设施(如车棚、储藏室)对外出租,与所有权人的亲戚发生口角争吵等。

4. 应明确设立居住权的住宅是否可以出租或出借。设立居住权的住宅能否出租,可以由双方当事人在居住权合同中约定。能否出租涉及收益权的问题,所以需要明确。如果采取无偿设立形式,大多约定“不能出租”;如果采取有偿设立形式,居住权人一般会要求“可以出租”。可能会发生争议的是双方明确约定“不能出租”或没有约定的情况下,一方未经另一方同意擅自出租后引起的法律后果处理。常见的是居住权人将无偿设立居住权的住宅擅自对外出租获利,损害了所有权人的利益。在这种情况下,所有权人可以要求居住权人收回出租的住宅并要求其将租金所得作为不当得利进行交付。

《民法典》对设立居住权的住宅能否出借问题没有明确。出借与出租的主要区别是是否收取租金。本书认为:在双方没有明确约定“可以出租”的情况下,一方未经另一方同意不能擅自出借住宅。尤其是要防止出现一方(通常是居住权人)以免费借住的名义将住宅交由第三人占有与使用,但实际收取房屋使用费(类似租金),实质损害另一方的合法权益。

四、居住权与房屋所有权发生冲突后的利益平衡

居住权与房屋所有权之间一旦发生冲突产生纠纷,就涉及权利救济的问题。如果居住权受到损害,一般属于居住权纠纷。此外,居住权人与所有权人都可以提起居住权合同纠纷。这两种案由在居住权与房屋所有权发生冲突产生诉讼中比较常见。

1. 居住权合同的违约救济，属于居住权合同纠纷。例如，签订居住权合同后，所有权人不配合办理居住权设立登记手续或拖延不办，拟设的居住权人可以行使债权请求权，要求所有权人配合限期办理居住权设立登记；也有可能出现居住权期限届满后，居住权人不配合办理居住权注销登记，所有权人应可以单方申请办理居住权注销登记。

2. 居住权的侵权救济，属于居住权纠纷。例如，所有权人在未经居住权人同意的情况下擅自将设立居住权的住宅出租给第三人，居住权人可以要求所有权人解除租赁合同并提出损害赔偿的要求；如果所有权人或第三人实际占据该住宅，导致居住权人实质失去对住宅的支配，居住权人可以提出物权请求权，如排除妨害。

3. 因其他行为引起的侵权救济。例如，居住权人擅自改变房屋的用途、擅自装修导致房屋的结构改变或者从事其他有害房屋的行为，所有权人可以提出物权请求权，如消除危险、恢复原状等，还可以要求损害赔偿；在有偿设立居住权的情况下，所有权人不承担房屋的重大修缮义务，导致房屋年久失修、无法使用，居住权人可以自己请人修缮，并要求所有权人承担维修费用，或者以实际失去居住权为由要求损害赔偿。

4. 因为特殊原因导致居住权丧失的利益补偿。例如，因为旧城改造、房屋拆迁等原因，导致设立居住权的住宅被征收，不仅所有权人可以获得拆迁安置，居住权人作为用益物权人也可以获得相应的经济补偿；因房屋灭失，所有权人获得赔偿金的，应当给予居住权人适当补偿。

总之，在居住权与房屋所有权发生冲突后，要注意利益平衡，避免出现侧重保护一方利益、导致另一方利益严重受损的情况。如果在纠纷的解决时，法院侧重对所有权人的利益保护，可能导致居住权人尤其是弱势群体的利益受损、居住条件明显下降，不符合保护居住权人的合法利益的立法本意；如果侧重对居住权人的保护，给所有权人赋予比较严苛的责任、要求其承担较多的义务，将导致所有权人宁可让房屋空置，也不愿意为别人无偿设立居住权，这样就无法发挥居住权制度应起到的作用。

五、居住权未经登记是否具有对抗所有权人的请求权

根据《民法典》第368条的规定，居住权采取登记生效主义。经过设立登记的居住权可以不受所有权人变动的影响而继续存在，具有对抗第三人（如抵押权人、

受让人）的请求权。虽然已经签订居住权但还未办理设立登记，一般不能对抗善意第三人，居住权人只能向所有权人行使债权请求权。

特别需要注意，《民法典》正式实施后，可能会有部分历史遗留的与居住权有关的纠纷进入诉讼中。如果严格按照《民法典》第368条的规定，认为居住权未经过设立登记不具有对抗所有权人的请求权，将可能会出现一些导致社会不公平、不合理的现象，损害需要照顾的弱势群体的合法权益。本书认为：法官审理时不能机械地认定不符合法定设立条件而不认可其居住权的性质，而应当充分考虑当事人真实意思表示、居住权人是否已经合法占有涉案房产等因素综合判断，针对无偿设立的居住权更要考虑保护弱势群体、符合公序良俗等因素，体现法律之公平正义，并在此基础上，要求当事人及时办理居住权设立登记手续。

以下述一个司法判例为例说明。①

案情简介：

20世纪80年代，原告小雪的曾祖父取得了一套单位福利房，小雪的爷爷奶奶从2006年起一直居住于该房。2008年，房子变更登记至小雪父亲名下。2011年，小雪父母因感情不和离婚。离婚之后，爷爷奶奶和父亲都同意将来这套老房子留给小雪，并于2015年将房子过户给小雪。现小雪起诉表示，父母离婚后她跟着妈妈生活，母女俩长期租房居住，经济压力比较大，现在她大学毕业准备出国留学，需要用钱，所以她想要收回房产，请爸爸和爷爷奶奶腾出房子。小雪的父亲则表示，收到女儿的诉状他心里很难过。他说：自己的父母已经70多岁，打算在这套房子里居住至百年。当时房产过户给女儿，法律还没有关于居住权的规定，所以没有办法把房子居住权约定给两位老人，老人目前没有其他的房产，女儿要求爷爷奶奶腾房违背了公序良俗。小雪的父亲还提出，可以用这套房子办理抵押贷款来解决女儿的留学费用。

厦门市思明区人民法院经审理认为，该房屋不论权属如何流转，均未影响小雪爷爷奶奶对该房屋的居住使用，小雪取得房屋的所有权主要基于其与父亲、祖父等人的亲属关系。从法律层面而言，小雪是房屋登记的权利人，依法享有相应的权利，但权利的行使不应损害他人的合法权益，也不应违背法律所保护的社会公序良俗。小雪面临的经济问题可以通过家庭成员之间的协商予以解决。小雪

① 《孙女享有房屋所有权，能要求爷爷奶奶腾房吗？法院这样判》，载微信公众号“浙江普法”，2021年10月27日。

未征得爷爷奶奶同意,也未对老人的居住事宜作出妥善处理,在此情形下,要求交还房屋损害了两位老人的居住权益,将给老人的晚年生活造成极大不便,也不利于家风文明建设,有违社会善良风俗。据此,法院驳回了小雪的诉讼请求。

上述案件中,法院认为,敬老既是道德也是法律的要求,对老年人来说,老有所居是安度晚年很重要的一个方面。家庭成员应当敬老爱幼,互相帮助。在本案中,虽然房产的所有者是小雪,其合法权利受到法律的保护,但法律同样要维护老年人的合法权益。

本案是一起典型的居住权与所有权冲突引发的纠纷。对于该类案件,一方面要依法保护房屋产权人的所有权,另一方面要保障老人最基本的居住权。法官如何在所有权和居住权之间进行利益平衡,选择正确的裁判路径,避免机械裁判导致的社会不公,则为本案的典型价值所在。

第二节　居住权与债权之间的冲突及利益平衡

一、居住权与债权之间冲突的表现

居住权与债权之间发生的冲突,债权既可以是房屋所有权人所需要承担的债务,又可以是居住权人所需要承担的债务。设想一下这样两种情形:一是某人负债累累,名下没有任何登记的房产,但可以居住在其亲友提供的面积宽大、装修豪华的房子中,理由是亲友为其设立了居住权,债权人却无法拿到欠款;二是某人负债累累,名下有多套房产,但很多房子上都为其亲友或员工等设立了居住权并经过设立登记,债权人却很难通过申请强制执行实现债权。按照"物权高于债权"的一般原则,作为用益物权的居住权也高于一般债权,但如果对经过设立登记的居住权不能被撤销,或设立居住权的住宅不能被强制执行,上述两种不合理的情况极有可能会经常出现,并引发道德危机与社会混乱:富人实际出资以其他人的名义购买房屋,然后在该房屋上设立居住权并经过设立登记,由自己家庭实际居住,即使出现经济困难,也不会因此失去舒适的生活条件;或者富人在自己的房屋上为亲友普遍设立居住权,导致其债权人无法实现债权。

本书认为,法律规范有必要对居住权的行使加以必要的限制,在一定情况下,对债权的保护可以高于居住权。居住权的实现以不损害其他人的合法权益为适度。如果所有权人设立居住权出于善意,没有逃避债务的企图,即使可能影响到债务的履行,出于对居住权人的合法利益保护,居住权也不应被撤销。如果所有权人是债务人,其设立居住权出于恶意,企图逃避债务,影响到债务的履行,实质损害债权人的合法权益,法院可以应债权人的请求撤销该居住权合同或认定合同无效,判决要求办理居住权注销登记。

二、恶意设立居住权的行为属于可撤销或无效的行为

判断债务人设立居住权的行为是出于善意还是恶意,主要看是否符合以下条件:一是设立居住权的时间是否早于债权的发生时间。如果设立居住权时,债务尚未发生,债务人一般不存在为了逃避债务而设立居住权的主观恶意,而且债权人有可能通过要求债务人提供财产担保或查询债务人的房产登记情况,避免债务的发生;如果设立居住权前,债务已经发生,债务人有为了逃避债务而设立居住权的可能性。二是无偿设立居住权的行为是否存在正当性与必要性。例如,居住权人是债务人需要赡养或抚养的人员,而且居住权人没有其他住处,说明债务人设立居住权具有行为的正当性,即使不设立居住权,在法院强制执行时也应给这些人员保留必要的住处;但如果是债务人为其亲友无偿设立居住权,且该居住权人有其他住处也不属于有特殊困难的人员,这种无偿设立居住权的行为是"无偿处分财产权益",应属于可撤销的行为,应属于《民法典》第538条规定的"债务人以放弃其债权、放弃债权担保、无偿转让财产等方式无偿处分财产权益,或者恶意延长其到期债权的履行期限,影响债权人的债权实现的,债权人可以请求人民法院撤销债务人的行为"。三是有偿设立居住权所支付的经济对价是否合理。因为法律对居住权的保护要高于对租赁权的保护,所以有偿设立居住权所支付的经济对价一般要高于或相当于该住宅的市场租金,除非所有权人与居住权人之间存在特殊的身份关系或出于恩惠、帮困性质。虽然设立居住权采取有偿方式,但所支付的经济对价(一般是支付房屋使用费形式)明显偏少,远低于该住宅的市场租金(如不到市场租金的1/3),这种行为也有债务人为了逃避债务而设立居住权的很大可能性。如果所有权人将居住权人支付的经济对价一次性收取,用于其他用途,导致债务无法履行,该行为类似"以明显不合理的低价转让财产",也属于可撤销的行为,可以参照的依据是《民法典》第539条规定:"债务人以明显不合理的低价转让财产、以明显不合理的高价受让他人财产或者为他人的债务提供担

保，影响债权人的债权实现，债务人的相对人知道或者应当知道该情形的，债权人可以请求人民法院撤销债务人的行为。”如果居住权是有偿设立的，所支付的房屋使用费标准应参照该住宅的市场租金，且采取分期支付的方式，债权人可以要求行使代位权或者以剩余未支付部分的房屋使用费作为可以履行债务的款项，使债权人的利益得到一定程度的保障。此外，居住权人并不实际居住在该住宅内、居住权期限很长、居住权人知道或者应当知道所有权人出现资不抵债的情况，都是判断债务人设立居住权是否出于恶意应考虑的情节。

如果居住权人是房屋所有权人的近亲属或者有其他特殊关系，知道或应知道所有权人设立居住权是为了逃避债务的目的，但双方还是签订居住权合同并办理设立登记，导致所有权人的债务无法履行，债权人可以主张该行为无效，依据是《民法典》第154条规定：“行为人与相对人恶意串通，损害他人合法权益的民事法律行为无效。”

三、居住权妨害债权实现问题探讨

（一）居住权妨害债权实现的可能

由于《民法典》对居住权的规定比较简单，加上居住权具有用益物权的性质，按照“物权高于债权”的一般原则，作为用益物权的居住权也高于债权，即经过设立登记的居住权一般不能被撤销，即使所有权人发生变动，也不影响居住权。债务人有可能会利用物权与债权的效力差异、立法缺失等空间，通过设立居住权妨害物权的实现。其原因主要有：居住权的物权性质优先债权；居住权系意定物权；居住权的生活保障性质；《民法典》既未对有房者做权利限制，也未对居住权期限做限制。①

（二）债务人的妨害手段

债务人有可能利用居住权的规范空白，通过积极方式或消极方式，逃避履行债务的责任，从而妨害债权实现。

债务人可以通过积极设置长期居住权躲避债权实现。债务人可能在其所有

① 郑哲迪、陈建宏：《关于我国民法典背景下居住权妨害债权实现问题的研究》，载《2021年度宁波市律师实务理论研讨会论文集》，第142－143页。

的住宅之上，为家庭成员中的老年人设置直至其终老方能消灭的居住权；抑或为躲避债务，与配偶协议离婚，并为配偶设置长期居住权。鉴于我国尊老的优良传统及保护妇女的司法实践倾向，在以老年人或者妇女为权利人的住宅之上设置居住权，自然增加了司法实践中将该标的住宅予以变价处理实现债权的难度。

债务人对外负有债务时，理应有责任消除障碍，为债权人实现债权承担相应义务。故当债务人所有的住宅负有居住权，而无法作为责任财产变价偿还债务后，在所有房屋的居住权消灭理由出现时，债务人理应及时办理居住权注销登记，以承担债务责任。但鉴于居住权的登记公示制度，在其恶意不办理注销登记时，债权人或司法机关无从知晓可实现债权的住宅居住权已消灭，恶意债务人必然通过此种消极的方式逃避债务。此种消极手段使实际上已处于便利处分状态的债务人财产名正言顺地继续“被限制”，将严重影响债权人实现利益。[①]

（三）司法救济途径之实现

债权人为实现债权应积极主动寻求司法帮助，以借力司法救济实现自己的权益。司法救济主要的途径有以下三种：一是为善意居住权人另设居住权。债权人通过司法诉讼得到债权成立判决后，依法通过强制执行。在债务人不积极履行债务前提下，该住宅会被拍卖。此变价过程最终产生住宅所有权人发生变化的事实。法院必须通过与标的住宅新的所有权人约定设立居住权，方能保障善意居住权人的利益，顺利推进强制执行，最终帮助实现债权人利益。法院在拍卖公告中，依法披露拍卖标的住宅的居住权设立情况后，应明确告知为标的住宅重新设立居住权为拍卖条件，即竞拍人竞拍成功后，必须与居住权人重新签订居住权合同，并为其设立居住权。竞拍人一旦参与竞拍，即为承诺，故此可依法有序推进后续执行程序。二是协商一致的权利涤除执行方式。考虑到带居住权的住宅在变价过程中的程序障碍与价值贬损，法院应当允许债权人与居住人在达成一致的前提下，通过债权人提供他人处居所方式，将标的住宅居住权涤除。可以通过债务人与居住权人协商解除居住权合同，或约定加速居住权到期，再通过债权人与居住权人另行签订履行合同的方式，将居住权进行实质上的涤除，从而将标的住宅以最大的价值拍卖，实现债权。三是认定恶意设立居住权的行为无效。法院应综合

---

① 郑哲迪、陈建宏：《关于我国民法典背景下居住权妨害债权实现问题的研究》，载《2021 年度宁波市律师实务理论研讨会论文集》，第 143 页。

考量债权性质，债务人即住宅所有人行为规律、居住权自身条件等因素，作出保护债权人的无效认定判决。①

第三节　居住权与抵押权之间的冲突及利益平衡

一、居住权与抵押权之间冲突的表现

居住权属于用益物权，居住权人对住宅享有占有、使用的权能；抵押权属于担保物权，抵押权人并不实际占有抵押物，仅以抵押物的交换价值来担保债之履行，故在同一套住宅之上的抵押权与居住权可以并存，一般情况下抵押权与居住权并不存在效力冲突的情形。

当抵押权人实现抵押权时，若作为抵押物的住宅之上有居住权负担，由于居住权存续期间，居住权人能排他地占有、使用抵押物，即使买受人拍卖取得抵押物的所有权，该所有权也是一个空有所有权之名的空虚所有权。基于上述理由，在抵押权人实现抵押权的场合，抵押权与居住权之间存在效力冲突。②

《民法典》并不禁止已经设立居住权的房屋设立抵押，也不禁止已经抵押的房屋设立居住权。但是，居住权人出于维护自己的权益的考虑，一般不会同意所有权人再设立抵押权或要求抵押权的实现不能影响到居住权的继续存在；同样，已经设立抵押的抵押权人，出于抵押物转让价值不受明显减损的考虑，一般也不会同意抵押人再在房屋上设立居住权。

二、特殊情况下居住权与抵押权冲突时的利益平衡

在特殊情况下，居住权与抵押权可能会在同一套住宅上同时存在，如果发生冲突，要判断两者之间的效力优先顺位。

1. 居住权先设立的情形。如果居住权是在先设立的，那么在其之后所产生的抵押权或司法查封，都不能够对抗在先的居住权，即便该房屋因为抵押权或司法

---

① 郑哲迪、陈建宏：《关于我国民法典背景下居住权妨害债权实现问题的研究》，载《2021 年度宁波市律师实务理论研讨会论文集》，第 144 页。

② 郭孝林：《以执行异议与执行异议之诉为视角：居住权与其他民事权利效力冲突类型化研究》，载微信公众号“审判研究” 2020 年 11 月 11 日，https://mp.weixin.qq.com/s/fn5xxubfco9s30gx6LjxWA。

查封的最终的处置而被对外拍卖处分，那么居住权可以继续存在。具体可以参照《民法典》第725条“租赁物在承租人按照租赁合同占有期限内发生所有权变动的，不影响租赁合同的效力”的规定，即一般所称的“买卖不破租赁”原则。居住权属于法定的用益物权，其法律效力高于作为债权的租赁权，举轻以明重，在先设立的居住权的效力也应优于在后设立的抵押权。

2.抵押权先设立的情形。根据《民法典》的相关规定，居住权和房屋抵押权均以登记为设立要件，交易主体完全可以通过查询不动产登记簿了解住宅之上是否有在先居住权或抵押权的存在。在先设立抵押权情形，拟设的居住权人完全可以预料到住宅将来可能被变价用于优先清偿抵押权人的债权，在此情形下拟设的居住权人仍愿意承受该风险并要求设立居住权，则后设立的居住权不能对抗登记在先的抵押权。如果房屋在办理抵押登记后，所有权人与第三人签订居住权合同但没有办理设立登记，这种权利只能是实际占用该住宅的居住权利，性质类似“借用”，未经登记不能对抗抵押权人。

3.已经签订居住权合同但没有办理设立登记的情形。由于居住权制度是《民法典》新创设的制度，以前存在大量的类似居住权合同的情况，虽然签订了协议或以遗嘱方式设立居住权，但没有办理居住权设立登记。如果此后，所有权人办理抵押权设立登记或者房屋被司法查封。抵押权人可以凭借生效的法律文书申请执行作为抵押物的房屋，法院在查封抵押物后，即使住宅所有权人与第三人签订有居住权合同，由于住宅被查封后，第三人也无法顺利办理居住权设立登记。此时，第三人享有的实际上为以请求所有权人办理居住权设立登记的债权请求权。这种情形在实践中可能会遇到，如果是居住权人是没有其他住处的老年人、残疾人或者其他生活困难、失去劳动能力的人员，如何保障其居住条件，需要法院在执行中进行酌情处理。

本书认为，如果居住权与抵押权发生冲突，应以居住权和抵押权设立登记的先后顺序来认定何者效力优先，即物权的“时间在先，权利在先”原则。如果是居住权先设立、抵押权后设立的情形，即使房屋抵押权行使，居住权不受影响还可以继续存在；如果是抵押权先设立、居住权后设立的情形，一旦抵押权行使、导致房屋被处分，居住权自然消灭，不能够对抗在先已设立的抵押权。即使双方已签订居住权合同但未办理设立登记，也不能对抗抵押权。

三、如何尽量避免居住权与抵押权发生冲突

一般情况下，居住权与抵押权不能在同一套住宅上同时设立并办理登记，所有权人可以择一设立。为了避免产生纠纷，一般要经过在先权利人的同意，才能设立新的权利。

已经设立居住权的住宅，理论上可以办理抵押登记。设立抵押登记，不影响原已存在的居住权。但抵押权人一般不会接受已设立居住权的住宅作为抵押物，要求所有权人涤除居住权后才能办理抵押手续；即使接受其抵押，因为设有居住权负担的住宅转让价值将受到明显的减损，所以也会将抵押物的评估价值大幅降低。如果抵押权人想查询房屋的限制信息情况，登记机构在出具查询结果时，应当一并告知抵押权人房屋是否设定居住权。①

有时候，所有权人在为居住权人无偿设立居住权的同时附合同解除条件，要求居住权人在所有权人办理房屋抵押或转让时，应无条件同意并配合办理登记手续。在这种情况下，如果所有权人要办理房屋抵押或转让时，应先解除居住权合同，办理居住权注销登记，避免产生纠纷。

如果所有权人经过在先权利人的同意后设立居住权或抵押权，是否被视为在先权利人对自己的权利的放弃呢？本书认为不是。因为居住权或不动产抵押权的设立或注销都要经过登记手续，即使双方达成合意，放弃自己的物权也要经过办理注销登记。所以，在先权利人放弃自己的权利，不仅要有明确的意思表示（并非只是同意设立居住权或抵押权），而且要办理注销登记，才能生效。此前，即使双方签订合同，对方也只有债权请求权，而不能主张涤除登记在先的居住权或抵押权。

设定抵押权以后，抵押人并未丧失对抵押物的处分权。因此，已经设定抵押权的房屋可以设定居住权。但在已经抵押的房屋上设定居住权应当通知抵押权人。否则，抵押权人无法及时向抵押人提出相应的请求。②

如果所有权人未告知居住权人该房屋已经设立抵押的情况，签订居住权合同后因为抵押权的实现导致居住权人无法实际居住该住宅的，因此给居住权人造成

① 张亚楠：《〈民法典〉与不动产登记之居住权》，微信公众号“鱼龙聊房”2020 年 6 月 24 日，https://mp.weixin.qq.com/s/RfvmG7w-6pn2uxhy79Cv6g。

② 金绍达：《居住权及其登记问题透视》，载《中国不动产》2021 年第 5 期。

的损失应承担赔偿责任；如果所有权人已经告知居住权人该房屋已经抵押的情况，则由居住权人自己承担后果。如果所有权人与抵押权人恶意串通，以设立抵押权的方式来规避其应承担的法定居住权义务，则抵押行为无效，因此造成的损失由所有权人和抵押权人承担。①

第四节　居住权与承租权之间的冲突及利益平衡

一、将已设立居住权的住宅出租导致的权利冲突

关于居住权与承租权之间的冲突，一般表现在居住权与承租权同时存在于同一套住宅上的情况，如设立居住权的住宅是否可以出租及出租后的后果。下面分别进行说明：

1.明确约定“不能出租”或者没有约定的情况。按照《民法典》第369条规定，如果双方在居住权合同没有对设立居住权的住宅是否可以出租进行约定，应该视为“不能出租”。虽然这种情况下住宅不能出租，但有可能会出现一方未经另一方的同意而擅自出租的情况。常见的情况是居住权人擅自出租或者以借用的名义变相出租设立居住权的住宅，此时也有可能会出现所有权人在居住权人不实际居住期间擅自将设立居住权的住宅出租的情况。因为房屋出租不需要登记备案手续，承租人一般不会知道所有权人与居住权人在居住权合同中的约定内容。如果一方知道另一方擅自出租的行为，一般会要求对方收回所出租的房屋，这样必然会导致承租人的承租权难以得到保障。如果是居住权人擅自出租，就出现了房屋所有权与承租权之间的冲突；如果是所有权人擅自出租，就出现了居住权与承租权之间的冲突。

如果承租人此前不知道居住权合同中的约定内容，在支付房租后，实际占有、使用该住宅，应属于善意的第三人。所以，承租人的承租权应得到保障。如果承租人与无权处分的出租人之间协商提前解除租赁合同，承租人可以要求出租人承担违约责任。本书认为，更加合理的做法应是：居住权人将设立居住权的住宅出

① 陈耀东、贺立群：《论居住权制度在我国的建立》，载《南开学报(哲学社会科学版)》2005年第2期。

租或出借，说明居住权人在此期间没有居住的意思或必要性，所有权人可以与居住权人协商，要求居住权人交付已经收取的租金，并要求承租人以后直接向所有权人交付租金，这样既保证了承租人的承租权，又使所有权人得到利益弥补，居住权人也不会因此获利。

如果承租人此前知道该住宅已经设立居住权并约定不能出租，还是与所有权人或居住权人签订租赁合同，不属于善意第三人，所以权益受损害人可以主张该租赁合同无效。

2. 明确约定可以出租的情况。在居住权合同中约定可以出租，一般不会发生权利冲突。但在某些特殊情况下，也有可能会出现权利冲突。例如：约定的租赁期限超过了居住权的剩余期限，如果没有得到所有权人的事先同意，居住权期限届满后的租赁期限是居住权人的无权处分行为，在这种情况下，必然会发生所有权与承租权之间的权利冲突，要解决纠纷，要么由居住权人向承租人承担违约责任，要么在得到所有权人的追认后才可以继续履行租赁合同；有偿设立的居住权并约定“可以出租”，后来该房屋被出租，但因为房屋被征收，或者因火灾、地震、洪水、台风等原因导致住宅灭失或严重受损而无法使用，导致租赁合同已无法履行，应由出租人与承租人协商提前解除租赁合同并给予一定的经济补偿；居住权合同中约定“可以出租”，后来该房屋被出租，但再后来因为出现特殊情况，所有权人行使了合同解除权导致居住权消灭，居住权人应与承租人协商提前解除租赁合同并承担违约责任，或者由所有权人作为出租人实际继续履行租赁合同并有权收取租金。

二、同时存在的居住权与承租权发生权利冲突的情形

在房屋租赁合同关系中，承租人获得的是承租权，承租权是债权。居住权是用益物权，显然居住权受到法律保护的力度要高于承租权，居住权的设立会实质影响到所有权人的部分权利行使。按照“物权高于债权”的一般原则，承租人无权为其他人设立居住权，登记机构也不能为其办理居住权设立登记。

从理论上分析，承租权与居住权都有对房屋的占有、使用的权利。所以，如果在同一套住宅上的同一区域内同时设立承租权与居住权，必然会损害居住权人或承租人其中一方的权益。如果所有权人在已出租的房屋上设定居住权，必然会产生权利的冲突，影响到成立在先的租赁合同的实际履行，损害承租人的利益。如

果居住权人不能对房屋进行支配,该权利也将毫无意义。

但在一些特殊情况下,在原来租赁性质的住宅上设立居住权存在一定的可能性,前提是必须得到所有权人的同意,在所有权人与居住权人之间签订居住权合同。

权利冲突也存在一定的例外。如原来是房屋出租方式,后来变成有偿设立居住权方式,将租金变成收取房屋使用费形式,设立居住权更加有利于对居住权人的利益保护。如果承租人与居住权人是同一人,这样做是完全可以的,而且承租权与居住权的设立存在时间先后,所以不存在权利冲突问题。还有一种特殊情况,所有权人为居住权人在住宅的部分区域设立的居住权,居住权人不愿意与其他人共同居住在同一套住宅中,或不同意所有权人将未设立居住权的部分区域出租出去,于是将该住宅的其他区域用租赁的方式承租下来,因为承租权与居住权的设立区域不同,所以也不存在权利冲突问题。

所以,在同一套住宅上同时设立居住权与承租权,发生权利冲突一般需要有以下前提:承租人与居住权人不是同一人,而且在居住的空间上存在重合性。

三、居住权与承租权发生冲突时的权利平衡

如果双方在居住权合同没有约定可以出租或者约定不明确,应该视为“不能出租”。如果居住权人未经所有权人的同意擅自出租房屋,所有权人可以主张其停止出租行为,承租人的占有状态应当认定为无权占有,所有权人可以要求承租人搬离,居住权人所收取的租金属于不当得利,应当交付给所有权人。如果居住权人多次擅自出租或者拒绝将所得交付,所有权人可以提前解除居住权合同。因此对承租人造成的损失,承租人可以向居住权人主张要求承担违约责任。

如果是所有权人在居住权人不实际居住期间(如出国、异地工作、生病住院等)擅自将已设立居住权的住宅出租,后来居住权人发现后要求所有权人收回该住宅,提供给自己来居住,该要求应得到支持。而且,居住权人可以要求所有权人向其交付已经收取的租金,作为对其居住权受到损害的利益补偿。因此,对承租人造成的损失,承租人可以向所有权人主张要求承担违约责任。

在已经出租的住宅上原则上不应设立居住权,一般应在租赁期满后才能设立居住权。居住权应在成立在先的租赁关系消灭后才能得以实现。房屋所有权人与居住权人如果在均明知房屋已经出租的情况下设立居住权,应当认定居住权人不能直接请求排除在先承租人的居住占有,但这只是延后了居住权的权利行使时

间，居住权人对此有预见即可。①

当然，房屋所有权人与居住权人也可以在居住权合同中约定，以成立在先的租赁关系的消灭作为居住权设立的一个时间起算点，由此在承租的房屋上设定一个附生效期限的居住权。但如果承租人与居住权人是同一人，可以不必考虑这些限制，可以将房屋租赁关系变成有偿设立居住权，也可以将同一套住宅中未设立居住权的部分区域出租给居住权人，居住权人可以实现对整套住宅的完整占有与使用。而且，居住权人对同一套住宅中未设立居住权的其他部分区域应该有优先承租权。

第五节　居住权人与其他人的优先购买权的冲突

优先购买权是指特定人依照约定或法律规定，在所有权人出卖动产或不动产时，有依同样条件优先购买之权利。② 优先购买权是对出卖人的所有权所施加的负担，其目的是通过赋予买受人某种优先的法律地位，保护其获得某种物或权利的特殊利益。

一、居住权人是否具有对住宅的优先购买权

我国《民法典》对“优先购买权”的规定有两处：一是共有人的“优先购买权”，具体可见《民法典》第 305 条、第 306 条。《民法典》第 305 条规定：“按份共有人可以转让其享有的共有的不动产或者动产份额。其他共有人在同等条件下享有优先购买的权利。”第 306 条规定：“按份共有人转让其享有的共有的不动产或者动产份额的，应当将转让条件及时通知其他共有人。其他共有人应当在合理期限内行使优先购买权。两个以上其他共有人主张行使优先购买权的，协商确定各自的购买比例；协商不成的，按照转让时各自的共有份额比例行使优先购买权。”二是承租人的“优先购买权”，具体可见《民法典》第 726 条、第 727 条、第 728 条。《民法典》第 726 条规定：“出租人出卖租赁房屋的，应当在出卖之前的合理期限内通

---

① 李兴：《居住权与其他物权的冲突与协调》，载茆荣华主编：《〈民法典〉适用与司法实务》，法律出版社 2020 年版，第 206 页。

② 王泽鉴：《民法学说与判例研究》（第 1 册），中国政法大学出版社 1998 年版，第 55 页。

知承租人，承租人享有以同等条件优先购买的权利；但是，房屋按份共有人行使优先购买权或者出租人将房屋出卖给近亲属的除外。出租人履行通知义务后，承租人在十五日内未明确表示购买的，视为承租人放弃优先购买权。”第 727 条规定：“出租人委托拍卖人拍卖租赁房屋的，应当在拍卖五日前通知承租人。承租人未参加拍卖的，视为放弃优先购买权。”第 728 条规定：“出租人未通知承租人或者有其他妨害承租人行使优先购买权情形的，承租人可以请求出租人承担赔偿责任。但是，出租人与第三人订立的房屋买卖合同的效力不受影响。”

对于居住权人是否对其居住的住宅享有“优先购买权”，《民法典》中没有明确规定。但按照“物权高于债权”的一般原则，既然承租人都享有优先购买权，那么居住权人享有优先购买权也在情理之中。从房屋利用现状上看，居住权人已经实际占有房屋，有的还为房屋的改良进行了一定的投入，赋予其优先购买权，还可以更好地维护居住权人的生活状况，符合效益便捷原则，对于权利人个人及社会的稳定意义重大。从预防和减少纠纷角度看，居住权人与所有权人之间建立了一定的法律关系，有的还存在特殊的身份关系，如将所有权转移至第三人，居住权依据物权追及效力仍然是所有权的负担，这必将涉及如何协调受让人和居住权人利益平衡的问题，很容易因此引起一系列的矛盾和纠纷；而优先购买权的赋予将会保持现有居住状况，方便生活，也减少纠纷的发生。所以，赋予居住权人在房屋转让时享有优先购买权，不仅符合法理，也是现实生活的客观要求，法律理应认可。①

二、不同优先购买权发生冲突时的效力优先

居住权人行使优先购买权有可能与共有人的优先购买权产生冲突。例如：夫妻婚后购买的住宅应是夫妻共有财产，该夫妻在该住宅上为女方的父母设立了居住权，后来双方协商要离婚，女方愿意转让自己所有的一半产权，男方愿意向女方支付一定的经济补偿（因为已设立居住权所以房屋价值减损，经济补偿价格明显低于市场价），女方父母认为这个价格偏低，要求以该经济补偿价格的两倍受让住宅的产权，理由是居住权人也可以行使优先购买权，这样就必然会与男方作为房屋共有人的优先购买权产生冲突。

---

① 王富博：《居住权研究——我国物权立法的继受与创新》，中国政法大学 2006 年博士学位论文，第 104 页。

如果居住权人与共有人的优先购买权产生冲突，本书认为：共有人的优先购买权应优于居住权人的优先购买权。理由如下：第一，共有人的优先购买权是基于其共同所有权的，而居住权人的优先购买权是基于用益物权的。用益物权来源于所有权，因此当所有权与用益物权两者冲突之时，原则上应优先保护所有权。第二，居住权作为所有权负担，所有权变更不影响居住权人继续行使，因此优先保护共有人的优先购买权，可以兼顾双方利益。①

在这种情况下，为了避免纠纷，所有权人可以在与居住权人协商一致的情况下给予居住权人一定的经济补偿，提前解除居住权合同，恢复完整的所有权状态，还可以避免出现权利的冲突。此外，购买该部分产权的共有人可以通过为居住权人另行提供住房等方式来涤除该房屋上的居住权，以恢复其所有权的完满状态。②

居住权人行使优先购买权有可能与承租人的优先购买权产生冲突。例如，在一般情况下，同一套住宅上一般不会同时存在居住权和承租权。但如果居住权设立在住宅的部分区域内，所有权人又将其他区域出租出去。如果所有权人拟转让该住宅（一般是整套转让），居住权人与承租人都有意向购买该住宅，这样会有可能使居住权人与承租人的优先购买权产生冲突。

如果居住权人与承租人的优先购买权产生冲突，本书认为，居住权人的优先购买权应优于承租人的优先购买权。理由如下：第一，房屋承租人的优先购买权是基于债权产生的，是债权强化的结果，而居住权人的优先购买权是基于物权产生的，从民法基本原理来看，“物权应当优于债权”，所以作为物权的衍生权一般也应优于债权的同类衍生权。第二，居住权人往往与所有权人或者标的房屋之间有特殊的身份关系或某种特殊的感情，因此优先保障居住权人的购买权更符合情理，更能实现物尽其用。③

在这种情况下，为了避免纠纷，所有权人可以在租赁期限届满后再转让该住宅，或者提前解除租赁合同，给予承租人一定的经济补偿，或者等居住权期限届满、收回该住宅后，再进行转让，不仅不会出现转让价值的减损，而且可以避免产

① 《〈民法典〉居住权视野下的权利冲突与平衡》，载搜狐号“国智文苑”2020年6月27日。

② 陈耀东、贺立群：《论居住权制度在我国的建立》，载《南开学报（哲学社会科学版）》2005年第2期。

③ 《〈民法典〉居住权视野下的权利冲突与平衡》，载搜狐号“国智文苑”2020年6月27日。

生权利的冲突。如果经居住权人同意放弃剩余的居住权期限，所有权人转让该住宅的，原居住权人应该有优先购买权。

三、特殊情况下居住权人的优先购买权的行使限制

在特殊的情况下，可能会出现居住权人与共有人是同一人的可能性，这样就不存在“优先购买权”的冲突问题。例如：夫妻共有一套住宅并生有一个孩子，后双方感情破裂协商离婚，女方愿意抚养未成年的孩子，并要求男方同意为其与孩子在这套住宅上设立长期居住权，居住权期限到孩子成年（满18周岁）为止，为了孩子就近入学的需要（该住宅属于当地某名校的学区房），双方同意暂时不转让该套住宅并继续采取共有方式予以保留，到居住权期限届满后再进行分割处置，后双方签订离婚协议并办理居住权设立登记。居住权期限届满后，女方提出自己已经习惯住在此处，不愿意搬离，愿意向男方支付相当于市场价的一半的经济补偿，获得对整套住宅的所有权。男方也表示同意，这样就不会出现“优先购买权”的冲突问题。

但如果男、女方都想要获得该套住宅的所有权，就涉及共有人之间的优先购买权的冲突问题。因为居住权已经期限届满，不存在居住权人与共有人之间优先购买权的冲突问题。在这种情况发生时，本书认为，应依照《民法典》第306条的规定，并参照最高人民法院《关于适用〈中华人民共和国民法典〉婚姻家庭编的解释（一）》第76条“双方对夫妻共同财产中的房屋价值及归属无法达成协议时，人民法院按以下情形分别处理：（一）双方均主张房屋所有权并且同意竞价取得的，应当准许；（二）一方主张房屋所有权的，由评估机构按市场价格对房屋作出评估，取得房屋所有权的一方应当给予另一方相应的补偿；（三）双方均不主张房屋所有权的，根据当事人的申请拍卖、变卖房屋，就所得价款进行分割”的规定处理。在同等条件下，原实际居住人有优先购买权，这样可以维持房屋的原来使用状态。

如果所有权人在同一套住宅上为多个居住权人按照不同的区域设立不同居住权。如果在居住权都没有届满的情况下，所有权人要转让该套住宅，将可能会出现不同居住权人之间的优先购买权冲突问题。在这种情况发生时，应参照《民法典》第306条的规定，但也要有所区别，因为住宅一般不能分割转让。两个以上居住权人主张行使优先购买权的，可以协商由谁来购买；双方均要求购买该房屋的，一般采取竞价取得方式；但所有权人变更，不影响已设立还未到期限届满的居

住权继续存在。

考虑对房屋所有权人与居住权人的利益平衡保护,应对居住权人行使优先购买权有一定的限制:居住权是有偿设立的,且房屋按份共有人行使优先购买权或者所有权人将房屋出卖给近亲属的除外。具体可以参照《民法典》第726条的规定,对居住权人行使优先购买权的限制应类似于对承租人行使优先购买权的限制。

对于无偿设立、带有恩惠或帮困性质的居住权合同,一般不能对所有权人进行居住权期限届满后的转让权限制。例如:某人进城工作后,将农村闲置的房屋提供给经济比较困难的叔叔一家居住并无偿设立居住权。但后来两家因为赡养长辈的问题发生矛盾,关系冷淡。等居住权届满后,所有权人将该房屋以比较优惠的价格出卖给同村的另一位叔叔,因为该叔叔一家承担了较多的赡养长辈与照顾生活的义务,使所有权人减轻了很多压力。如果居住权人提出行使优先购买权,要以优惠的价格受让该房屋,可能会被所有权人拒绝。这种情况下,居住权人以自己未得到所有权人的提前通知或者优先购买权受到妨害为由,请求所有权人承担赔偿责任。如果因此产生纠纷引起诉讼,法院是否支持居住权人的要求?本书认为,这种情况下,法院不应支持该居住权人的要求。

如果居住权人的优先购买权受到侵害,该如何进行救济?本书认为,可以参照《民法典》第728条关于侵害承租人优先购买权的赔偿责任的有关规定。但在实践中,居住权人要提出赔偿损失的具体依据是很难的。尤其是居住权人不愿意与所有权人协商解除居住权合同或双方协商未果,所有权人由于担心居住权人可能会阻挠,一般也不会在转让房屋前告知居住权人相关情况,或由居住权人行使优先购买权。如果居住权人请求确认所有权人与第三人签订的房屋买卖合同无效的,法院一般不会予以支持。

第五章

适用民法典相关规定的探讨

居住权规定在《民法典》物权编，但内容横跨财产法和身份法，涉及《民法典》总则编、物权编、合同编、婚姻家庭编和继承编的相关规定，在制度设计上具有鲜明的时代特征。[①]

居住权作为《民法典》创设的一种用益物权，因缺乏充足的实践经验，规定得比较简单，这是可以理解的。但实践中，现有的六条居住权的内容显然无法很好地解决现实生活中出现的各种与居住权相关的法律纠纷，好在《民法典》的其他内容比较详细，有些规定与居住权制度也有相关性，可以直接适用或参照适用。

第一节　适用民法典物权编的相关规定

一、关于居住权登记的规范

居住权作为一种用益物权，自然适用于对物权与用益物权的一般规定，如《民法典》物权编第一分编“通则”的相关规定，第三分编“用益物权”第十章“一般规定”。

《民法典》第 208 条第 1 句规定：“不动产物权的设立、变更、转让和消灭，应当依照法律规定登记。”居住权与其他不动产物权一样，采取了登记生效主义。所以，居住权的登记自然要适用《民法典》物权编第二章第一节“不动产登记”的相

---

① 叶阳：《民法典居住权制度的若干问题》，载《人民司法》2020 年第 34 期。

关规定(第209－223条)。

早在《民法典》出台前,一些地方性规定中就创造性地作出了关于居住权登记的规定。如2003年颁布的《上海市房地产登记条例实施若干规定》第6条规定,“当事人以协议方式设定居住权、通行权等房地产权利,可以凭有关协议,向登记机构申请房地产他项权利登记”。但那时居住权并不属于法定物权,这样的登记只能起到有限的公示作用,不能实现对居住权人的有效保护。在《民法典》施行后,居住权即应当作为法定不动产物权列入不动产登记的范畴。①

虽然在国务院2014年11月发布的《不动产登记暂行条例》中没有将“居住权”列入该条例第5条“下列不动产权利,依照本条例的规定办理登记”的列举范围内,但根据该条“(十)法律规定需要登记的其他不动产权利”的兜底规定,居住权登记自然属于需要登记的“不动产权利”范围。不过,在《不动产登记暂行条例实施细则》(2019年修正)与《不动产登记操作规范(试行)》(2021年修改)中还缺少关于居住权登记的规定。

2021年年初,自然资源部起草了《居住权等登记办法(试行)》(征求意见稿),目前还没有颁布实施。但有些地方已经开始试点办理居住权登记,并出台相应的登记规范。例如:2021年3月1日,上海市规划和自然资源局发布了新的《上海市不动产登记技术规定》;6月17日,武汉市自然资源和规划局发布《武汉市居住权登记操作规范(试行)》;8月,广州市不动产登记中心发布《居住权登记(首次登记、变更登记、注销登记)办理指引(国有土地上房地产)》;9月18日,浙江省自然资源厅发布《关于进一步规范不动产登记工作的若干意见》;11月,浙江省衢州市资源规划局发布《衢州市居住权登记操作规范(试行)的通知》。

可以预期,以后在《不动产登记暂行条例》《不动产登记暂行条例实施细则》《不动产登记操作规范(试行)》的修订或各地出台的不动产登记规定中,会作出相应修订。

按照《民法典》物权编第二章第三节“其他规定”中第229条关于法律文书或征收决定导致的物权变动的规定表明,因人民法院、仲裁机构的法律文书或者人民政府的征收决定等,导致居住权的设立、变更或消灭,也应办理相关的登记手续。

① 叶阳:《民法典居住权制度的若干问题》,载《人民司法》2020年第34期。

二、关于居住权的物权保护

《民法典》物权编第三章“物权的保护”，对物权的保护自然也适用于居住权（第233－239条）。这些规定在居住权纠纷处理时可能会比较常用。如在居住权受到所有权人或第三人的侵犯或妨害时，居住权人可以提起诉讼要求法院进行居住权确认，并要求侵权人承担恢复原状、排除妨害、消除危险及损害赔偿的责任。

《民法典》物权编第三分编“用益物权”第十章“一般规定”中的相关规定，对居住权也适用。例如，第326条规定：“用益物权人行使权利，应当遵守法律有关保护和合理开发利用资源、保护生态环境的规定。所有权人不得干涉用益物权人行使权利。”第327条规定：“因不动产或者动产被征收、征用致使用益物权消灭或者影响用益物权行使的，用益物权人有权依据本法第二百四十三条、第二百四十五条的规定获得相应补偿。”这条规定为居住权人在房屋征收时获得经济补偿提供了法律依据。与此相关的是《民法典》物权编第二分编“所有权”第四章“一般规定”中的两条相关规定。第243条第1款、第3款规定：“为了公共利益的需要，依照法律规定的权限和程序可以征收集体所有的土地和组织、个人的房屋以及其他不动产。”“征收组织、个人的房屋以及其他不动产，应当依法给予征收补偿，维护被征收人的合法权益；征收个人住宅的，还应当保障被征收人的居住条件。”第245条规定：“因抢险救灾、疫情防控等紧急需要，依照法律规定的权限和程序可以征用组织、个人的不动产或者动产。被征用的不动产或者动产使用后，应当返还被征用人。组织、个人的不动产或者动产被征用或者征用后毁损、灭失的，应当给予补偿。”居住权人应属于被征收人的范围，有权获得经济补偿。

根据上述相关规定，如果所有权人因办理抵押、转让或征收等原因，要求居住权人提前搬离设立居住权的住宅，居住权人可以要求所有权人为其设立新的居住权或提供经济补偿。

三、关于居住权人与其他人之间的相邻关系处理

如果所有权人在一套住宅上设立多个居住权，或者该住宅是由居住权人与所有权人共同居住，或者该住宅是由居住权人与承租人共同居住，可能会产生一定的矛盾，严重时可能会产生相邻关系纠纷。所以，某些与居住权相关的纠纷中可能会涉及相邻关系，也应适用《民法典》物权编第二分编“所有权”第七章“相邻关

系”的相关规定。例如,居住权人与相邻的不动产权利人之间因为房屋装修、采光、通行、倾倒垃圾、污水或者噪音问题等产生纠纷。居住权人与同一套住宅内的其他居住权人或承租人之间也可能会发生相邻关系纠纷,如晚间播放大功率音响影响休息、晒衣服滴水、擅自隔断侵占公用部位等。因为一般是居住权人实际缴纳物业服务费,如果发生相邻关系纠纷,居住权人可以要求小区的物业服务企业进行协调处理。如果矛盾激化,可能产生相邻关系纠纷的诉讼,居住权人可以作为诉讼当事人参与纠纷处理。在这种情况下,居住权人可以寻求所有权人的协助,或者经所有权人的授权,以自己的名义提起诉讼或者应诉。

第二节　适用民法典合同编的相关规定

根据《民法典》第 367 条关于“居住权合同”的规定,居住权合同应采用书面形式订立,居住权合同应包括当事人的基本信息、住宅的位置、居住的条件和要求、居住权期限、解决争议的方法等一般条款。

虽然居住权合同不属于《民法典》合同编第二分编“典型合同”范围,但也属于“有名合同”。尤其是居住权合同的订立、变更、违约、终止等引起的纠纷,自然要适用合同编第一分编“通则”的相关规定。但因为《民法典》中对居住权的规定比较简单,不像其他“有名合同”规定得那么细化、明确,而且设立居住权的原因多样,目前还没有被普遍接受或可以适用的居住权合同示范文本,在实践中也容易产生纠纷。所以,按照《民法典》第 467 条规定,可以参照适用“最相类似合同的规定”。

《民法典》第 368 条第 1 句规定:“居住权无偿设立,但是当事人另有约定的除外。”居住权的设立按照是否支付经济对价可以分为无偿设立与有偿设立两种形式,以无偿设立形式为主。无偿设立的居住权合同应准用赠与合同规则。有偿设立的居住权合同应准用双务合同规则。①

---

① 李兴:《居住权与其他物权的冲突与协调》,载茆荣华主编:《〈民法典〉适用与司法实务》,法律出版社 2020 年版,第 200 页。

一、无偿设立的居住权合同准用赠与合同规则

（一）无偿设立的居住权合同与赠与合同的比较

无偿设立居住权的本质，是所有权人将自己的住宅的占有权与使用权赋予居住权人，居住权是用益物权的一种，所以可以看作一种权利的赠与行为。一般所称的赠与行为，是财产所有权人将自己的财产无偿给予受赠人，是物的赠与。《民法典》第657条规定："赠与合同是赠与人将自己的财产无偿给予受赠人，受赠人表示接受赠与的合同。"

无偿设立居住权合同与赠与合同之间存在明显的相似性：一是无偿性，即受益人不需要付出经济对价；二是可转移性，既要有所有权人的出让行为，又要有受益人表示接受的意思表示。这种相似性决定了无偿设立居住权合同可以准用赠与合同规则的法理基础。

无偿设立居住权合同与赠与合同之间存在一定的区别：一是客体不同，居住权的客体是住宅，赠与权的客体是财产，后者范围比前者要大；二是包括的权能不同，前者包括住宅的占有权与使用权，只是部分权能，后者包括全部的所有权权能，还包括受益权与处分权。这些区别决定了两者在办理转移手续与权利的限制方面的差别：如居住权必须要办理设立登记才能生效，而赠与财产一般只要转移占有即可，只有不动产或者法律规定的动产才需要办理过户登记手续；住宅设立居住权后，虽然所有权人失去对住宅的支配权还保留了受到一定限制的收益权与处分权，所以居住权不能转让或继承，但赠与财产后，所有权人失去了全部权能，无法限制新的所有权人将财产进行出租、转让或继承。

（二）无偿设立情况下的所有权人法律地位类似赠与人

如果居住权无偿设立，所有权人与居住权人之间往往存在特殊的身份关系，而且一般是出于承担扶养义务、恩惠性质或者帮困助残性质才会无偿设立，这与一般的赠与行为有很大的类似性。如果居住权合同是属于带有公益、恩惠或帮困性质的合同，可以参照适用《民法典》合同编第十一章"赠与合同"中的相关规定。

因为其具有无偿性，所有权人无法获得收益，所以应进行一定的"责任豁免"，需要承担的义务一般相对较少，除非所有权人对居住权人有赡养、抚养或扶养等带有人身性质的法定义务。所有权人可以享有类似赠与人相似的法律地位，

主要体现在《民法典》第 662 条关于赠与人瑕疵担保责任的规定、第 663 条关于赠与人的法定撤销权及其行使期间的规定、第 666 条关于赠与人穷困抗辩的规定之中。

参照《民法典》第 662 条规定，如果无偿设立居住权的住宅存在瑕疵的，如室内的部分设施设备（如冰箱、空调、取暖设备、热水器、洗衣机等）无法正常使用，所有权人不承担责任。但如果所有权人故意不告知瑕疵或者保证无瑕疵，造成居住权人损失的（如冬天受冻、滑倒受伤），所有权人应当承担赔偿责任。

参照《民法典》第 663 条规定，如果居住权人对所有权人有赡养、抚养或扶养义务而不履行，严重侵害所有权人或者其近亲属的合法权益，或不履行居住权合同约定的义务，所有权人应可以撤销居住权，提前解除居住权合同。

参照《民法典》第 666 条规定，如果所有权人因为一些特殊情况（如创业失败）导致生活出现严重困难、失去原来的住所，可以与居住权人协商提前解除居住权合同，或者要求与居住权人共同生活。居住权人一般对此情况应予以理解，不能拒绝所有权人提出的正当要求，如果因此发生纠纷引起诉讼，法院应对所有权人的合理要求予以支持。

但考虑到无偿设立的居住权人一般是老年人、未成年人、残疾人、离婚妇女或无住房的困难人员等弱势群体，所以本书认为：不能适用《民法典》第 658 条第 1 款规定的“赠与人在赠与财产的权利转移之前可以撤销赠与”，应对所有权人的撤销权进行限制。如果签订居住权合同后，所有权人不配合办理设立登记，居住权人可以申请法院强制执行。这是居住权必须要办理设立登记才能生效的性质决定的。

如果是老人在遗嘱中为曾帮助、照顾其生活的人设立居住权，但老人的继承人拒绝承认遗嘱效力也不配合办理登记手续，居住权人也可以请求法院对遗嘱效力予以认定并申请强制执行。其法律依据可以参照适用《民法典》第 658 条，或法院在判决中引用其规则进行说理。

此外，还可以参照适用《民法典》第 661 条规定：“赠与可以附义务。赠与附义务的，受赠人应当按照约定履行义务。”如果在居住权合同中约定居住的条件与要求，居住权人应按照约定履行，约定居住的条件与要求就是“附义务”。还可以参照《民法典》第 662 条第 1 款规定：“……附义务的赠与，赠与的财产有瑕疵的，赠与人在附义务的限度内承担与出卖人相同的责任。”

二、有偿设立的居住权合同准用租赁合同规则

(一)有偿设立的居住权合同与租赁合同的比较

有偿设立居住权与无偿设立居住权的本质差别,是居住权人是否要为获得他人的住宅的占有权与使用权支付合理的经济对价。如果居住权人需要一次性或分期支付房屋使用费、提前支付一定费用作为将来的房屋维修用、为住宅投保而支付保险费用等,应被视为有偿设立。如果居住权人只是承担水、电、煤气、物业服务费等使用费用与一般维修费用,不视为是有偿设立形式。

与有偿设立居住权合同最类似的是房屋租赁合同。很多情况下,原来双方采取房屋租赁形式,后来承租人提出为确保其居住权益,得到所有权人的同意,双方签订居住权合同并办理设立登记,原来的租金以支付房屋使用费形式支付,这种形式转化是比较容易实现的,而且没有本质的区别。所以,当事人的权利与义务应基本相同。

《民法典》合同编第十四章"租赁合同"第703条规定:"租赁合同是出租人将租赁物交付承租人使用、收益,承租人支付租金的合同。"租赁合同的内容一般包括租赁物的名称、数量、用途、租赁期限、租金及其支付期限和方式、租赁物维修等条款。房屋租赁合同是租赁合同的主要形式,也当然要符合租赁合同的基本要求。

有偿设立的居住权合同与租赁合同之间存在明显的相似性:一是有偿性,即受益人需要支付经济对价;二是需要转移对房屋的支配权,包括房屋的占有权与使用权。这种相似性决定了有偿设立居住权可以准用租赁合同规则的法理基础。

居住权与承租权本质上的差异在于权利性质不同:居住权是"对他人的住宅享有占有、使用的用益物权",具有物权意义上的效力;房屋租赁合同生效后,承租人对房屋也有占有与使用的权利,但承租权在本质上是一种债权。因此,居住权人具有承租人无法享有的一些特殊权利,如在已设立居住权的住宅被征收时,居住权人可以要求所有权人为其设立新的居住权或获得相应的经济补偿,该补偿的数额一般较高,而且性质上也区别于承租人因租期未到而承租的房屋被拆迁中获得的经济补偿(违约金性质);未经居住权人的同意,所有权人不得擅自将设立居住权的房屋进行出租,一般也不得设立抵押。即使经过居住权人的同意,所有权人可以解除居住权合同后进行抵押或转让,一般要为居住权人设立新的居住权或

提供相应的经济补偿。

居住权合同与房屋租赁合同之间还存在以下主要差异：一是期限不同。居住权合同可以是长期或不固定期限，如到居住权人去世为止；而房屋“租赁期限不得超过二十年。超过二十年的，超过部分无效”。二是设立形式不同。“设立居住权，当事人应当采用书面形式订立居住权合同”；而“租赁期限六个月以上的，应当采用书面形式。当事人未采用书面形式，无法确定租赁期限的，视为不定期租赁”。三是是否需要登记。法律规定居住权采取了登记生效主义；而对房屋租赁合同并不要求进行登记备案。四是出租房屋的范围与用途不同。居住权只能是设立在“他人的住宅”上，出于“满足生活居住的需要”，居住权不能设立在商业用房、厂房等非住宅的房屋上，也不能为了开商店、办公司等商业目的而设立；房屋租赁合同没有对房屋类型的要求，只要是合法的建筑物或构筑物都可以出租，甚至将未经审批、私自搭建的房屋私下出租的情况也很普遍，出租人不仅可以将自己所有的房屋出租，还可以将自己承租的房屋以转租的形式出租出去。此外，两种合同在内容上也有一定差异。

（二）有偿设立的居住权合同可以有选择地适用租赁合同规则

如果居住权是有偿设立的，房屋所有权人应承担类似出租人的相应的责任与义务，要求所有权人承担提供交付房屋的义务、与权利瑕疵担保责任，具体可以参照《民法典》第 708 条、第 723 条的规定。

无论无偿形式还是有偿形式设立居住权，居住权人都应承担类似《民法典》合同编第十四章“租赁合同”中对承租人的义务要求，如按约定使用租赁物的义务、妥善保管租赁物义务与承担租赁物损坏赔偿责任等。具体可以参照《民法典》第 709 条、第 710 条、第 711 条、第 714 条、第 715 条的规定。

对于居住权期限届满后返还住宅的处理，可以参照《民法典》第 733 条的规定：“租赁期限届满，承租人应当返还租赁物。返还的租赁物应当符合按照约定或者根据租赁物的性质使用后的状态。”居住权人应返还住宅，住宅应当符合按照居住权合同的约定或者根据住宅的性质使用后的状态，如家具、室内主要物品应保持原来数量，减少、灭失的部分要予以合理说明或进行赔偿，住宅及装修可以合理折旧或正常损耗，但不应该损毁或被破坏，尤其是可能影响房屋质量的部分，否则所有权人有权要求居住权人赔偿损失。

对于居住权期限届满后,与居住权人生前共同生活的人是否可以继续使用该住宅的处理,《民法典》中没有明确规定。居住权人死亡后,居住权消灭。与居住权人生前共同居住的人失去了居住权延续的法律依据,如果经所有权人同意,可以为其设立新的居住权,在注销原来居住权后办理新的居住权设立登记;或者与居住权人生前共同居住的人继续居住,但是属于免费借用性质,不属于居住权性质,所有权人可以随时要求其搬离该住宅但应提前一段时间告知;或者与居住权人生前共同居住的人以向所有权人租赁房屋的性质得以继续居住下去,另行签订房屋租赁合同。所有权人也可以要求与居住权人生前共同居住的人搬离该住宅,一般应给予合理的期限。

对于居住权期限届满后,居住权人是否可以行使类似承租人的"优先承租权",《民法典》第734条第2款规定:"租赁期限届满,房屋承租人享有以同等条件优先承租的权利。"本书认为:居住权期限届满后,居住权消灭。居住权人失去了居住权后,如果经所有权人同意,可以为其延长居住权期限,办理居住权的变更登记手续;如果原居住权人继续居住,所有权人没有提出异议的,是属于免费借用性质,所有权人可以随时要求其搬离该住宅;如果双方协商后同意以租用房屋性质继续居住,应另行签订房屋租赁合同。居住权期限届满后,原居住权人可以享有以同等条件优先承租的权利,但不能因为所有权人没有提出异议,就认为原居住权合同继续有效。居住权期限届满后,双方应当及时办理居住权注销登记,否则所有权人的处分权依然受到限制。

(三)居住权合同的维修义务承担应区别于租赁合同

本书认为,居住权合同并不完全适用《民法典》第712条关于出租人维修义务的规定与第713条关于租赁物的维修和维修费负担的规定。理由是:设立居住权的原因与形式存在很大的差异,不能一概而论。例如:居住权人是所有权人的父母,作为子女本来就应该承担赡养义务,所以一般情况下,房屋的维修义务自然由作为子女的所有权人来承担;如果所有权人是出于恩惠或帮困性质,为亲友无偿设立居住权,还要求所有权人承担房屋的日常维修义务,显然也不合理;如果是双方"合作建房"形式,所有权人提供宅基地,居住权人出资为主,各自居住在确定的区域内,居住权期限一般是长期,如果要求所有权人承担设立居住权的部分区域的维修义务,显然也不合理;但如果是将原来的房屋租赁性质转变为设立居住权形式，所有权人自然应承担类似出租人的维修义务。对于房屋的维修义务，本书认为应该区别对待：如果双方在居住权合同中有明确约定或事后有约定，应按照约定履行；如果双方没有约定或者约定不明确，在居住权无偿设立的情况下，房屋的一般维修义务应该由居住权人承担比较合适，如果是重大修缮事项，可以由双方协商决定由一方承担或双方按比例承担；如果居住权是有偿设立性质，特别是居住权人为此支付了相当的经济对价或提前向所有权人支付了维修费用的，一般应由所有权人承担类似出租人的维修义务。

如果是有偿设立且约定由所有权人承担维修义务的，可以参照《民法典》第713 条的规定。如果居住权人在住宅需要维修时可以请求所有权人在合理期限内维修。所有权人未履行维修义务的，居住权人可以自行维修，维修费用由所有权人负担。因维修住宅影响居住权人使用的，应当相应延长居住权期限。因居住权人的过错致使住宅需要维修的，所有权人不承担维修义务。

（四）设立居住权的住宅出租可以有条件适用转租条款

本书认为，居住权合同并不直接适用《民法典》第 716 条、第 717 条、第 718 条关于转租的相关规定。理由是：《民法典》第 369 条有明确规定：设立居住权的住宅不得出租，但是当事人另有约定的除外。如果双方在居住权合同中没有约定是否可以出租，应认定为“不能出租”。未经双方协商同意，任何一方都不能将设立居住权的住宅擅自出租。如果在居住权合同中明确约定可以出租的，出租所得应归出租人所得，或居住权人经所有权人同意出租的，双方可以协商出租所得的分配，但出租的期限不得超过居住权的剩余期限。

如果设立居住权的住宅可以出租，可以参照《民法典》第 716 条、第 717 条的规定，但行为人的地位与行为性质要有所转变：所有权人类似出租人地位，居住权人类似承租人地位，承租人类似第三人地位，出租行为类似这两条规定中的“转租行为”。但不能参照适用《民法典》第 718 条规定。如果居住权人未经过所有权人同意将设立居住权的住宅出租给第三人，即使所有权人“在六个月内未提出异议的”，也不能视为所有权人同意出租。

三、居住权人应被视为物业使用人

《民法典》第 945 条第 2 款规定：业主转让、出租物业专有部分、设立居住权或者依法改变共有部分用途的，应当及时将相关情况告知物业服务人。

《物业管理条例》第41条第1款规定：业主应当根据物业服务合同的约定交纳物业服务费用。业主与物业使用人约定由物业使用人交纳物业服务费用的，从其约定，业主负连带交纳责任。第47条规定：物业使用人在物业管理活动中的权利义务由业主和物业使用人约定，但不得违反法律、法规和管理规约的有关规定。物业使用人违反本条例和管理规约的规定，有关业主应当承担连带责任。此外，根据该条例第15条、第48条的规定，物业使用人可以直接向当地房地产行政主管部门、所在区域的业务委员会提出投诉、意见和建议。

所以，本书认为，居住权人应被视为"物业使用人"，适用《民法典》合同编第二十四章"物业服务合同"的相关规定。

在日常生活中，通常是由居住权人实际支付物业服务费、享受物业服务，居住权人应该是物业服务合同的权利享受人与义务的实际承担者。一旦发生物业服务合同纠纷，居住权人可以以自己的名义提起诉讼，其法律地位类似知识产权实施许可合同的独占实施许可人或排他实施许可人。如果居住权人与其家人独占并使用该住宅，可以单独向人民法院提起诉讼；如果居住权人与所有权人共同居住，既可以和所有权人共同起诉，也可以在所有权人不起诉时，自行提起诉讼。

第三节　适用民法典婚姻家庭编的相关规定

在无偿设立的情况下，居住权人与房屋所有权人之间往往存在特定的身份关系，在家庭成员之间或亲戚之间设立居住权现象比较常见。现实中，因为离婚时夫妻双方只有一套住房，或者一方有多套婚前购买的住房但另一方没有住房，出现离婚后其中一方可能没有住房的情况，所以"离婚不离家"的现象也比较常见，这是离婚时设立"居住权"比较常见的原因，以前采取在离婚协议中约定设立的方式，也有少量是采取法院判决设立的形式。随着居住权制度的实施，以后还需要办理居住权设立登记方式来保证无房一方获得必要的生活保障。

与离婚相关的居住权纠纷可以参照适用《民法典》第五编"婚姻家庭"第四章"离婚"的相关规定。《民法典》第1087条关于离婚时夫妻共同财产的处理的规定，明确应"按照照顾子女、女方和无过错方权益的原则判决"，直接抚养子女的没有住房的一方可以要求获得房屋所有权的另一方为其与子女设立居住权，这样妇女与孩子的权益可以获得一定的照顾。此外，在实践中常见的做法是，夫妻双方同意将共有的住宅赠给未成年的子女，同时为其中一方或双方设立长期居住权。

另外，《民法典》第1090条规定："离婚时，如果一方生活困难，有负担能力的另一方应当给予适当帮助。具体办法由双方协议；协议不成的，由人民法院判决。"设立居住权，可以作为离婚时有负担能力的一方对生活困难的另一方进行经济帮助的一种形式。

虽然在离婚纠纷中涉及离婚妇女与未成年人的居住权的情况比较多，但目前在相关司法解释中，还没有关于设立居住权的内容。所以，笔者建议出台关于在婚姻家庭纠纷中处理涉及居住权问题的相关司法解释。

第四节　适用民法典继承编的相关规定

一、以遗嘱方式设立居住权可以适用继承编相关规定

现实中，有一些比较常见的情形：父母中一方去世，子女就开始准备继承财产，存活的父母一方往往会要求子女保证财产分配后保障自己的居住权；老人去世前，可能会以遗嘱形式要求继承人保证自己抚养的后辈或其他人的居住权；老人去世前，以遗嘱形式为长期照顾自己生活的保姆设立长期居住权，有的还要求保姆继续照顾其还存活的配偶。所以，以遗嘱方式设立居住权有其现实意义与必要性。

《民法典》第371条规定："以遗嘱方式设立居住权的，参照适用本章的有关规定。"以遗嘱方式设立居住权的，参照适用本章（即《民法典》物权编第十四章"居住权"）的有关规定。除此以外，还应当适用《民法典》继承编的相关规定。

对于该住宅的继承人（或受遗赠人）而言，以遗嘱方式在该住宅上设立居住权是附义务的继承（或遗赠）。住宅所有权人在遗嘱中将住宅指定由某个或多个继承人继承的同时，要求继承人同意其在住宅上设立居住权；或者将住宅赠送给受遗赠人的同时，要求受遗赠人同意其在住宅上设立居住权。此时，应按照《民法典》第1144条规定："遗嘱继承或者遗赠附有义务的，继承人或者受遗赠人应当履

行义务。没有正当理由不履行义务的，经利害关系人或者有关组织请求，人民法院可以取消其接受附义务部分遗产的权利。”

以遗嘱方式设立居住权，实际上是住宅的所有权人为继承人或其他受益人赋予一定期限的住宅占有权与使用权。其实质是将住宅所有权的四项基本权能进行区分，分别赋予给继承人（或受遗赠人）与居住权人：占有权、使用权在一定期限内由居住权人享受；处分权归属于继承人（或受遗赠人）但受到一定的限制。居住权期限届满或者居住权人死亡时，居住权消灭，继承人（或受遗赠人）作为住宅所有权人才能行使全部的权能。

二、以遗嘱方式设立居住权的相关要求

虽然遗嘱是遗嘱人单方面作出的民事行为，但权益涉及继承人、受遗赠人与居住权人。以遗嘱方式设立居住权，居住权人既可以是法定继承人（如配偶、子女、父母、兄弟姐妹、祖父母、外祖父母等，见《民法典》第 1127 条规定的法定继承人的范围），也可以是其他受益人（如亲戚、保姆、需要抚养、扶养或照顾的其他人等）。

《民法典》第 1122 条第 1 款规定：“遗产是自然人死亡时遗留的个人合法财产。”所以，要首先明确设立居住权的住宅是可以作为继承财产的自有房屋。遗嘱人应是该住宅的所有权人，而且该所有权一般不能受到权利限制，如已经设立抵押权的住宅，不能设立居住权。与他人共有的住宅，只能就自己所有的部分为他人设立居住权。所有权存在争议的住宅，也不能设立居住权，否则即使立有遗嘱，可能也无法办理居住权设立登记。

《民法典》继承编第三章“遗嘱继承和遗赠”中规定立遗嘱有自书遗嘱、代书遗嘱、打印遗嘱、录音录像遗嘱、口头遗嘱、公证遗嘱等多种方式。考虑到第 368 条的明确规定，以立遗嘱方式设立居住权应采用书面方式，不宜采取录音录像遗嘱、口头遗嘱等方式，否则一旦发生纠纷，难以明确，口头形式的遗嘱在办理登记时一般不会被登记机构采纳。

参照《民法典》物权编第十四章“居住权”的有关规定，尤其是第 367 条规定，如果立有书面形式的遗嘱，在遗嘱中有设立居住权的明确意思，而且具备必要的内容，参照居住权合同的一般条款要求，有居住权人、住宅的位置、居住权期限等内容，不动产登记机构应予以登记。但在实践中，遗嘱中极有可能内容很简单，如

只有居住权人、住宅的位置,缺少居住权期限等内容,在这种情况下,不动产登记机构可能会以必备条款欠缺为由不予以登记,不利于对居住权人的利益保护。在这种情况下,应该按照遗嘱人的意愿来明确相关内容,由继承人(或受遗赠人)与居住权人签订书面形式的居住权合同,作为对遗嘱的补充说明,也反映了双方的意愿。对于口头形式的遗嘱,更是应该由双方签订书面形式的居住权合同,否则可能无法办理居住权设立登记。如果律师担任遗嘱执行人与遗产管理人,应该协助双方签订居住权合同,并办理居住权设立登记。

为了确保设立居住权的遗嘱的有效性,除了要明确在设立居住权的住宅是可以作为继承财产的自有房屋,还要采取书面形式,遗嘱内容中要明确居住权人、住宅的位置与居住权期限。

三、遗嘱中的附条件与受益人的意思表示

以遗嘱方式设立居住权如果附条件,有可能出现当事人不愿意接受该条件的情况。如遗嘱人在遗嘱设立居住权,同时要求拟定的居住权人(继承人或其他受益人)承担一定的条件与要求,如帮助照顾遗嘱人的配偶、子女、父母的生活,承担一定的债务、税款或拖欠的物业管理费等,该继承人或其他受益人可能也会放弃居住权。如果不接受遗嘱中设立居住权的条件,视为放弃居住权,该住宅作为遗产由其指定或法定继承人来继承。

对于受益人是否要作出接受或者放弃居住权的表示,《民法典》没有明确规定。本书认为,受益人应参照《民法典》第 1124 条规定作出接受或者放弃居住权的表示。如果居住权人是继承人,除非以书面形式作出放弃居住权的表示;没有表示的,视为接受。如果居住权人是其他受益人,应该参照受遗赠人的做法,在知道遗嘱内容后 60 日内作出接受或者放弃居住权的表示;到期没有表示的,视为放弃该居住权。

以遗嘱方式设立居住权是否可以撤销或变更。本书认为,在一定条件下可以撤销或变更。法律依据是《民法典》第 1125 条中关于继承权的丧失的规定,第 1144 条关于附义务的遗嘱的规定,第 1158 条关于遗赠扶养协议的规定。如果居住权人没有履行遗嘱中设定的相关义务或实质违反了与继承人之间签订的居住权合同的相关约定,继承人可以按照合同约定内容提前解除居住权合同。

第五节 适用民法典侵权责任编的相关规定

侵权现象在日常生活中比较常见,包括人身损害与财产损失等。例如:设立居住权的住宅存在质量问题或瑕疵,但一开始没有被发现或没有及时进行维修,倒塌导致居住权人受伤,所有权人是否应该承担赔偿责任?设立居住权的住宅因为意外失火被烧毁或严重受损,所有权人是否可以要求居住权人承担财产赔偿责任?

以上种种,都是现实生活中可能发生的与居住权相关的侵权纠纷。要处理这些纠纷,就要适用《民法典》第七编"侵权责任"中的相关规定。因为侵权案件的形式多种多样,所以很难简单地说适用某一条款,要根据具体案件具体分析,不再赘述。

此处主要分析一种特殊的侵权类型"高空抛物坠物责任"。具体见《民法典》侵权责任编第十章"建筑物和物件损害责任"第1254条规定。如果高空抛物坠物造成他人损害,经调查无法查清具体侵权人的,要由"可能加害的建筑物使用人给予补偿"。如果在该住宅上设立居住权,所有权人并没有共同居住在该住宅中,可以以此来证明"自己不是侵权人",主要的证明便是按照《民法典》第945条规定所有权人将设立居住权的情况告知物业服务人。在这种情况下,居住权人作为建筑物使用人要承担相应的经济补偿。如果所有权人与居住权人一起居住在该住宅中,或未将设立居住权的情况告知物业服务人,所有权人应与居住权人一起作为建筑物使用人承担相应的经济补偿。如果在该住宅上设立多个居住权,多个居住权人可能要作为建筑物使用人,分担相应的经济补偿。如果居住权人或所有权人能证明自己在此期间没有实际居住在该住宅内,没有加害的可能,可以不承担经济补偿。

第六章

与居住权利相关的司法审判实践

第一节　居住权的司法实践探索及分析

曾大鹏博士的《居住权的司法困境、功能嬗变与立法重构》一文对关于居住权的司法实践探索进行了数据统计与分析。因为文章发表在权威的法学期刊上，而且有翔实的数据来进行说明，所以有较大的影响。该文从相关司法案例出发，深入挖掘在我国居住权系统规范缺失的背景下民间居住权的生成与运用情况。该文认为：民事生活领域和司法实践中不乏设立居住权的实际案例。本节前两部分主要是对该文内容的转述与概括。

一、居住权的司法状况①

曾大鹏博士对“无讼”等案例库公开的生效判决书进行了梳理。他在“无讼”案例库中同时以“居住权”“民事”“判决”为关键词，检索时间为2005年1月1日至2019年8月1日，得到案例31,740件，并在这些案例基础上进行分析，得出以下内容：

1. 居住权案例属于物权纠纷案件的共计12,044件，其占比高达37.95%，超过了样本总数的1/3。在婚姻家庭和继承领域发生的居住权案例共计9410件，占样本总数的29.65%。因此，婚姻家庭和继承领域并不是我国产生居住权纠纷的首要领域，更不是唯一领域，婚姻法和继承法上的居住权规范并不能“包打天

---

① 曾大鹏：《居住权的司法困境、功能嬗变与立法重构》，载《法学》2019年第12期。

下”。居住权纠纷本质上属于物权纠纷,客观上需要物权法提供完备、精准的居住权制度予以规范。(见表6－1)

表6－1　居住权案例涉及的案由分布

案由	物权纠纷	婚姻家庭、继承纠纷	合同、无因管理、不当得利纠纷	适用特别程序案件	民事其他	侵权责任纠纷	人格权纠纷
案例数量(件)	12,044	9410	7846	1141	543	462	130

2. 居住权案例的判决绝大部分由基层人民法院作出,占样本总数的63.16%,而中级人民法院审理的居住权案例占比为35.94%,两个数据比对之下可推知当事人的上诉比例较高,居住权的一审判决难以息讼。但审理居住权案例的高级人民法院占比尚不足1%,说明当事人对居住权纠纷的申诉意愿较低。(见表6－2)

表6－2　居住权案例的审理法院层级

法院层级	最高人民法院	高级人民法院	中级人民法院	基层人民法院
案例占比	0%(仅1例)	0.89%	35.94%	63.16%

3. 近11年以来居住权案例的数量呈逐年增长趋势。其中,2008年、2009年和2010年的案例增长速度均为双倍,2013年相较于2012年的案例数量再次增长近1倍,而2014年相较于2013年的案例数量增长了近2倍,此后近5年全国的居住权案例基本维持在四五千件左右。(见表6－3)

表6－3　居住权案例的判决年份

年份	2008	2009	2010	2011	2012	2013	2014	2015	2016	2017	2018	2019
案例数量(件)	234	498	959	962	895	1658	4809	5275	4923	4448	5245	1121

二、居住权的各种救济途径之利弊[①]

曾大鹏博士认为,在实体法上,由于我国《物权法》欠缺居住权制度,故普通

① 曾大鹏:《居住权的司法困境、功能嬗变与立法重构》,载《法学》2019年第12期。

民众主要依赖生活经验而法官则依靠法律解释来应对居住权纠纷。值得肯定的是，涉案的民众和法官们均未囿于物权法定原则而简单地否定居住权概念，而是在不同意义上运用各种解释方法以达到保护居住权之终极目的。曾大鹏博士总结了以下内容：

1. 借助公序良俗原则保护居住权。例如，在迄今为止关于居住权的唯一入选公报案件，即"刘某好诉刘某勇、周某容共有房屋分割案"中，法院依据《物权法》第7条的公序良俗原则，认为按份共有人刘某好要求其父母转让房产份额（5%）的诉求与善良风俗、传统美德的要求不符，将损害其父母的居住权，由此二被告受到"公序良俗原则—按份共有权—居住权"三位一体的严密保护。另外，在"夏某、程某诉夏某鑫、仲某群分家析产案""高某诉张某菊排除妨害纠纷案"中，法院均以公序良俗原则为前提，分别否认了当事人的按份共有物分割、排除妨害之请求。

2. 在物权意义上保护居住权。这里又存在三种不同的解释路径：一是将居住权直接理解为"所有权"；二是将居住权解释为"共同共有权"；三是将居住权理解为大陆法系传统民法中的人役权。

3. 在债权意义上保护居住权。

4. 将居住权作为执行异议依据。依据是最高人民法院《关于人民法院办理执行异议和复议案件若干问题的规定》第29条的规定，在金钱债权执行中，买受人对登记在被执行的房地产开发企业名下的商品房提出异议，如果符合相关情形且其权利能够排除执行的，其中条件之一是"所购商品房系用于居住且买受人名下无其他用于居住的房屋"，目的是保护购房消费者的基本居住权。

5. 将居住权作为恶意认定标准。

曾大鹏博士认为，上述判决的共性是均认可了当事人享有居住权，但从法律解释的逻辑性和协调性而言，明显具有如下弊端：

1. 公序良俗原则固然可以发挥法律漏洞填补的功能，在权利的保护及其类型化方面产生重要的影响，但在适用公序良俗原则的案例中，越过共有权或所有权的权利屏障，径直抽取当事人的居住权利予以特别保护，有违"禁止向法律原则逃避"的法理。而且，公序良俗原则所保护的权利主要是基本权利或者公共权利，而居住权在本质上是私权利，对其适用公序良俗原则将会危及交易安全并且法官的自由裁量权势必膨胀。

2.将居住权解释为单独所有权或共同共有权,要么会缩小当事人实际享有的所有权的权能,要么则会扩大当事人实际享有的居住权的权能。在传统的民事权利体系中,居住权的定位是派生于所有权的限制物权,而不属于所有权的体系之中。

3.在物权法和合同法均无相关明文规定的情形下,将居住权解释为一种无名债权,它只能约束合同当事人本身,而对第三人没有对抗的效力,这同样会破坏交易的安全性。

4.无论是作为执行异议依据的居住权还是作为恶意认定标准的居住权,由于我国现行法上对居住权欠缺必要的公示手段,居住权沦为一种未经登记的"事实物权",而买受人完全有可能不知道涉案房屋之上设立了居住权。按照不动产物权登记生效主义的一般原理,买受人必须承担较重的审查义务,由此增加了交易成本,不利于交易便捷、高效。

三、对与居住权相关的司法实践案例的补充

本书赞同曾大鹏博士的大多数观点与分析,但有些观点需要商榷。

(一)与居住权相关的司法案例数量

笔者在中国裁判文书网上以"判决结果:居住权""案件类型:民事案件"对1980年1月至2021年6月的案例进行检索,共检索到1322篇文书。因为与数据库选择与检索方法不同,所查询到的案例与曾大鹏博士文章中所统计的数据有一定差距。但中国裁判文书网中的相关案例具有一定的代表性,可以进行典型案例的分析。

(二)与居住权相关的司法案例类型

本书采取相似方法查找与居住权相关的司法案例,都以"判决结果:居住权"但选择的案由不同,对2000年1月至2021年6月的案例进行检索,检索出来的结果显示,婚姻家庭纠纷最多,物权纠纷、继承纠纷、合同纠纷依次减少。(见表6-4)

表6-4　与居住权相关的案例涉及的案由分布

案由	婚姻家庭纠纷	物权纠纷	继承纠纷	合同纠纷
文书数量(篇)	468	289	211	131

(三)法院判决的主要依据与裁判思路

与居住权相关的离婚纠纷以调解方式结案为多,以判决方式结案相对较少。较多的调解处理方式是双方同意将房屋产权赠与未成年的孩子,并为其中一方或双方设立居住权。在一些离婚纠纷的判决中,法院以《婚姻法》(已失效)第42条、最高人民法院《关于适用〈中华人民共和国婚姻法〉若干问题的解释(一)》(已失效)第27条为依据,要求有房的一方为生活困难、无房的另一方(通常是女方)设立居住权,作为提供帮助的形式。总体上,法院对离婚纠纷案件的处理体现了保护妇女、未成年人的合法权益的原则。

与居住权相关的赡养纠纷或分家析产纠纷,法院一般按照保障老年人与残疾人的居住条件的原则进行判决或调解,依据为《老年人权益保障法》中的相关规定,尤其是第16条第1款规定:"赡养人应当妥善安排老年人的住房,不得强迫老年人居住或者迁居条件低劣的房屋。"

与居住权相关的继承纠纷常见案由有:法定继承纠纷、遗嘱继承纠纷、遗赠扶养协议纠纷。有部分是遗嘱人以遗嘱的形式为自己的配偶、子女或其他人设立居住权,但为保姆设立居住权的情况比较罕见。在部分法定继承纠纷中,法院判决要为没有其他住处的老年人、未成年人、残疾人或精神病人设立居住权。

与居住权相关的合同纠纷中,较多的是赠与合同纠纷、确认合同效力纠纷、房屋买卖合同纠纷,还有部分是债权人撤销权纠纷、服务合同纠纷、租赁合同纠纷、房屋拆迁补偿合同纠纷。一般是双方当事人在合同(或离婚协议)中约定房屋所有权赠与未成年子女、归属其中一方所有、设立居住权或房屋使用权,法院在判决中主要体现了当事人意思自治的原则,要求当事人履行合同约定的义务。对于损害到债权人的利益或严重影响老年人的居住条件的约定,法院会认定为无效条款或予以解除。

与居住权相关的物权纠纷中,较多的是所有权确认纠纷、用益物权纠纷、共有纠纷,还有物权保护纠纷,主要是财产损害赔偿纠纷、排除妨害纠纷、恢复原状纠纷等。当然,法院支持原告提出的物权保护请求,前提是法院认为原告享有对房屋的所有权、居住权等物权。在部分案例中,法院驳回原告提出的经济赔偿要求,当然前提是法院不认为原告享有居住权。居住权一般是通过合同方式设立。值得注意的是,在共有纠纷与所有权确认纠纷的判决中,法院一般承认部分共有人对房屋整体的居住权;从关于公有住房的判例来看,多数法院支持在承租的公有住房上设立居住权,还支持为拆迁的被安置人设立居住权。但因为《民法典》施行前还无法办理居住权设立登记,所以部分法院判决书中的居住权应理解为居住权利或居住权益。如果没有办理设立登记,物权意义上的居住权还是没有生效。

从现有判例来看,真正属于居住权纠纷或居住权合同纠纷的案例数量不多,大多应属于其他案由。虽然此前因为没有在《物权法》中规定居住权制度,存在制度供给不足的问题,使法院在解决与居住权相关的纠纷存在一定的困难,裁判的尺度也不一,经常出现将居住权与使用权混用,甚至个别判例还会出现明显的错误,如个别判决书中要求"办理居住权转让",但还没有出现"严重影响"的程度。《民法典》施行后,关于居住权的纠纷案件的数量也没有明显增加,以居住权纠纷或居住权合同纠纷立案的案件目前还很少。因为《民法典》中关于居住权制度的规定非常简单,仍然存在制度供给不足的问题,需要最高人民法院出台相关司法解释进行弥补与完善。可以预见,以后可能会出现与居住权相关的新类型案例,需要在实践中不断探索与分析,如一些养老服务合同实际上是居住权合同。因为居住权需要办理设立登记才能生效,可能会出现很多在合同中约定有设立居住权的内容或在遗嘱中设立居住权但没有办理设立登记的情况。如何激活居住权制度、发挥其功能作用,还有待于在实践中进行考察。

第二节　婚姻家庭纠纷案件中设立居住权利情况

笔者在中国裁判文书网上以"判决结果:居住权""检索案由:婚姻家庭纠纷"对2000年1月到2021年6月的案例进行检索,共检索到468篇文书。其中:二审判决书14份,民事再审1份,民事审判监督通知书与裁定书各1份,其余为一审判决书(共337份,约占72%)或调解书(共114份,约占24%)。

按照2020年12月29日颁布的修改后的《民事案件案由规定》(下同),在"二、婚姻家庭纠纷"中与居住权利相关的最常见案由是"14.离婚纠纷",约占所有案例的50%以上,大多数离婚纠纷是在基层法院处理,离婚纠纷多数是以调解方式结案,约占70%;在以判决方式结案的约30%离婚案件中,其中有15%的案件是中级人民法院二审判决生效的。与居住权相关的婚姻家庭纠纷中较多的案由还有:“15. 离婚后财产纠纷”“28. 分家析产纠纷”“24. 赡养纠纷”“20. 同居关系纠纷”。下面作典型案例简要介绍与初步分析。

一、离婚纠纷以调解方式结案

以调解方式结案、与居住权相关的离婚纠纷处理中有一些共同点:设立居住权的住宅大多是双方共有的房屋,一般是婚后购买或建造的房屋;同意将房屋赠送给子女,一般是未成年的孩子;为其中一方设立居住权,通常是抚养孩子的一方,或者为双方都设立居住权。①

(一)双方将房屋赠与子女,并为其中一方设立居住权

如(2017)甘 1202 民初 1742 号案,其一审民事调解书中指出:夫妻共同财产位于武都区某处房屋一套归长子焦某 2 所有,位于某处的两层十间房屋归次子焦某 3 所有,其中一楼坐北朝南靠西边的一间房焦某 1(焦某 2、焦某 3 的父亲)有居住权。

如(2019)鲁 0785 民初 1449 号案,其一审民事调解书中指出:“被告婚前支付首付,原、被告婚后共同还贷的坐落于高密市某处的房屋一处归李某 2(原告段某与被告李某之子)所有,原告段某享有居住权,该房屋的贷款由原告负担。”

(二)双方将房屋赠与子女,并为双方都设立居住权

如(2020)豫 1623 民初 5297 号案,其一审民事调解书中指出:夫妻共同房产一套,位于商水县某处。该房屋归婚生子袁某 2 所有。原、被告双方均享有居住权。

如(2021)豫 1625 民初 3266 号案,其一审民事调解书中指出:原、被告婚生两个儿子,次子张某 2 由被告郭某抚养,长子张某 1 由原告张某抚养,互不承担抚养费;原、被告婚姻存续期间的共同财产房屋两套,东边一套归原、被告次子张某 2 所有,监护人郭某对该房具有居住权,没有买卖权;西边一套房屋归原、被告长子张某 1 所有,监护人对该房屋具有居住权,没有买卖权。

① 因为离婚案件涉及个人隐私内容,所以不介绍具体案情。

（三）不转移房屋所有权或不分割共有权，双方都享有居住权

如（2018）晋1031民初12号案，其一审民事调解书中指出：婚生儿子李小某随原告李某甲生活，被告李某乙从2018年3月起每月支付李小某800元抚养费至孩子年满18周岁止。2014年3月25日原、被告共同购买的位于某处的住房一套，双方均享有居住权，日常生活所需费用由双方共同负担。

如（2020）豫1722民初5452号案，其一审民事调解书中指出：原、被告婚后所建房屋平房三间，原告王某对其中位于北侧的一间房屋享有居住权和使用权，被告赵某对余下位于南侧的两间房屋享有居住权和使用权。

（四）离婚后有房的一方为无房的另一方设立居住权

如（2019）鄂0302民初3099号案，其一审民事调解书中指出：位于湖北省十堰市某处的房屋归被告朱某1所有，在原告林某与他人登记结婚前享有居住权，房屋的剩余按揭贷款由原告林某承担并偿还。被告朱某1指定上述房屋的全部所有权均由婚生女朱某一人继承。

（五）离婚后一方将房屋赠与另一方并为自己保留居住权

如（2020）鲁0283民初5245号案，其一审民事调解书中指出：被告王某自愿将登记在其名下位于某处的房屋过户给原告藏某，被告王某继续享有居住权直至去世。

二、离婚纠纷以判决方式结案

在一些离婚纠纷的判决书中，一些法院以《婚姻法》（已失效）第42条、最高人民法院《关于适用〈中华人民共和国婚姻法〉若干问题的解释（一）》（已失效）第27条为依据，要求有房的一方为生活困难、无房的另一方设立居住权，作为提供帮助的形式。①

如（2017）皖0124民初201号案，法院在判决理由中指出：依照法律规定，婚前个人财产归个人所有。故圣某婚前在庐江县某处购买的房产归圣某个人所有。

① 因为离婚案件涉及个人隐私内容，所以不介绍具体案情内容。

但双方离婚后，邢某抚养两女，无房屋居住，本着照顾子女和女方权益的原则，法院确定邢某对圣某婚前个人房屋享有居住权。

如(2015)聊少民终字第48号案，二审法院在判决理由中指出：该房产属于窦某甲与徐某夫妻共同财产，一审判决窦某甲给付徐某折价分割款的基础上拥有该房产所有权并无不当，考虑徐某离婚后与婚生女窦某乙离婚后没有住处，法院酌定窦某甲以一定时期内该房产的居住权对徐某进行帮助，即徐某享有该处房产及储藏室的居住权至2016年12月31日止。

在一些案件中，根据最高人民法院《关于适用〈中华人民共和国婚姻法〉若干问题的解释(二)》(已失效)第21条第1款规定："离婚时双方对尚未取得所有权或者尚未取得完全所有权的房屋有争议且协商不成的，人民法院不宜判决房屋所有权的归属，应当根据实际情况判决由当事人使用"，对一些所有权归属没有确定的房屋，法院判决当事人可以居住权的形式对房屋进行占有与使用。

如(2020)豫0823民初4889号案，法院在判决理由中指出：具体到本案，双方婚后所建房屋应当属于夫妻共同财产，其中东院及房屋，没有取得房产登记证书。根据上述司法解释规定，原、被告对房屋的所有权不宜进行分割，故不应判决所有权的归属，但应当确认原被告双方对两处宅院的房屋均有居住使用权。所以判决：确认原告朱某对婚后所建东院和西院东边各一间房屋享有居住权，被告孙某对东院和西院西边各一间享有居住权。

三、婚姻家庭纠纷处理时应保障弱势群体的居住条件

(一)分家析产纠纷处理

在分家析产纠纷的案件中约20%采取了调解方式结案，其他案件是以判决方式结案。在分家析产纠纷中涉及居住权问题，大多是因为在家产分割时，没有确保老年人的居住条件引起的纠纷。在分家析产后遇到房屋拆迁，因当事人对于拆迁所得利益分配有意见引起的纠纷较多。

法院在尊重当事人之间按照自愿达成的分家析产协议或类似协议的基础上，一般按照保障老年人居住条件的原则进行判决或调解，依据是《老年人权益保障法》中的相关规定。

如(2020)苏0582民初14400号案，法院经审理后认为：蔡某与钱某3、钱某2三人于2013年6月1日签订的《析产协议书》，是三人协商后达成的一致意见，是

三人的真实意思表示，合法有效，协议人应按约履行。所以法院判决：被告钱某2、朱某于本判决生效后10日内协助配合将某处房屋及车库的不动产权转移登记至原告钱某3名下，办理不动产权登记所需费用由原告钱某3承担。第三人蔡某对某处房屋及车库有居住权，直至终身。

（二）赡养纠纷处理

在保障老年人的居住条件方面，赡养纠纷的处理与分家析产纠纷的处理比较相似。差别在于赡养纠纷还需要解决老年人的赡养费用的承担问题。

如（2017）陕0116民初5884号案，法院经审理后认为：我国法律规定子女对父母有赡养扶助的义务，子女不履行赡养义务时，无劳动能力或生活困难的父母，有要求子女给付赡养费的权利。原告史某年近九旬，体弱多病，无劳动能力亦无其他生活来源。所以法院判决：（1）由六被告每人每月给付原告史某赡养费450元。（2）原告史某日后产生的医疗费及其他合理费用由六被告平均分担。（3）原告史某享有在被告李某乙家南面的西边靠南的一间房屋居住权。原告史某在此居住、生活时，任何人不得阻挡。

（三）离婚后财产纠纷处理

离婚后财产纠纷实际上是离婚纠纷中的财产处理，只是先办理离婚手续后办理财产处理。有些离婚后财产纠纷是对离婚纠纷中关于设立居住权的内容的确认。法院可以判决要求所有权人履行配合办理居住权设立登记的义务。或者作为居住权纠纷，居住权人可以要求排除所有权人或第三人对其居住该房屋的妨害。

如（2018）渝0106民初6616号案，法院经审理后认为：离婚时，夫妻的共同财产由双方协议处理。当事人一方不履行合同义务的，应当承担继续履行等违约责任。所以，法院判决：（1）确认原告李某与被告谭某签订的《离婚协议书》有效；（2）原告李某对坐落于重庆市某处房屋享有居住权。

（四）同居关系纠纷处理

同居关系是指双方当事人未办理结婚登记但一起同居生活，有些当事人还生有子女。因解除同居关系而发生纠纷，做法类似离婚纠纷，比较常见的情况是：一方将自己所有的房屋或双方将共同建造或购买的房屋赠与未婚生子女，并为其中一方或双方设立居住权。此外,还有一些同居关系析产纠纷,做法也类似离婚后财产纠纷。因为该类案件涉及个人隐私内容,所以不介绍具体案情内容。

如(2019)黔0602民初1192号案,其一审民事判决书中判决:“位于贵州省铜仁市某处房屋(暂无产权证)归原、被告共同生育的小孩邵某所有,在小孩未满18周岁前原告熊某享有管理和居住权。”

在婚姻家庭纠纷中,还有其他与居住权相关的案由,如夫妻财产约定纠纷、抚养纠纷、收养关系纠纷,但是这些都是属于个别案例。其中,(2018)湘1123民初395号变更抚养关系纠纷案具有一定的典型性,法院判决抚养子女的一方在抚养、照顾小孩期间有居住权。

第三节　继承纠纷案件中设立居住权利情况

笔者在中国裁判文书网上以“判决结果:居住权”“检索案由:继承纠纷”对2000年1月至2021年6月的案例进行检索,共检索到211篇文书。其中:二审判决书16份,民事审判监督1份,其余大部分文书为一审判决书,少量为民事调解书。

继承纠纷的案由有:法定继承纠纷(转继承纠纷和代位继承纠纷)、遗嘱继承纠纷、被继承人债务清偿纠纷、遗赠纠纷、遗赠扶养协议纠纷、遗产管理纠纷。与设立居住权利相关的常见案由有:法定继承纠纷、遗嘱继承纠纷、遗赠扶养协议纠纷。

以下对在这些民事判决书中的典型案例分类进行简要介绍(同类或相似的案件一般只选其中一例)。

一、老年人可以按照自己的意愿以遗嘱方式设立居住权

(一)老人一方去世后,留下的住宅由子女继承,但要保障存活的另一方老人可以在该住宅中终生居住

如(2018)京0102民初9544号案,其简要介绍为:被继承人方某3与原告孙某系夫妻,育有二子女,即原告方某1、被告方某2。2017年11月2日,方某3去世。涉案北京市西城区某号房屋系方某3单位分配,后通过房改形式购买,产权

登记在方某3名下。2004年8月19日，方某3与孙某签订夫妻财产约定书，约定该房屋为方某3的个人财产，由他个人处理全部事宜。同时，办理了公证。2004年8月19日，方某3设立自书遗嘱，主要内容为：如我先于我的妻子去世，我的上述房产权也遗留给我的女儿方某1个人所有，作为她的个人财产，但是她必须保证我的妻子孙某继续在该房产内居住和使用该房屋的设备和家具，直到孙某去世。并对该遗嘱办理了公证。

法院审理后认为：涉案房屋系被继承人方某3与原告孙某于婚姻存续期间通过房改形式购买，该房屋在取得产权时应属双方共同财产。方某3与孙某签订夫妻财产约定，确认涉案房屋系方某3个人财产；该行为从性质上应属赠与，且房屋产权自始登记在方某3名下，故上述赠与行为已经完成，应属有效。依据方某3与孙某签订的夫妻财产约定内容，该时点后涉案房屋应属方某3个人财产，其通过设立公证遗嘱进行处分的行为，符合法律规定，法院对涉案公证遗嘱的效力予以确认。所以，判决结果如下：(1)被继承人方某3名下该套住宅由原告方某1继承、所有；(2)原告孙某对上述房屋享有居住权直至去世。

（二）老人丧偶后再婚，留下的住宅由子女继承，但其再婚配偶可以对该住宅享有居住权利直至去世

如(2016)冀09民终87号案，其简要介绍为：曹某和戴某原为夫妻关系，两人共有四个子女，即原告曹某1、曹某2、曹某3、曹某4。曹某和戴某都是某国有企业干部，享受福利分配住房待遇，1981年分得住房一套，1994年公有住房出售，第一次交房款8608元，该房的个人产权比例为66%。1994年11月4日，母亲戴某去世，但该房未进行分割，由曹某4与父亲曹某居住。1999年5月31日，曹某与被告倪某再婚并与曹某4一起居住在该房屋内。1999年10月18日，曹某与倪某签订协议书，其中第二项内容为："房产属国家福利分配，产权归国家所有，购买产权时，确定由曹某4出资购买，购买后由曹某4管理，产权归曹某4所有，日后房院维修费用由曹某4承担。倪某仍住原房。"1999年12月8日，曹某办理公证遗嘱，关于房产部分的内容为："干休所某号房屋属于我的部分产权由三女儿曹某4继承（曹某4已出资8608元），今后此房若购买全部产权所需款项由曹某4支付"。2001年，曹某作为购房申请人，倪某作为配偶，续购该房34%的产权。2001年8月8日，当地房产管理局颁发房屋产权证书，房产证的所有权人为曹某、倪

某。2014 年 1 月 20 日，曹某去世。后来，为了遗产继承，四原告以倪某为被告向法院提起诉讼。

此案经过二审，二审经审理查明的事实与一审法院查明的事实一致。二审法院认为：原审对上诉人居住权没有保护，简单分割诉争房屋不当。所以，进行部分改判，除了维持原判决第二项，撤销原判决第一项、第三项，改判如下：干休所某号房屋曹某 4 享有 83% 产权；倪某享有 17% 产权；倪某享有干休所某号房屋居住权。

（三）老人去世后，以遗嘱形式将留下的住宅由其中某个子女继承，但由另一位子女享有居住权

如（2017）沪 0104 民初 19641 号案，其简要介绍为：被继承人周某 3 与顾某共生育了两个儿子，即周某 1、周某 2。周某 3 于 2012 年 12 月 21 日死亡，顾某于 2003 年 6 月 10 日因死亡注销户口。系争房屋产权登记在周某 3 名下，是周某 3、顾某的夫妻共同财产，目前由周某 2 实际居住使用。两人曾留下两份 1996 年 9 月 24 日公证遗嘱，其中遗嘱人为“周某 3”的一份遗嘱中有“将上海市平江路某处的私房壹套遗留给小儿子周某 1 一人继承，他人不得干涉，但周某 1 必须保证周某 2 本人的居住”的内容。遗嘱人为“顾某”的一份遗嘱内容中有类似的内容。周某 1 据此证明两位被继承人生前立有公证遗嘱，故遗产应当按照遗嘱继承。周某 2 对上述两份遗嘱的真实性予以认可，但提出后来情势发生变更，主张上述两份遗嘱应当已经失去效力。

法院审理后认为：周某 1 提交的被继承人两份公证遗嘱，层次清晰、表述明确，且经过了公证处的公证，符合公证遗嘱的各项要件，所以法院判决：被继承人周某 3 名下上海市平江路某处的房屋产权由周某 1 继承，周某 2 享有上述房屋的居住权，周某 2 负有协助周某 1 办理上述房屋产权变更手续的义务。

二、在继承纠纷处理时要保护弱势群体的居住权利

（一）老人将房产赠与直系后辈后并保留居住权，该后辈先于老人去世，房产可以按照法定继承，但不影响居住权的继续存在

如（2018）鲁 0831 民初 28 号案，其简要介绍为：王某系原告陈某之子，系被告王某 1 与被告关某之孙，王某于 2015 年 9 月去世且未婚无子嗣，王某之父王某 2 于 2004 年 5 月去世。在王某生前，二被告与王某于 2010 年 11 月 1 日签订《房产

赠与合同》,合同约定,二被告将涉案房产赠与王某,王某自愿接受赠与,王某接受赠与后,应允许二被告在此居住到老,同时应对二被告尽赡养义务。该合同办理了公证,后二被告将涉案房产过户至王某名下。王某去世后,原告陈某提出要求继承该房产,所以提出诉讼。

法院审理后认为:被告提供《房产赠与合同》和《公证书》,证实涉案房产系二被告赠与王某的,该赠与是附义务的,即王某应对二被告尽赡养义务,二被告在世时王某不得处分该房屋,且二被告在该房屋内享有居住权。王某接受赠与后,将该房产过户至其名下,取得了该房产的所有权。王某已去世,其名下的该房产应予以继承。王某之父已去世,且王某未婚无子女,故原告陈某作为王某之母是第一顺位继承人,享有对该房产的继承权。二被告作为王某的祖父母,系第二顺位继承人,对涉案房产不享有继承权。所以法院判决:涉案房产由原告陈某继承,被告王某1与被告关某享有居住权。

(二)子女先于父母去世,子女留下的房产,父母有法定的继承权,而且从照顾老人生活角度应为老人设立终生居住权

如(2017)冀0503民初2584号案,其简要介绍为:张某与杜某系夫妻关系,张某于2009年10月1日去世,不久后杜某因病去世。原告崔某系张某的母亲,被告张某1、张某2、张某3系张某、杜某的子女。张某和杜某夫妻二人生前共有两处房产,原告在7号楼501室居住,1号楼101室房产由张某1居住使用。2016年12月6日,张某1与张某2、张某3签订协议书一份,约定:7号楼501室归张某3所有,1号楼101室房产归张某1和张某2共有。崔某提起诉讼,要求依法继承分割张某与杜某留下的遗产。

法院审理后认为:被继承人的遗产应当依法继承。关于被继承人的财产问题,原被告双方均认可两处房产为张某和杜某生前所有。张某1、张某2、张某3签订的协议侵犯了原告的继承权利,故对该协议法院不予认定。对张某和杜某生前所有的两套房产,应依法予以继承。所以判决:被继承人张某、杜某遗留的两处房产,由原告崔某继承10%份额,被告张某1、张某2、张某3各继承30%的份额;现由崔某居住的7号楼501室归张某3所有,其他继承人对该房产享有的继承份额相对应的价款由张某3予以补偿,但原告崔某对该房产享有终生的居住权;由张某1现居住使用的1号楼101室房产归张某1所有,其他继承人对该房产享有

的继承份额相对应的价款由张某1予以补偿。

(三)在办理法定继承中,应为没有其他住处、作为残疾人或精神病人的继承人设立居住权

如(2020)粤0606民初18792号案,其简要介绍为:被继承人苏某于2003年11月10日死亡,死亡时没有留下遗嘱。苏某的父母、妻子均先于其死亡。苏某与妻子共生育子女六人,即原告苏某1,被告苏某2、苏某3、苏某4、苏某5与苏某6(已于2010年11月8日死亡)。苏某6与妻子(2016年3月21日死亡)共生育子女四人,即被告苏某7、苏某8、苏某9和原告苏某10。苏某死亡后,遗留位于佛山市某处的一套房屋。另查,被告苏某5是精神残疾人,残疾等级为三级。现案涉房屋由苏某5居住使用,两原告承诺该房屋过户至两原告名下后,可由被告苏某5继续居住至其离世。佛山市某村委员会出具《监护人证明书》,证明苏某5日常生活一直由原告苏某1照顾并对其尽监护职责,村委会同意苏某1为苏某5的监护人。

法院审理后认为:被继承人苏某所留遗产应依法由其法定第一顺序继承人继承。由于苏某的父母、配偶均先于苏某死亡,其法定第一顺序继承人为其子女,即原告苏某1,被告苏某2、苏某3、苏某4、苏某5与死者苏某6,每人各1/6。由于苏某6在遗产分割前死亡,故依照相关法律规定,苏某死亡后其所继承的遗产份额由被告苏某7、苏某8、苏某9和原告苏某10转继承,每人各1/4。现被告苏某2、苏某3、苏某4、苏某7、苏某8、苏某9在本案中明确表示放弃继承,同意其应继承的份额由两原告继承,故两原告共同继承案涉遗产的5/6。因苏某5为精神病人,考虑到房屋使用价值的最大化以及对苏某5合法权益的维护,两原告主张案涉房屋由两原告各占1/2份额,由两原告按继承份额及房屋价值向被告苏某5支付补偿款,并由苏某5在该房屋生活居住直至其离世,符合法律规定,法院予以支持。所以法院判决:(1)登记在被继承人苏某名下的位于佛山市某处房屋,由原告苏某1、苏某10继承,每人各占1/2份额;(2)被告苏某2、苏某3、苏某4、苏某7、苏某8、苏某9、苏某5协助原告苏某1、苏某10办理上述房屋的过户登记;(3)原告苏某1、苏某10向被告苏某5支付补偿款12,500元;(4)确认被告苏某5对位于佛山市某处房屋享有居住权直至其死亡为止。

（四）在办理法定继承中，应为缺乏劳动能力又没有生活来源的未成年人设立居住权

如（2020）鄂1223民初1612号案，其简要介绍为：沈某与孙某原系夫妻关系，双方育有二子，分别为沈某1、沈某2。1997年2月，沈某与孙某离婚，沈某1由沈某抚养，沈某2由孙某抚养。后，沈某与陈某再婚，婚后生育一女沈某3。2020年4月28日，沈某因突发疾病去世，生前未留遗嘱。为了遗产分配事宜，沈某1、沈某2向法院提起诉讼，以陈某为被告，沈某3为第三人。在审理过程中，陈某提出：沈某3才年满12岁，且罹多种疾病，需要长期治疗。因为被抚养人沈某3生活有特殊困难缺乏劳动能力，应予以照顾，应先从遗产中预留其生活费和医疗费。后来法院在判决中，对此意见进行采纳。沈某遗留的一套住宅，由被告陈某继承，第三人沈某3有居住权。被告陈某支付原告沈某1、沈某2、第三人沈某3房屋折价款每人各87,500元。

该案例的启示如下：对生活有特殊困难的缺乏劳动能力的继承人，分配遗产时，应当予以照顾。所以在继承人中有没有其他住处的未成年人，可以设立居住权的方式为其提供居住条件保障。

由上述案例可知，法院在办理继承纠纷案件中主要遵守以下几项主要原则：老年人可以按照自己的意愿以遗嘱方式设立居住权；在遗嘱继承中，要为没有其他住处、缺乏劳动能力的继承人通过设立居住权的形式提供居住条件保障；在法定继承中，要保护老年人、未成年人、残疾人等弱势群体的居住权利。

第四节　合同纠纷中与居住权利相关的案件

笔者在中国裁判文书网上以“判决结果：居住权”“检索案由：合同纠纷”对从2000年1月至2021年6月的案例进行检索，共检索到131篇文书。其中：中级人民法院处理的有8份，基层法院处理的有123份；判决书111份，裁定书16份，调解书4份。

合同纠纷的案由较多，其中与居住权利相关的常见案由有：确认合同效力纠纷、债权人撤销权纠纷、房屋买卖合同纠纷、民事主体间房屋拆迁补偿合同纠纷、

赠与合同纠纷、租赁合同纠纷、服务合同纠纷。此外,《民事案件案由规定》中新增了“136. 居住权合同纠纷”。下面作典型案例简要介绍与初步分析。

一、居住权合同纠纷或服务合同纠纷

在以上案例中,有 3 个案例很相似,都是在养老服务合同中设立居住权,原告提起诉讼要求解除合同的案例。其中,(2019)豫 0102 民初 4751 号案简要情况为:2015 年 5 月 27 日,原告单某(乙方)与被告某养老院(甲方)签订了《养老机构购卡合同》,合同主要约定:乙方自愿向甲方申购预存卡万寿卡,合计人民币 5 万元;乙方在履行完付款义务后,甲方向乙方签发相应的预存卡;预存卡仅限于在园内支付床位费、护理费等费用,卡内金额不能取现,只能用于支付各项养老消费。原告单某于当日通过现金方式交付某养老院财务人员 5 万元,养老院于同日向原告出具收据,并交付“养老机构万寿卡”、时权居住证一本。时权居住证主要记载内容为:姓名单某,客户类别为万寿卡;有效期终生;客户享有一个房间(或一个床位)的优先居住权,并享受 9 折的优惠房价。2018 年 6 月,单某打电话问被告时,被告称养老院拆迁不办了,拆迁款到位后会把原告交的 5 万本金退还,但是一直没有退还。所以,单某提出诉讼,要求解除购卡合同,并要求被告退回购卡费 5 万元并支付利息。法院审理后对单某提出的诉讼请求予以支持。

(2019)苏 0311 民初 5778 号案、(2021)苏 0311 民初 1385 号案的性质相同、同一被告且是同一家法院判决、判决结果也相似,是养老公寓合同引起的纠纷,也是典型的居住权合同纠纷。只是,前一个案件立案较早,被定为服务合同纠纷;后一个案件因是在 2021 年后新立案的,所以被定为居住权合同纠纷。

二、赠与合同纠纷

在 23 个赠与合同纠纷案例中,其中有 21 个采取判决方式,2 个采取调解方式。其中有 10 个案例有较大的类似性:父母双方在《离婚协议》中约定房屋所有权赠与未成年子女,并在该房屋上为父母一方或双方设立居住权,但办理离婚手续后,其中父母一方不配合办理房屋过户手续,所以子女提起诉讼,要求父母双方履行赠与合同义务。法院判决都是支持作为原告的子女的诉讼请求,并明确在该房屋上为作为被告的父母一方设立的居住权有效。

以(2017)黑 0224 民初 1607 号案为例,其案情简介为:李某 1 与罗某原为夫妻关系,原告李某2为李某1与罗某的婚生女儿。2012年9月3日,李某1与罗某协议离婚,离婚协议书约定原告李某2由罗某自行抚养。夫妻共同财产两处房屋(现登记在李某1名下)归李某2所有,李某1有居住权。后李某2要求李某1将房屋过户到李某2名下,遭李某1拒绝,故李某2向法院提起诉讼。

法院审理后认为,父母约定共有房产归属子女条款和夫妻间房产赠与条款一样,均属于附随的身份法律行为,因此在效力上从属于离婚行为。一旦离婚行为生效,附随的财产协议一并生效,对协议当事人产生拘束力,当事人不得单方面变更或撤销。所以法院判决:被告李某1与罗某签订的离婚协议中关于房屋产权事项的约定合法有效;坐落在泰来县某镇,现登记在被告李某1名下的两处房屋产权归原告李某2所有。被告李某1于本判决生效后,立即协助原告李某2办理上述两处房屋产权变更登记手续。李某1对上述两处房屋有居住权。

另有9个案例是父母将房产赠与子女并保留居住权,但后来子女不愿意让父母长期居住,因此引起纠纷导致诉讼。还有一些是爷爷奶奶将房产赠与孙子并保留居住权,有个别案件是亲属之间的赠与,尤其是附义务的赠与合同,要求受赠人要履行设立居住权或承担扶养的义务。很多以赠与合同纠纷的名义,实际上应属于居住权纠纷,是对为赠与人设立的居住权的确认之诉。

三、债权人撤销权纠纷

在4个债权人撤销权纠纷的案例中有3个案例有较大的类似性:债务人在《离婚协议》中约定房屋产权的归属或设立居住权,债权人以债务人不当处分财产为由要求法院撤销《离婚协议》中对财产的相关约定,法院都支持了债权人的诉讼请求。

以(2019)鄂0105民初139号案为例,其案情简介为:本案二被告张某与周某于2001年5月16日登记结婚。婚姻关系存续期间,张某于2015年7月3日出具《担保书》,其内容为:"本人自愿为杨某向曹某借款担保,担保期限为杨某全部还清曹某借款和违约金为止,本人用自有房产一套(地址)作为抵押担保。"2016年,曹某因借款纠纷起诉杨某、张某、周某等人,并提出财产保全申请,后曹某撤诉。2016年12月26日,张某与杨某协议离婚,并签订《自愿离婚协议书》,其中内容有:"住房一套(地址),离婚后,产权和居住权归男方周某所有,女方张某放弃该房产权及补偿。"同日,张某向曹某电话告知只为50万元借款提供担保,对其余

20万元并不知情。2017年1月20日，曹某再次起诉杨某、张某、周某等人，并提出财产保全申请，当地法院作出民事裁定书，裁定冻结杨某、张某、周某等银行存款人民币70万元或查封、扣押其他同等价值的财产，并向当地房产局下达协助执行通知书，查封周某名下的该处房屋，查封期限为3年。2017年7月21日，当地作出民事判决书，判决：被告杨某向原告曹某偿还借款本金70万元及利息，被告张某对此承担连带责任保证。后曹某向当地法院申请强制执行，但因被执行人杨某、张某等名下暂无财产可供执行，故裁定终结本次执行程序。曹某遂提起诉讼，要求撤销被告张某、周某签订的《自愿离婚协议书》中关于财产处理的约定。

法院经审理后认为，张某与周某虽于2016年12月26日离婚并对财产分割达成协议时尚未确定张某需就民事判决书所指向的债务承担连带保证责任，但当日张某已明确知晓其以该处房屋向曹某承担担保责任，故张某放弃上述房产份额明显存在主观恶意，且现张某、杨某等名下均无财产可供执行，张某的行为明显对曹某实现债权造成损害，所以法院支持了曹某的诉讼请求。

四、房屋买卖合同纠纷

与居住权相关的17个买卖合同纠纷的案例，各有区别，很难进行归类。其中，个别案例具有一定的典型性。

以（2020）豫0191民初18498号案为例，其案情简介为：2015年8月22日，原告（作为乙方）与二被告（作为甲方）签订《房屋买卖协议》，双方约定：（1）二被告现有的一处房屋，面积为80平方米，以40万元的价格卖给原告；（2）二被告向原告出具40万元收据后，原告取得上述房屋的所有权。如果后期办房产证，二被告必须配合把房产证办在原告名下。2015年8月22日，二被告出具收条载明，收到原告一次性付房款40万元。另查明：此房屋为拆迁安置房，无房产证。法院经过审理后认为，原、被告签订的《房屋买卖协议》系双方真实意思表示，合法有效，对当事人具有法律约束力。原告已经支付购房款40万元，且自2016年至今，长期占有、使用涉案房屋，原告要求确认对涉案房屋享有居住权、使用权、收益权，法院予以支持。因涉案房屋尚未办理不动产权证书，对原告诉请的所有权，暂不予支持。

在本案中，因为涉案房屋尚未办理不动产权证书，但已被原告实际占有、使用，所以法院确认原告对涉案房屋享有居住权，也符合情理。但因为房屋的产权还没有办理设立登记手续,居住权自然也无法办理设立登记。等房屋的产权确认后,归原告所有,居住权也无须办理设立登记。

在其他一些案例的判决结果中也出现了居住权,有些与使用权、收益权等并列。在某些判决书中,出现了在案涉房屋的所有权得到确认或办理权属登记前权利人在案涉房屋上有居住权的表述。

五、房屋租赁合同纠纷

与居住权相关的9个房屋租赁合同纠纷的案例,各有区别,很难进行归类。

其中,有3个案例涉及居住权出租或转让的情况,被认定为无效合同。如(2018)鲁0112民初6755号案,判决结果认为:"原告与被告于2011年4月1日签订的《居住权转租合同》为无效合同。"(2018)鲁0112民初4321号案,判决结果认为:"原告与被告于2011年7月18日签订的《居住权转租合同》无效。"(2016)苏1183民初4130号案,判决结果认为:"解除原告与被告于2015年10月26日签订的《居住权销售协议》。"

另外,个别案例具有一定的典型性,尤其是与公有住房相关的案例。如(2017)京0105民初45787号案,涉及公有住房的承租权问题。在该案中,原告张某的父亲是被告某国有企业的员工,所以承租了案涉房屋。自1996年起,原告和父母及儿子共同居住在该房屋。张某父亲于2012年去世。2016年12月8日换发新《公有住宅租赁合同》时,记载的承租方仍为张某父亲,由张某代为在乙方处签字。原告多次向被告申请将房屋承租人进行变更,但被告予以拒绝。后来,张某向法院提起诉讼,请求确认对案涉房屋享有承租权、排他性居住权,判令被告将原房屋租赁合同承租人变更。被告在答辩中提出,案涉房屋产权归其所有,属于企业自管公房,张某不是我公司员工,所以不同意将房屋承租人变更为张某。被告称在张某父亲去世后出于某些考虑,未收回房屋,由其子女以承租人张某父亲的名义租住使用,并缴纳相关费用,已明确向张某告知仅更换《公有住宅租赁合同》,不变更承租人,张某同意并签字。

法院经审理后认为,张某户籍在案涉房屋内,作为张某父亲生前共同居住人,张某对案涉房屋享有居住权。但张某享有居住权是基于与张某父亲的身份关系及共同居住的事实,因此,张某要求确认其享有的居住权为排他性的,法院不予支持。虽案涉房屋的性质为自管公房,但双方间的法律关系仍系为租赁关系。张某要求确认享有承租权，要求变更原房屋租赁合同承租人，系对合同相对方的变更，属合同主体内容变更事项，而合同内容变更需双方协商一致作出，张某直接起诉要求确认承租权和变更承租人，不属于人民法院受理民事诉讼的范围，法院对于该两项请求予以驳回。

此案具有一定的典型意义，可以为处理公有住房的承租权问题提供借鉴。公有住房的承租权具有一定的物权性质，也具有占有权与使用权，可以转租，甚至可以继承。但公有住房的承租权没有经过设立登记，所以不具有居住权的法律保护效力。此判决中的居住权应该理解为居住权利，不能办理设立登记。但以后是否可以在公有住房上设立居住权，值得进行探索与试点。

六、其他类型的合同纠纷

（一）确认合同效力纠纷

与居住权相关的确认合同效力纠纷的案例也较多，有 20 个。其中 10 个案例是请求确认合同有效，另外 10 个案例是请求确认合同无效。

在请求确认合同有效的案例中，绝大部分是赠与合同，尤其是《离婚协议书》中父母将房产赠与子女的情况。与上述“赠与合同纠纷”有一定的类似性，所以不再赘述。

在请求确认合同无效的案例中，很多也是赠与合同，尤其是《离婚协议书》中双方将父母所有或建造的房屋擅自进行处分的情况，这将会实质影响到老年人的居住利益。因其与上述“债权人撤销权纠纷”中的部分案例有一定的类似性，所以不再赘述。

（二）房屋拆迁安置补偿合同纠纷

与居住权相关的房屋拆迁安置补偿合同纠纷只有 2 个案例，但都有一定的典型性，现举其中一例。

如（2016）京 0112 民初 39069 号案，其简要情况如下：2015 年，北京某公司（甲方）与董某 1（乙方）签订了《集体土地房屋拆迁补偿协议书》，约定：甲方因拆迁项目建设需要，对乙方在拆迁范围内的宅基地上所有房屋及附属物进行拆迁；乙方被安置人口共计 4 人，乙方自愿选择房屋安置，安置户型为两居室 3 套，被安置人员分别为：董某 1、李某（董某 1 之妻）、董某 2（董某 1 之女）、宋某（董某 1 之女婿)。同时,北京某公司(甲方)与董某1(乙方)签订《安置协议》。其中,宋某并非本村农业户口,为非在册非京籍人员。2016年7月21日,董某2、宋某离婚。所以,董某1一家不愿意为宋某提供住处。后来,宋某向法院提起诉讼,诉请对北京市通州区某处安置房屋享有居住权。董某1一家辩称:我们不同意原告的诉讼请求。认为是按照房屋面积政策拆迁的,原告宋某没有任何份额和居住权。

法院经审理后认为,本案系由拆迁引发拆迁利益的分配纠纷,拆迁利益中的各项拆迁补偿补助费用及安置房屋的确定系根据拆迁协议及拆迁安置方案等予以确定。宋某作为此次拆迁被安置人,根据拆迁政策享有相应的安置利益,该安置利益包括拆迁补偿和安置房屋。依据拆迁政策,宋某作为被安置人享有50平方米的安置房屋,在安置房屋未实际分割前,宋某主张对其中的一套安置房屋享有居住权,理由正当、证据充分,法院予以支持。根据拆迁政策,宋某作为非京籍非在册人员,仅享有25,000元的安家补助费。法院判决:原告宋某对因拆迁而安置的北京市通州区某处房屋享有居住权;因拆迁而取得的拆迁补偿款中的安家补助费共计人民币25,000元归原告宋某所有;驳回原告宋某的其他诉讼请求。

该案可以为以后处理设立居住权的住宅征收发生纠纷的处理提供一定的借鉴。尤其是在保障居住权人的利益方面,居住权人应作为被拆迁人,有权获得相应的拆迁补偿。

(三)其他类型的合同纠纷

其他类型的合同纠纷中也会出现与居住权相关的内容,但与以上的合同基本上相似,所以不进行一一介绍与分析。

此外,在民间借贷合同纠纷或金融借款合同纠纷的民事裁定书、执行裁定书中也经常出现与居住权相关的内容。主要内容相似,即在房屋查封期间,未经法院许可,任何人不得对查封财产擅自实施转让、出租、赠与、毁损、设定担保物权、设定居住权等处分行为或负担行为。由此可见,设立居住权作为权利负担行为,成为房屋被法院查封期间的禁止行为。

第五节　物权纠纷中与居住权利相关的案件

笔者在中国裁判文书网上以“判决结果:居住权”“检索案由:物权纠纷”对

2000 年 1 月至 2021 年 6 月的案例进行检索,共检索到 289 篇文书。其中:高级人民法院处理的有 1 份,中级人民法院处理的有 16 份,基层法院处理的有 271 份;判决书 278 份,裁定书 2 份,调解书 9 份。

在第三部分"物权纠纷"中的案由较多,其中与居住权利相关的最常见案由是"五、物权保护纠纷",包括:物权确认纠纷、排除妨害纠纷、恢复原状纠纷、财产损害赔偿纠纷。此外,较多的是"六、所有权纠纷",集中在"共有纠纷";"七、用益物权纠纷"也比较多,《民事案件案由规定》中新增了"居住权纠纷"。下面作典型案例简要介绍与初步分析。

一、居住权纠纷与用益物权纠纷

在 2020 年之前,因为《民法典》还没有生效,所以很多因居住权利产生的纠纷以用益物权纠纷的形式出现。类似纠纷,在 2021 年后应该作为居住权纠纷进行处理。

多数用益物权纠纷案件是对居住权的确认或者否认。产生居住权的依据各有不同,例如:因在离婚协议约定设立居住权、因房屋拆迁而产生对安置房屋的居住权利、因房屋共有关系而产生居住权利、因对公有房屋承租权而产生的居住权利。

如(2017)沪 0115 民初 12724 号案,法院判决结果如下:原告陈某 1 在上海市浦东新区的三套房屋中均有居住权。判决理由是:原告陈某 1 是被告陈某和王某的女儿,被告陈某和王某于 2011 年 9 月 6 日协议离婚,原告随王某共同生活。2012 年 6 月 27 日,被告陈某与案外人签订《上海市集体土地居住房屋拆迁补偿安置协议》,约定被拆迁人陈某,获得三套安置房屋,安置人中包括陈某 1。但三套房屋的产权初始登记手续至今未办理。目前,其中一套房屋由被告陈某居住,另外两套房屋由被告陈某租赁给他人。原告目前读高中二年级,与王某母女二人另外租借房居住。法院认为,公民合法的民事权益受法律保护。原告是案涉房屋被安置人的事实,已由相关证据予以证实。作为案涉房屋的被安置人,原告对案涉房屋享有居住使用的权利。

一些用益物权纠纷案件是居住权被侵犯引起的赔偿纠纷。以(2019)苏 0583 民初 7800 号案为例,其案情简介为:2013 年 2 月 27 日,原告郭某与被告刘某登记结婚,后双方协议离婚。双方在离婚协议书中约定:"离婚后,男方将在此房产中除名。男女双方各自生活，互相之间不得干涉对方的生活，更不得驱赶女方离开。男方如再婚不得在原有的房子内结婚或带其他异性居住。”因离婚后，双方存在离婚后财产纠纷，原告郭某向法院提起离婚后财产纠纷诉讼。法院作出判决：(1)被告刘某支付原告郭某赔偿金 50,000 元。(2)原告郭某享有昆山市的居住使用权。(3)驳回原告其他的诉讼请求。

而后，原、被告关于居住使用期限，未能在实际履行过程中自行协商或达成协议补充。2019 年年初，被告父子将涉案房屋出售给案外人胡某，原告认为自己的居住权受到侵犯，所以向法院提起诉讼。

法院经审理后认为：原、被告在离婚协议书中的相关约定可以解释为双方约定原告对涉案房屋具有居住使用权。关于居住使用期限，因原被告未明确约定，双方可在实际履行过程中自行协商或协议补充。庭审中，双方关于居住期限未能达成一致意见，原告认为居住期限应在 15 年左右，被告认为居住期限为 1 年左右。法院考虑原告在抚养未成年人的情况酌定原告的居住期限算至婚生子刘某 1 成年之时。但由于被告及其父亲已将涉案房屋出售给案外人，原告的居住权受到侵犯，法院认为宜采用折抵钱款的方式处理，酌定按照每月 1000 元租金的房屋租赁标准，计算 11 年，法院支持原告的诉讼请求，判决要求被告刘某支付原告郭某居住权赔偿费 132,000 元。

二、共有纠纷与所有权确认纠纷

在共有纠纷与所有权确认纠纷的判决中，法院一般承认部分共有人对房屋整体的居住权，如(2017)豫 1403 民初 5974 号案判决书中指出：原告曹某对位于商丘市某处的房屋享有共有权、居住权。法院在判决中认为：原告对该房产享有共有权，因此也有居住权。(2015)鼓民初字第 1984 号案判决书中指出：原告徐某享有福州市某处房屋 6/7 的产权份额及居住权。又如(2019)苏 0115 民初 6434 号案判决书中指出：原告王某对位于江宁区某处的房屋享有 1/2 所有权。原告王某对该处房屋享有居住权。

在夫妻共有的房屋中，可以为夫妻一方与未成年孩子设立居住权。如(2019)京 0112 民初 22837 号案判决书中指出：原告李某和被告杨某婚姻关系存续期间，原告李某和杨某 1(原被告之子)对于位于河北省廊坊市的某处房屋享有居住权及使用权。法院在判决中认为：夫妻有相互扶养的义务；父母对子女有抚养教育的义务。依据本案查明的事实,因家庭矛盾,现杨某1跟随母亲李某居住在李某父母家中,原告并未有其他房屋。该处房屋虽为被告杨某婚前购买,但杨某作为李某的丈夫和杨某1的父亲,有义务为李某和孩子提供稳定的居住环境。

在部分房屋所有权没有确权前,法院采取为某位当事人尤其是老年人设立居住权的方式以保障其生活居住条件。如(2018)鲁1327民初5638号案判决书中指出:原告夏某对涉案房屋依法享有居住权,被告张某不得阻碍。法院在判决理由中认为:原告夏某与被告张某2均为张某1第一顺位继承人,对房屋基于继承而成为共有人,在未对该房屋进行分割前,各继承人对该房屋可以进行善意居住。对于原告夏某要求对涉案房屋进行居住的诉讼请求,法院予以支持。

在一些所有权确认纠纷中,处理结果是:房屋所有权归当事人一方,但另一方有长期居住权。如(2018)赣10民终802号案二审民事调解书中双方达成以下协议:位于江西省抚州市某处房屋经双方当事人协商归上诉人喻某所有;上诉人喻某同意补偿被上诉人叶某6万元,上述房屋被上诉人叶某有终生使用居住权,在其居住期间,上诉人喻某及其家人不得随意打扰被上诉人正常生活。

在所有权确认纠纷中,很多案例是由于父母双方在离婚协议中约定将房屋赠送给子女但后来没有办理过户登记手续而引起纠纷,后来该子女以父母为被告提起诉讼要求法院对房屋的所有权进行确认。这些所有权确认纠纷与一些赠与合同纠纷、用益物权纠纷实际上是很相似的,以后部分案例可以作为居住权纠纷来进行立案处理。

三、排除妨害纠纷与恢复原状纠纷

排除妨害与恢复原状都是物权保护的救济方式,其中与居住权相关的纠纷中排除妨害纠纷很多,恢复原状纠纷较少,两种纠纷处理有一定的相似性。当然,法院支持原告提出的物权保护请求,前提是法院认为原告享有对房屋的所有权、居住权等用益物权。从判决结果来看,主要是采取以下三种主要方式:

一是笼统地规定要求被告停止侵害,排除对原告的正常居住和生活的妨害。如(2017)苏0706民初9642号案判决书中指出:被告应搬出涉案房屋,停止对原告所有权和居住权的侵害,排除对原告正常居住和生活的妨害。(2018)内04民终597号案判决书中指出:被告应立即停止对原告涉案房屋居住权的侵害并排除对原告正常居住和生活的妨碍。(2018)皖1302民初2111号案判决书中指出:被告应搬离原告名下位于某处的房屋，停止对原告所有权和居住权的侵害，排除妨碍。

二是比较细化地要求被告禁止一定行为（常见行为如断水断电）的方式来排除其对原告的正常居住和生活的妨害。此类行为往往是被告前期已经采取的妨害行为。如（2015）鄂樊城定民初字第00443号案判决书中指出：原告在有生之年有权在某处房屋内居住；被告不得再妨碍原告在该房屋行使居住权，对已经报停的水、电、天然气恢复供给。（2018）湘0103民初4974号案判决书中指出：被告应停止对原告居住房屋采取的剪断电线行为，并恢复该房屋的用电条件；被告不得采取断水、断电、阻碍通行等方式妨害原告的居住权和楼道通行。（2016）苏1283民初6166号案判决书中指出：被告应立即停止对原告居住权的侵害行为，恢复电力设施，确保原告正常用电、正常生活。

三是要求被告采取恢复原状、清理物品等方式，有些判决要求被告赔偿原告一定的经济损失。如（2017）豫1424民初3314号案判决书中指出：被告应将原告拥有50%所有权和完整居住权的房院东南角过道正对的西院墙恢复原状。（2015）遂民初字第01431号案判决书中指出：被告应停止对原告居住权的侵害并将堆放在原告房屋内的物品清理出去；被告需赔偿原告经济损失人民币500元。（2018）浙1082民初7794号案判决书中指出：被告应停止对原告房屋所有权、居住权的侵害并拆除擅自安装的房门、恢复墙面原状、排除对原告出入的妨碍、清理堆放在原告房屋内的杂物；被告需赔偿原告经济损失1500元。

四、财产损害赔偿纠纷

多数财产损害赔偿纠纷案件是居住权被侵害引起的赔偿纠纷。但对于居住权的赔偿标准存在不同的标准。在部分案例中，法院驳回了原告提出的赔偿要求，当然其前提是法院不认为原告享有居住权。

以（2015）云民初字第1837号案为例，其案情简介为：原告董某是欧某1的再婚配偶。两人于2012年8月30日登记结婚。欧某2是欧某1与前妻王某的女儿。王某已于2008年6月19日去世。位于某处的房屋原登记在王某名下，系王某与欧某1的夫妻共同财产。2014年8月11日，欧某1与欧某2签订《房屋赠与合同》，约定赠与人欧某1自愿将该房产中一半属于自己的份额无偿赠送给女儿欧某2一人所有（不属于夫妻共同财产）。被告欧某2取得涉案房屋的所有权，并办理了房屋权属登记。2014 年 8 月 15 日,欧某 1、董某、欧某 2 等共同签订协议一份,约定:(1)某处房屋,欧某 1 有长期居住权,任何人无权干涉;(2)欧某 1 百年后,董某不得再交异姓朋友,不得再婚,可在此房内居住,否则此协议无效,自动作废。2014 年 8 月 30 日,欧某 1 立下《遗嘱》一份,其中规定:“我的后事完全由组织和董某处理,别人不得干涉。我死后,董某仍然保证的居住权别人不得干涉。”2014 年 9 月 7 日,欧某 1 因病去世。欧某 1 去世前,董某照顾其生活,履行了夫妻之间相互扶助义务。后原、被告因房屋问题产生纠纷,故在 2015 年 3 月 6 日,原告董某搬离涉案房屋。2015 年 4 月 29 日,被告欧某 2 将涉案房产出卖给邹某强,房屋价款为 30 万元,并已办理过户登记。董某名下并无房产,其每月有 2000 余元的退休工资。

法院经过审理后认为:关于原告是否丧失享有对涉案房屋的居住权的问题。物权的取得和行使,应当遵守法律,尊重社会公德,不得损害公共利益和他人合法权益。关于原告主张的居住权不能实现导致其相应损失是否成立以及该损失如何计算的问题,在原告无其他住房且对涉案房屋享有合法居住权的情况下,被告将涉案房屋转卖给他人,未合理处理原告的居住权问题而擅自处分房屋,导致原告对该房屋居住权利益的丧失,损害了原告的合法利益,被告应予以赔偿。对于原告主张的居住权利益损失的计算,应综合考虑房屋价值、居住权人与房屋所有权人的关系、房屋所有权人的经济支付能力、原告的经济能力等因素合理确定。因而法院酌定被告欧某 2 按照 9 万元(房屋转让价格的 30%)予以赔偿。最终法院判决:被告欧某 2 支付原告董某居住权赔偿款 90,000 元。

如(2015)东民初字第 10657 号案一审民事判决书中指出:被告应按照每月 1500 元的标准支付原告从 2014 年 1 月 1 日至 2015 年 7 月 31 日的居住权补偿款 28,500 元。

五、其他类型的物权保护纠纷

关于其他类型的物权保护纠纷,可举两个典型案例。

如(2020)鄂 0103 民初 9633 号案。其案情简介为:武汉市江汉区某处房屋是被告的直管公房。陶某系该处房屋承租人。陶某育有二子,长子已去世,陈某为其次子。陈某为该处房屋的同户籍共同居住人。陶某与陈某从 1968 年即共同居住于该处房屋。2003 年 8 月 2 日,陶某病逝。其后,陈某独自居住在该房屋内,并依照原租约交纳房租至今。因陈某需办理承租人过户手续，故向法院提起诉讼。法院审理后认为，依据《武汉市房产管理条例》第39条规定：租赁居住房屋，承租人与其有常住户口而他处无住房的且同住3年以上的近亲属，对该房屋享有共同承租权。陈某母亲陶某系该处房屋承租人，陈某系同户籍共同居住人，其与陶某共同居住在该处房屋50余年，陈某亦他处无住房。法院判决：原告陈某对该处房屋享有居住权。被告协助原告陈某办理该处房屋过户登记手续。法院支持了在公有住房上设立居住权。

如(2014)西民初字第2080号案。法院在审理后认为：公民的合法权益受法律保护。本案中，根据查明事实，本案涉案房屋西城区某处房屋系拆迁安置得来。二原告主张系被安置人口，故对西城区某房屋享有居住权。被告对原告提交的户籍证明信及证明不予认可，但未能举证予以反驳，故其抗辩意见法院不予采纳，法院认定二原告系西城区某处房屋危房改造的被安置人。在安置居民协议书，并未约定被安置人具体被安置的房屋坐落，现二原告主张作为被安置人，享有对上述房屋的居住、使用权利，并无不妥，法院予以支持；被告的抗辩意见，法院不予采纳。最终法院判决：原告对北京市西城区某处房屋享有居住权。法院支持了为拆迁的被安置人设立居住权。

第六节　基于公有住房承租权产生的纠纷处理

在20世纪末我国进行住房制度改革之前，我国城市中的住房大多属于公有住房(简称公房)。我国从20世纪50年代起建立的公房制度是当时高度集中的计划经济下的产物。建立公房制度的原因是当时我国很多城市居民处于无房可居住的状态，我国的公房制度的目的就在于解决居民的住房问题，具有高度的福利性和保障性。

公有住房是指由国家以及国有企业、事业单位投资兴建、销售的住宅，在住宅未售出之前，住宅的产权归国家或者单位所有。我国的公房类型可分为直管公房和自管公房。直管公房一般指由国家政府出资兴建的，房屋的所有权归国家，但是在管理上由县级以上人民政府的房屋管理部门进行统一管理。直管公房租赁对象原则上仅限于本地居民。而自管公房则是由各类国企、集体企业以及事业单位等单位出资兴建，房屋的产权归本单位，由本单位自行管理。这类公房作为本单位福利，将租赁给本单位职工及其家属居住。①

一、对公有住房承租权性质的认识

公有住房承租权（或简称公房承租权）的获得首先一般是由本单位职工或者本地市民向本单位或者房屋管理部门进行申请，然后再由有关部门综合考虑申请人的各方面条件，如级别、工龄、功劳大小以及同住人数等来分配相应的公有住房。公有住房的产权归国家或者单位所有，个人只有承租权。承租人在法律允许的范围内，对公有房屋享有占有权、使用权、部分收益权和有限制处分的权利。

对于公有住房承租权的性质有不同的认识。有的认为公房承租权就是一种债权，公房承租关系是由《城市房屋租赁管理办法》统一规范的租赁关系。其产权单位是出租人，居住职工是承租人，与市场房屋租赁不同的是，其租金标准由国家规定，而没有特别区分公房租赁和私房租赁就是明证。也有人认为公房承租权是一种物权，甚至可以类似所有权。公房承租人可以有购买请求权，即以明显低于市场价格的房改成本价购买公房的权利。在公房承租人死亡时，其同住的符合相应条件的家属可以成为新的承租人，继续享有公房承租权的特殊地位或资格。《人民法院报》刊登的案例认为，公房承租权是一种复合型的权利，不仅仅是承租关系这一债权关系中的权利，同时也包含了物权的内容，并受人身关系的限制，这在一定程度上代表了审判实务界的看法。②

在对公房承租权的性质进行认识之前，首先分析一下其主要特点：（1）公房承租人是特殊主体，是在国家机关或者国有、集体企、事业单位工作并达到一定工作年限的职工，需要符合一定的资格条件；（2）公房承租人与所在单位或房管部门签订公有住房租赁合同之后，承租人对该公有住房即具有了长期的占有权和使用权，非因特定事由（如承租人从所在单位辞职），出租人不得终止公有住房租赁合同；（3）公有住房租金只是为了维持房屋维修的成本费用支出，远远低于市场价房屋租金。

其次，分析一下公房承租人有哪些权利？公房承租人可以承租公房，但因为

---

① 费佳敏：《论公房租赁中同住人"居住权"的性质》，载《法制与社会》2015 年第 8 期。

② 谭红、张琴：《公房承租权的性质认定——重庆五中院审判杨合碧等诉王友萍等法定继承纠纷案》，载《人民法院报》2013 年 1 月 24 日。

没有房屋所有权所以无法进行产权的转让。但区别于一般的私房租赁,公房承租人有一些特殊的权利:(1)转租权。公房承租人转租房屋,不需征得出租人同意,但应当在签订转租合同之前书面告知出租人;房屋转租的租金,由转租当事人协商确定,一般高于公房承租人所支付的租金,所以公房承租人有部分收益权。(2)承租公房的互换权。公房承租人交换使用各自承租的房屋,承租人应当事先征得本处有本市常住户口的共同居住人的同意。(3)承租人户名的变更请求权。公房屋承租人与本处有本市常住户口的共同居住人协商一致,要求将承租户名变更为本处有本市常住户口的共同居住人之一的,出租人应予同意。(4)对出租人终止租赁关系的对抗权。没有特殊情况,出租人不得解除公房租赁合同,终止租赁关系。(5)公房承租权实际上可以继承。公房承租人死后,公房不能作为承租人的财产进行继承分割,但可以依法由同住人或其他亲属继续承租,实际上即公房承租权的继承。

从上述分析来看,公有住房承租人享有除名义上的所有权以外的其他一切权利,即具有占有、使用、部分收益、有限制处分等权利。在性质上与物权中的用益物权相似。其效力不仅远高于一般的承租权,也高于作为"对他人的住宅享有占有、使用的用益物权"的居住权。但根据《民法典》第116条规定的"物权法定"原则,公房承租权不是一种物权,只能是一种特殊的债权。因为其特殊性,对公房承租权引起的纠纷处理,可以参照物权的相关规定。如果发生纠纷,在审判实践中以共有权纠纷、用益物权纠纷、物权确认纠纷作为纠纷的案由不妥,但可以根据纠纷性质确定为排除妨害纠纷、恢复原状纠纷、财产损害赔偿纠纷等案由,即以物权保护的方法来保护公房承租权。

二、对因公有住房制度产生的纠纷法院是否受理

中华人民共和国成立后坚持了近50年的住房福利制度,因公有住房制度产生的纠纷也较多,尤其是从20世纪80年代后期开始逐渐增多,1992年11月25日,最高人民法院发布《关于房地产案件受理问题的通知》。其中第3条规定:"凡不符合民事诉讼法、行政诉讼法有关起诉条件的属于历史遗留的落实政策性质的房地产纠纷,因行政指令而调整划拨、机构撤并分合等引起的房地产纠纷,因单位内部建房、分房等而引起的占房、腾房等房地产纠纷,均不属于人民法院主管工作的范围,当事人为此而提起的诉讼,人民法院应依法不予受理或驳回起诉,可

告知其找有关部门申请解决。”

根据此通知，关于申请人是否具备公房承租条件，即公房产权单位根据职工的职级、工作年限甚至家庭人口等具体情况，来确定职工的承租资格和顺位，这一内部福利关系是不受民事法律救济的，如果发生争议，可向有关部门或单位反映加以解决。如果提起诉讼，法院不会受理。

公有住房的承租权和已购公有住房产权，是政策形成的民事权利。在政策形成阶段，尚未进入民法规制的范围，当事人不可就是否准予承租公房和购买公房、承租和购买何种公房、承租和购买公房的价格标准向法院提起诉讼。但一旦形成民事权利，则对该权利的侵犯或争执就可以通过司法途径解决。公房承租权人对公房的占有、使用及排除他人侵害权利，公房承租权人支付租金和公房出租人承担房屋维修养护义务，已购公房产权人对公房的所有权能，对适宜公开上市的公房上市出售的争议等方面如发生纠纷，可以诉诸司法途径处理，对此类纠纷，法院应予受理。

三、因公有住房承租权或居住权产生的纠纷主要类型

因公有住房承租权或居住权产生的纠纷较多出现，尤其在北京、上海、广州等经济比较发达的城市出现的判例较多。在现实生活中，常见的纠纷有以下几种类型：

（一）离婚案件中对公房的承租与使用

此类案例在 20 世纪八九十年代时较多，随着房改政策的落实，现在已经很少出现了。

以南京市鼓楼区人民法院曾审理的一件离婚纠纷案为例，此案以调解方式结案。案件的简要介绍为：原告 A（男方）与被告 B（女方）于 1987 年年底经人介绍相识恋爱，登记结婚并生一子。后因夫妻感情破裂，原告诉至法院，要求离婚。在审理过程中，经法院主持调解，双方当事人自愿达成如下协议：（1）原告 A 与被告 B 离婚；（2）位于南京市某处房屋由原告个人承租（使用权归原告所有），原告名下股票、存款归原告个人所有，原告合计补偿被告 10 万元；（3）自 2016 年 6 月起至被告去世，原告每月给付被告生活补助 500 元；（4）夫妻关系存续期间财产分割完毕，各人名下财产归各自所有，互不再向对方主张任何权利。

在此案中，男方婚后取得的是单位公有住房承租权，不具有交易或者过户的特征，因此只能确定共同使用，但是女方又不愿意与对方共同使用，经过多次协商，确定补偿女方 10 万元，解决女方的居住、生活、医疗的负担问题，最终一次性达成调解意向。

（二）公有住房中同住人的居住权

此类纠纷数量较多，尤其是在上海等城市中非常常见。尤其是在《物权法》颁布之后，因公有住房内的居住权利而发生纠纷并起诉到法院的案例，占有相当的比例。

1. 未实际居住的承租人的居住权

（2003）黄民一（民）初字第 5759 号案中，原告肖甲是某公房的承租人，被告肖乙是原告的侄子。原告原居住在该公房内，后因工作原因，在 20 世纪 70 年代迁往他地，该房由其母亲（已故）居住，被告肖乙在此期间住进了该公房，并将户口迁入了该房屋。现原告退休，为了生活便利要迁回该公房，却遭到被告的拒绝，故原告肖甲将被告肖乙诉至法院，要求确认在该公房在内享有居住权。[①]

2. 实际居住的非户籍人员的居住权

（2008）静民三（民）初字第 137 号案中，张某与曾某系母子关系，母亲张某承租有康定路某处公房一套。20 世纪 60 年代，曾某响应国家号召，作为知青到四川插队落户，户籍亦随之迁出。到 20 世纪 90 年代末，曾某因病内退，与妻子共同回到上海。因无处居住，曾某与妻子住到母亲承租的公房内，一家三口挤在 12 平方米的老房子里，居住条件十分紧张。时间一长，曾某的妻子与母亲之间就产生了矛盾，随着矛盾不断升级，张某最终选择向法院起诉，要求法院确认曾某及其妻子在康定路房屋内无居住权，应当立即迁出。[②]

（三）售后公房中的居住权

常见于涉售后公房的居住权纠纷，原配房人口之一将房屋购买为产权房，后产权人要求其他配房人口迁出，原来的同住人提出对该房屋享有居住权的要求。

案例：余甲与其叔叔余乙共同居住在本市某处的公房内，余乙为承租人。

---

① 蒋洁：《浅谈我国现行法律框架下的居住权》，载《法制博览》2020 年第 25 期。

② 蒋洁：《浅谈我国现行法律框架下的居住权》，载《法制博览》2020 年第 25 期。

2004年,余乙将该公房购买为产权房。2006年,余甲外出一段时间后突然发现余乙将房屋出租给他人,余甲遂与余乙交涉。余乙认为自己是产权人,有权将房屋出租。余甲于是向法院提起诉讼,要求保护其居住权。[参见(2007)沪一中民二终字第1507号民事判决书]①

(四)对公房承租权或居住权的确认

此类纠纷以前被作为物权确认纠纷或用益物权确认纠纷,《民法典》施行后可以作为居住权纠纷。

如(2014)秦民初字第193号案,案由为用益物权确认纠纷。在该案中,原告系被告的女儿。诉争房屋系被告依据单位职工身份承租的军队公寓房。在被告单位领导的协调下,原、被告及高某签订了协议。根据协议约定,原告享有诉争房屋东侧一大间和西侧一小间的居住权。法院认为,原、被告均应按照协议全面履行自己的义务,现双方并未达成新的意见,故原、被告仍应按协议履行。法院最终判决:原告范某对某室东侧一大间西侧一小间享有居住权。

此外,还有一些与公有住房相关的特殊纠纷类型。比如,因城市建设需要进行房屋拆迁,公房被征收后,相关部门对公房承租人进行房屋调配或经济补偿,也会因利益分配产生纠纷。

(2015)浦民一(民)初字第23393号案中,原告吴某系被告朱某的母亲。2003年,吴某与朱某所居住的公房动迁,获得莲园路安置房一套,登记为二人共有。后吴某经不住朱某劝说,将产权份额过户给朱某。多年后,吴某因年龄较大、疾病缠身,被朱某送入养老院。吴某不愿意在养老院居住,自行返回莲园路房屋,突然发现该房屋已经被朱某更换钥匙,无法进入。吴某遂向法院提起诉讼,要求确认其在莲园路房屋的居住权。法院判决:原告吴某在登记于被告朱某名下的上海市浦东新区莲园路房屋内有居住权。②

---

① 蒋洁:《浅谈我国现行法律框架下的居住权》,载《法制博览》2020年第25期。

② 李彦:《居住权制度的本土化适用》,载茆荣华主编:《〈民法典〉适用与司法实务》,法律出版社2020年版,第214页。

四、以前关于公有住房承租权与居住权的裁判思路

（一）离婚案件中对公房的使用与承租的处理

1996 年 2 月 5 日，最高人民法院《关于审理离婚案件中公房使用、承租若干问题的解答》（已失效）对离婚纠纷中公房的处理问题进行比较详细的规范。该解答以问答形式明确了常见的 10 个问题。此类案例目前已经较少，所以本书对此解答内容不再赘述。

（二）上海市关于公有住房承租权与居住权的规定

在上海市的地方性规范中，最早出现“居住权”是在 1996 年 1 月 31 日上海市高级人民法院颁布的《处理公有住房出售后纠纷的若干意见》中：购房人起诉要求同住人迁让，同住人起诉要求确认房屋居住权的，应予受理。此条规定可以看作是对同住人主张“居住权”的起诉权予以了肯定。[①] 2000 年 7 月 1 日开始实施的《上海市房屋租赁条例》将“并非房屋权利人而共同生活在房屋内”的人称为“共同居住人”。根据该条例第 38 条第 2 款之规定，公房承租人转让承租权应事先征得在本处有本市常住户口的共同居住人的同意。《关于贯彻实施〈上海市房屋租赁条例〉的意见（二）》第 12 条规定，公有居住房屋原承租人死亡的，其生前的共同居住人必须在该处有本市常住户口，才可以继续履行租赁合同。

2004 年，上海市高级人民法院《关于审理公房承租权确定及使用权转让纠纷案件若干问题的意见》以问答形式比较详细地明确了常见的四个问题。

2014 年，为了规范公有住房居住权案件的审理，上海市高级人民法院民一庭召开了公房居住权纠纷研讨会。全市法院房地产审判庭庭长、审判人员等 30 余人参加会议。虽然研讨会意见不是正式文件，不能作为判决的依据，但可以作为判决书中说理的理由。[②]

---

① 季晓兰：《司法实务中的“居住权”问题研究——对上海市某区法院司法判决的实证分析》，华东政法大学 2009 年硕士学位论文，第 9 页。

② 《上海市高级人民法院公房居住权纠纷研讨会综述》，载微信公众号“民事审判参考”2018 年 11 月 5 日。同时可以参考上海高院研究室：《房屋确权与买卖、公房居住权纠纷案件若干法律适用问题观点》，载微信公众号“中国上海司法智库”2018 年 4 月 12 日。

(三)关于有住房承租权与居住权纠纷案件的裁判思路

根据季晓兰对上海市某区人民法院提供2005－2008年期间与居住权相关的共87份判决书的分析。按照涉案房屋类型分类,涉及公有住房为65个,占74.7%;涉及非公有住房为22个,占25.3%。按照原被告关系分类,近亲属为47个,占54%;其他亲属为28个,占32.2%;非亲属为12个,占13.8%。按照诉请情况分类,确认某人有居住权的为40个,占46%;确认某人有居住权的为41个,占47.1%;其他为6个,占6.9%。按照判决结果分类,其中支持确认某人有居住权的为19个,占21.8%;驳回确认某人有居住权的为20个,占23%;其中支持确认某人无居住权的为26个,占29.9%;驳回确认某人无居住权的为13个,占14.9%;部分支持部分驳回的为3个,占3.4%;其他为6个,占6.9%。在判决书判决理由部分涉及的法律法规中,其中仅有9例案例在判决理由中涉及上海市关于居住权的相关规定,主要是《关于贯彻实施〈上海市房屋租赁条例〉的意见(二)》第12条规定中对共同居住人的范围确定及是否可以继续履行租赁合同。判决理由中较多的是《民法通则》(已失效)中的基本原则,共有57例;次之是《民事诉讼法》与《关于民事诉讼证据的若干规定》,共有10例。此外,还有一些其他判决理由。①

第七节　民法典实施后与居住权相关的典型案例

笔者在中国裁判文书网上以"判决结果:居住权""检索案由:民事案由"对从2021年1月1日至10月31日的案例进行检索,共检索到124篇文书。其中,中级人民法院处理的有13份,基层法院处理的有110份;判决书75份,裁定书19份,调解书30份。

一、与居住权相关的婚姻家庭纠纷与继承纠纷情况

从案由来看,比较多的是婚姻家庭纠纷与继承纠纷,共有68例,占半数以上。

① 季晓兰:《司法实务中的"居住权"问题研究——对上海市某区法院司法判决的实证分析》,华东政法大学2009年硕士学位论文,第12－22页。

在46例的婚姻家庭纠纷中有29例离婚纠纷，此外，还有离婚后财产纠纷5例、同居关系纠纷1例、赡养纠纷5例、分家析产纠纷6例。离婚纠纷大多通过调解方式结案，只有3例是判决形式结案。比较常见的情况是双方将共有的房屋赠与未成年子女，并为夫妻中其中一方或双方设立居住权。具体可以参见本章第二节内容。

其中比较有特点的是（2021）辽7401执523号执行裁定书，该裁定书明确：将坐落于盘锦市某处房屋登记为宫某与王某按份共有，双方各占50%份额，双方均享有居住权。该裁定意味着法院承认共有人对双方按份共有的房屋享有居住权，但在实践中如何办理登记还存在一定的困难与争议。

在赡养纠纷中，法院都判决要求被告（子女）承担对原告（老人）的赡养义务，除了支付赡养费与医疗费外，如果原告提出居住权的诉讼请求，法院都支持其要求，明确老人对某住宅享有长期居住权直至去世。在分家析产纠纷中，法院一般也会明确老人对某住宅的居住权，以保障其今后的居住条件。但从判决来看，基本上还是与以前的判决差不多，所指的居住权应是"居住权利"，有些与房屋使用权并列。在判决书中，都没有明确办理居住权设立登记的时间要求及所有权人的配合义务。这可能与目前很多地方的登记机构还没有开展居住权设立登记有关，将会产生一定的隐患。

继承纠纷中设立居住权的情况也较多，共有22例，都是通过判决形式设立的。案由包括：继承纠纷10例、法定继承纠纷4例、遗嘱继承纠纷7例、遗赠纠纷1例。其中有1份是再审判决、2份是二审判决书，其余是一审判决书。在继承纠纷处理中，法院会较多考虑老年人生活居住的需要，为其设立居住权，期限一般是到其去世为止。如果有没有其他住处的未成年人，法院也会考虑为未成年人设立居住权，予以照顾。具体可以参见本章第三节内容。

二、与居住权相关的合同纠纷案例

与居住权相关的合同纠纷有33例，不仅案由不同，而且案件性质也各有区别，但都有一定的典型性。现举其中三例。

（一）居住权合同纠纷

（2020）粤0105民初30917号案是服务合同引起的纠纷，也是典型的居住权合同纠纷。案件简要介绍：两原告王某、索某是夫妻关系，是有养老需求的老年人,被告是一家养老服务机构。2016 年 3 月 17 日,原告王某作为乙方,与被告作为甲方签订了《会员制合同》,合同约定:乙方自愿向被告申购 10 年的“携老卡”,可累计居住 120 个月,获得 10 年使用期,有效期为 20 年。后来,王某、索某作为乙方,被告作为甲方,签订了两份服务协议,均约定乙方应遵守甲方的各项管理制度,自觉接受甲方的统一管理,尊重甲方的工作人员;乙方不遵守甲方规章,对甲方工作产生严重干扰、并有多名老人投诉时,甲方可解除协议。

签订协议后,两原告于 2016 年 3 月 17 日开始入住被告的养老场所。2020 年 11 月 11 日,被告向两原告发出《告知书》,表示两原告多次违反园区管理规定。所以,被告提出解除与两原告签订的《会员制合同》,取消两原告的会员入住资格,并要求两原告在 2020 年 11 月 30 日前办理离开园区交接手续。12 月 1 日,被告向两原告发出《限期搬离通知书》。同日,被告切断了原告的供电,并在原告去医院住院期间封了两原告居住房间的门,两原告无法再回去居住,所以向法院提起诉讼,要求被告继续履行合同。

法院经审理后认为:被告主张原告违反园区管理规定理由不成立,所以认定被告违约解除合同。由于原、被告双方签订的《会员制合同》目前仍未到期,该合同虽然具有人身属性,但由于考虑到两原告年纪较大,目前没有更适合的居住地,且被告是违约方,而被告有履行合同的能力及条件,所以判决被告继续履行合同,恢复两原告在被告养老场所的居住权。

该案例的启示:在约定的合同解除条件成就时,当事人可以解除居住权合同,但当事人应提供另一方实质违约的相关证据予以证明,否则将承担违约责任。

(二)居住权受到妨碍的经济赔偿

(2020)赣 0102 民初 12766 号案虽然案由是房屋买卖合同纠纷,实际上是居住权受到影响的经济赔偿案件。案件简要介绍:被告陈某是原告王某的儿子。1999 年,王某与丈夫田某登记结婚,案涉房屋所有权系夫妻关系存续期间取得。2016 年 11 月 15 日,田某(卖方)与陈某(买方)签订房屋买卖合同,将案涉房屋卖给陈某,价款为 60 万元。此外,双方还签订了一份协议书,载明“陈某负责该房屋由田某、王某两老人生前居住”。后来,田某、王某将上述房屋过户给了陈某。田某、王某一直在该房屋内居住。2018 年 3 月田某去世。2018 年 5 月 25 日,被告陈某将该房屋出售给案外人,但未办理过户手续。同年 7 月,原告王某搬出了该房屋。2019 年 3 月,陈某将案涉房屋产权过户给了案外人。王某提起诉讼,要求被告以后每月向原告支付租房款 2000 元至原告去世,并向原告支付此前 3 年与住所地同地段类似房屋租房款。

法院经审理后认为:原告将其所有的房屋出售给被告,并约定被告负有保障原告生前居住该房屋的权利,该约定不违反法律规定,被告应履行该约定,保证原告的居住权。由于被告在未与原告达成一致意见的情况下,将诉争房屋转让给他人,导致原告无法按约定享有房屋居住权,被告对此应承担相应的民事责任。审理中,被告同意按原告主张的每月 2000 元租金赔偿原告居住权期间的费用。所以,法院判决被告向原告支付居住权费用 62,000 元。

该案例的启示:如果房屋所有人或第三人妨碍居住权人正常行使居住权,导致居住权人无法实际居住或失去居住权,居住权人可以要求经济赔偿,赔偿的标准可以参考与设立居住权的住宅同地段类似房屋租房款。

(三)赠与合同纠纷

(2021)津 0102 民初 4055 号案是赠与合同纠纷。案件简要介绍:被告王某与原告刘某系母子关系。2015 年 9 月 24 日,以王某与其丈夫为甲方,刘某为乙方,签订《房产赠与合同》,主要内容如下:甲方将王某夫妻共同财产坐落于某处房产赠与刘某个人所有。附加义务是:刘某保障王某夫妻在此房中享有永久居住权,如果以后此房产出售或者拆迁,保证为王某夫妻提供不低于上述居住条件的良好住房。受赠方愿意接受上述赠与方赠与之房产,并按规定缴纳有关费用。双方为合同办理了公证。后来,王某丈夫去世。原告刘某向法院提出诉讼请求:要求确认《房产赠与合同》有效,要求赠与人王某根据赠与合同交付赠与财产。

法院经审理后认为:原告刘某与其父母签订的《房产赠与合同》,系其父母对其财产的有权处分,并在公证员的公证下签订,符合法律规定。经过公证的赠与合同,赠与人不交付赠与的财产的,受赠人可以要求交付。本案的《房产赠与合同》中已基本上包括了居住权合同应具备的相应内容。本案受赠人在《房产赠与合同》中关于赠与人永久居住的承诺可以通过居住权的登记来实现。所以,法院在确认《房产赠与合同》效力的同时,也对该合同的生效条件也予以确认。判决要求告王某协助原告刘某办理案涉房屋过户手续,过户费用由原告自行承担;被告在案涉房屋中享有居住权,该房过户给原告的同时,原告应协助被告王某办理居住权登记手续。

该案例的启示:父母在将住宅赠与子女的同时,提出要求子女同意在该住宅中为自己设立长期居住权,是常见的做法。受赠人在要求赠与人履行赠与合同的同时,应履行为赠与人设立居住权的承诺义务,房屋所有权转移登记与居住权登记一般应同时进行。

三、与居住权相关的物权纠纷案例

与居住权相关的物权纠纷有 23 例,其中物权保护纠纷 15 例、所有权纠纷 5 例、占有保护纠纷 2 例。在物权保护纠纷中,有物权确认纠纷、所有权确认纠纷、用益物权确认纠纷、排除妨害纠纷等案由。有些案件有一定的典型性。现举其中三例。

(一)居住权纠纷

(2020)鄂 2802 民初 4276 号案的案由为居住权纠纷的典型案例。案例简要介绍:原告王某 1 生育了三个儿子,分别是本案中被告王某 2 与第三人王某 3、王某 4。1999 年 10 月 24 日,原告申请了当地宅基地 150.64 平方米,并修建了房屋;当地政府于 1999 年 12 月 8 日为原告颁发了集体土地建设用地使用证。2013 年,因为当地修建铁路,前述房屋靠近铁路,导致房屋受到损害,经当地政府批准,原告一家拟对该房屋进行翻修。房屋修建完成后,三个儿子各分得一定面积的毛坯房,其余房屋则被出售。后来,原告在被告房屋的三楼居住,另外两个儿子未管理原告日常生活。原、被告因家庭琐事发生矛盾。2018 年 7 月 8 日,原告从被告家中离开,另居他处。2020 年 7 月 23 日,原告提起诉讼。

法院经审理后认为:居住权人有权按照合同约定,对他人的住宅享有占有、使用的用益物权。应当采用书面形式订立合同的,当事人未采用书面形式但是一方已经履行主要义务,对方接受时,合同成立。本案中,原、被告约定原告在房屋翻修后和被告共同居住于被告的房屋内,双方口头对原告的居住事宜进行了约定;房屋翻修后原告在被告房屋的三楼居住,实际履行了对原告居住权的约定,故双方的居住权合同成立。被告应当遵守合同约定并履行义务,原告享有对被告房屋的居住权。

法院判决:原告王某 1 对被告王某 2 所有的该房屋中的 201 室享有居住权

(至原告死亡时止)。需要说明的是,被告翻修后其所有的房屋所中,201 室原出租他人居住,现闲置。但对于原告提出的要求对被告房屋的一楼仓库享有使用权,法院没有予以支持。

该案例的启示:作为子女有赡养父母的义务,要保障没有住房的老年人的生活居住条件,可以利用闲置的住宅设立居住权。但对于仓库等非住宅,不能设立居住权。

(二)合资建房引起的纠纷

(2020)桂 1424 民初 1242 号案是所有权确认纠纷,实际上也是由合资建房引起的纠纷。在本案中,原告与被告系表兄弟关系,两人父母是亲兄妹关系,曾一起在祖屋生活居住。后,原告随父亲在外面工作,被告随母亲在老家生活。2009 年,被告拆除共同祖屋新建楼房时,曾与原告商量。原告为了方便往后逢年过节返回老家时有个居所居住和上香祭祖,双方同意由原告出资部分资金给被告拆旧建新楼房,被告则同意楼房建成后留一楼右侧一间房间以供原告及家人居住、使用。2010 年 12 月 20 日,原告书写一份标题为"房屋所有权证书"的字据交由被告签名确认,被告作为收款同意人签名。新楼房建成后,原告在该房间设有祭祖香炉,原告逢年过节返乡时,被告也同意原告居住、使用该房间。2019 年,被告用围墙及铁栏将新楼房门前场地围起来,安装上铁门并上锁,但未给原告铁门钥匙,致使原告未能正常使用该房间。经多次协商未果,原告只能提起诉讼。

法院经审理后认为,本案的争议焦点为原告是否对案涉房间享有居住权。本案中,原告出资部分资金给被告拆旧建新楼房,被告则同意新楼房建成后留一楼右侧一间房间作为原告及家人居住、使用。案涉楼房是被告拆除双方共同祖屋后建起的,未取得合法审批手续,亦未办理相关产权登记。按农村一户一宅的原则,作为农村集体成员的被告对该楼房享有农村宅基地所建房屋的相关权益,且楼房 2010 年建成后至 2019 年双方发生矛盾纠纷,原告一直可以占用、使用该房间。所以,法院对原告请求确认其对案涉房间享有居住权的诉讼请求,予以支持。

该案例的启示:在农村采取"合资建房"方式,双方对部分房屋的居住、使用有书面的约定,可以认定为是居住权合同。

(三)排除妨害纠纷

(2021)豫 1003 民初 2074 号案是排除妨害纠纷,也是所有权、居住权受到第三人的侵犯引起的纠纷。案例简要介绍:2007 年,被告王某与张某(已去世)经法院调解离婚,约定位于某处三间房屋被告可以居住,其他财产归张某所有。此后,王某一直在该房屋内居住。2008 年 7 月,原告潘某与张某结婚。2020 年 11 月,张某立遗嘱一份,自愿将涉案房屋包括北屋所有权在内的宅基地使用权及房屋所有权归原告潘某所有。在此期间,涉案房屋进行了装修及改建,被告仅承认北屋三间二层系其本人加盖。被告还将涉案房屋除自己拥有居住权的北三间房屋外的东屋也占为己有,不让原告进入涉案房屋院内。原告潘某向法院提出诉讼要求被告搬出所住的三间房屋,停止对原告所有权和居住权的侵害,排除对于原告正常居住和生活的妨碍。

法院经审理后认为:因继承取得物权的,自继承开始时发生效力,原告潘某依据遗嘱继承取得涉案房屋的所有权及东屋三间的使用权。被告虽取得涉案房屋北屋三间的居住权,但在实际居住期间,未经权利人同意,擅自对房屋进行改建,并对其不享有居住权的其他房屋进行装修,侵害了原告作为房屋所有人的权利,应当承担停止侵害、排除妨碍的责任。法院判决被告王某搬离涉案房屋(原属张某)东三间房屋,并停止并排除对原告潘某所有权及除北屋三间外的其余区域的居住权的妨害。

该案例的启示:被告王某虽然是北三间房屋的居住权人,但其通过改建方式侵占了东三间房屋,属于侵权行为。在现实中,除了所有权人或第三人可能侵犯居住权人正常使用该住宅的权利外,还存在居住权人侵犯所有权人或第三人的合法权益的可能,此时对所有权与居住权都应予以保护。

四、各地报道与居住权相关的典型案例

《民法典》从 2021 年 1 月 1 日开始施行后,各地陆续报道了与居住权相关的案例,下面选择几个典型案例予以简要介绍。

(一)上海市首例经法院生效法律文书设立居住权的案件①

这是一起因房屋拆迁利益分配而引发的民事纠纷案件。本案最终以设立附期限居住权,支付补偿款的方式调解结案。

---

① 《首例经法院生效文书设立的居住权,登记啦!》,载微信公众号“上海二中院”2021 年 5 月 11 日。

案情简介:高甲与高乙是兄弟关系,原共同居住在 A 房屋。1995 年,高乙增配 B 房屋。双方协商由高甲居住 B 房屋,高乙居住 A 房屋。后两套房屋均被拆迁,A 房屋拆迁所得款项由高乙支配。B 房屋拆迁后,安置 C 房屋,产权登记为高乙,但该房屋自安置开始由高甲居住。高甲要求高乙将 C 房屋过户至其名下,遭拒后提起诉讼,要求确认其享有 C 房屋的完整产权。

一审法院认为,高甲在 B 房屋不具有常住户口,不属于共同居住人,因此该房屋的全部拆迁安置利益应归高乙所有,故驳回了高甲的诉请。高甲不服,提起上诉。二审中,上海第二中级人民法院合议庭注意到,A 房屋的拆迁安置款有高甲的份额,但高乙未将该款项分配给高甲,而是全部用于购置商品房。如本案仅简单地处理高甲的上诉请求,高甲很有可能提起另案诉讼,形成讼累。合议庭为从根本上化解双方矛盾,多次向当事人释法析理,及时引入《民法典》中关于居住权的规定,并向行政部门核实居住权登记制度的落实情况,最终促成双方达成了 C 房屋归高乙所有,高乙为高甲设置附期限居住权及支付补偿款的调解方案,化解了双方自 20 多年前调换居住权益而引发的矛盾,"一揽子"解决了涉案数套房屋的所有纠纷,最大限度地保障了双方当事人的权益,也促使兄弟二人在历经数次诉讼后握手言和,维系了亲情。

上海市第二中级人民法院出具调解书后,承办法官陪同双方当事人一同前往静安区自然资源确权登记事务中心办理登记手续。该中心在核查了民事调解书后,确定应依照《上海市不动产登记技术规定》的相关规定,为当事人办理"因人民法院生效法律文书设立居住权的首次登记",当事人取得居住权登记证明。

(二)北京市海淀区法院宣判首例居住权案件①

案情简介:原告王某 2 系王某 1 与李某的女儿,王某 1 与李某早年离婚,双方协议王某 2 由王某 1 抚养,涉案房屋归王某 1 所有,王某 2 随王某 1 共同生活在涉案房屋内。后王某 1 与张某再婚,婚后,张某将王某 2 赶出家门,不让其居住在涉案房屋内。所以,王某 2 诉至法院,要求确认对涉案房屋享有居住权。

法院经审理后认为:本案与居住权相关,《民法典》施行前的法律未有相关规定,本案可以适用《民法典》的规定。本案中,王某 2 依据王某 1 与李某签订的离

① 《北京海淀法院:女儿因房屋居住权纠纷起诉继母,法院根据〈民法典〉做出判决》,载微信公众号"家事法苑"2021 年 5 月 21 日。

婚协议及王某1单方书写的承诺主张对涉案房屋享有居住权。首先,王某1与案外人李某之间签订的离婚协议约定王某2由王某1抚养,涉案房屋归王某1所有,王某1与案外人李某分割房屋时未为王某2设立相应权利。其次,王某1单方承诺王某2可在涉案房屋中居住,该承诺是王某1作为王某2监护人应履行的监护义务,而非法律意义上的居住权。最后,王某1与张某再婚后对涉案房屋进行了产权变更,王某2与现房屋所有权人王某1、张某并未签订书面合同,亦未向登记机构办理登记。法院判决认为:现王某2作为成年人要求确认对涉案房屋享有居住权,无权利基础,其主张既不具有《民法典》施行前的相关法律依据,亦不符合《民法典》中关于居住权的规定,故法院不予支持。

(三)武汉市洪山区人民法院办理首例居住权执行案件①

案情简介:2006年,李先生与许女士结婚,婚后未生育子女。2014年1月,患病的许女士立下遗嘱,表示自己过世后,将她和李先生住的房屋赠与其弟许先生,但李先生再婚之前仍可居住其中。2016年年初,许女士病逝后,许先生与李先生为许女士的遗产对簿公堂。经查,这套房屋为许女士婚前财产。2016年11月,武汉市洪山区法院判决该房屋归许先生所有,李先生拥有该套房屋的居住使用权。判决后,李先生一直居住在该套房屋内,许先生未曾打扰。2021年年初,李先生发现自己住的这套房子被妻弟许先生挂在某网络平台出售,担心房子被卖了以后影响自己继续居住,他连忙拿着判决书来到洪山区法院执行局,申请居住权强制执行。法院于2月26日作出执行裁定,将该房屋的居住权登记在李先生名下。3月3日,洪山区法院执行人员来到洪山区政务服务中心,在不动产登记窗口向工作人员递交了该案的执行裁定书和协助执行通知书,请不动产登记部门配合李先生办理居住权登记。3月8日,李先生拿着身份证明和法院的执行裁定书等材料,到洪山区不动产登记窗口申请居住权登记。该居住权登记已按规定办理完毕。这是《民法典》颁布施行后,武汉市首例居住权执行案件。

---

① 《"房子归你,但你也住不了"! 首例"居住权"案件执行了!》,载微信公众号"浙江天平"2021年3月27日。

（四）成都市首例居住权纠纷案宣判[①]

案情简介：1998 年，王芳（化名）的丈夫去世，他俩的房屋由王芳、儿子小罗及女儿共同继承。等到小罗面临终身大事时，王芳及其女儿放弃遗产继承权，将房屋赠与小罗。为了保障自己居家养老的权利，赠与合同中约定了王芳享有该房屋的居住权利，直到去世。2006 年，小罗与小吕结婚。第二年，孩子出生。2020 年，小罗与小吕离婚，孩子归小吕抚养。考虑到孩子的抚养费问题，小罗在母亲不知情的情况下，在离婚协议中明确将房屋作为抚养费归前妻。王芳知道后，体谅儿子与儿媳在抚养费问题上的困难，但无法接受自身居住权利受到损害，便向法院提起诉讼。

成都市金牛区人民法院判决：案涉房屋不动产权登记在小罗名下，小罗作为房屋的单独所有权人，应当积极协助王芳办理案涉房屋的不动产居住权登记手续。

在诉讼中，法院也就该问题向第三人小吕释明，小吕表示理解并表示同意保障老人关于案涉房屋的居住权。该案各方当事人通情达理，充分实现了扶老与抚幼的有机统一，共同维护了各方家庭成员的合法权益。

① 《民法典实施后成都首例居住权纠纷案宣判》，载微信公众号“成都市中级人民法院”2021 年 5 月 7 日。

第七章

与居住权相关的纠纷处理

第一节　与居住权相关纠纷的案由探讨

一、修改后的《民事案件案由规定》的相关规定

最高人民法院《关于印发修改后的〈民事案件案由规定〉的通知》中新设了与居住权相关的两个第三级案由："65. 居住权纠纷"和"136. 居住权合同纠纷"，并在通知中专门予以说明。

关于物权纠纷案由与合同纠纷案由的编排设置。修改后的《民事案件案由规定》仍然沿用2011年《民事案件案由规定》关于物权纠纷案由与合同纠纷案由的编排体系。按照物权变动原因与结果相区分的原则，对于涉及物权变动的原因，即债权性质的合同关系引发的纠纷案件的案由，修改后的《民事案件案由规定》将其放在合同纠纷项下；对于涉及物权变动的结果，即物权设立、权属、效力、使用、收益等物权关系产生的纠纷案件的案由，修改后的《民事案件案由规定》将其放在物权纠纷项下。前者如第三级案由"居住权合同纠纷"列在第二级案由"合同纠纷"项下；后者如第三级案由"居住权纠纷"列在第二级案由"物权纠纷"项下。

具体适用时，人民法院应根据当事人诉争的法律关系的性质，查明该法律关系涉及的是物权变动的原因关系还是物权变动的结果关系，以正确确定案由。当事人诉争的法律关系性质涉及物权变动原因的，即因债权性质的合同关系引发的纠纷案件，应当选择适用第二级案由"合同纠纷"项下的案由，如"居住权合同纠

纷”案由；当事人诉争的法律关系性质涉及物权变动结果的，即因物权设立、权属、效力、使用、收益等物权关系引发的纠纷案件，应当选择第二级案由“物权纠纷”项下的案由，如“居住权纠纷”案由。

二、与居住权相关的纠纷可能涉及的其他案由

总体来说，将与居住权相关的纠纷案件分为两个三级案由，是比较合理的。以后随着相关案例越来越多、情况复杂化，可能会产生一些新的案件类型，对此可以在修订《民事案件案由规定》时在这两个三级案由下分设四级案由或者新设个别三级案由。另外，有些案件虽然与居住权相关，但只是其中一个诉讼请求内容与居住权相关，或者当事人是居住权人，所以应该按照案件性质，划归相关的其他案由。如在“二、婚姻家庭纠纷”中与居住权相关的最常见案由是“14. 离婚纠纷”，可能会涉及一方要求另一方为其设立居住权问题；相关案由还有：“15. 离婚后财产纠纷”“20. 同居关系纠纷”“24. 赡养纠纷”“28. 分家析产纠纷”。在“三、继承纠纷”案由中与居住权相关的常见案由有：“29. 法定继承纠纷”“30. 遗嘱继承纠纷”“33. 遗赠扶养协议纠纷”，可能会涉及以遗嘱方式设立居住权的问题或在法定继承中为老年人、未成年人设立居住权的问题。在物权纠纷中，除了属于“七、用益物权纠纷”的“65. 居住权纠纷”外，与居住权密切相关的是“五、物权保护纠纷”，包括：“37. 物权确认纠纷”“39. 排除妨害纠纷”“42. 恢复原状纠纷”“43. 财产损害赔偿纠纷”。在“十、合同纠纷”中，除了新增的“136. 居住权合同纠纷”，在其他的一些合同纠纷中也可能会涉及居住权问题，如相关的常见案由：“76. 确认合同效力纠纷”“78. 债权人撤销权纠纷”“91. 房屋买卖合同纠纷”“92. 民事主体间房屋拆迁补偿合同纠纷”“102. 赠与合同纠纷”“111. 租赁合同纠纷”“137. 服务合同纠纷”。此外，在相邻关系纠纷案件中，当事人之一可能是居住权人；在物业服务合同纠纷案件中，居住权人可能以自己的名义参与诉讼；在高空抛物、坠物损害责任纠纷案件中，需要承担责任的建筑物使用人可能是居住权人；在执行异议之诉中，可能会存在已设立居住权的住宅能否被强制执行的问题；在人身赔偿纠纷案件中，可能会出现居住权人或与其共同生活的人在住宅内发生人身伤害事故造成损害的情况；在财产损失赔偿纠纷案件中，可能是该住宅内的设施设备严重毁损或灭失，引起所有权人要求赔偿的诉讼请求。

所以，我们要根据案件的性质来确定相关的案由，不能将与居住权相关的案

件都纳入居住权纠纷与居住权合同纠纷两个三级案由。如果发现问题，法院在审理案件过程中，可以对案由进行一定的调整，这样有助于查清案件的争议焦点、明确当事人的诉求。

第二节 对居住权是否有偿设立形式的理解

一、居住权无偿设立与有偿设立的区别

《民法典》第368条明确了居住权设立一般采取无偿设立形式，将其作为典型形态；也允许当事人约定采取有偿设立形式，将其作为例外情形。从立法的价值取向考虑，设立居住权制度主要是为了保护没有住房的弱势群体的利益，采取主要是无偿方式设立居住权，同时也不否定居住权可以作为市场交易的商品价值。居住权无偿设立与有偿设立的本质区别是：居住权人是否要为获得居住权支付合理的经济对价。

如果居住权无偿设立，一般是居住权人与房屋所有权人之间存在特殊的身份关系，如家庭成员之间的关系、亲友之间的关系、原来的夫妻关系、存在生活上照顾关系。居住权无偿设立，体现了一定的恩惠性，所以一般不需要支付经济对价。即使居住权合同约定居住权人履行一定的义务，或提出居住权的条件与要求，一般是非经济性的或居住权人所支付的费用是代缴性质的。

如果居住权有偿设立，意味着居住权人要支付合理的经济对价，但不一定直接向所有权人支付相关费用。常见的情况有：所有权人采取“以房养老”方式，将房屋转让给某个机构，并要求其在该住宅上设立居住权，居住期限到老人去世为止，机构要为老人定期支付养老费用与医疗费用，实际上是有偿设立居住权；家庭成员或亲友之间共同出资建房，按照现有的土地管理规定，房屋只能登记在宅基地使用人名下，其他人员按照事先约定要求在该房屋上设立居住权，划出部分房屋供居住权人实际居住；所有权人虽然没有向居住权人收取房屋租金，但要求居住权人预交一笔费用作为房屋维修费用所需，以后一旦出现房屋需要维修的事项，由所有权人从该笔维修费用中支出；所有权人虽然没有向居住权人收取房屋使用费用，但要求居住权人为该房屋投保商业财产险，受益人是所有权人，一旦以后房屋出现毁损情况，所有权人可以因此获得保险公司的赔付。类似的其他情况

可能还有很多。从本质上看，居住权人虽然不需要支付房屋租金或使用费，但还是要支付一定的经济对价，且该经济对价不能只是象征性的较低费用或代缴给为居住权人提供生活服务的其他单位或个人的费用，而应该是“合理的收益”。如果居住权有偿设立，居住权合同实质是双务合同。

二、无偿设立居住权时应对所有权人进行部分责任豁免

一般是因为所有权人与居住权人之间存在特定的身份关系，所以才会无偿设立居住权。因此，无偿设立的居住权合同，可以参照适用《民法典》中“赠与合同”的相关规定。如果是出于恩惠、帮困性质无偿设立居住权，应对所有权人进行“部分责任豁免”。除了法定的扶养义务外，所有权人所需要承担的义务应少于出租人的义务，主要承担的是提供交付适合居住的住宅的义务。

本书认为，如果居住权无偿设立，可以参照适用《民法典》第 662 条关于赠与财产存在瑕疵的责任的规定。如果是设立居住权时没有发现的隐蔽问题或在居住过一段时间后产生的房屋质量问题，所有权人不承担瑕疵担保责任。如果房屋质量存在问题或安全隐患，所有权人故意不告知或者保证无瑕疵，造成居住权人损失的，应当承担赔偿责任。

三、居住权有偿设立与代缴费用的区别

如果采取有偿设立形式，居住权合同实质是双务合同，需要明确双方当事人的权利与义务，否则容易引起纠纷。在实务中，对居住权是不是有偿设立的理解可能会存在一定的分歧。以下主要分析代缴费用情况：因为一般是以所有权人名义开设的缴纳水、电、煤气等公共服务账户，为了方便，居住权人可能会请求所有权人协助缴费。如果所有权人应居住权人的请求，协助代缴以上使用费用或物业服务费，因为不是对价关系，即使居住权人支付的费用比实际缴纳的费用略多一些，一般也不能认为是有偿设立居住权。但如果所有权人以代缴费用形式变相收取房屋使用费，或者收取的代缴费用明显高于实际缴纳的费用，以逃避应缴纳的税款，应被认定为有偿设立居住权。

明确居住权是无偿设立还是有偿设立，不仅与是否要缴纳税费有直接关系，而且对于确定双方当事人的权利与义务及处理相关纠纷有一定的意义。

四、对于居住权有偿设立所得收入如何纳税的问题

因为居住权制度只适用于住宅，所以本部分以房屋所有权人为自然人的情况为例进行讨论。

按照《个人所得税法》与《个人所得税法实施条例》的相关规定，出租房屋属于财产租赁所得，应当缴纳个人所得税，税率为20%。财产租赁所得，以一个月内取得的收入为一次。财产租赁所得，每次收入不超过4000元的，减除费用800元；4000元以上的，减除20%的费用，其余额为应纳税所得额。

根据《民法典》第706条的规定，租赁合同未办理登记备案手续的，不影响合同的效力。实践中，大多数的个人之间房屋租赁是没有办理合同登记备案的，也是不开具发票的，实际上也没有纳税。如果承租人提出需要开具发票，出租人一般会要求承租人来承担开具租赁发票所需要承担的税费，或在原来的租金上加收部分费用。

如果居住权是无偿设立的，房屋所有权人没有利益所得，自然不需要缴纳税款。但如果居住权是有偿设立的，房屋所有权人有利益所得，应该参照出租人的纳税义务缴纳相应的税款。

在实际操作中，要根据居住权有偿设立的不同形式，进行区别处理：一是以定期支付房屋使用费的形式，这种形式的所得非常类似租金所得，所以应该参考租金的方式进行纳税；二是一次性支付房屋使用费的形式，这种形式的所得与租金有所区别，更加类似“财产转让所得”，应以“取得的收入为一次”，但适用的比例税率也是20%。本书认为：有偿设立居住权获得收益的，可以扣减的合理费用，可以参照租赁所得的做法即“减除20%的费用，其余额为应纳税所得额”。这样，按照支付房屋使用费形式支付费用的，无论分一次性支付还是分期支付，其税率都是20%，扣减的比例也都是20%，比较清楚，便于操作。

居住权有偿设立可能会采取其他的支付经济对价方式，要根据是否有实际支出及合理费用的多少来确定。如采取“合作建房”方式，虽然居住权是有偿设立，但居住权人所支付的款项全部用于房屋建造，所以房屋所有权人没有所得可以不缴纳税款。如居住权人支付的费用主要用于以后的房屋维修所需、为房屋投保商业险、代缴房屋使用费用，这些合理费用应在纳税需要扣缴的费用予以扣减。但如果在居住权合同中约定的这些费用明显偏高，多于所需费用，税务征收部门可

以按照《个人所得税法》第 8 条的规定,“按照合理方法进行纳税调整”,这属于该条第 1 款第 3 项规定的“个人实施其他不具有合理商业目的的安排而获取不当税收利益”。

因为居住权需要办理设立登记后生效,在办理手续时需要提交居住权合同。所以,当事人会担心采取有偿设立形式需要承担较多的税费。为了规避纳税,可能当事人会采取签订“阴阳合同”方式,在提交备案的居住权合同约定无偿设立,在实际履行的居住权合同中却约定有偿设立。但因为这两种设立形式所需要承担的权利与义务有所区别,在实践中容易产生纠纷。笔者建议:如果发生居住权合同纠纷,在登记机构备案的居住权合同中明确是“无偿设立”或没有约定支付费用的,居住权人可以拒绝所有权人提出的支付费用的要求。法院对所有权人主张的双方存在口头约定一般不予支持,但居住权人明确予以承认并愿意支付的除外。

第三节　居住权的客体与设立区域的确定

一、在住宅的部分区域上可以设立居住权

《民法典》将居住权的客体定为“住宅”,因此就整套住宅设立居住权当无疑问。据此,若从狭义上说,该住宅应为住宅的整体;若从广义上说,该住宅也可以指住宅中的特定部分。但是,能否就住宅的部分区域设立居住权?

对一套住宅的部分区域(如某个房间)可否设立居住权,各国的立法例对此大多持肯定态度。例如:《德国民法典》第 1093 条中规定:“排除所有权人将建筑物或者建筑物的一部分作为住房使用的权利,也可以作为限制的人役权加以设定。”“上述权利仅限于建筑物的一部分的,权利人可以共同使用规定供居住权人共同使用的设备和设施。”[①]《意大利民法典》第 1025 条中规定:“对房屋享有居住权人并且占有全部房屋的人,与用益权人一样承担正常修缮费和其他房屋的税费”,如果仅占有一部分房屋,则按照享用的比例承担支付上述费用的义务。[②]

---

① 郑冲、贾红梅译:《德国民法典》,法律出版社 1999 年版,第 253 页。

② 费安玲、丁玫译:《意大利民法典》,中国政法大学出版社 1997 年版,第 282 - 283 页。

《瑞士民法典》第 776 条规定:“居住权系指居住建筑物的全部或一部分的权利”。①

《物权法(草案)》中曾规定:“居住权人对部分住房享有居住权的,可以使用该住房的共用部分。”

据此可知,就住宅的部分区域也可以设立居住权。但是,按照物权客体特定主义的要求,物的一部分因缺乏特定性和独立性而不能作为物权的客体。那么,在以住宅的一部分设立居住权的情况下,应如何解释物权客体特定主义呢? 本书认为,就住宅的一部分设立居住权并不违反物权客体特定主义。这是因为,尽管从表面上看居住权设立于住宅的一部分之上,但其实它是对整个住宅所施加的一种负担,只是居住权人的行使范围须受限于特定部分而已。对于为实现居住权而必须使用的生活设施如卫生间、厨房等,居住权人有权使用之,唯在使用时须由居住权人与所有权人进行协商,如厨房使用的时间段等。②

二、居住权设定区域的面积确定及区域隔离

《民法典》第 367 条针对居住权合同的条款中包括了“住宅的位置”,但对居住权的面积没有提出要求。本书认为:在居住权设立登记的内容中,应尽量明确居住权设定区域及面积。如果是对整套住宅设立居住权,居住权面积可以按照不动产权属证书记载的面积进行登记。如果是对住宅的部分区域(如整套院落的部分房屋、一套别墅其中一层、一套住宅内的其中几间房屋)设立居住权,也尽量明确居住权设定区域的面积。如果在居住权合同或登记内容中不准确描述区域或没有明确面积,容易引起纠纷。

《不动产登记暂行条例》第 8 条第 1 款规定:“不动产以不动产单元为基本单位进行登记。不动产单元具有唯一编码。”《不动产登记暂行条例实施细则》第 5 条对此进行了细化规定,即“不动产单元,是指权属界线封闭且具有独立使用价值的空间”和“房屋,包括独立成幢、权属界线封闭的空间,以及区分套、层、间等可以独立使用、权属界线封闭的空间”。从文义解释并基于不动产登记实践来看,一特定住宅房屋作为一个不动产单元,该单元内的不同房间属于该单元的组成部分,不能构成独立的不动产单元。然而,从居住权的立法本意和其保障功能而言,

① 殷生根、王燕译:《瑞士民法典》,中国政法大学出版社 1999 年版,第 219 页。

② 房绍坤:《论民法典中的居住权》,载《现代法学》2020 年第 4 期。

应该允许房屋所有权人将房屋内的不同房间为多人设立居住权。①

笔者建议：如果在住宅的部分区域设立居住权，当事人应尽量将设定区域隔离成为可以独立使用、权属界线封闭的空间。

此外，房屋所有权人可能会在部分区域设立居住权，其余区域留给自己居住或出租给他人使用，这必然会影响到居住权人对设立区域的使用权，也容易引起纠纷。笔者建议：如果所有权人将房屋内设立居住权区域以外的其他区域对外出租，应提前征求居住权人的意见，居住权人有优先承租权；如果居住权人不同意所有权人对外出租，应与所有权人协商将其他区域租赁下来。如果居住权人同意所有权人对外出租房屋的部分区域，可以要求所有权人将现居住区域与拟出租区域进行必要的区域隔离与隔音处理，在保留必要的进出通道基础上，尽量避免互相影响。

三、居住权人的权利应及于住宅附属设施

如房屋所有权人在一套住宅上设立了多个居住权，就涉及公用部分（如客厅、厨房、卫生间）与附属设施（如车棚、储物间）的使用问题。

《民法典》第 366 条仅规定了“住宅”，并没有包括附属设施。那么，住宅的附属设施是否为居住权的客体呢？对此，有学者认为，居住权的客体为住宅及其附属设施；也有学者将作为居住权客体的房屋作扩大解释，即房屋的范围不仅包括住宅，而且包括其附属物、公用物等与住宅配套使用的物，如作为住所的车辆、可供居家的船以及一切属于住宅并与之一起占有的院子、花园、附属小屋以及建筑物的其他附属物等。②

《物权法（草案）》中曾规定：“住房所有权人应当保障居住权人对住房及其附属设施占有、使用的权利。居住权人对部分住房享有居住权的，可以使用该住房的共用部分。”由此可见立法本意。

如果对居住权的权利范围存在不同的理解，一般应按照有利于居住权人生活居住的原则来理解。有学者提出：基于居住的客观实际需求，一套住宅设立复数居住权的，不论各居住权人的权利行使范围如何划分，其权利均应及于附属设施。

各国的立法例也可以参考，对此持肯定态度。《德国民法典》第 1093 条第 3

① 陈耀东、刘子睿：《保障功能视域下的居住权登记》，载《中国不动产》2021 年第 4 期。

② 房绍坤：《论民法典中的居住权》，载《现代法学》2020 年第 4 期。

款规定:“上述权利仅限于建筑物的一部分的,权利人可以共同使用规定供居住权人共同使用的设备和设施。”[①]《瑞士民法典》第 777 条第 3 款规定:“居住权仅设定于建筑的某部分,居住权人仍有权使用公共设施。”[②]

另有学者提出:住宅的附属设施是否属于居住权的客体,应取决于该附属设施是不是行使居住权所必需的。一方面,如果附属设施是行使居住权所必需的,则可以将其作为居住权的客体。例如,室外的厕所、水井等,这些附属设施是为生活居住所必需,若居住权人不能使用,则其生活居住就会受到严重影响。另一方面,如果附属设施并非行使居住权所必需,则其能否成为居住权的客体应取决于当事人的约定。例如,车位、车库、地下小棚等附属设施并不是行使居住权所必需的生活设施,并不当然成为居住权的客体。也就是说,居住权人能否使用上述附属设施应取决于当事人的约定;若当事人没有禁止性约定,则居住权人有权使用之。所谓附属设施,是指为发挥房屋的功能所需要的设施。无论是日常家具、家用电器,还是作为住所的车辆、可供居家的船都是独立的物,且与房屋功能的发挥无关,因此,不能为居住权的效力所及,除非当事人另有约定。当然,即使是作为住所的车辆、可供居家的船,因其并不是住宅,故也不能单独作为居住权的客体。[③]

第四节　居住权的权利主体与共同生活人的权益

一、在同一套住宅上可以设立多个居住权

《民法典》对在同一套住宅上能否设立多个居住权没有规定,也没有可以参照适用的内容。以下分析三个主要问题。

首先分析第一个问题:是否一人设立一个居住权问题,对此应办理一份还是多份居住权登记证明?本书认为:如果采取一人设立一个居住权问题,极有可能以后会出现家庭成员增加、搬离或者死亡等情况,这样会导致居住权登记内容经常发生变更或者需要设立新的居住权,而且办理居住权变更登记需要所有权人的

① 郑冲、贾红梅译:《德国民法典》,法律出版社 1999 年版,第 253 页。
② 叶阳:《民法典居住权制度的若干问题》,载《人民司法》2020 年第 34 期。
③ 房绍坤:《论民法典中的居住权》,载《现代法学》2020 年第 4 期。

配合,如果所有权人不予配合,将可能导致无法办理登记的情况,不利于居住权人的利益保护。所以,一般是为共同居住的家庭成员设立一个居住权,办理一份居住权登记证明,所登记的居住权人一般就是户主,也可以将共同生活居住的家庭成员都登记为居住权人。

其次分析第二个问题:能否在同一套住宅上同时或先后设立多个居住权?本书认为可以。如果不允许在同一套住宅上设立多个居住权,将不利于房屋的充分利用。所以,按照物尽其用、财产效益最大化的原则,应当允许就同一套住宅设立数个居住权。此时每个居住权的客体都包含住宅整体,但权利行使受限于特定范围,故而并不违反物权客体特定主义。[1] 在同一套住宅上同时设立多个居住权,是所有权人对自己权利的处分,但应明确不同的居住权所设定的区域与面积,明确对公用部位与附属设施的使用规范,避免将来产生纠纷。需要注意的是,不同的居住权设立的区域不能重叠,否则容易引起纠纷。

最后分析第三个问题:新设居住权是否要经过原居住权人的同意才能设立?本书认为:一般需要提前告知原居住权人但双方都要合情合理。如果所有权人未告知居住权人就设立新的居住权,实质上是对原居住权的妨害。而且做这样也容易引起共同居住人之间的关系紧张甚至发生激烈的冲突。所以,新设居住权一般需要告知原居住权人并尽量取得其同意。如果居住权无偿设立,可以按照一定的标准(如人均30平方米)作为是否可以新设居住权的合理判断标准,实现居住权人与房屋所有权人、第三人之间的利益平衡。如果是采取有偿设立形式,原居住权人可以要求减少所支付的经济对价,相当于与新居住权人分担经济对价,并按实际使用面积来承担相应的使用费及物业服务费。

为了避免这种纠纷的发生,应该采取类似出租房屋的做法,即在居住权合同及办理的居住权登记证明中明确该居住权所对应的区域或具体房间,即使其他区域暂时闲置,实际上是原居住权人在使用,但原居住权人并不享有对其他区域的使用权,无权阻止所有权人对外出租或设立新的居住权,但原居住权人可以要求对其他区域在同等条件下的优先承租权。

二、与居住权人必要共同生活的人的范围

依照传统的居住伦理,应允许居住权人的家庭成员与其共同居住。同时,对

---

① 叶阳:《民法典居住权制度的若干问题》,载《人民司法》2020年第34期。

于老人、儿童或行动不便的居住权人,亦应赋予保姆等为其提供生活起居照顾的人享有居住利益。①

先看一下各国的立法规定。在罗马法上,一个获得了居住权的人,“他也享有与其妻子、卑亲属、解放自由人以及与其他像奴隶一样使用的自由人一起居住的权利。相应地,如果房屋的使用权属于妇女,允许她与丈夫同住”。后来,大陆法系国家和地区的民法基本上继受了罗马法的规定,都规定居住权人可以与他人同住。例如,《法国民法典》第632条规定,对房屋有居住权的人,虽此项权利给予时尚未结婚,得与其家属一起在此房屋内居住。②《意大利民法典》第1022条规定,对房屋享有居住权的人可以在自己和家庭需要的限度内享用房屋。第1023条规定:在权利设立时权利人尚未结婚的情况下,家庭的范围应当包括使用权或者居住权发生以后出生的子女。此外,即使收养、认领及领养是在使用权或者居住权发生以后完成的,家庭的范围同样应当包括养子女、认领的私生子女和领养的子女。最后,家庭的范围还应当包括由于为权利人本人或者权利人的家庭提供服务而与权利人一起生活的人员。③《瑞士民法典》第777条规定,居住权通常以权利人的个人必需为标准。但是,如居住权未明文仅限定某权利人本人时,可收留其家属或家人同住。④《德国民法典》第1093条第2款规定,权利人有权在住房中接纳其家属以及与其地位相当的服务和护理人员。⑤美国《路易斯安那民法典》第633条规定,居住权人可以与其家人一起居住,即使此人在取得权利时尚未结婚。其他立法,如葡萄牙、西班牙、智利、秘鲁、阿根廷等国的民法中都有类似的规定。⑥ 从以上各国的立法例来看,居住权人可以与其家庭成员或者为其提供服侍或护理的人员作为必要的人员一起生活居住。

对此,我国《澳门民法典》第1413条的规定较为详尽,值得借鉴。依照该条的规定,享有居住利益的共同居住权人包括配偶、受权利人抚养之子女以及其他应由权利人抚养之血亲。除此之外,还可以包括与权利人有事实婚关系之人以及基于为权利人服务或上述家庭成员服务而与权利人一起生活的人。

---

① 叶阳:《民法典居住权制度的若干问题》,载《人民司法》2020年第34期。
② 马青民译:《法国民法典》,北京大学出版社1982年版,第133页。
③ 费安玲、丁玫译:《意大利民法典》,中国政法大学出版社1997年版,第282-283页。
④ 殷生根、王燕译:《瑞士民法典》,中国政法大学出版社1999年版,第219页。
⑤ 郑冲、贾红梅译:《德国民法典》,法律出版社1999年版,第253页。
⑥ 房绍坤:《论民法典中的居住权》,载《现代法学》2020年第4期。

所以,与居住权人必要共同生活的人(或称为共同居住人、同住人)的范围可以包括三类:一是家庭成员,包括配偶、子女和其他共同生活的近亲属;二是为居住权人提供生活服务的人员,如保姆、护工等;三是居住权人供养的近亲属以外的人员。①

本书建议,为了防止居住权人将其他无关的人员也纳入其中,或者以免费借住(实际上可能是出租行为)的名义将住宅的部分提供给他人使用,避免以后可能产生纠纷时难以解决,应在居住权合同中明确约定与居住权人共同生活的人员名单与基本信息。

三、与居住权人必要共同生活的人亦享有居住利益

按照《民法典》第366条的规定,居住权人的主要权利是对设立居住权的住宅的占有权与使用权,可以排除别人对其行使该权利的妨害,即使是所有权人也不能无理要求居住权人搬离该住宅。这个权利一般应及于其他与居住权人必要共同生活的人。但需要明确的是:必要共同生活的人享有的居住利益与居住权人享有的居住权是有区别的。居住权人作为权利主体是直接利益主体,必要共同生活的人是居住权的间接受益人。在居住权法律关系主体方面,必要共同生活的人是"权利的受益人",并不是居住权的权利主体。

尽管同住之人可以与居住权人同住,但他们并不是居住权人;如果当事人有明确约定,房屋只能由居住权人自己居住的,其他人亦不得同住。其道理如同房屋租赁一样,承租人不仅可以自己在承租房中居住,其家庭成员也可以共同居住。区分居住权人与同住之人的意义在于,同住之人应为权利的受益人,其虽然享有居住的利益,但不享有居住权。如果认定同住之人为居住权人,因居住权人死亡是居住权的消灭事由,则只有在同住之人全部死亡时,居住权才能消灭,这显然不符合所有权人为特定人设立居住权的目的。因此,只要居住权人先于同住之人死亡,居住权即归于消灭,同住之人不再享有继续居住的权利。②

居住权人与实际居住人一般是同一人,但有时候不是同一人。如居住权人是某一家庭的成员,与其共同居住的其他人只是实际共同居住人,而不是登记的居住权人。有时候,居住权人因为某种原因(如出国访问、长时间出差、购房另住)

---

① 房绍坤:《论民法典中的居住权》,载《现代法学》2020年第4期。

② 房绍坤:《论民法典中的居住权》,载《现代法学》2020年第4期。

没有在该住宅中实际居住，只是名义上的居住权人。其他的实际居住人如果要提出权利主张或排除妨害的要求，一般要通过居住权人提出。如果实际居住人可以单独提出要求（如将房屋附属设施出租），不同的实际居住人之间的意见可能不同，所有权人或第三人可能会无所适从。在这种情况下，所有权人或其他人只能与居住权人进行沟通，由居住权人代表实际居住的全体家庭成员提出要求或意见。

此外，所有权人很难控制或知道设立居住权的住宅内实际居住了多少人。如果居住权人不诚信，可能会以共同居住的名义，将住宅的部分借给其他非家庭成员居住，或者实际出租给他人使用，这样就实质损害了所有权人的利益。此外，因为实际居住人的增加，不仅会增加对该住宅的负担，也可能会增加所有权人的责任。如实际居住人在住宅内滑倒或发生其他人身损害事故，可能会要求所有权人赔偿损失。所以，在居住权合同中有必要明确实际居住人，并明确相关的违约责任。

需要特别指出的是，在权利基础上，共同居住人的居住利益依附于居住权人而存在，居住权人死亡或存在其他居住权消灭情形的，共同居住权人的居住利益一般应予消灭。①

第五节　住宅维修义务的区别承担

维修义务是房屋租赁合同中的重要条款。按照《民法典》第 712 条规定，出租人应当履行租赁物的维修义务，但当事人可以自行约定。如果当事人没有约定或者约定不明确，发生关于维修义务的纠纷，法院一般会判定由出租人承担维修义务。

在维修义务承担方面，居住权合同与租赁合同存在一定的区别。当然，如果当事人双方在居住权合同中对维修义务承担有明确约定，应遵其约定。如果没有约定或约定不明确，双方可以协商确定或由法院裁判确定维修义务与费用的合理承担。

① 叶阳：《民法典居住权制度的若干问题》，载《人民司法》2020 年第 34 期。

一、设立居住权的住宅维修义务的承担

有偿设立居住权合同虽然可以参照租赁合同的相关规定，但对于设立居住权的住宅的维修义务，本书认为，不能完全参照“房屋租赁合同”的相关规定，至少是不适用于居住权无偿设立的方式。理由有二：一是居住权是以无偿设立为主要形式，所有权人与居住权人之间往往存在特殊的身份关系；二是居住权如果采取无偿设立，所有权人没有获得收益，如果要求房屋所有权承担维修的义务，还要承担未及时维修引起的责任，显然对所有权人加重了负担，导致很多人不愿意为其他人设立居住权，这不符合《民法典》创设居住权制度的目的。这与房屋租赁合同中，出租人获得租赁收益同时应承担相应的维修义务，有明显的区别。

所以，本书认为，在当事人没有约定或约定不明确的情况下，应按照无偿设立与有偿设立居住权的来区分维修义务的承担。

（一）无偿方式设立居住权

因特殊身份关系无偿方式设立居住权，如果所有权人与居住权人之间存在赡养、抚养或扶养的关系，居住权人是生活相对困难的老年人、未成年人、残疾人等弱势群体，由其承担房屋的日常维修费用也是比较大的经济压力。如果双方没有约定，原则上也应该是由所有权人承担维修义务及相关费用，其义务的产生依据不是居住权合同，而应按照《老年人权益保障法》或《民法典》婚姻家庭编中的相关规定。

如果是其他情况无偿设立居住权，所有权人一般不承担维修义务。如居住权人是所有权人的亲戚但不是近亲属，居住权人也不是生活困难的弱势群体，居住权人有能力承担房屋的日常维修费用。如果双方没有约定，原则上日常维修产生的费用应由居住权人承担，重大修缮或改建所需要的费用可以由双方协商确定。如房屋所有权人原是农民，后进城工作，在农村有房子，因为自己不住，就免费提供给亲戚居住，在这种情况下，如果房屋的日常维修费用由房屋所有权人来承担，显然不合理。

如果一些特殊情况，如所有权人出于帮困助残的目的设立居住权，虽然双方没有很密切的亲戚关系但居住权人确实无力负担维修费用的，可以请求所有权人给予帮助，承担本可以不承担的维修费用。

（二）有偿方式设立居住权

如果是有偿设立的居住权，按照权利与义务相一致的原则，房屋所有权人承担的义务应该类似出租人。在所有权人承担维修义务的情况下，居住权人有通知的义务。所有权人在接到居住权人的维修要求后，应及时安排维修房屋。如果所有权人怠于维修，居住权人可以自行或委托他人维修，并要求所有权人承担相应的维修费用，参照依据是《民法典》第713条。

实践中可能会出现所有权人名为无偿设立实际在收取各种费用的情况。如所有权人收取的代缴费用明显高于实际应缴纳的费用，或者以其他名义变相收取房屋租金，目的是逃避应承担的责任及应缴纳的税款，应该被认定为有偿设立居住权。这种情况下，所有权人应承担房屋维修义务。

有时候，房屋所有人担心居住权人不愿意承担通常维修义务。于是在居住权合同约定由居住权人向所有权人提前支付一笔费用作为今后可能发生的房屋维修所需费用，如果出现需要维修的情况，居住权人可以要求所有权人承担维修义务。

在城市住宅小区中，物业服务企业收取物业服务费的同时，一般会收取一笔公共维修费用（主要用于非专有部位的维修）。所有权人可以要求居住权人自行承担物业服务费、公共维修费用的缴付，这实际上是居住权人自行承担了部分的维修费用。

二、对于通常维修与重大修缮的区别处理

从其他国家关于居住权的立法实践看，基本上是区分通常维修与重大修缮两种情形分别确定义务人：通常维修或称一般维修、必要维修（如修复被毁坏的门窗、脱落的墙皮等）由居住权人承担，重大修缮或称非常维修、特殊维修（如屋顶、房梁的翻修、更换等）由所有权人承担。其主要原因在于，通常维修涉及使用权的维持问题，属于保管性维修；而重大修缮涉及所有权的保有问题，属于保存所有物维修。

先看一下各国的立法规定。在罗马法上，用益权人应负担的日常负担，“包括必要的维修费、修缮费与赋税，但不包括大修费（如翻修房屋或更换梁柱的费用）。由于用益权为物权而非债权的关系，故用益权人可抛弃其权利而免除修理

和纳税等义务”。[1]《法国民法典》第 605 条规定:用益权人仅负维修义务。大规模的修缮,仍由所有权人负责;但自用益权发生时起,因缺乏维修而引起大规模修缮时,在此情况,用益权人亦应负担该大规模修缮的义务。第 606 条规定:大墙壁及拱顶的修缮、房梁及屋顶的重建为大规模修缮。堤坝、护墙及围墙的重建亦同。其他一切修缮均为维修。[2] 在德国民法上,“对住房上的负担,除对住房本身的价值增加的负担由住房所有权人承担之外,其他的公法或者私法上的负担由居住权人承担”。[3]《德国民法典》第 1037 条规定:用益权人无权对物进行改造或者重大变更。第 1041 条规定:用益权人应注意使物保存其通常经营的状态。仅在属于物的通常保养范围内始得进行修缮和更新。第 1043 条规定:土地的用益权人自己进行必要的特殊修缮或者更新时,为此目的,在通常经营范围内,也可以使用属于其应收果实以外的土地组成部分。第 1044 条规定:用益权人自己不对物进行必要的修缮或者更新时,应允许所有权人进行。[4]《意大利民法典》中就维修费用的承担作出详细规定,用益权人负担房屋正常修缮的费用,非常修缮的费用由所有权人承担。但由于用益权人未履行正常修缮义务而导致必须进行非常修缮的,费用也由用益权人承担。居住权人应和用益权人一样承担正常的修缮费和其他的房屋税费,如果仅占有一部分房屋,则按照享用的比例承担上述费用。[5]《瑞士民法典》第 778 条规定:权利人有独立居住权的,可负担通常保养费用。权利人仅享有公有权的,保养费用由所有人负担。[6]

我国《物权法(草案)》也曾规定:居住权人应当合理使用住房及其附属设施。居住权人应当承担住房及其附属设施的日常维护费用和物业管理费用,可以不支付住房使用费,不承担重大维修费用,但遗嘱、遗赠另有表示或者合同另有约定的除外。

钱明星教授认为:房屋的大修一般应当由房屋所有权人承担,但所有权人并没有维护房屋以供居住权人使用的义务,因此大修是房屋所有权人基于其所有权的享有而发生的自愿行为,而其他维修及税费应由居住权人负担。当然,在这个

---

① 周枏:《罗马法原论》(上册),商务印书馆 1994 年版,第 376 页。
② 马青民译:《法国民法典》,北京大学出版社 1982 年版,第 129 页。
③ 孙宪忠:《德国当代物权法》,法律出版社 1997 年版,第 253 页。
④ 郑冲、贾红梅译:《德国民法典》,法律出版社 1999 年版,第 241－242 页。
⑤ 费安玲、丁玫译:《意大利民法典》,中国政法大学出版社 1997 年版,第 278－283 页。
⑥ 殷生根、王燕译:《瑞士民法典》,中国政法大学出版社 1999 年版,第 219 页。

问题上，房屋所有权人与居住权人往往都存在一定的人身关系或者其他特殊关系，这种日常负担利益的冲突，可以通过其亲属关系等得到协调，不宜完全依等价有偿的原则予以强行规定。①

（一）住宅的通常维修义务

在房屋租赁合同中，房屋的维修义务由出租人承担，这是出租人应于租赁期间保持租赁物符合约定用途的义务所要求的。但这是在权利与义务相匹配的情况下，法律对租赁关系中处于弱势地位中租房者的特殊保护，而居住权人在用益物权的保护下具有更多的权利内容和更强的保障力度。

申卫星教授认为：居住权人有权改良和修缮房屋及其附属设施，但应当以“必要”为限，超出此范围便是对房屋所有权的侵害。在享有权利的同时，居住权人也有义务维护房屋及其附属设施，具体标准采取“善良管理人的注意”，从而与房屋及其附属设施归他人所有的事实保持一致。②

在居住权人承担通常维修义务的情况下，若居住权人占有全部住宅，则居住权人应负担全部维修费用；若居住权人仅占有住宅的一部分，则居住权人应按实际使用面积比例承担通常维修费用。

（二）住宅的重大修缮义务

未经过房屋所有权人同意，居住权人不得对房屋进行重大修缮或改建，否则房屋所有权人可以要求恢复原状；如果造成房屋质量缺陷或产生重大安全隐患的，房屋所有权人可以提前解除居住权合同并要求居住权人赔偿损失。具体可以参照最高人民法院《关于审理城镇房屋租赁合同纠纷案件具体应用法律若干问题的解释》第6条。

如果居住权人发现房屋存在明显的质量问题或重大瑕疵，可能危及其安全或健康的，应及时搬离并告知所有权人，双方可以在协商后进行必要的维修。如果所有权人承诺维修但拖延不办，造成居住权人长时间无法使用，居住权人可以请人维修后请求房屋所有人支付合理的维修费用。

借鉴各国的立法例，房屋的大修一般应当由房屋所有权人承担，但如果是由

---

① 钱明星：《关于在我国物权法中设置居住权的几个问题》，载《中国法学》2001年第5期。

② 申卫星、杨旭：《中国民法典应如何规定居住权？》，载《比较法研究》2019年第6期。

于居住权人未履行正常修缮义务，导致必须对房屋进行大修，此时的大修费用也应由居住权人支付。

如果是非基于住宅的安全或自身居住需求而进行重大改良的（如房屋整体装修），一般应由双方协商。居住权人未经协商擅自改良的，相应费用应当由其自行承担。①

如果双方在居住权合同中有约定，也可以由居住权人自行负担住宅的重大修缮义务，尤其是合作建房这种情况可能会比较常见。

三、修缮或装修所得利益是否需要补偿问题

现实中，有可能会出现以下情况：居住权期限届满后，居住权人向所有权人交还住宅，提出自己出资对房屋进行整体装修、设备设施更新，使该住宅的价值提升，要求所有权人对其进行一定的经济补偿。对于类似的情况，该如何处理？

先看一下其他国家的相关规定。《法国民法典》第 599 条规定：用益权人虽由其进行的改良而使物体的价值增加，在用益权消灭时，亦不得请求任何补偿。②《德国民法典》第 1049 条规定：用益权人无支付费用的义务而对物支付费用的，所有权人的偿还义务根据关于无因管理的规定加以确定。用益权人有权取回自己设置于物上的设备。③《意大利民法典》第 1006 条规定，居住权人有权对房屋进行改良，在返还房屋时，有权请求补偿为改良房屋支出的费用。在居住权消灭时，居住权人有权请求不附加利息地偿还垫付的非常修缮费用，并享有对房屋的留置权。④《瑞士民法典》第 753 条规定：用益权人非因义务而支付的革新费用，在返还用益权的标的物时，可依无因管理人的规定请求赔偿。用益权人建造的设施，所有人不愿赔偿时，用益权人可拆除该设施，但负有回复原状的义务。⑤

有学者认为，居住权人享有对住宅修缮改良的权利。修缮改良费用如何承担，在比较法上存在由居住权人以及住宅所有权人承担两种模式。居住权人修缮改良行为的费用承担应当区分不同情境予以妥当考量。对于住宅存在损毁或灭

---

① 最高人民法院民法典贯彻实施工作领导小组主编：《中华人民共和国民法典物权编理解与适用（下）》，人民法院出版社 2020 年版，第 902 页。

② 马青民译：《法国民法典》，北京大学出版社 1982 年版，第 128 页。

③ 郑冲、贾红梅译：《德国民法典》，法律出版社 1999 年版，第 243 页。

④ 费安玲、丁玫译：《意大利民法典》，中国政法大学出版社 1997 年版，第 279 页。

⑤ 殷生根、王燕译：《瑞士民法典》，中国政法大学出版社 1999 年版，第 213－214 页。

失的风险而修缮改良的，应认定为所有权人的利益，费用应由所有权人承担；对于非基于住宅的安全而仅是基于自身居住的需求适当修缮改良的，应认定为居住权人的利益，费用应由居住权人承担。如果是非基于住宅的安全或自身居住需求所进行的重大改良的，一般应由双方协商。如未经所有权人同意的，费用应由居住权人承担。①

本书认为，要根据居住权的设立方式、居住权期限及是否提前征得房屋所有权人的同意等情况进行区别处理。

如果居住权是无偿设立的，则通常带有一定的恩惠、帮困性质。即使居住权人的行为使该住宅的价值提升，也要考虑到房屋的无偿使用性质及居住对房屋造成的折旧影响，居住权人一般不应提出经济补偿的要求，即便居住权人提出，所有权人也可以予以拒绝。如果居住权是有偿设立的，居住权人是支付了经济对价的。如果居住权人的行为使该住宅的价值提升，并且提前征得所有权人的同意，居住权人提出要求所有权人给予一定的经济补偿，也属于合理的要求。

如果居住权期限较长，如 10 年以上，或者整体装修或设备设施更新的时间也较长，说明残存价值已经比较小，所有权人收回该住宅后可能还要重新装修或设备设施更新，这种情况下所有权人可以不给予经济补偿或补偿的数额较少。如果居住权期限较短或所有权人提前解除合同的情况，整体装修或设备设施更新的时间较短，说明残存价值已经比较大，所有权人收回该住宅后还要继续使用，在这种情况下所有权人不给予经济补偿明显不合理的，应给予居住权人扣除折旧后的一定比例的经济补偿。

此外，要考虑居住权人的行为是否提前征得所有权人的同意。如果没有提前征得所有权人的同意，是居住权人的擅自行为，所有权人可以自己不知情为由拒绝给予经济补偿，如果因装修造成房屋毁损的，居住权人应当恢复原状；如果更新设备设施，造成原有的设备设施毁损或遗失的，所有权人可以要求居住权人进行赔偿。如果居住权人的行为已经提前征得所有权人的同意，尤其是居住权采取有偿设立的方式时，对于修缮或装修所得利益的处理可以参照最高人民法院《关于审理城镇房屋租赁合同纠纷案件具体应用法律若干问题的解释》的相关规定，具体见第 8 - 12 条的规定。

---

① 叶阳：《民法典居住权制度的若干问题》，载《人民司法》2020 年第 34 期。

第六节　居住权期限设定及变更的处理

《民法典》对居住权期限问题没有专门规定，只是要求在居住权合同中应包括居住权期限条款。对于期限问题，可以参照适用《民法典》第 160 条、第 511 条的规定。但居住权期限作为居住权合同的重要条款，应写入居住权登记证明的内容之中。

一、关于居住权合同中的两个期限问题

在居住权合同中，一般包括两个重要期限：

1. 办理居住权设立登记的期限。居住权设立采取登记生效主义。如果只是签订居住权合同，没有办理设立登记，居住权并没有生效。如果在此期间，所有权人将该房屋转让给第三人，是可以办理房屋转让登记手续的，居住权人可以以所有权人违约为由要求其承担违约责任，但主张房屋买卖合同无效的要求将无法得到法院的支持。如果居住权人向买受人主张居住权，买受人可以以自己不是居住权合同的当事人、合同对其不具有法律效力为由进行抗辩，如果提起诉讼，居住权人的要求很难得到法院的支持。但如果已办理居住权设立登记手续，即使所有权人与第三人签订了房屋买卖合同并办理房屋转让登记手续，居住权人的居住权也将受到法律的保护，第三人不能要求居住权人搬离该住宅或放弃居住权。所以，从保护居住权的角度出发，当事人应在居住权合同中明确在合同签订后的一定期限内（一般不超过 30 天）办理登记手续；居住权人应在合同签订后，催促所有权人配合其尽早办理居住权设立登记手续。

2. 居住权期限，即居住权从何时开始到何时终止。居住权开始时间一般会在居住权合同进行明确，争议较少。如果居住权人在办理居住权设立登记前，已经实际占有和使用该住宅，可以认定已经实际行使居住权。但居住权到何时终止容易出现争议。如果双方约定的时间是明确的年月日，那是比较清楚的，但有时候会因为特殊原因而需要延长期限或提前终止。居住权合同约定的期限往往是不清楚或不确定的，如约定“居住权期限是 10 年”，就涉及起算与终止时间计算的问题；约定“到居住权人去世为止”，居住权人何时去世又是一个不确定的时间；约

定“到居住权人购房为止”,居住权人何时购房也是一个不确定的时间。

按照时间是否明确,可以将居住权期限分为固定期限与不固定期限。固定期限如 2 年、5 年、10 年;不固定期限如“到居住权人去世为止”,“到居住权人购房为止”,“到居住权人有独立生活能力为止”。

参考房屋抵押登记与房屋租赁登记的做法,在居住权设立登记时,居住权期限应是登记的重要内容。但由于居住权涉及双方的特殊身份关系及其他原因,居住权期限往往是中长期的,而且是不定期的,定期或短期可能是少数的,所以如何规范登记居住权期限是有待于明确的内容。居住权期限长短与房屋的转让价值评估、居住权的价值评估、居住权利益的补偿标准等有密切关系。如果居住权期限登记不清楚,可能会影响到房屋的抵押、转让及居住权注销登记工作,是容易产生纠纷的内容。笔者建议,如果居住权期限写法不是写明居住权从何时开始到何时终止,可能导致期限约定不清楚的,可以在登记证明“其他”项中对期限进行比较详细的说明。

《浙江省自然资源厅关于进一步规范不动产登记工作的若干意见》(2021 年 9 月发布)中提出:“居住权期限”栏填写居住权存续的起止时间,或者附条件的文字描述,长期、永久或者终身设立的填写“至居住权人死亡为止”。

对于居住权合同中对居住权期限约定不明确的情况,是否可以参照适用《民法典》第 511 条关于合同条款的继续确定的规定?本书认为,居住权合同具有特殊性,尤其是房屋所有权人与居住权之间存在特殊身份关系,无偿设立的居住权往往有帮困助残的公益性质,所以不能参照适用该条规定。《物权法(草案)》曾规定:居住权的期限根据遗嘱、遗赠或者合同确定;无法确定的,成年居住权人的居住权期限至其死亡时止,未成年居住权人的居住权期限至其独立生活时止。本书认为:该条规定也存在明显的不足,对所有权人的利益保护不足,至少不能将成年人的居住权期限都确定为“至其死亡时止”。本书建议:居住权期限应在居住权合同或遗嘱中予以明确,可以采取定期方式或其他表述方式;如果居住权期限不明确的,登记机构可以要求当事人协商后补正或签订补充协议,当事人拒绝或无法达成一致的,登记机构可以暂缓办理登记;如果居住权期限无法确定的,发生纠纷的,法院可以按照有利于老年人、未成年人、残疾人的原则予以认定,要求登记机构配合办理登记手续。如果采取有偿方式设立居住权,居住权人定期向所有权人支付房屋使用费用的,如果在合同中对居住权期限约定不明确,所有权人或居住权人都可以要求解除居住权合同,但是应当给对方必要的准备时间,做法类似房屋租赁合同。

二、居住权期限需要延长的情况处理

根据《民法典》第370条的规定,居住权期限届满,居住权消灭。但在一些特殊情况下,居住权期限需要延长,或者更准确地表达,应是居住权人实际占用与使用该住宅的时间需要延长。常见的有:有偿方式设立居住权,分期设立居住权期限。如在居住权合同中明确了具体的居住权期限,等居住权期限届满后,居住权人想继续居住,得到所有权人或其继承人的同意,双方签订一份补充协议,去办理居住权变更登记。这种做法类似房屋抵押中续期的做法,处理起来相对比较简单。

其他的情况可能会比较复杂。如居住权合同中约定期限"到居住权人成年为止",居住权人虽然已成年但还在上学或者没有找到工作时,无法靠自己的劳动收入购房或租房,如果要求其搬离显然不合情理,所以所有权人只能同意让其继续居住在该住宅中,直至居住权人找到其他住处或有经济能力租房、购房为止。

此外,因为一些特殊情况导致期限不得不延长的情况。例如:居住权期限届满,但居住权人年老体弱无其他住所或者生病卧床,如果所有权人要求居住权人必须按时搬离,显然不合情理且难以实现,所以这种情况下,居住权期限只能自动延长。

除特殊情况外,在居住权期限届满后,所有权人可以要求居住权人配合办理居住权注销登记,去除设在该住宅上的负担,便于所有权人将来办理抵押或进行转让,同时也可以允许原居住权人继续免费借住一段时间,或者将该住宅租赁给原居住权人。

判断这些期限是合理的延长还是因为居住权人的原因导致的不合理延期,可能会出现一些纠纷。如果居住权期限延长,就会出现居住权人是否要向所有权人支付费用及费用标准的问题。

三、约定合同解除条件或附义务可能导致期限提前终止

如果在居住权合同明确了相关的设立或解除条件,双方应遵守相关约定。如果未按照合同约定达到相关的设立条件,视为居住权合同没有生效,所有权人可

以不配合办理居住权设立登记。如果合同解除条件成就,所有权人可以解除居住权合同,并要求居住权人配合办理居住权注销登记。例如:所有权人受公司派遣到国外分公司工作较长一段时间,于是与作为其亲戚的居住权人签订了一份居住权合同,将现住宅提供给居住权人居住并帮助照看,期限为3年,并约定如果近期办理好出国签证,就一起去办理居住权设立登记,否则合同自动作废。这就是一份附设立条件的居住权合同。后因突发情况(如受新冠肺炎疫情影响等),导致所有权人无法按时出国,原来的出国计划只能取消,该居住权合同因为设立条件未成就而未生效。如果没有这种突发情况,该居住权合同将会生效。在该居住权合同中还约定,如果所有权人在3年内提前回国可以提前解除居住权合同,将该住宅收回自用,居住权人应无条件予以配合。此时,这就是一份附解除条件的居住权合同。在两年后,所有权人提前回国,要求居住权人归还该住宅,居住权人应遵守原来的约定,并配合办理居住权注销登记。

如果居住权合同中明确居住权人的相关义务,居住权人应履行相关义务。如果居住权人不愿意履行合同义务,所有权人可以单方解除居住权合同。例如:父母为子女无偿设立长期居住权,同时要求子女承担赡养义务与照顾责任,若子女有经济能力但不履行义务,父母可以因此提前解除居住权合同。

在居住权合同中约定解除条件或附义务,可能会导致原定的居住权期限提前终止,居住权因此而消灭。

第七节　住宅灭失、财产损失、人身损害的处理

一、设立居住权的住宅灭失或不适合居住的情况及处理

造成住宅灭失或不适合居住的原因主要有三类:(1)意外原因造成。如因火灾或地震、台风、洪水等天气原因造成,这里的火宅一般指的是因第三人的原因造成的火势蔓延或纵火。(2)当事人的原因造成。一般是居住权人或与其共同生活的人原因造成的,因为所有权人造成的情况极少。多数是由于疏忽过失造成的,尤其是意外失火,个别情况也可能是故意的。(3)因房屋年久失修原因倒塌或成为危房,已不适合居住。

设立居住权的住宅灭失是否意味着居住权消灭?居住权是以住宅的利用为

目的而设立的用益物权,住宅的存在与否对居住权的目的实现具有决定性作用。因此,一旦住宅全部灭失,居住权的目的将无法实现,此时居住权也就没有存在的必要和价值了。按照《不动产登记暂行条例实施细则》第 28 条规定,如果不动产灭失,当事人可以申请办理注销登记,作为所有权衍生权利的居住权也随之一起办理注销登记,居住权自然就消灭了。

居住权不具有物上代位性。所有权人于标的物灭失后重新修建的,原居住权人并不当然就新修建住宅享有居住权,亦无权依据原居住权合同请求设立新的居住权。[①] 住宅灭失后,所有权人对居住权人没有重建的义务,亦不负有在重建房屋上重新设立居住权的义务。即使居住权人进行重建,也不导致居住权的当然继续存在。[②]

住宅部分灭失的,居住权是否消灭?如果住宅部分灭失的,若剩余部分仍可满足生活居住需要,则居住权于剩余部分继续存在。这是因为,住宅的部分灭失仅是居住权的客体范围发生变化,并不影响居住权的实现。同时,住宅附属设施灭失的,也不影响居住权的继续存在。[③]

看一下其他国家的相关规定,其中主要是对用益物灭失的规定。《法国民法典》第 607 条规定:所有权人与用益权人均无义务重建因破旧而倒塌或因意外事故而破坏的物体。[④] 第 623 条规定:如作为用益权客体之物仅一部分毁损时,用益权仍就其余部分继续存在。[⑤]《意大利民法典》第 1016 条规定:在用益物部分灭失的情况下,用益权在其余部分上继续存在。[⑥]《瑞士民法典》第 750 条规定:所有人无回复灭失的用益权标的物的义务。所有人回复其灭失物时,用益权亦回复。[⑦]

居住权属于用益物权,其以住宅的使用权价值为内容,属于使用价值权。因此,一旦住宅因灭失而丧失使用价值,居住权也无由继续存在。那么,如果住宅灭失而有代替物的,居住权是否消灭呢?如住宅被征收后,所有权人重新获得了安

---

① 叶阳:《民法典居住权制度的若干问题》,载《人民司法》2020 年第 34 期。
② 房绍坤:《论民法典中的居住权》,载《现代法学》2020 年第 4 期。
③ 叶阳:《民法典居住权制度的若干问题》,载《人民司法》2020 年第 34 期。
④ 马青民译:《法国民法典》,北京大学出版社 1982 年版,第 128 页。
⑤ 马青民译:《法国民法典》,北京大学出版社 1982 年版,第 132 页。
⑥ 费安玲、丁玫译:《意大利民法典》,中国政法大学出版社 1997 年版,第 281 页。
⑦ 殷生根、王燕译:《瑞士民法典》,中国政法大学出版社 1999 年版,第 212 – 213 页。

置住宅,居住权人能否就新安置的住宅继续享有居住权?对此,《物权法(草案)》中曾规定:“因住房灭失,住房所有权人获得赔偿金的,应当给予居住权人适当补偿;没有独立生活能力的居住权人,也可以放弃补偿,要求适当安置,但因居住权人故意或重大过失致使住房灭失的除外。”按照这一规定,居住权人可以在“适当安置”的住房上继续行使居住权,表明居住权具有物上代位性。我国也有学者主张,在房屋被征收而导致灭失的情况下,若被征收人因此获得新的安置房屋,为保护居住权人的利益,居住权亦得回复。只要住宅灭失,即使有代替物的,居住权也应归于消灭。如果所有权人愿意,可以就新的住宅重新设立居住权。①

住宅虽然没有灭失但已不适合居住,居住权是否消灭?不适合居住的情况如:成为危房,或者室内多数的设施设备已经损坏,需要投入很多的资金维修才能居住。在这种情况下,居住权仍然存在但已经无法达到设立居住权的目的。当事人之间可以选择协商提前解除居住权合同并办理居住权注销登记,也可以由所有权人为居住权人设立新的居住权或提供一定的经济补偿。

二、设立居住权的住宅灭失是否需要补偿问题

先看一下其他国家的相关规定。《法国民法典》第624条规定:如用益权仅在建筑物设立,此建筑物因火灾或其他灾害而毁坏,或因破旧而倒塌时,用益权人对土地及材料均无收益的权利。如用益权就地产设立,而建筑物为其一部分时,用益权人对土地及材料有收益的权利。②《瑞士民法典》第750条规定“灭失物的赔偿”:所有人无回复灭失的用益权标的物的义务。所有人回复其灭失物时,用益权亦回复。灭失物因公有征收或保险等原因被赔偿时,用益权对赔偿物仍然存在。③《意大利民法典》中对用益权灭失的补偿问题规定得比较详细(也适用于居住权),如规定:如果用益物的灭失不是意外事变引起的,则用益权转移到致损责任人偿付的赔偿金上(第1017条)。如果在一块有建筑物的土地上设立了用益权,则无论建筑物是怎样灭失的,用益权人都有权使用宅基地和建筑材料。以上规定准用于在建筑物上设立用益权的情况。然而,如果所有权人欲重建一栋建筑物,则所有权人有权占用宅基地、使用建筑材料,但是,在用益权存续期间,所有权

① 叶阳:《民法典居住权制度的若干问题》,载《人民司法》2020年第34期。

② 马青民译:《法国民法典》,北京大学出版社1982年版,第132页。

③ 殷生根、王燕译:《瑞士民法典》,中国政法大学出版社1999年版,第213页。

人应当向用益权人支付宅基地和建筑材料价值的利息(第1018条)。如果用益权人为投保的用益物支付保费,则用益权转移到保险人赔付的保险金上。如果建筑物灭失,所有权人欲使用赔偿金重建一栋建筑物,则用益权人不得反对。在这种情况下,用益权转移到新建筑物上。然而,如果重建费高于用益权的价值,则用益权人对新建筑享有的权利以用益权的价值为限(第1019条)。如果用益物因公共利益的需要被征用或者征收,则用益权转移到相应的补偿金上(第1020条)。[①]

因住宅灭失,造成居住权人对居住权的实际丧失,所有权人是否会设立新的居住权或提供一定的经济补偿,要根据具体情况来进行分析。首先,要看引起居住权的房屋灭失或不适合居住的原因是不是所有权人或居住权人引起的。如果是房屋年久失修的原因使房屋倒塌或成为危房不适合居住,合同约定由所有权人承担维修义务,居住权人曾多次要求所有权人进行维修,但所有权人对此要求进行拒绝或者不加理会,这种情况实质损害了居住权人的居住权,所以居住权人可以要求所有权人设立新的居住权或提供一定的经济补偿。如果合同约定由居住权人承担维修义务,但因居住权人故意或重大过失致使住房灭失的,所有权人可以不为其设立新的居住权,并要求其承担损害赔偿责任。其次,要看是否因为第三方的行为得到赔偿或者补偿,或因意外事故得到保险赔偿。如果所有权人或居住权人为此房屋投保了商业财产险,房屋因为意外失火、水灾或台风等原因倒塌或无法使用而得到保险公司的赔偿,居住权人当然可以要求所有权人设立新的居住权或提供一定的经济补偿。如果是因为第三方的原因造成,如房屋失火是有人纵火或附近房屋失火蔓延造成或房屋成为危房是附近区域进行野蛮施工造成的,所有权人在得到赔偿或补偿后,也应为居住权人设立新的居住权或提供一定的经济补偿。最后,要看所有权人是否有能力帮助或有其他闲置的房屋。如果房屋因为意外失火原因倒塌或无法使用,所有权人也没有其他闲置的房屋或没有能力出钱为居住权人租赁房屋,可能就难以满足居住权人的要求了。此外,要看居住权人自身的情况。如居住权人是否可以自己出资购买房屋、是否有能力租赁房屋、是否可以投靠其他亲友等。总之,要想办法解决居住权人的生活困难并尽量使居住条件不要明显下降。

对于住宅灭失的情形,如果所有权人获得第三人的赔偿和保险,居住权人是

① 费安玲、丁玫译:《意大利民法典》,中国政法大学出版社1997年版,第281－282页。

否可以主张一定赔付？有观点认为：如果发生住宅灭失的情形，基于我国的国情，如果获得第三人的赔偿和保险，居住权人可以获得一定赔偿。“因房屋灭失，所有权人获得赔偿的，应当给予居住权人适当的赔偿，但居住权人故意或者重大过失导致房屋灭失的除外。”①

本书认为，这个问题应当区分居住权是有偿还是无偿设立两种情形，根据具体情形进行分析，不能一概而论。

有学者认为，基于投资目的有偿取得居住权的，权利人可以解除居住权合同并不再支付剩余期限内的对价，故不发生赔付问题。无偿取得居住权的，则情况较为复杂。基于帮扶目的设立居住权的，住宅灭失后原所有权人原则上没有义务给予补偿。遗嘱设立居住权时，遗嘱人的目的可能是以住宅为不同继承人分别设立所有权和居住权，以实现财产利益的合理分配。如住宅灭失后住宅所有权人获得充分赔偿而居住权人却无任何补偿，显然违背遗嘱人的真实意图。故此时应令住宅所有权人给予居住权人一定补偿。②

三、设立居住权的住宅内出现财产损失的情况及处理

设立居住权的住宅内出现财产损失的原因有多种多样，具体包括以下情况：因为设施设备质量造成的，如水管破裂造成漏水；因为居住人不慎引起的，如忘记关水龙头；因为实施设备用得太久造成的，如冰箱不制冷导致食物变质；因为第三人侵入引起的，如入室偷窃。因火灾等意外原因或地震、台风、洪水等天气原因造成住宅或室内设施设备有损毁但后果并不严重的，如附近房屋失火蔓延造成导致家具烧坏或部分房屋损毁，但整体上还可以使用；地震导致门窗歪斜或玻璃破碎，需要维修。

如果居住权是出于恩惠或帮困性质而无偿设立的，不能对所有权人应该承担的责任进行苛责，除非所有权人出于故意（如纵火）或重大过失需要承担相应的赔偿责任。一般情况下，造成的财产损失由居住权人自行承担。如果是第三方的原因造成的，居住权人可以向第三方追究责任。如果要求所有权人承担无过错责任或公平责任，所有权人宁可将房屋闲置也不愿意设立居住权，或者可以提供免

① 中国政法大学民商经济法学院民法研究所“中国民法典研究小组”：《中华人民共和国民法物权编（专家建议稿）》，载《比较法研究》2017 年第 4 期。

② 叶阳：《民法典居住权制度的若干问题》，载《人民司法》2020 年第 34 期。

费长期借住但不愿意配合办理居住权设立登记，这样不利于房屋的有效利用，就违背了在《民法典》中设立“居住权制度”的初衷与本意。

如果居住权是有偿设立的，居住权人向所有权人定期缴纳类似租金的房屋使用费的，所有权人应承担出租人的义务。具体见《民法典》合同编第十四章“租赁合同”第708条、第712条、第713条、第723条、第729条、第731条。如果住宅内出现财产损失的，居住权人可以参照以上规定要求所有权人承担相应的责任。如果是合资建房的情况，居住权人出资的目的是获得一定面积或区域的居住权，与类似长期租赁性质、有偿设立居住权的做法有区别，所有权人对此后该住宅内出现的财产损失一般不承担责任。

对财产损失的情况，外国立法中的相关规定可供参考。《德国民法典》第1036条规定：用益权人有权占用物。用益权人在行使用益权时，应维持物的原来经济用途，并依通常经营方法处理该物。第1050条规定：物因通常行使用益权而发生变更或者毁损的，用益权人不负其责任。第1043条规定：土地的用益权人自己进行必要的特殊修缮或者更新时，为此目的，在通常经营范围内，也可以使用属于其应收果实以外的土地组成部分。第1057条规定：所有权人因物的变更或者毁损所产生的赔偿请求权，以及用益权人随偿还费用或者准许取回设备的请求权因6个月内不行使而消灭。[①]《瑞士民法典》第752条规定：用益权人对用益权的标的物的消灭及贬价，负担一切责任。但能证明损害非其过失造成的情况除外。对于非属用益消耗范围内的消耗，用益权人负赔偿责任。对于因正常使用而造成用益权的标的物的贬价，用益权人无赔偿责任。[②] 对用益权人的规定也适用于居住权人。

对于造成的财产损失，有时候很难简单地区分是所有权人或居住权人的责任。如意外失火造成家具被烧坏，可能所有权人与居住权人都没有责任，但考虑到今后生活需要添置新家具，双方可以协商新购置家具由谁出钱或分担费用，费用的承担比例与责任的承担没有关联。

以后也许会出现一种倾向：所有权人为了维护自己的权益，要求居住权人为设立居住权的房屋投保商业险，受益人是房屋所有权人。这种情况，表面上居住权是无偿设立的，但实质上是有条件的，会加重居住权的人经济负担。如果要为

---

① 郑冲、贾红梅译：《德国民法典》，法律出版社1999年版，第241－245页。

② 殷生根、王燕译：《瑞士民法典》，中国政法大学出版社1999年版，第213－214页。

设立居住权的房屋投保相关商业险,应以所有权人为受益人。所有权人与居住权人可以协商相关保险费用的支出。因为房屋毁损或所有权灭失的,所有权人获得第三人的赔偿或商业保险的,居住权人可以要求所有权人另外安排住处,为居住权人设立新的居住权或提供相应的补偿。

此外,还可能会出现一些特殊情况,如居住权期限届满前,居住权人将室内部分设施设备故意损坏或自行搬走。所以,作者建议:双方应制作一份室内主要设施设备的财产清单,双方签字后各执一份或作为居住权合同的附件,可以减少以后因住宅内实施或设备等财物损失引起的纠纷。

对此,其他一些国家或地区的民法典有明确规定,规定了居住权人的担保义务与制作财产清单的要求。如《法国民法典》第 626 条规定:“使用权及居住权,与用益权的情形相同,如未事先提供担保并作成现状书及目录,不得享受其利益。”①《瑞士民法典》第 760 条规定“担保请求权”:所有人在可证明其权利受到危害时,有权请求居住权人提供担保。第 763 条规定:所有人及用益权人可随时请求以共同费用,就用益权标的物制作公证财产清单。② 我国《澳门民法典》第 1395 条第 1 款规定:用益权人在接管财产前有义务:在经传唤所有人或其在场之情况下将财产列出,并就该等财产之状况,及倘有之动产之价值作出声明。

四、因房屋质量问题或未及时维修造成损失的处理

按照一般的理解,设立居住权的房屋应是适合生活居住的,至少不能存在明显的质量问题或安全隐患。如果房屋质量存在问题,造成人身伤害或财产损失,很有可能会在所有权人与居住权人之间产生责任承担的纠纷,导致双方的关系僵化或恶化。

所以,作者建议:在订立居住权合同前,房屋所有权人与居住权人应仔细检查设立居住区的房屋质量及其设施。如果设立居住权的房屋可能存在质量问题或重大的瑕疵,房屋所有权人应进行维修后提供给居住权人,保证所提供的房屋适合一般性居住,并告知居住权人相关注意事项。

即使房屋在交付给居住权人之前经过仔细检查,但有可能存在一些没有发现的、隐蔽的质量问题,或者房屋经过多年使用后也会出现质量问题。在这种情况

① 马青民译:《法国民法典》,北京大学出版社 1982 年版,第 132 页。

② 殷生根、王燕译:《瑞士民法典》,中国政法大学出版社 1999 年版,第 215 - 217 页。

下，因为居住权人发现房屋存在明显的质量问题或重大瑕疵，可能危及实际居住人的安全或健康的，居住权人应及时搬离并告知所有权人，双方可以在商量后进行必要的维修。具体可以参照《民法典》第 731 条规定。

对于因房屋质量造成损失问题，如果是所有权人存在故意隐瞒质量问题的情况，需要承担因此造成的过错责任。如果只是一般性的过失造成财产损失，所有权人不承担赔偿责任，但可以给予一定的经济补偿。如果因意外失火或其他原因造成设立居住权的房屋毁损或所有权灭失的，且居住权人存在过错，应承担赔偿责任。如果是由于地震、水灾、台风等不可抗力造成房屋毁损或所有权灭失的，或者是房屋或附属设施、设备的自然损耗、折旧，居住权人不承担赔偿责任，但应给予一定的补偿。

对于未及时维修造成损失，如果约定是所有权人承担维修义务的，可以参照《民法典》第 713 条的规定。居住权人在标的物（包括住宅及室内设施设备）需要维修时可以请求所有权人在合理期限内维修。所有权人未履行维修义务的，居住权人可以自行维修，维修费用由所有权人负担。因维修标的物影响居住权人使用的，应当相应减少使用费或者延长居住权期限。因居住权人的过错致使标的物需要维修的，所有权人不承担前款规定的维修义务。

对于未及时维修造成损失，如果约定是居住权人承担维修责任的，所有权人可以要求居住权人恢复原状并承担因此造成的损失赔偿责任。

五、设立居住权的住宅内出现人身损害的责任承担

设立居住权的住宅内除了出现财产损失，还有可能会出现人身损害的情况，对其责任承担具有类似性。但存在一定的差别，主要的差别是：住宅内的设施设备除了后来新增的部分以外，大部分是所有权人的，如果出现财产损失，一般是所有权人向居住权人追究责任；但在该住宅内出现人身损害事故，应是实际居住人出现人身损害，一般是居住权人向所有权人要求赔偿。

造成住宅内出现人身损害的原因也多种多样：由于损害人自己不慎造成的，如跌倒、更换插座带电操作导致触电；室内实施设备不安全的因素造成，如燃气热水器不符合安全标准导致煤气中毒，家用电器出现漏电现象，浴室地面非常滑；由于第三人侵害原因，如恶作剧将其他人推倒在地摔伤；有些是混合原因造成。

居住权人向所有权人要求赔偿的，往往是室内实施设备不安全因素造成的人

身损害事故。与财产损失事故处理类似,如果居住权是有偿设立的,所有权人应承担出租人的义务。如果居住权是无偿设立的,对于出现的人身伤害事故,除非所有权人出于故意或重大过失,需要承担相应的赔偿责任。一般情况下,由居住人自行承担。如果是第三方的原因造成的,实际居住人可以向第三方追究责任。

试举一例:居住权人入住后发现浴室地面很滑,要求所有权人进行维修但所有权人一直拖延不办,居住权人可以自行维修或采取放置防滑垫等办法解决,不能将因实际居住人滑倒造成人身伤害的结果全部归咎于所有权人。总之,设立居住权的住宅内人身损害的情况要根据具体情况来具体分析。

此外,除了居住权人及与居住权人共同生活的必要人员(实际居住人)外,可能会存在一些临时借住的人员或房屋出租后的承租人,所有权人对此未必知情。如果因这类人员出现人身损害事故,要求所有权人承担赔偿责任,显然加重了其责任。所以,在这种情况下,所有权人可以以居住权人擅自出租或借住为由进行抗辩,应由居住权人或其他实际居住人来承担责任。

第八节　合同提前解除与居住权消灭问题

居住权合同作为合同的一种类型,一旦成立后将在所有权人与居住权人之间产生债权债务关系,其中最重要的合同目的是将合同债权经过设立登记后变成具有用益物权性质的居住权。如果居住权合同被提前解除,将意味着居住权期限的提前终止。居住权合同解除可能是双方协商解除,也可能是当事人单方解除,单方解除又包括所有权人单方解除与居住权人单方解除。解除合同的原因可能是约定的解除合同的条件成就或符合法定的解除条件。

一、双方协商一致同意提前解除

《民法典》第562条第1款规定:“当事人协商一致,可以解除合同。”解除合同的原因可能多种多样,这里列举几种:

1. 居住权人因各种原因不再需要实际占有、使用该住宅。如因出国定居,因搬迁到其他城市居住,因长期在外工作,因回乡下定居,因年老进养老院中居住,因自己购买住宅等。

2. 房屋所有权人因各种原因需要处分该住宅或自己使用该住宅。如所有权人需要在该住宅上设立抵押但抵押权人要求先办理居住权注销登记,因急需资金所以要转让该住宅并不想因设有居住权导致价值减损,因负债只能转让其他房屋只剩下该套住宅是唯一住处,拟收回提供给自己的近亲属居住。

3. 因特殊原因或不可抗力导致房屋灭失或严重毁损,导致该住宅已无法居住。特殊原因如意外失火,不可抗力如台风、暴雨、地震、洪水等。在这种情况下,房屋所有权消灭,作为依附在所有权上的居住权自然也要消灭;或者虽然房屋还存在,但已经严重毁损,成为危房,所以已无法实现合同的目的。

4. 房屋拟被征收。因为房屋所在区域列入城市拆迁范围,为了办理拆迁手续的便利,当事人可以协商提前解除合同,有时是应征收部门的要求这样做的。

5. 居住权人与房屋所有权人都有提前解除合同的意愿。如居住权无偿设立但后来双方关系恶化导致失去继续一起生活居住的亲情基础,双方对房屋使用费的调整未达成一致等。

如果房屋所有权人的经济状况严重恶化,导致失去其他住所,所有权人可以与居住权人协商提前解除居住权合同,或者要求与居住权人一起居住,居住权人应予以理解。如果因此发生纠纷导致诉讼,法院应对所有权人的合理要求予以支持。

无论何种原因,只要所有权人与居住权人达成一致且是真实的意思表示,双方可以签订书面协议提前解除合同,并持该协议到登记机构办理居住权注销登记手续。

合同解除后,意味着双方权利义务的终止,如有偿设立居住权的,居住权人不再支付剩余期限产生的房屋使用费。但签订协议前需要协商解决相关问题,如此前是一次性支付房屋使用费的,所有权人应退还部分费用。在以上第一种和第五种情况下,双方可以协商确定是否要所有权人提供一定的经济补偿或退还部分费用。如果居住权无偿设立,所有权人一般不需要提供经济补偿。在第二、三、四种情况下,双方可以协商确定是否要所有权人为居住权人设立新的居住权或提供经济补偿。尤其是以上第三种情况,因不是所有权人的原因造成,所以一般不需要设立新的居住权或提供经济补偿。

二、房屋所有权人或居住权人单方解除

双方可以在合同中约定合同解除的条件或事由,当条件成就或事由发生时,

当事人一方可以单方解除合同。法律依据是《民法典》第 562 条第 2 款规定。法定的解除条件发生后,有解除权的一方可以行使解除权,法律依据是《民法典》第 563 条规定。在实际情况中,需要进行具体分析。如因为发生火灾导致房屋严重毁损,可以被认定为是“因不可抗力致使不能实现合同目的”;居住权人一再拖延支付房屋使用费,经所有权人催讨两次以上还不支付,应被认定为是“当事人一方迟延履行主要债务,经催告后在合理期限内仍未履行”。

需要注意的是,在行使合同解除权的时候要遵守《民法典》第 564 条规定的解除权行使期限与第 565 条规定的合同解除权的行使规则。

在现实中,因为设立居住权后会对所有权产生一定的限制,房屋所有权人行使解除权的情况比较常见。所以,所有权人应尽量将对己有利的一些内容写入合同中,尤其是约定合同解除条件。从维护交易的稳定性及保护居住权人的利益的角度,不能把发生轻微的违约行为作为所有权人可以单方解除的条件。

此外,还可以将解除合同事由写入居住权合同中。如所有权人愿意为居住权人无偿设立一定期间的居住权,但存在将来转让该住宅的较大可能性。如果居住权人届时不愿意搬离该住宅,提出房屋买卖不能影响居住权的理由,将会出现“带居转让”情况,严重影响房屋的转让价值,损害到所有权人的利益。在这种情况下,双方可以在合同中约定居住权无偿设立。但如果今后所有权人要抵押或转让该住宅,居住权人应无条件予以配合,同意提前解除居住权合同。

在无偿设立居住权时,除非居住权人自己放弃居住权,一般不会单方提前解除居住权合同。但在有偿设立的居住权时,居住权人有可能要求提前解除合同,合同解除条件或事由也应写入合同。例如:在养老服务合同中,一般采取居住权有偿设立形式,老年人支付获得居住权及养老服务的相应费用,但养老服务机构提供的体检、餐食等养老服务难以让老年人觉得满意,或者老年人生病后因没有及时送医导致病情加重,老年人作为居住权人可以提前解除居住权合同与养老服务协议。

三、居住权消灭的原因

《民法典》第 370 条第 1 句规定:“居住权期限届满或者居住权人死亡的,居住权消灭。”居住权合同中一般会约定居住权期限,而且作为居住权登记证明中的登记事项写明。如果居住权期限届满,视为“债务已经履行”,居住权消灭。

居住权属于人役权，具有人身属性，与居住权人的人身不可分离，因此，居住权人死亡，居住权应归于消灭。关于居住权人死亡的消灭原因，需要指出两点：一是若居住权为两个以上的自然人共同设立时，应当以多个自然人中最后一个自然人死亡的时间为居住权消灭的时间；二是无论居住权合同中是否约定居住权期限，居住权人死亡都是居住权消灭的事由。也就是说，居住权合同约定有期限的，若在该期间内居住权人死亡的，即使期限尚未届满，居住权亦归于消灭。①

除了居住权人自然死亡外，还有可能出现宣告死亡的情况。如果法院宣告居住权人死亡，所有权人可以持法院的有效判决文书，单方申请办理居住权注销登记。因为居住权是设立在他人所有的住宅上的负担，居住权是否消灭对所有权人来说存在重要的利益，所以所有权人可以作为利害关系人向法院申请宣告居住权人死亡。若所有权人希望申请宣告居住权人死亡，但与其实际共同居住人却只愿意宣告居住权人失踪（这样可以继续居住该房屋），在这种情况下，应该适用我国《民法典》第47条的规定，如果符合法定的宣告死亡的条件，人民法院应当宣告死亡。居住权人死亡日期的确定，应该按照《民法典》第48条的规定，即被宣告死亡的人死亡日期是确定居住权消灭的日期。

关于居住权消灭的事由，各国的民法基本没有具体规定，而是适用用益权消灭的规定。在罗马法中，役权消灭的原因有四：役权成立要件的欠缺，役权人对其权利的抛弃，期限的届满或条件的完成以及役权的不行使。② 居住权作为人役权的一种，也适用该规范。《法国民法典》第617条规定：用益权因下列原因而消灭：用益权人自然死亡及民事上死亡；约定的用益权的期限届满；用益权人与所有权人两种资格合并或集中于一人；30年不行使使用益权；作为用益权客体之物全部灭失。第618条第1款规定：用益权人因滥用其用益权造成不动产毁损，或不予维修任其灭失时，用益权亦得因而消灭。③《意大利民法典》第1014条规定：除本法第979条规定的情况④以外，用益权还因下列原因消灭：因经过20年不行使而消灭；因用益权人和所有权人身份的竞合而消灭；因用益物全部灭失。第1015条第1款规定：用益权还可以由于用益权人转让、损毁或者不进行正常修缮任其消

---

① 房绍坤：《论民法典中的居住权》，载《现代法学》2020年第4期。
② 周枏：《罗马法原论》（上册），商务印书馆1994年版，第380－381页。
③ 马青民译：《法国民法典》，北京大学出版社1982年版，第131页。
④ 是指期限届满。——笔者注

灭等滥用用益权的行为而终止。[①]《瑞士民法典》第748条规定"消灭原因"：用益权，因其标的物灭失而消灭；土地用益权，除上述情形外，因登记被涂销而消灭。但用益权的设定无须登记的，不在此限。用益权因期满、抛弃或权利人死亡等原因消灭时，土地所有人仅有请求涂销登记的权利。法定用益权，因其法定原因的消灭而消灭。[②]

本书认为，居住权的消灭不应仅限于居住权期限届满或者居住权人死亡这两个法定事由，还应有其他情形。《物权法（草案）》中曾列举了如下居住权的消灭事由：(1)居住权人放弃居住权的；(2)居住权期限届满的；(3)解除居住权关系的条件成就的；(4)居住权被撤销的；(5)住房被征收的；(6)住房灭失的。

如果居住权人自愿放弃居住权，或者双方协商后同意提前解除居住权合同的，相对比较简单，一般不会引起纠纷。如果所有权人单方面提前解除合同或撤销居住权，容易引起纠纷，往往需要法院作出判决来明确居住权继续存在或消灭。

居住权是以住宅的利用为目的而设立的用益物权，住宅的存在与否对居住权的目的实现具有决定性作用。因此，一旦住宅灭失，居住权的目的将无法实现，此时居住权也就没有存在的必要和价值了。[③] 导致住宅灭失的原因有多种，如火灾、地震、台风、洪水等意外原因，也有可能是居住权人不慎引起火灾造成的。有时候，住宅虽然还存在，但已经成为危房或不适合居住，居住权也无法继续下去了。本书认为，因为意外原因造成住宅灭失导致居住权消灭的，所有权人遭受了很大的经济损失，没有为居住权人设立新的居住权或提供经济补偿的义务；即使房屋重建，也不导致居住权的当然继续存在，所有权人不负有在重建房屋上重新设立居住权的义务。从客观上看，住宅灭失可以是全部灭失，也可以是部分灭失。住宅全部灭失的，居住权自然消灭。但住宅部分灭失的，若剩余部分仍可满足生活居住需要，则居住权于剩余部分继续存在。同时，住宅附属设施灭失的，也不影响居住权的继续存在。[④]

对于住宅被征收的情形，居住权人可以依照《民法典》第327条的规定请求补偿。本书认为，设立居住权的住宅被征收，会导致居住权消灭，居住权人可以与所

---

① 费安玲、丁玫译：《意大利民法典》，中国政法大学出版社1997年版，第281页。
② 殷生根、王燕译：《瑞士民法典》，中国政法大学出版社1999年版，第213页。
③ 房绍坤：《论民法典中的居住权》，载《现代法学》2020年第4期。
④ 房绍坤：《论民法典中的居住权》，载《现代法学》2020年第4期。

有权人协商拆迁安置或经济补偿的分配，在未达成一致前，房屋征收部门不能进行强制拆迁或将拆迁安置或经济补偿全部由所有权人享有。所有权人应采取措施保障居住权人此后的居住条件，可以采用以下方式之一：从自有的其他住宅中提供一套居住条件相似的住处，提供给居住权人居住并设立新的居住权；在拆迁安置所得的住房中拿出其中一套，提供给居住权人居住并设立新的居住权；如果居住权人可以找到其他住处，所有权人应提供一定的经济补偿。

所有权人能否撤销居住权呢？对此，《物权法（草案）》曾规定了两个撤销事由：一是故意侵害住房所有权人及其亲属的人身权或者对其财产造成重大损害；二是有危及住房安全等严重影响住房所有权人或者他人合法权益的行为。本书认为：为保护所有权人的利益，在特定情形下，应当允许所有权人可以单方提前解除合同。这些特定情形主要有：(1)居住权人滥用居住权，如对住宅造成严重损害、改变住宅的用途、不进行正常修缮而任其毁损等；(2)居住权为有偿设立的，在约定的付款期限届满后在合理期限内经两次催告仍未支付费用。此外，如果在居住权合同中约定解除条件的，待条件成就时，所有权人可以单方提前解除合同。当所有权人将住宅出卖或赠与给居住权人时，住宅的所有权与居住权发生混同，此时居住权消灭。[①]

在法律没有明确规定的情况下，作者建议将以上的可能导致居住权消灭的其他原因的全部或部分写入居住权合同中，作为约定的合同解除条件或事由。

四、居住权消灭后的法律后果

在居住权因上述事由消灭后，发生以下法律后果：

一是返还住宅。居住权消灭，而住宅仍存在的，居住权人负有返还住宅的义务。居住权人所返还的住宅，应当符合合同约定的使用后状态或者自然损耗后的状态。因居住权人死亡而导致居住权消灭的，其继承人承担返还住宅的义务。

二是可能承担赔偿责任。如果因居住权人的原因导致住宅灭失的，不仅居住权归于消灭，而且居住权人还应承担相应的赔偿责任。在居住权人抛弃居住权时，应妥善处理好抛弃后的事宜。若因居住权人抛弃居住权而造成住宅损害的，亦应承担赔偿责任。

---

① 房绍坤：《论民法典中的居住权》，载《现代法学》2020年第4期。

三是办理注销登记。居住权实行登记生效主义,因此,在居住权消灭的情况下,应当办理注销登记。对此,《民法典》第 370 条第 2 句规定:居住权消灭的,应当及时办理注销登记。应当指出的是,在住宅部分灭失的情况下,虽然居住权并没有消灭,但当事人亦应当办理相应的登记,这种登记应为变更登记。①

因为办理居住权注销登记意味着居住权人的权利终止,所以,所有权人可以单方提出申请,或与居住权人一起提出申请,但居住权人已经死亡的除外。如果居住权人因年老生病、行动不便等特殊原因无法到场办理,可以委托其他人办理,但受托人一般不应是所有权人。所有权人是居住权注销登记的受益人,可以不到场办理,可以委托其他人办理。但所有权人有提供"居住权消灭"的相关证明材料的义务。所有权人死亡或失去民事行为能力的,其继承人或监护人可以行使以上权利。除此之外,在因房屋拆除等事实行为或者被征收等行政行为导致物权消灭的,附随其上的用益物权一并消灭。在此情况下的居住权人是否需要办理注销登记呢？本书认为,在此种情况下,登记机构因依职权在新证下发时对原本存在其上的居住权予以涤除,而无须当事人申请注销登记。

---

① 房绍坤:《论民法典中的居住权》,载《现代法学》2020 年第 4 期。

第八章

设立居住权的住宅处理问题探讨

第一节　设立居住权的住宅出租问题

《民法典》第 369 条规定："居住权不得转让、继承。设立居住权的住宅不得出租，但是当事人另有约定的除外。"这条是对"居住权流转的禁止性规定及例外"的规定。

一、设立居住权的住宅经双方约定可以出租

从其他各国的立法来看，多数大陆法系国家对居住权的流转进行了一定的限制，一般规定居住权不能转让或继承。因为按照大陆法系的理论，居住权被认为是一种限制性的人役权。居住权是在他人的房屋之上设定的权利，而且此种权利仅仅是为特定个人设立的，所以具有一定的人身属性。因此，居住权不得转让也不得继承，只能由特定的权利人享有该权利。但对设立居住权的住宅是否可以出租问题，各国的立法存在一定的区别，如《法国民法典》第 634 条规定"居住权不得转让或出租"；[①]《意大利民法典》第 1024 条明确规定"使用权和居住权不得转让或租赁"；[②]《瑞士民法典》第 776 条第 2 款规定"居住权不得转让或继承"；[③]《德国民法典》所规定的居住权，作为一种限制性的人役权，不得转让（第 1092

---

① 马青民译：《法国民法典》，北京大学出版社 1982 年版，第 133 页。

② 费安玲、丁玫译：《意大利民法典》，中国政法大学出版社 1997 年版，第 283 页。

③ 殷生根、王燕译：《瑞士民法典》，中国政法大学出版社 1999 年版，第 219 页。

条）；①但在德国特别民法《住宅所有权与长期居住权法》中所规定的长期居住权，则是一项独立的用益物权，可以独立地转让和继承，自然设立居住权的住宅也可以出租。

居住权是一种权利受限制的用益物权，出租是实现收益权的重要手段。设立居住权的住宅能否出租，当事人可以自己约定，一般应写入居住权合同中。如果在居住权合同中明确约定"可以出租"，居住权人可以通过出租实现收益权，这在有偿设立居住权的情况下比较常见；如果在居住权合同中约定"不能出租"，双方应遵守该约定的义务；如果在居住权合同中对此没有约定，应视为"不能出租"，这在无偿设立居住权的情况下比较常见。

二、设立居住权的住宅出租与房屋租赁中转租行为的比较

因为《民法典》对于居住权制度的规定比较简单，实践中容易产生纠纷。所以，可以参照适用"最相类似合同的规定"。本书认为：与有偿设立的居住权合同最相类似合同是"租赁合同"，所以可以参照适用《民法典》合同编第十四章"租赁合同"的相关内容。"租赁合同"中对房屋转租问题主要有三条规定，分别是第716条、第717条、第718条。但在实践中，这三条规定不能直接适用于设立居住权的住宅出租情形，应该进行区别分析。

设立居住权的住宅出租与房屋租赁中转租行为比较，两者的主要相似之处是：一是当事人可以自己约定。如果居住权合同中约定房屋可以出租，居住权人自然可以将房屋出租；同样地，房屋租赁合同中约定房屋可以转租，承租人自然可以将房屋转租。没有约定或约定不明确，一般应视为"不能出租"或"不能转租"。二是对租期限制。在房屋转租情况下，"承租人经出租人同意将租赁物转租给第三人，转租期限超过承租人剩余租赁期限的，超过部分的约定对出租人不具有法律约束力"。虽然在《民法典》中对居住权可以出租的期限没有明文规定，但从法理上分析，作为从居住权衍生出来的承租权，租期自然不能超过居住权的剩余期限，也不能超过《民法典》第705条中明确规定的最长租赁期限20年的限制。

两者的主要区别如下：一是房屋所有权人的合同解除权不明确。在《民法典》第716条第2款明确规定："承租人未经出租人同意转租的，出租人可以解除

① 郑冲、贾红梅译：《德国民法典》，法律出版社1999年版，第252页。

合同。”但《民法典》对居住权人未经所有权人同意擅自出租的，所有权人能否提前解除居住权合同，没有明确规定。二是出租人对转租行为的默认。《民法典》第 718 条规定，“出租人知道或者应当知道承租人转租，但是在六个月内未提出异议的，视为出租人同意转租”。这是出租人对转租行为的默认，采取意思表示推定规则。但在居住权制度中，出现类似情况，是否视为所有权人对居住权人的出租行为的默认，目前也不明确。以上两点，需要在司法解释或典型案例的判决中加以明确。

《民法典》第 718 条“出租人意思表示推定”规则规定与以前的规定有较大的区别，反映了保护交易安全、促成交易达成的立法指导思想。本书认为：在居住权相关纠纷处理中，不能参照适用此条规定。也即：如果居住权人擅自将设立居住权的住宅出租给第三人，即使所有权人“在六个月内未提出异议的”，也不能视为所有权人同意出租。理由有三：一是设立居住权后，所有权人就失去对该住宅的实际控制，很难知道居住权人将房屋出租给第三人；二是居住权大多是无偿设立的，如果居住权人对外出租收取租金但所有权人没有获利，实质上是对所有权人的利益损害；三是居住权人可能会以住宅目前空置、免费借住给第三人的名义获得所有权人的同意，但实际是出租获利的行为。一旦发生纠纷，双方对“知道或者应当知道”的举证比较困难而且存在不同理解。如果，所有权人出具书面同意书或在房屋租赁合同上签字，可以认定为所有权人同意出租；所有权人虽然没有明确的意思表示，但接受了居住权人提供的全部或部分租金所得，可以推定为同意出租的意思。

三、对擅自出租设立居住权的住宅的行为限制

因为我国法律对房屋出租并不要求必须登记，实践中多数的房屋出租合同并不会去办理登记手续，除非要开具发票才去登记。所以，在现实中，居住权人或所有权人都是有可能将“设立居住权的住宅”进行出租的，或者以借住给亲友的名义实际是出租行为。以下分两类分别说明，主要适用于居住权合同中没有约定或约定不明确情况下房屋是否可以出租的情况。

一是房屋所有权人未经过居住权人的同意，擅自将已设立居住权的住宅进行出租。如果居住权人在该住宅中实际居住，这种情况出现的概率不大。但居住权人已经不实际居住（如长期到外地工作或上学、出国留学或定居、老人到养老院中

居住),所有权人可能会以自己的名义将住宅对外出租,这种情况是有可能发生的,这时就侵犯了居住权人的居住权。如果居住权人发现此情况,可以要求所有权人解除该房屋租赁合同,或者向法院提起诉讼要求撤销该房屋租赁合同,请求继续维持设立在住宅上的居住权,并要求侵权人承担停止侵害、排除妨害、恢复原状。如果居住权人想继续居住,这一要求是合理的。当然,也可以双方协商后由所有权人为居住权人提供新的住处,保障其居住权益的实现;或者由所有权人及时收回所出租的房屋,恢复原状后交给居住权人实际居住。但若居住权人不准备实际居住,笔者建议,居住权人与所有权人协商解决,办法有以下两种:其一,允许继续对外出租,协商出租所得的分配,其中部分所得可以视为对居住权人权益受损的弥补;其二,双方协商后提前解除居住权合同,由所有权人提供一定的补偿。对于是否给予补偿及补偿的数额,要根据具体情况来确定。

二是居住权人未经过房屋所有权人的同意,擅自将无偿设立居住权的住宅进行出租。这种情况发生后,所有权人可以要求居住权人及时收回所出租的房屋并将租金所得交付。如果居住权人拖延不办或者拒绝交出租金所得,所有权人可以要求居住权人解除该房屋租赁合同,限期收回所出租的房屋,所有权人可以向法院提起要求居住权人将租金所得作为不当得利予以交付。

所有权人是否可以居住权人实质违约为理由要求解除居住权合同,现有规定并不明确。本书认为,如果在居住权合同中没有约定,初次发生这种擅自出租情况,所有权人一般不能单方提前解除合同,但可以要求居住权人限期收回所出租的房屋或将租金所得交出。如果情节严重,若居住权人经劝告后继续出租或拒绝将出租所得交给所有权人的,明显是故意行为,居住权人没有继续居住该住宅的必要性,所有权人有权提前解除居住权合同。如果发生诉讼,法院应支持所有权人的请求。

四、对擅自出租所得租金的处理

房屋对外出租,一般不是免费,应有租金所得。如果是当事人在居住权合同中约定可以出租,一般会明确租金的归属与分配;如果没有约定,一般是出租人(通常是居住权人)所得。如果双方在事后达成协议同意出租或经另一方同意后对外出租的,一般也会对租金的处理达成一致。需要讨论的是,一方擅自出租设立居住权的住宅所得的租金收益该如何认定及分配问题。

如果是房屋所有权人擅自对外出租设立居住权的住宅,就实质影响了居住权人对该房屋的使用权。对其所得租金,居住权人可以与所有权人协商如何分配,或者向法院提起诉讼时要求所有权人向其交付,以弥补对其居住权受损害造成的影响。

如果是居住权人擅自对外出租设立居住权的住宅,就实质影响了所有权人对该房屋的收益权。租金所得就是不当得利,符合《民法典》第985条对“不当得利”的定义。居住权人应将擅自出租设立居住权的住宅或其部分、附属设施的租金所得,应作为不当得利向所有权人交付。

如果居住权人将设立居住权的住宅或其部分、附属设施出租,因为所有权人提出要求而发生变化。所有权人与承租人选择继续履行房屋租赁合同,所有权人可以要求承租人直接向其支付租金,或双方重新签订房屋租赁合同。

五、对于设立居住权的住宅出租的特殊情况处理

对于设立居住权的住宅出租,可能会出现一些特殊情况,下面以案例为载体,分别进行说明。

(一)租赁期限超出其居住权剩余期限

案例:甲与乙合作建房,宅基地是以甲的名义申请,建房资金主要由乙出,建成后甲为乙设立一个为面积为100平方米的四间房、期限为20年的长期居住权,居住权合同中约定乙有权将房屋对外出租。在乙使用该房屋达到15年时,自己不再居住,于是将房屋出租给第三人丙,租期为10年。因为居住权合同中有可以对外出租的约定,所以乙没有提前与甲商量。等20年居住权期限届满后,甲提出要办理居住权注销登记并要求丙搬离该房屋,但丙表示租期未满,自己为房屋装修投入较多,不愿意解除合同,要求按照原定租金继续承租该房屋。

分析:如果乙在出租前征求甲的意见,甲在房屋租赁合同上签字表示同意,租赁自然合同有效,甲应该继续履行合同;但如果乙出租时没有征得甲的同意,由于乙的居住权剩余期限仅剩5年,乙应只能在剩余期限内出租房屋,否则超出的5年租约对甲不具有法律约束力,但这并不影响乙、丙之间达成的租赁合同效力。如果甲与丙之间达成继续履行租赁合同的意愿,应该由丙直接向甲支付剩余5年的租金;如果甲与丙同意终止租赁合同,丙可以向乙主张要求承担违约责任。

（二）租赁合同履行过程中居住权人死亡

案例：房屋所有权人甲为乙设立了一个长期居住权，采取有偿设立形式，居住权期限至乙去世为止，居住权合同约定乙方有权将房屋对外出租。后来，乙因为年老体弱，于是就搬到养老院中去居住，不再实际居住该房屋，于是在经过甲的同意后，将房屋出租给了丙，租期为 5 年。没有想到，租约履行才满 3 年时，乙就因病去世。于是，甲方要求提前收回该出租的房屋。

分析：居住权人乙经房屋所有权人甲同意出租，租赁合同约定的租期也未超过居住权存续期间，但租赁合同履行过程中居住权人死亡的。按照《民法典》第 370 条规定，本案中居住权因乙死亡而消灭，剩余 2 年的租赁合同对甲不具有法律约束力，甲可主张丙向其返还房屋。按照“买卖不破租赁”的一般原则，丙可以要求甲继续履行租赁合同。如果甲与丙之间达成继续履行租赁合同的意愿，应该由丙直接向甲支付剩余 2 年的租金。

（三）将住宅附属设施对外出租

案例：房屋所有权人甲与居住权人乙是亲戚关系，乙在退休后回到家乡居住，但他在家乡没有房子也没有经济能力购买住房；甲在本地经商，比较富裕，在本地有好几套房子。于是，甲拿出其中一套略有点老的住房给乙与家人免费居住并设立居住权。后来，甲发现乙将该套房子附属设施一楼储物间出租出去，每月收 1000 元的租金，但此前乙没有告诉过甲。甲以此为理由，要求收回该房子，要求乙与家人限期搬离，于是发生纠纷。

分析：如果该储物间或其他附属设施写入居住权合同的有权使用范围或记入居住权的登记事项，应视为住宅的一部分，与其他设立居住权的住宅出租的处理方式相同。如果与该房屋配套的底层储物间、车棚等附属设施没有写入居住权合同或明确予以排除范围，应视为房屋所有权人没有将此附属设施设立居住权，自己有权对外出租；即使该附属设施也是由居住权人实际使用，也只能属于“免费借用”。如果居住权人将该附属设施对外出租，属于无权处分，应将所得租金向房屋所有权人交付。

第二节　设立居住权的住宅转让问题

我国《民法典》中没有明确规定设立居住权的住宅是否可以转让。按照一般法学理论，设立居住权的住宅也是可以转让的，但其转让价值可能会有一定的减损。

一、设立居住权的住宅转让的常见原因

房屋所有权人为他人设立居住权的住宅，一般是近期内不准备转让的闲置房屋。等居住权期限届满或者居住权人死亡的，居住权消灭并办理注销登记后，房屋所有权恢复到原来状态，再考虑转让。但由于情况变化或者特殊原因，导致出现在居住权期限届满前需要或可能转让该房屋的情形。按照原因不同，主要分为两类：

1. 因为房屋所有权人的原因产生。例如，房屋所有权人因为经营状况恶化、发生经济困难或者其他情况，需要转让该房屋来偿还债务；该房屋被划归为学区房，房屋所有权人需要将该房屋转让给有子女入学需要的亲戚。

2. 因为居住权人的原因产生。例如，居住权人认为房屋质量出现问题或周边环境变差、环境出现污染，所以要搬离此处；居住权人已经自己购房，所以不再继续居住，也不想影响所有权人将此房屋转让或出租；居住权人拟离开所居住的城市或出国，所以没有继续居住的必要；居住权人因为生病长期住院或需要人照顾而住进养老院，没有继续占用该房屋的需要。

二、设立居住权的住宅转让的不同做法

从上述原因来看，设立居住权的住宅转让主要有以下几种做法：

1. 因为居住权人的原因产生，居住权人一般会主动提前搬离，愿意提前解除居住权合同，使房屋能实现顺利转让。居住权期限届满但居住权人赖着不走，或者居住权人死亡后与其共同生活的人继续占用该房屋的，所有权人可以要求其限时搬离，或者申请当地法院强制要求其搬离，并及时办理居住权注销登记。如果该房屋中还居住着其他人，所有权人没有提前告知买受人，导致买受人办理房屋

过户手续后但无法实际居住，会产生纠纷。

2. 因为房屋所有权人的原因产生，居住权人原本不想搬离，但因为所有权人拟转让房屋，并为居住权人设立新的居住权或提供一定的经济补偿，双方协商解除居住权合同后再转让。如果居住权人坚持继续居住会导致房屋无法转让或转让价值明显减损，可能会引起双方关系僵化。如果该居住权是无偿设立的，居住权人不愿意严重影响到所有权人的经济利益，自愿放弃居住权或接受所有权人提供的新的居住权并办理设立登记后搬离该房屋，使原居住权消灭，房屋恢复到原来状态。

3. 在一些特殊情况下，可能会出现继续保留居住权并转让房屋的方式。如居住权人没有其他住处，也不同意所有权人提出的设立新的居住权或提供一定的经济补偿的要求。所有权人因为发生经济困难或者其他情况，迫切需要转让该房屋来偿还债务，只能采取这种转让方式，但应提前告知买受人，房屋的转让价值可能会受到一定的减损。尤其是居住权期限不定期（到居住权人去世为止）或长期（如剩余的居住权期限在10年以上），房屋的转让价值受到的影响会较大，甚至不及市场价的一半；如果剩余的居住权期限较短（如不到3年），买受人在知情后会接受但一般会要求房屋所有权提供一定的价格优惠，如按照市场租金乘以剩余的居住权期限计算优惠幅度。必要时，双方可以要求不动产评估部门对房屋价值进行评估，作为转让定价的参考。

三、居住权对抗第三人的效力

（一）居住权可以对抗善意第三人

在以前的司法实务中，居住权是以双方约定进行设立，在房屋买卖中双方之间的约定能否对抗第三人，法官是以善意取得制度作为依据进行裁判的。法官需对第三人在购买时是否善意进行判断。房屋产权人未取得房屋使用权而对该权利进行处分，属于无权处分；如果买受人明知居住权设立还继续购买，则买受人不能获得该房屋所有权。如果房屋买受人不知道或不应当知道居住权存在，且支付了合理价格，买受人可以获得所有权。在司法实务中，该权利对抗第三人的效力规则是双方约定居住权不能约束善意第三人。

《民法典》施行后，登记作为居住权设立的必要条件，将改变这种裁判规则。根据物权公示原则，登记具有公示公信效力，可以对抗善意第三人。在登记设立规则下,居住权对抗第三人的效力不再依据善意取得制度,房屋产权转移将不再有争议。双方签订房屋买卖合同,办理房屋过户手续后,房屋产权即转移。即使买受人购买房屋时不知道居住权的设立,根据登记的公示公信力,也应推定其知道该权利的设立,即居住权对买受人产生效力,买受人在居住权消灭之前不破坏权利人的权利行使。居住权对第三人的对抗效力规则类似于"买卖不破租赁"规则,房屋买受人应当继续履行居住权合同的约定,保障权利人的权利行使。①

(二)房屋所有权人的告知义务

居住权实质上将房屋产权与使用权主体进行了划分,房屋产权人拥有对房屋所有权的处分权,但没有处分居住权的权利。故房屋产权人对该类房屋进行买卖时,应向买受人履行告知义务,确保在买受人知晓居住权设立情形前提下,双方协商房屋买卖事宜。若产权人未履行告知义务,买受人在签订买卖合同后得知居住权的存在而无法居住使用,可以欺诈为由请求撤销房屋买卖合同,或以违约为由解除房屋买卖合同。②

所以,居民个人在购买二手房前要先了解一下该房屋是否设立了居住权,对此可以到不动产登记机构查询自己有意购买的房屋是否登记有居住权。如果该房屋已设立了居住权,建议购房者在确认该房屋居住权注销后再行购买。如果在不知情的情况买了房,可能自己没法入住,出现"房子归你,但你住不了"的情形,还可能会引发纠纷。为了确保自己的权益,房屋买受人可以要求出让方在房产买卖合同中写明"卖方承诺本房产没有设立居住权,否则愿意向买方退还购房款并承担违约责任",或者要求房屋所有权人提供相似内容的书面承诺。

(三)房屋买卖合同中恶意串通与居住权保护

可能会出现这种情况:房屋所有权人想提前解除居住权合同,但不符合法定或约定的单方解除条件,或者居住权人不同意解除。于是,房屋所有权人与第三人商量,将房屋转让给第三人,由第三人以新的房屋所有权人的名义要求居住权人搬离现住宅,并要求提前解除居住权合同。

如果居住权人要求法院宣告该房屋买卖合同行为无效,是非常困难的,因为

---

① 秦美虎:《设立居住权的房屋买卖实务研究》,载《中国律师》2021 年第 3 期。

② 秦美虎:《设立居住权的房屋买卖实务研究》,载《中国律师》2021 年第 3 期。

证明“行为人与相对人恶意串通”的主要举证责任在居住权人。但居住权人经过设立登记的居住权受到法律的保护，可以对抗第三人，要求房屋买受人应当继续履行居住权合同的约定，保障居住权人的权利行使。所以，居住权人没有必要因为房屋所有权人将设立居住权的房屋转让给第三人而提起诉讼，也不能因此主张房屋买卖合同无效，但可以在房屋买受人要求其搬离时，要求房屋买受人继续履行合同。在有人损害其居住权（如换锁、将其物品搬出房屋）时，居住权人可向法院提出请求排除妨害、恢复原状并要求赔偿损失。

四、房屋买受人与居住权人的权利救济

（一）房屋买受人的权利救济

房屋买受人购买住宅的目的一般是居住，如果无法居住，就无法实现合同的目的。如果出卖人故意隐瞒或没有事先告知房屋上已经设立居住权的情况，等买受人到办理房屋过户登记手续时才发现这种情况，买受人可以出卖人存在欺诈行为，要求撤销房屋买卖合同，要求出卖人退还已经支付的款项并承担违约责任。

有人提出：居住权设立与所有权转让最可能出现冲突的情形应当发生在房屋买卖合同签订后，所有权转移登记完成前的阶段，如果所有人此时为他人设立了居住权，则会让受让人处于非常被动的地位。虽然这种行为与“一房两卖”有所差别，理论上买受人依然可以获得房屋所有权，但是该所有权已经“空虚化”，买受人对房屋的预期占有、使用权实际上被剥夺了，交易基础也不复存在。因此，这种情形下的纠纷，应当参照“一房两卖”的规则进行处理，赋予买受人解除权及追究出卖人根本违约责任的权利，以保护交易安全。①

如果出卖人可以在近期处理好居住权注销登记手续，双方可以协商后继续履行合同。或者出卖人愿意降低转让价格、买受人也愿意接受该价格，双方可以变更合同内容或重新签订房屋买卖合同。

如果出卖人此前如实告知房屋上设立居住权的情况并愿意给予一定的转让价格优惠，买受人也愿意接受，双方应继续履行房屋转让合同。买受人作为房屋新的所有权人，同时也是原居住权合同的继受人，应继续履行居住权合同。如果

---

① 李兴：《居住权与其他物权的冲突与协调》，载茆荣华主编：《〈民法典〉适用与司法实务》，法律出版社 2020 年版，第 206 页。

出卖人只是简单告知房屋上已经设立居住权或隐瞒一些重要内容，但没有提供居住权合同，使买受人产生重大误解，如居住权合同中记载是60平方米一大间，但出卖人只告知是其中一小间。买受人可以存在“重大误解”为由，要求撤销房屋买卖合同，要求买受人退还已经支付的款项。

如果居住权人配合所有权人进行一定的行为，如向买受人表示近期与所有权人解除居住权合同，诱使买受人与出卖人签订房屋转让合同，但后来居住权人反悔不愿意解除居住权合同，或者要求买受人继续履行居住权合同，导致买受人无法实际入住，无法达到合同目的，买受人可以第三方存在欺诈行为，要求撤销房屋买卖合同，并要求买受人退还已经支付的款项。

因为设立居住权的房屋价格可能会比同类房屋的价格明显要低，如果买受人是以投资为目的购买二手房并不实际居住，买受人购买房屋的目的已达成，无须权利救济。买受人在取得产权后应同意居住权人继续在房屋内生活居住，履行原居住权合同约定的义务。

如果房屋买受人并不知道该房屋设立居住权，且买受人以居住为目的购买房屋，则有两种权利救济方法：一是根据《民法典》的规定，可以与居住权人进行协商，达到共同居住或将不属于居住权人居住的部分房屋出租的目的。双方可以签订书面协议约定买受人在保障居住权行使的前提下，与居住权人同住或约定部分出租，并将双方的权利义务划分，以满足双方的居住需求。二是买受人购买房屋后因居住权设立无法正常居住使用的。由于双方签订房屋买卖合同的目的是对房屋拥有处分、占有、使用权利，而无法居住使用的情形属于合同的无法履行，买受人可以请求解除合同和赔偿损失。因房屋出卖人未履行居住权告知义务，导致房屋买卖合同签订后达不到居住使用目的，房屋买受人也可以房屋出卖人存在欺诈或违约行为为由，撤销或解除房屋买卖合同。[①]

（二）居住权人的权利救济

根据《民法典》的规定，居住权属于对他人的住宅享有占有、使用的用益物权。若居住权人在居住权期限届满前被房屋所有权人或第三人强制赶出，权利人应该如何救济自己的权利？目前实践中，法院对居住权丧失的判决一般是要求继

---

① 秦美虎：《设立居住权的房屋买卖实务研究》，载《中国律师》2021年第3期。

续履行义务或赔偿损失。

《民法典》施行后,根据居住权相关的法律规定,双方在订立居住权合同时可以约定违约责任条款,当权利人丧失居住权时可以以合同违约为由,请求合同相对方继续履行合同、承担违约责任等来救济丧失的居住权。在设立居住权的房屋买卖中,明确居住权对抗第三人的效力、房屋出卖人的告知义务、买受人与居住权人的权利救济方式更有利于解决该类房屋买卖产生的法律问题,加强居住权制度与法律实务的联系,以促进居住权制度实务规范立法进程。①

在办理了居住权设立登记后,居住权人的居住利益一般不会受到侵害。此前较多存在的现象为:虽然双方约定一方在某住宅内有长期居住的权利,但没有办理居住权设立登记,后来所有权人在未告知居住权人的情况下,将该住宅擅自转让给第三人并办理转让登记手续,善意第三人因此要求居住权人搬离该住宅,这种行为导致居住权人失去继续居住的权益,但无法以此要求法院宣告该房屋买卖合同行为无效。在这种情况下,居住权人只能要求房屋原所有权人设立新的居住权或赔偿损失。如果设立新的居住权,应该提供一处与原有住宅实际居住面积与条件相似的住宅,以满足居住权人的生活需求。如果赔偿损失,赔偿的数额标准,应该让居住权人可以租赁一套地段相近、面积相似的住房,期限为剩余的居住权期限。

如果是居住权人与所有权人协商提前解除居住权合同,双方可以协商补偿的方式与标准,如设立新的居住权或提供一定的经济补偿。居住权人也可以自愿提前放弃居住权,所有权人一般不给予补偿。如果居住权人严重侵害所有权人或其近亲属的合法权益、危及住房安全等严重影响、未经所有权人同意擅自出租房屋、没有按照居住权合同约定或承诺履行相应的义务且情节严重,所有权人可以不为居住权人设立新的居住权或提供补偿。

第三节 房屋征收中设立居住权的住宅处理

一般情况下,房屋所有权人与居住权人签订居住权合同并办理居住权设立登

---

① 秦美虎:《设立居住权的房屋买卖实务研究》,载《中国律师》2021年第3期。

记后,应按照合同履行。在一些特殊情况下,如设立居住权的住宅因城市建设、旧城改造、危房改造等原因被征收,导致居住权消灭,居住权合同只能提前解除。根据《民法典》第229条的规定,政府的征收决定也是居住权消灭的原因。

一、设立居住权的住宅征收与居住权人居住条件的保障

在房屋拆迁中,设立居住权的住宅被征收将是比较常见的情况。因为这不是所有权人的过错行为引起,所以居住权人无法要求所有权人赔偿损失。但失去居住权,确实会对居住权人的生活造成严重影响,可能会导致居住权人因此“无处可住”。所以,在设立居住权的住宅被征收时,应考虑居住权人居住条件的保障问题。

此前,虽然我国有《物权法》《城市房地产管理法》《国有土地上房屋征收与补偿条例》及各地政府制定的相关标准,但没有对设立居住权的住宅征收问题作出过具体的规定。在《民法典》创设居住权制度后,这个问题随之产生,今后需要引起重视。

在《民法典》中有三条规定可以作为对设立居住权的住宅的征收问题的基本依据,分别是第117条、第243条、第327条。尤其是第327条规定:“因不动产或者动产被征收、征用致使用益物权消灭或者影响用益物权行使的,用益物权人有权依据本法第二百四十三条、第二百四十五条的规定获得相应补偿。”

此前,房屋征收部门以房屋所有权人作为被征收人,或者以公有住房的承租人及户籍人口为安置人员。对于出租房屋且期限未满的,由被征收人采取提前解除租赁合同、承担违约责任或给予一定的经济补偿的方式进行解决。房屋征收部门对这种情况已经比较有经验,而且一般不直接介入租赁合同的处理。

对设立居住权的住宅征收处理会比较复杂,主要原因是居住权是一种用益物权,居住权人有权获得相应补偿,补偿的标准一般要高于租赁的补偿标准。

本书认为,设立居住权的住宅被征收,会导致居住权消灭,居住权人可以与所有权人协商拆迁安置或经济补偿的分配,在未达成一致前,房屋征收部门不能进行强制拆迁或将拆迁安置或经济补偿全部由所有权人享有。在居住权人获得新的住处之前,房屋征收部门或所有权人应为居住权人安排临时性的住处,以保障居住权人具有基本的居住条件。此外,还要重点保障居住权人此后的居住条件,房屋所有权人可以采用以下方式之一:从自有的其他住宅中提供一套新的、居住条件相似的住处,并设立新的居住权;在拆迁安置所得的住房中拿出其中一套,提

供给居住权人居住并设立新的居住权;如果居住权人可以找到其他住处,房屋所有权人应提供一定的经济补偿。

在一些特殊身份关系的居住权处理上,只要双方同意,可以不限于以上一般的方式。如子女为父母设立的居住权,如果拆迁时采取货币补偿方式,子女应为父母妥善安排新的住处而不一定要提供经济补偿;如父母为子女设立的居住权,如果拆迁时采取产权交换式补偿方式,可以将补偿所得的部分住宅赠与子女,而不设立新的居住权或给予经济补偿;离婚后一方用婚前购买的住宅为另一方设立居住权,属于帮助性质,如果以后遇到房屋拆迁情况,如果另一方已经自己购买住宅或者再婚,所有权人可以不再设立新的居住权,可以根据实际情况给予一定的经济补偿或提供其他帮助。

二、房屋拆迁中设立居住权的住宅征收处理的一般流程

因为《民法典》新创设居住权制度,房屋征收部门在征收个人住宅前应增加一个程序:首先要向不动产登记部门查询被征收房屋有无设立居住权及具体的登记信息。如有设立居住权,应当引起足够重视,应充分保障居住权人的合法权益,并根据居住权的实际情况,确定妥善的补偿措施或者安置方式。

(一)调查拟拆迁房屋中存在设立居住权登记的住宅情况

房屋征收部门提出拟拆迁范围,并向当地的不动产登记机构调查拟拆迁房屋中是否存在设立居住权登记的住宅情况,并了解具体的登记信息。包括:不同住宅的具体位置及面积,每套住宅的所有权人与居住权人,居住权设立时间及居住权期限,是否有偿设立。在住宅的部分区域设立居住权、一套住宅中有多个居住权人等特殊情况,应进行注明。此外,还应尽量收集房屋所有权人与居住权人签订的居住权合同(以在登记机构备案文本为准)。

(二)告知相关当事人并要求处理提前解除居住权合同事宜

房屋征收部门通知纳入房屋拆迁范围的房屋所有权人与相关的居住权人,并告知补偿方案选择及补偿标准。

房屋所有权人与居住权人协商提前解除居住权合同,主要商谈内容为:提前解除居住权合同的条件,过渡期的居住条件,是否设立新的居住权,新居住权合同

的主要内容(如位置、面积、居住的条件和要求、居住权期限等),或提供经济补偿(数额、交付方式及时间等)。如果房屋所有权人与居住权人达成一致,应签订书面协议,同意提前解除居住权合同。

(三)相关当事人与房屋征收部门签订拆迁补偿安置协议

房屋所有权人与房屋征收部门签订拆迁补偿安置协议,居住权人也应在协议上签字表示同意。拆迁补偿安置协议中除了一般的内容外,还应明确:选择何种拆迁补偿方式及补偿标准,房屋拆迁补偿数额多少及如何分配,居住权人是否获得新的居住权或得到一定的经济补偿等。

(四)提前解除居住权合同并办理居住权注销登记

房屋所有权人与居住权人按照签订的书面协议(应包括同意提前解除居住权合同的意思),双方向登记机构提出申请办理居住权注销登记手续。如果同意设立新的居住权,双方应及时办理新的居住权设立登记。

(五)按照拆迁补偿安置协议或其他协议提供经济补偿

如果选择货币补偿方式,房屋征收部门与房屋所有权人应按照拆迁补偿安置协议为居住权人提供一定的经济补偿。如果所有权人与居住权人双方协商后同意不设立新的居住权,可以由所有权人按照原来达成的书面协议为居住权人提供一定的经济补偿。

如果房屋征收部门与房屋所有权人未向居住权人在过渡期间安排一定的住处,应在征收补偿费用中安排一定的费用用于为居住权人缴纳房租。

总之,房屋征收部门对有居住权登记的住宅处理应进行足够重视。房屋征收部门在制订征收补偿安置政策或者签订征收补偿安置协议时,应充分考虑征收对居住权人造成的影响,根据实际情况确定合理的补偿方式并进行妥善的安置,保障居住权人的合法权益。

三、设立居住权的住宅征收时需要特别注意的事项

(一)房屋所有权人是否要为居住权人设立新的居住权

如果居住权人提出设立新的居住权的要求,房屋所有权人有提供的能力与可

能，一般情况下应为居住权人设立新的居住权，因为这种做法最符合原来居住权合同的设立目的。尤其是所有权人还有其他闲置的住宅以采取产权交换的补偿方式，应为居住权人设立新的居住权，确保居住权人的合法权益不受明显的影响。如果双方同意设立新的居住权，应签订新的居住权合同，并及时办理新居住权的设立登记。如果采取产权交换式补偿方式，设立新居住权的住宅是拆迁所获得的住宅，可以等新住宅交付后或建成后办理不动产产权设立登记时办理新居住权的设立登记。如果居住权人可以找到其他住处、自愿放弃居住权、同意货币补偿方式且所有权人为居住权人提供了一定的经济补偿，在居住权人的合法权益得到保障的情况下，所有权人可以不为居住权人设立新的居住权。

（二）新的居住权合同是否有偿设立及居住的条件与要求

这要根据具体情况来进行处理。一般情况下，如果原居住权是无偿设立的，新居住权应也是无偿设立；如果原居住权是有偿设立的，新居住权既可以有偿设立，也可以无偿设立。对于设立居住权的条件与要求，可以双方协商后处理。例如：原设立居住权的住宅在农村或城乡接合部，可以养鸡、鸭等家禽，新设立居住权的住宅在城镇中，一般不能养家禽；如果原设立居住权的住宅不需要缴纳物业服务费，新设立居住权的住宅需要缴纳物业服务费，居住产生的相关费用一般应由居住权人承担。对于住宅的位置、面积等，要根据实际情况来处理，尽量不要明显降低居住条件。如采取产权交换式补偿方式，可以在新住宅中设立新的居住权。如果所有权人用其他闲置住宅来设立新的居住权，居住权人应予以理解并接受。

（三）居住权期限问题

居住权期限由所有权人与居住权人协商确定。一般情况下，如果原居住权是长期的，新居住权也应是长期；如果原居住权是固定期限的，新居住权也可以是固定期限但应不低于剩余的居住权期限（原约定的居住权期限减去已居住的时间）。

（四）过渡期间居住权人的居住条件

在房屋被征收的情况下，尤其是采取产权交换式补偿方式，在房屋拆除到新住宅交付需要一定的时间(一般是 1 年至 3 年)。在过渡期间,房屋征收部门应为居住权人安排临时性的住房或廉租房,或者由所有权人另外提供住宅或租赁住宅,以保障居住权人在获得新的住处前具有基本的居住条件。

四、居住权人的权利救济

在一些情况下,居住权人的合法权益可能会被侵犯。出现的情况可能有以下四种:(1)房屋征收部门没有将居住权人列为被征收人,而是将其视为一般承租人相似的法律地位,在没有安排合适住处或给予相应的经济补偿的情况下,就要求居住权人限期搬离,然后进行房屋拆除;(2)房屋征收部门以设立居住权的住宅内的户籍人员数量为准进行安置或补偿,而不考虑居住权人及与其共同生活的人的情况,这种情况在农村集体土地上建设的房屋征收中可能比较常见;(3)房屋所有权人与房屋征收部门商量后签订拆迁补偿安置协议,没有考虑居住权人的利益补偿问题,房屋征收部门将所有拆迁利益全部交给所有权人,所有权人与居住权人没有进行协商或者协商未达成一致,所有权人拒绝为居住权人提供新的住处或经济补偿;(4)房屋所有权人得知设立居住权的住宅可能被征收的信息后,对居住权人进行隐瞒,并以各种理由要求居住权人同意提前解除居住权合同,甚至采取胁迫、欺诈等不正当手段,目的是想要获得全部的拆迁利益。

对于上述第一种情况,居住权人可以以自己的名义申请行政复议,也可以依法提起行政诉讼。依据是《国有土地上房屋征收与补偿条例》第 26 条规定。

对于上述第二种情况,做法与第一种情况有所区别。我国对农村集体土地及在集体土地建设的房屋的征收,与城市房屋征收有较大的区别,征收主体是自然资源管理部门,法律依据是《土地管理法》与《土地管理法实施条例》,还有各地制定的征收集体所有土地房屋的拆迁条例或补偿安置办法等规范性文件。土地征收中,一般以土地实际使用人为征收人,但居住权人作为房屋的用益物权人,在以前的规定中没有涉及。本书认为,应将居住权人也列入征收人。在集体土地房屋补偿安置政策上,很多地区的安置人口的认定均是以户籍为依据。从根本上讲,安置的根本目的是保障被拆迁房屋内实际居住人员的居住条件问题。《民法典》创设居住权制度,对这种认定方式提出了挑战。目前,我国的户籍制度明显落后于经济社会的发展,采用以户籍为核心确定安置人口的方式也存在较多的争议。笔者建议,应该将集体土地上建设的房屋的实际居住权人也作为安置人口,在房屋拆迁时要进行合理的经济补偿。

对于上述第三种情况，居住权人可以向法院提起居住权合同纠纷的诉讼，要求所有权人承担违约责任，为其提供新的住处并设立新的居住权，或者提供合理的经济补偿。

对于上述第四种情况，如果居住权人在与所有权人协商解除居住权合同后才发现房屋可能被征收的情况，如果还没有办理居住权注销登记的，可以请求法院予以撤销。法律依据是《民法典》第 147 条至第 152 条。居住权人可以存在胁迫、欺诈、重大误解为由提起诉讼，但要注意撤销权的行使期限。如果已经办理居住权注销登记的，可以要求所有权人承担损害赔偿责任，法律依据是《民法典》第 157 条。

五、居住权丧失的利益补偿

对于居住权人失去居住权的利益补偿与居住条件的后续保障，要根据居住权设立方式不同而有所区别。如果居住权是无偿设立的，所有权人出于恩惠、帮困的公益性质为居住权人设立，居住权人要求在拆迁补偿费用中享有较多的比例，显然不合理，但所有权人应在拆迁安置的房屋或提供其他住宅为居住权人设立新的居住权。如果经居住权人同意后，也可以采取经济补偿形式，所有权人提供费用或为居住权人租赁一套地段相近、面积相似的住宅，以满足居住权人的生活需求，维持原来的居住条件。

如果居住权是有偿设立的，如所有权人提供宅基地使用权、居住权人出资为主进行“合作建房”形式，居住权的设立一开始就有投资性功能，一般采取双方分享拆迁所得利益的方式处理。如果居住权合同有明确的约定，双方应按照合同约定处理；如果居住权合同没有约定或者约定不明确的，可以按照双方实际使用面积比例进行利益分配。如果采取其他有偿设立的方式，双方可以对拆迁所得利益进行协商分割处理，如双方按照一定比例分配，或一方获得拆迁安置房、另一方获得经济补偿。如果无法达成一致，一方提起诉讼，可以由法院按照实际情况进行调解或者按照适当、合理的原则进行裁决。

如果双方同意不再设立新的居住权，而是采取经济补偿方式，应该考虑居住权的剩余期限，当地同地段、相似面积的住宅的租金情况等因素。如果原定居住权期限是确定的，补偿费用可以按照剩余期限乘以租金来计算。如果原定居住权期限是长期的（如到居住权人去世为止），补偿费用可以由双方参考以上算法进行确定。总之，经济补偿的标准应该能使居住权人可以租赁到一套地段相近、面积相似的住房，以满足居住权人的基本生活需求。

第四节　破产案件中设立居住权的住宅处理

一、将为他人设立居住权纳入可撤销的财产处分行为

因为居住权制度是《民法典》创设的制度，目前在破产案件中还没有出现与居住权相关的问题。但从长远来看，以后在破产案件中必然会发生设立居住权的住宅处理问题。与此相关的规定，只有在 2020 年 8 月 26 日通过的《深圳经济特区个人破产条例》第 40 条，“破产申请提出前二年内，涉及债务人财产的下列处分行为，管理人有权请求人民法院予以撤销：……（四）以自有房产为他人设立居住权……”按照此规定，房屋所有人“以自有房产为他人设立居住权”，属于可撤销的财产处分行为。

可以预见，在《企业破产法》修订中，也会考虑与设立居住权的住宅处理问题。如果将个人破产制度也纳入《企业破产法》修订内容中，就需要考虑两种不同主体破产的情况：企业破产、自然人破产。其中，还涉及设立居住权的行为是否可以被撤销、设立居住权的住宅是否能纳入破产财产，及居住权消灭后产生的利益补偿请求权与其他债权的优先顺序。本书认为，要根据不同的情况与类型进行区别处理。

二、自然人破产案件中设立居住权的住宅处理

本书认为，《深圳经济特区个人破产条例》第 40 条规定的内容比较简单，在司法实践中可能会存在较多的问题。下面探讨一些相关问题。

1.“破产申请提出前二年内”的时间规定是否合理。按照一般法学原理，对债务人一定行为的撤销请求权，需要有一定的期限规定。《深圳经济特区个人破产条例》第 40 条规定参照了《企业破产法》第 31 条的规定，差别在于将撤销权的期限有所延长，从“人民法院受理破产申请前一年内”变成“破产申请提出前二年内”，更加有利于保护债权人的利益。但本书认为，为他人设立居住权有别于涉及

债务人财产的其他处分行为，因为其他行为的相对人一般与债务人没有特殊身份关系，而居住权人与债务人（也是房屋所有权人，通常是自然人）一般是有特殊身份关系。债务人可以采取提前安排设立居住权的形式，达到今后的债务逃避的目的。例如：债务人可以用自有房产为家人（如父母、子女等）或亲属设立居住权，等两年后申请个人破产，如果该设立居住权的行为无法被撤销，债务人可以与家人共同生活的名义继续居住在该住宅中，这样债务人与其家人的生活条件不会明显受到影响，但实质上损害了债权人的利益。尤其是设立居住权的住宅是别墅或大面积的房屋，如果行为不被撤销显然是很不合理的。所以，笔者建议，对以自有房产为他人设立居住权的行为撤销请求权，期限应该更加提前，如五年。理由是《民法典》第152条第2款的规定，“当事人自民事法律行为发生之日起五年内没有行使撤销权的，撤销权消灭”。或者规定：如果以自有房产为他人设立居住权的行为发生在该债务发生以后，债权人或破产管理人可以请求撤销该行为。因为，如果债务人在该债务发生以前以自有房产为他人设立居住权，债权人是有可能通过查询不动产登记来规避风险的；在该债务发生以后，债权人难以获知相关情况也无法阻止该行为的发生。但因为设立居住权会导致该住宅的转让价值明显贬损，可能实质损害到债权人的利益，所以该财产处分行为属于可撤销的行为。参照依据是《民法典》第539条与第541条。

2. 对部分特殊情况的例外处理。上面分析了对一定期限前的债务人“以自有房产为他人设立居住权”，债权人或破产管理人可以请求撤销该行为。在一些特殊情况下，该行为不能被撤销。例如，按照《深圳经济特区个人破产条例》第40条规定，行为发生在破产申请提出前二年以上。如果，债务人的行为发生在该债务发生以前且已经超过该期限，债权人或破产管理人提出请求，法院可能会以超过撤销权期限为由驳回其要求。如果没有期限的限制，会导致该行为的不稳定，会影响到居住权人的权利行使。居住权人可能会担心：如果房屋所有权人以后哪一天破产或欠债不还，我现在居住的房屋会被收走，登记的居住权会被注销。此外，对于带有帮困助残等公益、道德义务性质，以自有房产为他人设立居住权的行为，不能被撤销，除非居住权人有其他住处或同意提前解除居住权合同。根据人的生存权利高于其他权利的一般原则，下列设立居住权的行为不能被撤销：居住权人是没有其他住处、没有其他赡养义务人或没有收入来源的老年人（包括债务人的父母与其他长辈亲属），居住权人是没有其他住处、失去劳动能力或没有收入来源的残疾人，居住权人是没有其他住处、依靠债务人扶养或需要由其照顾生活的亲戚或其他人。在这些情况下，首先要保障居住权人与债务人有最低生活标准、必要的生活条件，居住权不能被注销，但房屋所有权还是可以转让。如果设立居住权的住宅是别墅或大面积的房屋，居住权不被撤销显然是很不合理的。可以将居住权人与债务人另行安排在其他的住宅中居住，然后办理原来的居住权注销登记，再办理房屋转让登记手续。

3. 该住宅是否纳入破产财产，是否可以转让。如果债务人“以自有房产为他人设立居住权”的行为被撤销，按照《民法典》第155条与第542条，该居住权消灭。不动产登记机构应该按照法院的生效法律文书予以配合，及时办理注销登记。将该住宅恢复到原来的权利状态，该住宅当然应被纳入破产财产，自然属于可转让的房屋，可以进行变卖、拍卖。如果经过法院的判决或裁定，认定居住权人可以在该住宅居住，居住权可以排除法院的强制执行，但该住宅可以转让。因为该住宅上设有居住权，所以会导致该住宅的财产价值明显贬损，对此应该在变卖时告知买受人，或在拍卖公告中说明该住宅已经设立居住权的情况，这样变卖或拍卖所得可能会明显减少，但所得可以作为破产财产处理，买受人可以持相关的证明材料到登记机构办理过户手续。如果买受人此前不知道相关情况，在办理过户登记时才发现该住宅已经设立居住权，可以以无法实现合同目的为由，要求撤销房屋转让合同并要求退还购房款。

4. 对在农村住宅上设立居住权的情况处理。农村住宅因为有宅基地的因素，所以无法像城市房屋一样可以正常转让，一般只能在集体经济组织成员之间转让。在自然人破产案件中，可能也会涉及设立居住权的农村住宅的处理，需要谨慎对待。在农村住宅中设立居住权的原因有多种多样，常见的有：房屋所有权人已经离开农村到城市生活与工作，将在农村的住宅留给父母、有需求的亲属居住，一般是采取无偿方式设立居住权；城市居民与农村有宅基地的村民合作建房，城市居民通过出资方式有偿获得居住权。对于前一种情况，破产管理人一般将债务人在城市的房产或其他财产作为破产财产处理，可以将农村的住宅留作债务人自用，农村的住宅一般价值较低而且转让对象受限，如果只能给债务人留一套住宅居住，显然变卖或拍卖城市的房产所得会更多（即使农村房屋面积比城市房屋额面积明显要大），对保护债权人更加有利。但如果该农村住宅的面积很大（俗称的豪宅），破产管理人也可以要求法院变卖或拍卖该农村住宅；或者该农村住宅位于城乡接合部，在近期内有被拆迁的可能，破产管理人可以要求法院暂不处理，等该农村住宅被征收后，将拆迁补偿所得作为破产财产处理。对于后一种情况，根据"房地一体"原则，农村住宅一般是归宅基地使用权人所有，城市居民只有居住权，所以无法变卖或拍卖该农村住宅，也无法转让居住权。但因为是以有偿方式设立居住权，一般是可以出租的，可以将该住宅设立居住权的部分区域出租所得款项作为破产财产处理。除非，该农村住宅是债务人的唯一住处或无人愿意租赁。

5. 对债务人的高消费与居住面积限制。《深圳经济特区个人破产条例》第23条规定内容类似于最高人民法院《关于限制被执行人高消费及有关消费的若干规定》(2015年修正)第3条规定(一般称为限制高消费令)。对于债务人与其家人的居住面积的限制，参见最高人民法院《关于人民法院民事执行中查封、扣押、冻结财产的规定》(2020年修正)第4条与第5条规定。实践中，如果所居住的是债务人的唯一住房且房屋内的家电家具和房屋面积仅是满足最低生活标准(如50平方米左右简装房，具体可根据当地人均房屋面积最低标准来定)，一般不会被法院强制执行。如果其他人为债务人(包括与其共同生活的家人)设立居住权的住宅是类似的房屋，当然具有合理性了。但可能会出现以下特殊情况：其他人(包括债务人的父母或亲属)为债务人(包括与其共同生活的家人)设立居住权，而且该住宅是别墅或面积很大的豪宅，此时显然不具有合理性了。如果允许这种情况存在，很多债务人可能会以其他人的名义购买豪宅(有些是为了避免各地对购房套数的限制)，或者购买后"赠送"给其父母或亲属(实质是代持性质)，然后为其免费设立长期居住权，避免破产后生活质量明显下降，这种做法显然会损害债权人的利益。本书建议，最高人民法院以后在出台相关司法解释时，可以对他人为债务人设立居住权的居住面积进行一定限制。但还是可能会出现漏洞，对此应该进一步细化，如明确规定：设立居住权的应是小套型(一般不超过60平方米)的住宅。

三、企业破产案件中企业提供给员工居住的房屋处理

在企业破产案件中，目前还没有出现设立居住权的住宅处理问题，以后有可能会出现，而且企业破产与自然人破产的情况有所区别。企业一般是为解决本企业员工的生活居住需要而设立居住权，故意为了逃避债务目的去设立居住权的可

能性较低。但对于一些特殊情况,可能会实质损害债权人的利益,应属于可撤销的行为。

以下按照不同的企业与不同性质的房屋类型分别进行说明:

1. 国有企业利用国有划拨土地建设的公房为员工提供长期承租权的情况。公房承租权是一种特殊的债权,甚至可以类似所有权。公房承租权和已购公房产权,是政策形成的民事权利。如果涉及国有企业破产或者由国有企业改制而来的企业破产案件中,对利用国有划拨土地建设的公房为企业员工提供长期承租权问题,应该谨慎处理。如果是员工已经出资购买的公房,即使土地还属于国有划拨性质,该房屋已属于员工个人所有,所以肯定不能纳入破产财产。如果是已经签订购房协议但还未办理登记手续的情况,也不能将该公房纳入破产财产处理。如果此前是以员工长期承租形式的公房,应该先落实国家关于住房的有关政策,将该部分公房按照国家政策规定允许由员工用优惠的价格购买,变成员工所有的房屋,变卖所得的价款可以纳入破产财产。其他的房产或者员工自愿放弃购买机会的公房处置,应该按照最高人民法院《关于破产企业国有划拨土地使用权应否列入破产财产等问题的批复》进行处理。因为公房一般是在国有划拨土地上建设,破产企业以划拨方式取得的国有土地使用权不属于破产财产,在企业破产时,有关人民政府可以予以收回,并依法处置。总之,对于国有单位利用国有划拨土地上建设的公房并提供给员工居住的,区别于一般的承租权,也不属于居住权规制范围,不能将这类公房直接纳入破产财产处置,应首先落实国家相关政策保障员工必要的居住条件,并在基础上,由地方政府收回国有土地使用权并依法处置。

2. 其他企业用自有的住宅、员工宿舍为员工设立居住权情况。有些企业利用自有住宅或员工宿舍为没有住房、生活困难的老员工设立长期居住权,让其可以安心生活,也是对其为企业做出贡献的一种肯定与表彰。如果后来企业出现经营状况恶化,进入破产宣告程序后,就会出现这些设立居住权的住宅如何处理的问题。本书认为:如果企业是为解决本企业员工的生活居住需要而设立居住权并办理设立登记,如果没有明显损害到债权人的利益的,从保护员工的基本居住权益的角度出发,该设立居住权的行为一般不能被撤销;如果因为企业破产导致居住权没有长期设立的必要(如该居住权人要从公司离职),可以提前解除该居住权合同并办理注销登记;但是,企业为股东或其他实控人、企业高层管理人员、与企业有债权债务关系的非本企业员工设立居住权的情况应该进行特殊处理,应区别于企业为本企业普通员工设立居住权的情况,这些行为有较大的逃避债务的可能性,会实质损害债权人的利益,应属于可撤销的行为。如果企业为员工提供免费借住与低价租赁的住宅,或者虽然签订居住权合同但没有办理居住权设立登记,则该住宅属于破产财产,应按照一般方式对该住宅进行变卖、拍卖等处置;对于设立居住权的住宅且居住权属于不能被撤销的情况,该住宅还是可以转让但价值受到贬损,应在变卖或拍卖中要予以说明,其所得可以纳入破产财产进行处置。一般情况下,员工因为企业破产失去居住权,不存在利益补偿问题;但如果存在特殊情况,如企业的房屋需要整体处置但存在部分住宅设有居住权,可以在对居住权人进行一定的经济补偿后提前解除居住权合同,这样可以实现债权人与居住权人利益保护的相对平衡,也可以发挥破产财产的最大效用。

第五节 法院执行中涉及居住权的相关问题

一、司法查封已设立居住权的住宅的处理

在法院民事执行中,查封、扣押、冻结财产是重要的措施,主要的依据是最高人民法院《关于人民法院民事执行中查封、扣押、冻结财产的规定》,其中与不动产密切相关的是第 2 条、第 4 条、第 5 条、第 7 条。

如果需要查封的房屋是已经设立居住权的住宅,根据该司法解释第 4 条的规定,"对被执行人及其所扶养家属生活所必需的居住房屋,人民法院可以查封,但不得拍卖、变卖或者抵债",设立居住权的住宅是可以被查封的,但办理设立登记的居住权可以对抗第三人,即便该房屋因为被司法查封的最终的处置而被对外拍卖处分,居住权还可以继续存在,在先设立的居住权的效力也不应受到房屋所有权变动的影响。

如果在司法查封前,还没有办理居住权设立登记,根据该司法解释第 7 条的规定,"查封不动产的,人民法院应当张贴封条或者公告,并可以提取保存有关财产权证照。查封、扣押、冻结已登记的不动产、特定动产及其他财产权,应当通知有关登记机关办理登记手续。未办理登记手续的,不得对抗其他已经办理了登记手续的查封、扣押、冻结行为"。如果该住宅已经被查封,那么房屋所有权的处分权就受到了限制,因此已被查封的房屋就不能办理居住权设立登记。即使已经签

订居住权合同,这种权利的设立也是暂时无法实现的。对居住权人造成的不利影响,居住权人只能向所有权人提出债权请求权。

二、居住权排除执行的裁判规则

根据居住权的设立方式不同分为:合同方式设立居住权、遗嘱方式设立居住权和判决方式设立居住权。下面分别说明这三种居住权排除执行的裁判规则。①

1. 合同方式设立居住权。这是设立居住权的最主要的形式,所有权人与居住权人签订居住权合同并办理设立登记。居住权与其他不动产物权类似,对其排除执行的裁判规则,亦与不动产物权排除执行的规则一样。对在法院查封之前设立并已办理登记的居住权,根据"物权高于债权"的原则,此种居住权一般可以排除执行。如果只是签订居住权合同,但还没有办理设立登记,受益人获得的是债权请求权,所以不能排除执行。

2. 遗嘱方式设立居住权。以遗嘱方式设立居住权后会出现两种情形:一是被继承人未死亡;二是被继承人已死亡。第一种情形,根据《民法典》第230条"因继承取得物权的,自继承开始时发生效力"与第1121条第1款"继承从被继承人死亡时开始"的规定,在被继承人未死亡时,继承尚未开始,居住权亦未生效,此时虽然被执行人(被继承人)与案外人立有设立居住权的遗嘱,但不能排除执行。第二种情形,因被继承人已死亡,则继承开始,办理设立登记后的居住权生效,此时居住权可以排除执行。

3. 判决方式设立居住权。双方当事人通过合同约定了居住权,因产生争议而诉讼,经法院审理后认为居住权成立的,就会作出居住权成立的判决,这就是以判决方式设立居住权。根据《民法典》第229条的规定,物权设立、变更、转让或者消灭的,自法律文书或者征收决定等生效时发生效力。因此,在该判决生效时,居住权生效,案外人持该生效法律文书可以排除执行。

三、强制执行已设立居住权的住宅问题

如果被执行人(债务人)是房屋所有权人,已经在自有的住宅上为他人设立居住权,可否被强制执行的问题,要根据不同的情况进行分析。

---

① 李亚彬:《试论居住权排除执行的裁判规则》,载《人民法院报》2020年7月10日,第8版。

首先,要分析居住权能否被撤销或被判定无效。居住权与债权之间发生权利的冲突,一般应按照“物权高于债权”的原则,作为用益物权的居住权高于债权,即经过设立登记的居住权一般不能被撤销,即使房屋所有权人发生变动,也不影响居住权。如果设立居住权时,债务尚未发生,债务人一般不存在为了逃避债务而设立居住权的主观恶意,那么居住权应可以排除强制执行。如果债权发生在先,居住权设立在后,那么居住权不能排除强制执行,债权人可以通过诉讼撤销恶意设立的居住权来维护自己的权利。如果债务人为他人设立居住权出于恶意,企图逃避债务,影响到债务的履行,实质损害债权人的合法权益,法院可以应债权人的请求撤销该居住权合同。具体见第四章第二节内容。

其次,如果同时存在用益物权与担保物权,要分析两者之间的效力优先顺位。如果在同一套住宅上既设立了居住权,又设立了抵押权,且都办理了设立登记,就可能会出现居住权与抵押权之间的效力冲突,所以要判断两者之间的效力优先顺位。应以居住权和抵押权的设立登记的先后顺序来认定何者效力优先,即物权的“时间在先,权利在先”原则。具体见第四章第三节内容。

如果居住权能被涤除,意味着该住宅可以恢复到原来的所有权状态,可以进行变卖、拍卖等处分,原居住权人也不能要求新的房屋所有权人继续为其提供住宅供其占有与使用。

如果居住权已经办理设立登记,不存在居住权应被撤销或无效的理由,或者先于抵押权设立,那么意味着该居住权将继续存在,不受房屋所有权变动的影响。具体在执行中,房屋评估报告就存在居住权负担对房屋价值的影响应予以考虑,在拍卖中就存在的居住权的权利负担应予以披露。房屋受让人不得妨碍居住权人的居住权。在这种拍卖中,房屋受让人实际上无法占有与使用该住宅,得到的是“空虚所有权”,只能等居住权期限届满或居住权人死亡,居住权消灭后,才能恢复到原来的所有权状态。如果居住权无偿设立的而且期限是长期的(如到居住权人去世为止),意味着该房屋的转让价值将非常低。如果居住权有偿设立形式,原房屋所有权人已经一次性收取费用,对房屋受让人来说就是失去了收益权;如果是分期支付房屋使用费的方式,房屋受让人还可以获得部分收益权,类似于带租拍卖方式。

在强制执行被执行人所有的已设立居住权的住宅时,应考虑被执行人及其所扶养家属的居住条件。依据是最高人民法院《关于人民法院民事执行中查封、扣押、冻结财产的规定》第4条与第5条。如果居住权人是债务人需要赡养、抚养或扶养的人员，而且居住权人没有其他住处，说明债务人设立居住权具有行为的正当性，即使不设立居住权，在法院强制执行时也应给这些人员保留必要的住处。有时候，债务人出于对所扶养家属今后生活的担心，在发现自己可能无力还债的情况下，用自己所有唯一的住宅为所扶养家属无偿设立长期居住权，企图以此来保障所扶养家属今后的居住条件。如果居住权合同不能被撤销，显然对债务人不利，而且会助长这种行为；如果居住权合同被撤销，要求被执行人及其所扶养家属限期搬离该住宅，可能会导致被执行人及其所扶养家属居无定所，失去基本的保障。所以，在这种情况下，法院既要判决撤销居住权合同，同时又要保障被执行人及其所扶养家属的生活需要。如可以要求申请执行人按照当地廉租住房保障面积标准为被执行人及所扶养家属提供居住房屋，或者同意参照当地房屋租赁市场平均租金标准从该房屋的变价款中扣除5年至8年租金。

四、对被执行人名下唯一住房的处理

被执行人名下唯一住房的执行一直是司法实践中的疑难问题，许多“老赖”以此作为挡箭牌拒绝执行，而法院在执行过程中也往往陷入两难的境地：既要确保执行申请人一方合法权利得以实现，又要保障被执行人基本生活需求，以至于案件久拖未决。申请执行人对此往往不予理解，质疑明明有可供执行的财产，为何迟迟未能得以受偿。①

《民法典》创设了居住权制度后，为这种情况又增加了新的复杂性，例如，虽然是被执行人名下的唯一住房，但已为他人设立居住权；虽然被执行人名下只有一套住房，但其他人为被执行人设立了居住权或提供住处。以下针对这两种情况分别进行分析。

（一）已设立居住权的唯一住房可否执行

最高人民法院《关于人民法院民事执行中查封、扣押、冻结财产的规定》第4条规定对“生活所必需的居住房屋”可以查封，不得变价处分，并未规定被执行人名下的唯一住房不得处分。有人误以为只要是被执行人名下的唯一住房，就无法

① 《被执行人名下唯一住房能否执行》，载微信公众号“最高人民法院司法案例研究院”2020年4月26日。

强制执行，这种误解曾经给了很多“老赖”可乘之机。实际上，唯一住房和“生活所必需住房”存在很大差别，只拥有一套住房并不一定是生活所必需的。法院通常不强制执行唯一住房的目的在于保障被执行人的基本生存权，因此判断唯一住房是否可以执行，要看是不是“生活所必需住房”。具体而言，主要有以下几个判断标准：首先，房屋的基本状况。房屋的面积大小、房间数量等是否超出了社会一般民众的居住水平，如果被执行人的唯一住房是一套“豪宅”，自然不属于生活所必需的居住房屋。其次，房屋的使用情况。被执行人是否实际使用该房屋，以及房屋的主要用途是否为家庭自住，若房屋长期处于空置状态，或者被用于出租经营使用，说明被执行人可能存在其他住处，对其名下唯一住房的执行可能不会产生任何影响。再次，被执行人的能力。鉴于被执行人的学历、工作、收入、年龄等，不同的被执行人的生活自理能力也不一样，假如被执行人已无劳动能力、无固定收入来源，执行唯一住房时就必须慎重。最后，被执行人的家庭情况。被执行人是否与家庭成员共同居住，其他家庭成员是否拥有住房，被执行人的赡养抚养义务等因素也是法院执行时必须注意的事项。①

如果设立居住权的住宅是一套“豪宅”，自然不属于生活所必需的居住房屋，被执行人设立居住权的目的一般是避免该住宅被强制执行，企图保障居住权人（一般是其近亲属或有特殊身份关系的人员）今后长期、舒适的居住条件。虽然设立了居住权，但居住权人不实际居住在该住宅中，说明居住权人有其他住处，设立居住权没有必要性。如果居住权人不是被执行人需要赡养、抚养或扶养的人员，只是一般的朋友或普通的亲戚，居住权人也不是孤寡老人、残疾人或其他生活困难又没有其他住处的人员，而且采取无偿设立长期居住权方式，说明设立居住权缺少行为的正当性。在这些情况下，法院应进行认真的审查，避免让被执行人有可乘之机。本书认为，即使是被执行人名下唯一住房，也可以强制执行。如果法院查明居住权是可撤销或无效的，可以“去居拍卖”；如果居住权无法涤除，也可以“带居拍卖”。

（二）其他人可以为被执行人提供住处的情况处理

根据最高人民法院《关于人民法院办理执行异议和复议案件若干问题的规

---

① 《被执行人名下唯一住房能否执行》，载微信公众号“最高人民法院司法案例研究院”2020 年 4 月 26 日。

定》第20条的规定，即便是被执行人的唯一住房，也在一定条件下可以执行。

本书认为，如果其他人为被执行人设立了居住权，或者对被执行人有扶养义务的人名下有多套房产可以为其提供住处，法院也可以强制执行被执行人名下的唯一住房。如果被执行人是一位老年人，虽然被执行人名下仅有一套房，但被执行人的子女名下有许多套房，可以为其设立居住权或提供住处，也可以保障被执行人的生存。被执行人原本名下就有房产，甚至有多套房产，在执行依据生效后，被执行人为逃避债务，通过房屋买卖转让、转移自己名下房产，造成名下只有"唯一住房"的假象，只要被执行人还有其他住处，法院也可以强制执行。

在司法实践中，拟处置的被执行人房屋是否为其唯一住房已经不是执行所考虑的主要因素，只要符合相关法律精神，如在房款中扣除被执行人今后租住房屋的租金，给予一定的执行宽限期，完全可以执行其唯一住房。此外，如果拟执行处置的房屋属于在裁判主文中所直接确定的交付标的物或者该房屋系抵押物，债权人有权就此优先受偿的，也属于可以执行的范围。①

五、合理处理居住权与住宅拍卖之间的冲突

虽然被执行人名下唯一住房在理论上是可以执行的，但在具体操作过程中还是存在很多困难。例如，唯一住房的执行往往涉及一个大家庭，被执行人可能上有老下有小，一旦强制执行会有不可控的风险，甚至可能引起社会的不稳定。对此，法院应当完善执行前的评估、加强执行中的力度、落实执行后的安置，建立健全唯一住房的执行规范。

已设立居住权的住宅也可以转让，但因为住宅上设有居住权负担，房屋的转让价值会受到一定的减损。债权人可以请求法院在执行时采取带居住权拍卖方式（以下简称"带居拍卖"）或者去除居住权后进行拍卖方式（以下简称"去居拍卖"）。

如果居住权无法被涤除，法院或申请执行人也可以采取有条件去除居住权后进行拍卖的变通方式。例如，法院可以要求申请执行人提供其他住宅为居住权人设立新的居住权或租房后提供给居住权人使用（租期是剩余的居住权期限，一般采取一次性支付清所有租金方式）；或者由申请执行人为居住权人提供一定的经

---

① 《被执行人名下唯一住房能否执行》，载微信公众号"最高人民法院司法案例研究院"2020年4月26日。

济补偿，由居住权人自行租赁房屋解决居住问题，居住权人同意提前解除居住权合同并配合办理注销登记，这种做法比较适合剩余的居住权期限不长的情况。这样，可以从原来的“带居拍卖”变为“去居拍卖”，使房屋转让价值大幅提升，有利于债权的实现，也不会实质损害居住权人的利益，是比较可行的做法。依据是最高人民法院《关于人民法院民事执行中拍卖、变卖财产的规定》第28条第2款规定：“拍卖财产上原有的租赁权及其他用益物权，不因拍卖而消灭，但该权利继续存在于拍卖财产上，对在先的担保物权或者其他优先受偿权的实现有影响的，人民法院应当依法将其除去后进行拍卖。”

六、以被执行人为居住权人的情况处置

对于其他人为债务人设立居住权是否可以被撤销的问题，现有的法律与司法解释中都没有涉及。理论上说，其他人在自有的住宅上为债务人设立居住权，是自己处分财产权益的行为，一般情况下，这种设立居住权的行为不应受到干涉，法院也不能去强制执行非被执行人所有的房屋。如房屋所有权人曾受到债务人的帮助，看到债务人现在生活困难，现在出于报恩的心理为债务人设立居住权，这种行为可能是会比较常见的。本书认为，在以下两种情况下，法院对居住权人应进行一定的限制：一是有偿设立居住权的方式，尤其是债务人需要支付的经济对价高于或相当于该住宅的市场租金时，说明债务人还是有能力履行部分债务，所以需要对其行为进行一定的限制。但如果债务人为了生活需要自己承担水、电、物业服务费等使用费用，或支付房屋一般维修费，可以被认为是满足必要的生活需要。二是所居住的房屋是“豪宅”，明显超过一般生活的实际需要。如果亲友以前购买房屋是债务人以前提供的资金或资助的，现在债务人因为负债累累、失去住所，亲友为其提供住处并免费设立居住权，这是正常的现象。如果债务人不按时履行法院判决的债务，或者已资不抵债，但可以长期居住在其亲友提供的面积宽大、装修豪华的房子中，所实际居住的面积明显超过生活需要，这显然不合理，会引起债权人的强烈意见。法院可以在强制执行措施中采取类似“限制被执行人高消费及有关消费”的做法，将债务人获得豪宅的长期居住权作为“非生活或者经营必需的有关消费”。

如果存在他人为债务人在多处住宅设立居住权，除了保留一处必要的住处外，其他应属于非日常生活居住所必需，法院应对这种特殊情况进行一定的限制。

如果债务人将设立居住权的住宅进行出租以获利,这种获利应属于法院可执行的款项;如要求债务人及其所扶养家属选择一处面积不大的住宅生活居住,放弃其他居住权。

七、利用虚假居住权逃避执行的防范与提前应对

《民法典》第 538 条、第 539 条规定了债权人可以撤销债务人的行为。在实践中,房屋所有权人以设立居住权的方式来逃避执行,使居住权人获得相应的权利,但很难与以上两条规定的“无偿转让财产”“以明显不合理的低价转让财产”完全对应起来,因为设立居住权并没有导致房屋所有权的转让,但因为房屋的转让价值减损,必然会影响债权人的债权实现。如果债权人主张撤销设立居住权的行为,有可能会被法院驳回诉讼请求。

《民法典》第 154 条规定:“行为人与相对人恶意串通,损害他人合法权益的民事法律行为无效。”影响债权人的债权实现,应属于“损害他人合法权益”,但要证明房屋所有权人与居住权人出于“恶意串通”的主观故意而设立居住权,在举证上存在一定的困难。如果可以举证,债权人可以向法院主张设立居住权的行为无效。

参照类似情况——在法院执行程序中出现的虚假租赁现象,以后也极有可能会出现利用虚假居住权逃避执行的现象。

当前我国执行实践中出现了大量以规避执行而设立的假性租约,导致债权人以及买受人权利难以实现,更危及了司法公信力。所谓执行程序中的虚假租赁,是指在执行过程中,债务人与第三人串通,故意签订以不动产为对象的虚假租赁合同,以规避强制执行。虚假租赁泛滥,其原因是多方面的,如诱因可能是债权人与债务人之间的对立情绪或者巨大的经济利益。就其成因而言,主要有实体和程序两个方面,前者是租赁权的绝对对抗效力,即“买卖不破租赁”原则;后者是证明责任分配的错误和惩罚机制的不完善。在现实中,即使债务人与第三人签订的租赁合同被认定为假性租约,执行标的物得以顺利处置,作为假性租约当事人的债务人和第三人往往未受到任何实质处罚。从调研结果来看,只有部分法院会同时对假性租约当事人妨害执行的行为处以罚款、拘留,并且,其罚款数额通常仅有寥寥几千元、拘留不超过 15 日。如此“无关痛痒”的处罚,常致使债务人与第三人

甘冒被处罚的风险编造假性租约。这也是我国虚假租赁泛滥的又一诱因。①

因为《民法典》规定了居住权登记生效主义,居住权作为用益物权的法律效力要高于租赁权,所以可以参照适用“买卖不破租赁”原则。经过登记的居住权不仅可以对抗第三人,而且一般可以排除法院的强制执行。居住权带来的经济价值要高于租赁权的经济价值,尤其是在“豪宅”上设立的长期居住权,其经济价值可能达到数百万元甚至上千万元,这也是房屋转让价值减损的部分,会对债权人的债权实现带来很大的影响,也足以使债务人与第三人甘冒被处罚的风险设立虚假居住权。所以,要遏制可能会大量出现的利用虚假居住权逃避执行的现象,需要完善相关执行制度,主要是合理确定证明责任分配与重视惩罚机制的作用。

本书认为,当事人一般不会承认恶意串通的故意,需要由法院根据具体情节进行合理的推断,裁判房屋所有权人与居住权人是否存在恶意串通、设立虚假居住权的行为,可以从以下方面判断:

1. 设立居住权的时间晚于债务发生的时间。如果设立居住权前,债务已经发生,债务人有为了逃避债务而设立居住权的可能性。尤其是债务履行期限届满前不久,或者债务人累计的债务较多时,债务人临时为他人设立居住权,这种为了逃避债务目的的可能性大增。

2. 居住权人与房屋所有权人之间存在特殊的身份关系。如居住权人是房屋所有权人的近亲属、存在扶养关系、以前的配偶关系等,或者两者存在债权债务关系、共同经营关系等。

3. 居住权期限很长或者不固定期限。如居住权期限是10年以上,或者以居住权人死亡为止的不固定期限,这样的居住权期限设置会对房屋的转让价值产生非常明显的影响。

4. 居住权设立没有必要性与合理性。此时要根据居住权不同的设立形式判断。如果采取无偿设立形式,一般是家庭保障性的居住权,要看居住权人是否属于没有其他住处、经济困难的人员,即设立居住权的行为是否存在正当性与必要性;如果采取有偿设立形式,如果居住权人支付的经济对价很低,而且房屋所有权人将居住权人支付的经济对价一次性收取用于其他用途,或者与居住权人之间进行部分债务抵销,导致债务无法履行,该行为属于以明显不合理的低价处分财产。

① 卢正敏:《执行程序中的虚假租赁及其法律应对》,载《中国法学》2013年第4期。

5. 居住权人并不经常实际居住在该住宅内。虽然空置也是居住权人行使居住权的一种方式，在一般情况下是可以的。但如果该住宅是长期空置，或者即使居住权人或其他人偶尔来住，也是非经常性的，说明居住权人并不实际居住在该住宅内，债务人为居住权人设立居住权的行为不存在必要性，其为了逃避债务而设立居住权的很大可能性。

6. 居住权人知道或者应当知道房屋所有权人出现资不抵债的情况。如果居住权人是所有权人的近亲属，就有可能知道其经济状况出现问题，或者所有权人已经以自己的行为表现出经济状况可能出现恶化，例如，所有权人无法按时支付应承担的扶养费用，所有权人提出为其设立长期居住权的方式要求居住权人减免部分债务。

如果法院认定债务人利用虚假居住权逃避执行，应给予处罚。处罚的依据是《民事诉讼法》(2021 年修正)第 114 条、第 118 条规定的对妨害司法行为的处罚。此外，还可以适用最高人民法院《关于适用〈中华人民共和国民事诉讼法〉的解释》(2022 年修正)第 516 条，将其纳入失信被执行人名单。根据该解释第 519 条的规定，因妨害行为给执行债权人或者其他人造成损失的，受害人可以起诉要求赔偿。

八、第三人撤销之诉与执行异议之诉

《民事诉讼法》(2021 年修正)第 59 条中规定了诉讼第三人和第三人异议之诉。最高人民法院《关于适用〈中华人民共和国民事诉讼法〉的解释》(2022 年修正)中专门规定了“十四、第三人撤销之诉”。这种情况发生在与居住权相关的诉讼中，可能比较常见的情形是：房屋所有权人将房屋转让给买受人或抵押给债权人，但没有告知实际居住人。后所有权人与买受人、债权人之间发生纠纷，经过法院的判决或调解后，认定买受人取得房屋的所有权，要求原所有权人配合办理所有权转移登记；或者认定债权人有优先受偿权，所以该房屋将被拍卖。因没有办理居住权设立登记，法院在执行程序中会要求实际居住人搬离该住宅。而实际居住人此时会以自己享有居住权且因故没有参加原所有权人与买受人或债权人之间的诉讼为由，提起“第三人撤销之诉”或者其他案由的诉讼。在这种情况下，法院一般会以《民法典》第 368 条的规定为依据，判定居住权未办理设立登记所以还未生效，认定实际居住人并未实际取得居住权，买受人或债权人是善意第三人，驳回实际居住人的请求。

《民事诉讼法》(2021 年修正)第 232 条中规定了“执行异议”,第 234 条中规定了“案外人异议”。最高人民法院《关于适用〈中华人民共和国民事诉讼法〉的解释》(2020 年修正)中专门规定了“十五、执行异议之诉”。这种情况发生在与居住权相关的诉讼中,可能比较常见的是:法院在执行某住宅,需要采取查封、拍卖等措施时,要求实际居住权人限期搬离。所有权人或居住权人以在该住宅上已经设立居住权为由,提出执行异议,尤其是该住宅是被执行人的唯一住宅的情况。法院应当自收到书面异议之日起 15 日内审查,并作出裁定。如果裁定撤销或者改正,申请执行人可能会不服,要求复议;如果裁定驳回,被申请执行人或居住权人(作为利害关系人)可能会不服,也可以要求复议。此外,如果居住权人没有参与诉讼,可以作为案外人对执行标的(住宅)提出书面异议,法院可能会裁定驳回或中止对该标的的执行。案外人、当事人对裁定不服,认为原判决、裁定错误的,应依照审判监督程序办理;与原判决、裁定无关的,可以自裁定送达之日起 15 日内向人民法院提起诉讼。

总之,在涉及居住权的住宅相关的纠纷中,在当事人申请法院强制执行时,有可能会出现第三人撤销之诉、执行异议与执行异议之诉。一般应按照《民法典》第 368 条的规定认定居住权是否有效设立,有效设立的居住权可以继续存在,不受所有权变动的影响;还需要判断是否存在为了逃避债务而虚假设立居住权的情况,如果法院予以认定,应予以涤除;如果只是实际居住但没有签订居住权合同,或者虽签订了居住权合同但没有办理设立登记的情况,应认定居住权还没有生效。但如果实际居住权人是无其他住处的老年人或生活困难的残疾人,可能会在执行中出现困难,法院一般不会要求老年人、残疾人限期搬离该住宅。

第六节　设立居住权对住宅价值的影响与利益补偿

在《民法典》颁布施行之前,我国的房地产估价工作体系已比较成熟。《民法典》创设居住权制度,居住权办理设立登记以后可以对抗第三人,无疑会严重影响到房屋买受人对房屋所有权的行使,所以设立居住权必然导致房屋转让价值的大幅减损。所以，有必要探讨一下对设立居住权的住宅与居住权进行价值评估的问题。

一、设立居住权对住宅与居住权价值评估的影响

房地产与其他物品一样，价值或价格的形成条件是具有有用性、稀缺性和有效需求。房地产估价所评估的是房地产的交换价值。[①] 如果某人进城工作后，将自己在农村闲置不用的老房子给亲戚长期居住并无偿设立居住权，这种房屋一般是不转让的。这种难以转让的住宅，一般不需要进行价值评估，即使进行评估，价值也很低。但在一些特殊情况下，还是有必要对设立居住权的住宅与居住权进行价值评估的。

（一）居住权因房屋征收而获得的补偿价格

根据《民法典》第 327 条的规定，用益物权人有权获得相应补偿。因此，居住权因房屋被征收而消灭，如果居住权人不能得到新的居住权，就应获得一定的经济补偿，这时，就需要评估居住权的补偿价格。“居住权的征收补偿价格 = 居住权剩余期限类似住房市场租金的资本化 + 搬迁等安置补偿费用”。

（二）以房养老投资机构评估投资价值

有些“以房养老”模式是在已出售的住房上设立居住权以保障老年人的居住条件，取得房屋所有权的机构要等居住权人去世后才能取得房屋的转让收益。这类机构需要确认投资价值而对设立居住权的住宅进行评估。“设立了居住权的住宅投资价值 = 未设立居住权下的住宅市场价值 - 居住权价值”。

（三）抵押权人接受设立居住权的住宅抵押

在抵押权人愿意接受设立居住权的住宅作为借款担保的前提下，“设立居住权的住宅抵押价值 = 未设立居住权下的住宅抵押价值 - 居住权价值”。当居住权的剩余期限不高于抵押的期限，可以假设居住权到期注销，不影响抵押权的实现，无须考虑居住权。

---

① 梁津、齐宏、王鹏：《民法典新设居住权的价值评估》，载微信公众号“康正评估”2020 年 12 月 1 日。

（四）设立居住权的住宅转让

所有权人转让住宅，不会对居住权产生影响，“设立了居住权的住宅转让价格 = 未设立居住权下的住宅市场价值 - 居住权价值”。①

如果某人用闲置的一套住宅为生活困难的亲戚无偿设立了期限为20年的居住权，5年后他因为经营上出现困难需要资金，所以想转让这套已设立居住权的住宅。如果这套住宅的市场价大约是300万元，他想转让该套住宅可以采取两种办法：一是与居住权人商量后双方同意提前解除居住权合同并办理居住权注销登记手续，然后再进行转让，这样房屋转让所得可能是300万元；二是居住权人不同意提前解除居住权合同，他因为急需资金只好转让并与买受人说明居住权设立情况，因为还剩下为期为15年的居住权期限，所以只能低价转让，这样房屋转让所得可能是200万元，与市场价相比明显减少。设立居住权后的住宅转让价值减损部分一般就是居住权的评估价值。

一般情况下，我们评估居住权的价值，可以用与居住权的使用价值相似的租赁权的价值来表示，这是因为居住权对住宅占有、使用的权能与租赁权具有高度的相似性，即模拟居住权的使用价值在市场上可以流转，当然保证其用途和功能不改变的前提下，完全可以用租金的形式体现居住权的价值。因此，居住权价值等于同类住宅在居住权剩余期限内正常租金的资本化。②

二、无偿设立居住权的住宅价值评估

创设居住权制度主要是为了保护没有住房的弱势群体的利益，所以设立居住权主要采取的是无偿方式。在无偿设立形式中，所有权人与居住权人之间一般存在特殊的身份关系，所以对住宅的价值评估与居住权的利益补偿必须要考虑这些特殊情况。

如果设立的居住权是无偿的，且该居住权是没有明确消灭期限或约定丧失期限的，那么评估师对此类房屋评估作价应当仔细判明设立居住权的约定。比如，

---

① 梁津、齐宏、王鹏：《民法典新设居住权的价值评估》，载微信公众号“康正评估”2020年12月1日。

② 梁津、齐宏、王鹏：《民法典新设居住权的价值评估》，载微信公众号“康正评估”2020年12月1日。

若约定房屋的居住权直至居住权人死亡的,或者约定的条件是有或然性的,无法判断其居住权终止的时间点,对此类房屋由于其所有权人已经丧失了占有使用房屋获取经济利益的能力,或者无法判断其何时才能够重新获取房屋占有使用权能,如果估价目的是为抵押担保提供价值参考,那么根据评估的谨慎性原则,对此类房屋的评估作价宜为零。①

下面根据居住权期限、所附条件的不同分别进行分析:

1. 终生居住权与居住权人的寿命的关系。很多无偿设立的居住权的期限是至居住权人死亡时为止,尤其是居住权人是老年人、残疾人或其他无房又经济困难、失去劳动能力的特殊困难群体的情况下。有评估师提出:引入生命表可对居住权影响市场价值的额度进行估价,对不同年龄的人设立居住权可精算出该住宅的最可能价值。②

根据数据统计,一定年龄的人其未来生命期限是有统计规律的,反映这种统计规律的最权威的资料就是保险行业制定的"中国人生命表"。目前使用的是第三套生命表《中国人身保险业经验生命表(2010-2013)》,该表于2017年1月1日正式启用。

举例说明居住权对住宅价值影响:假设一套住宅目前未设定居住权的市场价值为100万元,住宅客观年净租金收益为房价的2.5%,每年为2.5万元,暂不考虑租金上涨。现为一位70岁女性设定了直至其去世结束的居住权,求其目前房价的最可能价值。笔者认为,设定了居住权的房屋价值等于未设定居住权房屋价值减去居住权价值。居住权价值为居住权期限内每年租金按3%折现计算。

由生命表可知,一个年龄为70岁的女性,其未来生存平均年龄86.63岁,居住权最可能的期限为16.63年,估价师很容易想到用平均年龄来简易估算,得出带居住权的住宅最大可能价值为"100万元-32.36万元=67.74万元"。

通过计算可以知道,设定有终生居住权的住宅价值受居住权影响是比较大的。③

---

① 徐长林:《恒通读"典"——〈民法典〉对估价工作的影响》,载微信公众号"恒通评估"2020年11月10日。

② 徐长林、林沐:《设立终生居住权的住宅估价探讨》,载微信公众号"恒通评估"2021年1月27日。

③ 徐长林、林沐:《设立终生居住权的住宅估价探讨》,载微信公众号"恒通评估"2021年1月27日。

2. 有固定期限的居住权。固定期限一般是明确时间(如3年、5年、10年等)或者有明确计算方式的期限(如到居住权人满18周岁为止)。如果通过设立居住权的合同能够明确知道居住权期限的,则估价时应对无偿使用期间对价值的减损做出计算予以扣除,具体可参照现行无偿租赁权对房屋价值影响处理方式来计算。①

设想一种情况:如果A想购买一套住宅但暂时不急于入住,带有一定的投资性质。B急需资金所以要转让一套设有居住权、剩余期限为3年的住宅,所以转让价格可以相对便宜一些。该住宅的市场价大约为300万元,市场租金为每年10万元,如果转让价格低于270万元,A受让该住宅就比较"划算"了。如果转让价格高于270万元,A受让该住宅就不"划算"了。双方可以将270万元作为初步的评估价格,在此基础上协商最终的成交价格。

三、无偿设立的居住权合同提前解除是否需要利益补偿

无偿设立的居住权提前解除是否需要对居住权人进行利益补偿,首先应该由所有权人与居住权人之间进行协商,但有可能会出现双方无法协商或者分歧很大的情况,甚至因此产生纠纷、引发诉讼,需要由法院作出判决。所以,需要根据不同情况进行分析探讨:

1. 设立居住权本来就是房屋所有权人应尽的义务,应该居住权人为合理安排新的住处或给予一定的经济补偿。

如果所有权人与居住权人之间有赡养、抚养或者扶养关系的,虽然居住权设立是无偿设立形式,但这是所有权人应尽的义务。在这种情况下,如果设立居住权的住宅被征收或者需要提前解除居住权合同进行转让,所有权人应该合理安排居住权人的住处,如设立新的居住权,为居住权人租赁住宅供其长期居住,如果实质无法安排住处,所有权人应该对居住权人进行一定的利益补偿,让其可以自己租赁房屋,使居住条件不会明显下降。

2. 设立居住权不是房屋所有权人应尽的义务,而是带有一定的恩惠或帮困性质的帮助,可以不给居住权人利益补偿。

如果所有权人与居住权人之间没有赡养、抚养或扶养关系,但有其他特殊身

---

① 徐长林:《恒通读"典"——〈民法典〉对估价工作的影响》,载微信公众号"恒通评估"2020年11月10日。

份关系，如亲戚关系，因为居住权人没有合适的住处或者生活困难，所有权人会将闲置的住宅免费提供给其居住，并设立居住权。此时，双方最好在居住权合同中约定，所有权人可以在一些特定的情况下有权提前解除居住权合同，如房屋被征收。如果没有事先约定，双方可以协商确定。如果居住权人要求所有权人在征收所得费用中提供很大的比例作为对其失去居住权的利益补偿，显然不合理。但如果提前解除居住权合同，可能导致居住权人出现明显的生活困难或无处居住，所有权人为了使居住权人配合办理居住权注销登记，可以给予一定的利益补偿，或者提供其他形式的补偿。

3. 设立居住权是附条件的且有终止期限的，所有权人一般应给予居住权人一定的经济帮助或适当的利益补偿。

这种情况在离婚纠纷处理中可能会出现。双方虽然已经离婚，但原来是夫妻关系，无偿设立居住权一般是一方对另一方提供经济帮助的形式，所以带有扶养义务性质。如果在一些特殊情况下，居住权合同需要提前解除，如果双方协商后同意，居住权人愿意不要利益补偿而提前终止居住权期限，应该尊重当事人的意愿。但如果居住权人生活困难或者不愿意在无利益补偿的情况下提前解除居住权合同，所有权人一般应给予居住权人一定的经济帮助或利益补偿，如提供一定的资金帮助居住权人自己购房或者出资帮助其租赁房屋。这可以视为是原来的经济帮助义务的继续。

总之，无偿设立的居住权提前解除是否需要对居住权人进行利益补偿，首先应该由所有权人与居住权人之间进行协商处理。如果无法协商处理，如果设立居住权本来就是所有权人应尽的义务，应该合理安排居住权人的住处或给予利益补偿；如果设立居住权不是所有权人应尽的义务，可以不给居住权人利益补偿。但如果不给予利益补偿，明显不合理，或者居住权撤销后会使居住权人的生活条件明显下降的，所有权人应给予居住权人一定的经济帮助或适当的利益补偿。

四、有偿设立居住权的住宅价值评估

按照《民法典》第 369 条的规定，当事人可以约定采取有偿设立居住权方式。居住权本身在市场上不存在交易实例，也不会有交易价格。但存在居住权负担会对所有权人的房屋价值带来一定的减损，价值减损是可以经由专业人士评估得出。居住权可以是有偿取得的，居住权的金额对价也是可以通过评估获得。《民法典》规定居住权不得转让，但是因为它可以通过在设立居住权时约定房屋可以出租而获得实现其价值渠道，故居住权本身也是有经济价值的，其价值也是可以评估得出的。①

(一)“合作建房”形式获得居住权与住宅价值评估的关系

如果双方在农村采取“合作建房”的方式，通常是一方提供宅基地使用权，另一方提供全部或者大部分建房资金，然后双方按照约定分配住房区域。所有权人虽然获得形式上的全部房屋所有权，但对设立居住权的部分房屋只有空虚的所有权。所以，对住宅的价值评估主要是评估所有权人占用的部分房屋的价值，可以按照一般的房地产评估方法进行评估；对于设立居住权的部分房屋，由于其所有权人已经丧失了占有使用房屋获取经济利益的能力，或者无法判断其何时才能够重新获取房屋全部权能，对此部分房屋的评估作价宜为零处理。对于设立的居住权，期限一般是长期的，但因为不能转让与继承，只能由居住权人自己使用或者出租住宅，所以很难按照市场使用价值进行评估。但居住权人为合作建房所投入的建房资金数额是可以确定的，可以作为居住权价值评估的基础。

(二)定期支付房屋使用费设立居住权与住宅价值评估的关系

如果居住权设立合同约定每年支付费用或定期支付，而且金额参照市场租金随行就市的，虽然设立了居住权，但是对房屋价值基本上没有什么影响，按一般市场价格评估即可。对于住宅房屋所有权上设立了有偿的居住权，且并非一次性支付市场公平使用对价，而是按年支付或者按一定周期支付的，那么评估的时候可以参照《房地产估价规范》中租赁权对评估价值的影响来评估。评估时宜关注居住权的特殊性，两者评估差异主要表现在影响期限的设立上，租赁权的最长使用期限是20年，但是居住权期限理论上有可能和房屋的所有权期限相同，对于一次性收取居住权有偿对价的，其房屋价值也有可能为零。②

---

① 徐长林：《恒通读“典”——〈民法典〉对估价工作的影响》，载微信公众号“恒通评估”2020年11月10日。

② 徐长林：《恒通读“典”——〈民法典〉对估价工作的影响》，载微信公众号“恒通评估”2020年11月10日。

（三）可以出租的租赁价格与住宅价值评估的关系

如果居住权是以给付经济对价形式的形式有偿设立的，居住权人往往会要求房屋所有权同意其可以对外出租，实现居住权的投资性功能。由于可以通过出租方式来实现收益，所以居住权是有些价值实现途径的，即有变相处置权。居住权价值评估应是居住权剩余年限内市场租金收入与居住权支付成本之差的折现价值，居住权有可能是有对价的，也可能是没有对价的，有可能是一次性支付的，也可能是逐年支付的，均为评估测算中要考虑的重要影响因素。①

（四）居住权的价值评估与居住权期限的关系

设立居住权的住宅价值往往与居住权的价值是成反比的关系。一般情况下，设立居住权的住宅价值与该住宅的市场价比较两者之间的减少部分，就是居住权的价值部分。

居住权的价值评估与居住权期限之间有密切的关系。如果居住权的期限是长期，那么意味着设立居住权的住宅价值就会变得很小，至少在居住权期限内很难办理抵押或进行转让；如果居住权的期限是长期，同时意味着居住权的价值是相对较大的。

居住权虽然是有偿的，但是期限可能没法确定，不知道居住权什么时候截止，对这类评估就宜进一步分析。依据居住权可能截止时间区间，可能就有两个评估值，可能有一个最低值，也可能有一个最高值，这两个估值都有可能出现，要依据估价目的给出合理的专业判断。②

五、有偿设立的居住权消灭后的利益补偿标准

如果居住权的取得是有偿方式，那么，非因居住权期限届满的原因导致居住权消灭或者合同被提前解除，居住权人应获得相应的利益补偿。

① 徐长林：《恒通读“典”——〈民法典〉对估价工作的影响》，载微信公众号“恒通评估”2020年11月10日。

② 徐长林：《恒通读“典”——〈民法典〉对估价工作的影响》，载微信公众号“恒通评估”2020年11月10日。

（一）设立居住权的住宅被征收导致居住权消灭

根据《民法典》第 243 条、第 327 条的规定，设立居住权的住宅如果被征收，导致居住权消灭的，居住权人理应获得补偿。如果是有偿设立形式，居住权人可以根据不同的情况获得相应的补偿：如果采用“合作建房”形式获得居住权，居住权人可以按照设立居住权的实际面积获得补偿；如果是定期支付使用费设立居住权，至少应按照使用费乘以剩余的居住权期限获得补偿；如果设立居住权的住宅可以出租，所得补偿应不低于居住权人出租所得的款项。

（二）设立居住权的住宅因意外灭失或严重损毁导致居住权消灭

在一些特殊情况下，如发生意外的火灾、地震、洪水、台风等原因，导致设立居住权的住宅灭失或严重损毁，将导致居住权消灭。因为是不可归责于当事人的原因，所以所有权人可以不再为居住权人设立新的居住权或提供利益补偿。如果因此出现居住权人无处居住或生活困难的情况，所有权人可以为居住权人提供一定的经济帮助。此前，所有权人已经一次性收取居住权有偿对价的，居住权人提出退还部分费用的要求，如果不退还部分费用显然不合理，因此发生纠纷，法院应该支持居住权人的要求。

如果是因为居住权人或与其共同生活的人引起的火灾导致房屋灭失或严重损毁，所有权人不仅可以不给予利益补偿，还可以要求居住权人进行赔偿；如果是因为第三人或所有权人的原因引起的火灾导致房屋灭失或严重损毁，居住权人可以要求责任人提供经济赔偿，赔偿的标准应能弥补居住权的价值。

（三）设立居住权的住宅灭失后获得保险赔偿的利益分配

如果所有权人或居住权人为有偿设立居住权的住宅投保了商业财产险，在房屋因为意外原因导致灭失或严重损毁时，可以向保险公司要求保险赔款。如果是所有权人出保险费投保，所得的保险赔款应归于所有权人，居住权人可以向所有权人要求适当的经济帮助或提供适当安置；如果是居住权人提供全部或者大部分保险费投保，所得的保险赔款归于所有权人的，居住权人可以要求所有权人提供相当于居住权价值的利益补偿或者设立新的居住权。

（四）提前解除居住权合同导致居住权消灭

在一些特殊情况下，如所有权人要办理房屋抵押或进行转让，要求居住权人配合并同意提前解除居住权合同，将导致居住权消灭，影响了居住权人的利益。如果居住权是有偿设立形式，居住权人一般会要求所有权人提供利益补偿，利益补偿的标准应使居住权人能租赁到一套与原来住宅地段相近、居住条件相似的住宅，或者获得与此前基本等同的居住权价值。以租金来评估居住权的价值，选取租金的水平应该是与设立居住权的住宅类型相当的案例。租赁的期限应与剩余的居住权期限相同。如果原来的居住权期限是长期或不确定的期限，双方应协商确定期限或者合理确定剩余期限。

《民法典》创设居住权制度后，现实中便存在对设立居住权的住宅与居住权价值评估的需求。同时，居住权会对其他类型的权益产生作用，从而影响到住宅在不同估价目的的价值评估。根据居住权的法律特征，以及与租赁权的使用价值的相似之处，建议以同类型市场租金的资本化体现居住权的价值，并且针对不同的估价目的，价值定义需要充分考虑居住权对于估价对象权益状况的影响，选择相应的技术路线进行估价。[①]

---

① 梁津、齐宏、王鹏：《民法典新设居住权的价值评估》，载微信公众号“康正评估”2020 年 12 月 1 日。

第九章

居住权的应用领域与功能拓展

第一节　对老年人等弱势群体居住条件的保障

2002 年 1 月发布的《关于〈中华人民共和国物权法(征求意见稿)〉的说明》提出,设立居住权制度是为了"切实保护老年人、妇女以及未成年人居住他人住房的权利"。2020 年 5 月发布的《关于〈中华人民共和国民法典(草案)〉的说明》指出:"为贯彻党的十九大提出的加快建立多主体供给、多渠道保障住房制度的要求,增加规定'居住权'这一新型用益物权,明确居住权原则上无偿设立,居住权人有权按照合同约定或者遗嘱,经登记占有、使用他人的住宅,以满足其稳定的生活居住需要。"

由此可见,《民法典》创设居住权制度所要解决的问题主要是保障弱势群体的居住条件,所以其中"明确居住权原则上无偿设立"。我国社会中这类"弱势群体"主要是指老年人、未成年人、残疾人、离婚妇女及没有住房的经济困难群体人员。居住权制度为这些弱势群体人员的居住条件保障提供了重要的支持。

一、法律法规中对老年人的居住条件保障的规定

在《老年人权益保障法》(2018 年修正)规定了与老年人居住条件保障相关的很多条款,其中最密切相关的是第 16 条的规定,这也是赡养纠纷案件法院判决赡养人承担义务的主要依据。但其他相关条款大多是引导性规范而非强制性规范,基本上没有强制执行力。在发生纠纷时,很少作为法院判决时可以直接引用的法条规定。

第十六条 赡养人应当妥善安排老年人的住房,不得强迫老年人居住或者迁居条件低劣的房屋。

老年人自有的或者承租的住房,子女或者其他亲属不得侵占,不得擅自改变产权关系或者租赁关系。

老年人自有的住房,赡养人有维修的义务。

第二十二条 老年人对个人的财产,依法享有占有、使用、收益和处分的权利,子女或者其他亲属不得干涉,不得以窃取、骗取、强行索取等方式侵犯老年人的财产权益。

老年人有依法继承父母、配偶、子女或者其他亲属遗产的权利,有接受赠与的权利。子女或者其他亲属不得侵占、抢夺、转移、隐匿或者损毁应当由老年人继承或者接受赠与的财产。

老年人以遗嘱处分财产,应当依法为老年配偶保留必要的份额。

第三十一条 国家对经济困难的老年人给予基本生活、医疗、居住或者其他救助。

老年人无劳动能力、无生活来源、无赡养人和扶养人,或者其赡养人和扶养人确无赡养能力或者扶养能力的,由地方各级人民政府依照有关规定给予供养或者救助。

对流浪乞讨、遭受遗弃等生活无着的老年人,由地方各级人民政府依照有关规定给予救助。

在我国的一些地方性法规中也有对老年人居住条件保障的规定。如 1999 年 1 月 1 日起施行的《上海市老年人权益保障条例》规定:老年人自有的或者承租的住房,子女或者其他亲属不得侵占,不得擅自改变产权关系或者租赁关系。老年人与子女或者其他亲属共同出资购买、建造的住房,老年人依法享有相应的房屋所有权和居住权。子女或者其他亲属出资购买老年人原来承租或者居住的住房,应当签订书面协议,保证老年人继续居住的权利。

在地方性法规《无锡市房屋居住权处理办法》(1993 年制定,2020 年废止)中也明确:房屋居住权的处理,应当坚持男女平等、保护老人、妇女、儿童和残疾人的合法权益的原则,照顾无过错一方的利益,并考虑居住的实际需要和住房的来源等情况。

二、居住权制度为老年人的居住条件保障提供支持

目前,在老年人的居住条件保障方面经常遇到一些问题:父母出资为子女购房或将拆迁所得的安置房,登记在子女名下,个别子女不愿意与父母同住要求父母搬离现住宅,或者等父母年龄大了以后慢待父母或变相逼迫父母搬离;父母将房屋赠送给子女但自己实际居住,后来子女在未经过父母同意的情况下,将该房屋抵押或转让,导致父母失去现住宅;子女以各种理由,将居住条件较好的房子占据自住,要求父母居住或者迁居到比较破旧、条件低劣的房屋。这些情况比较常见,但原有的法律法规很难解决问题。

《民法典》创设居住权制度后,这些问题有可能得到部分解决。如父母在将住宅登记在子女名下的同时要求子女为自己设立居住权,期限可以直至父母都去世时为止,居住权经过设立登记后生效,这样子女就不能强迫要求父母搬离该住宅,子女在未经父母同意情形下,无法办理该住宅的抵押或转让登记手续;老年夫妻在一方去世后提前安排,订立遗嘱将现有住宅赠送给子女,同时要求子女为存活的父母一方设立长期居住权;老年人可以在遗嘱中将自有的住宅,为配偶、亲戚、保姆、需要其扶养或照顾的其他人设立居住权,由遗嘱执行人与继承人在其去世后按照以生前意愿为居住权人设立居住权。总之,采取签订居住权合同或遗嘱形式设立居住权后办理居住权设立登记手续的方式,可以获得法律的有效保护,对于老年人的居住条件保障或实现其生前意愿有重要意义。

申卫星教授认为:居住权设立将有利于满足社会上存在的离婚妇女、孤寡老人等弱势群体的住房需求,也有利于中低收入群体的住房保障,同时满足不同群体对房屋财产权益的不同需求,达到“住有所居”。①

申卫星教授还认为:居住权制度还可以在以下方面为老年人居住条件保障发挥积极作用:②

1. 保障老年人安居。居住权制度可以让老年人将死后的钱拿到生前来花。有了居住权,老年人完全可以通过设定居住权将房子低价转让给子女或者其他

① 《“居住权”入典　保障弱势群体住有所居》,载微信公众号“吉林省房协房地产开发”2020 年 5 月 19 日。

② 《访清华大学法学院院长申卫星:居住权“入典”保障弱势群体住有所居》,载微信公众号“法宝头条”2020 年 9 月 16 日。

人,这样通过移转所有权保留居住权,通常作为遗产的房屋就可以变现,既可以改善老年人的生活状态,提高生活质量,又能保障其老有所居,同时也不会出现房产继承的纠纷。

2. 消除老年人再婚阻碍。老年人再婚最担心的是原来两个家庭的财产如何处理。丈夫可以在遗嘱中把房产继承权留给子女,同时为妻子设定居住权。这样既解决了其生存配偶的生活需要,也可以达到房屋所有权由其子女继承的意愿,同时还能够为将来侵害房屋产权设置强有力的防范措施。通过设立居住权,房屋所有权人、居住权人(其配偶)以及第三人(其子女)的利益得到了极好的平衡,充分满足他们各自不同的利益诉求,这样就会有效地消除子女对父母再婚的阻碍。

三、为老年人设立居住权的一些特点

1. 居住权一般采取无偿设立形式。从立法的价值取向考虑,设立居住权制度主要是为了保护没有住房的弱势群体的利益,主要采取的是无偿方式设立居住权。如果当事人在居住权合同中没有对此进行约定,视为无偿设立。如果所有权人是居住权人的子女,本来就需要承担赡养义务,所以居住权应无偿设立,即老人作为居住权人不需要支任何付经济对价。如果是在养老公寓或养老院中为老人设立长期居住权的情况,应采取有偿设立形式,但一般是采取"以房养老"方式或由其子女承担该费用。

2. 居住权的设立包括合同方式、遗嘱方式、生效法律文书设立等多种方式。合同是设立居住权的主要方式。但在子女为父母设立居住权的情况时,往往是老年人实际占有、使用住宅,一般不会签订书面的居住权合同。从保护老年人的合法权益的角度考虑,建议双方要签订居住权合同并办理设立登记。《民法典》第371条规定可以遗嘱方式设立居住权。为老年人设立居住权采取遗嘱方式大多是老年人在去世前以书面遗嘱的方式为其配偶(包括再婚配偶)设立长期居住权。在纠纷处理时,通过法院出具的判决书或调解书方式设立居住权是常见的情形,但也应办理设立登记手续。

3. 居住权期限一般是长期,如到居住权人去世为止。居住权期限是居住权合同的重要条款,也是列入居住登记证明的事项。为老年人设立的居住权一般是长期,或者期限是到老年人去世为止。如果在居住权合同或遗嘱中没有明确居住权期限,不能因此认定该合同或遗嘱无效,否则不利于保护老年人的合法权益。如果因此发生纠纷,法院应按照有利于老年人的原则进行居住权期限确定,并要求登记机构配合办理居住权设立登记。如果是两位老人一起生活,要待最后一位老人去世,居住权才消灭。

4. 居住权人一般不承担住宅的维修费用,有些不承担相关使用费用。在一般情况下,应由居住权人承担住宅的日常维修费用,并自己支付水、电、煤气、网络等与居住权相关的使用费与物业服务费。但在子女为老年父母设立居住权的情况下存在一定的特殊性,参照《老年人权益保障法》第 16 条第 3 款规定:“老年人自有的住房,赡养人有维修的义务”,此时应由子女来承担维修费用。其原因是房屋所有权人对居住权人有赡养义务。但如果父母愿意自己支付费用或双方另有约定的除外。

5. 房屋所有权人不能单方擅自解除居住权合同。一般双方会在居住权合同中约定居住权解除条件,待条件成就后,当事人一方可以依法解除合同。但如果以老年人为居住权人,无论是老年人的子女还是养老机构作为房屋所有权人不能单方擅自解除居住权合同,使老年人“居无定所”。相反,如果采取有偿方式在养老机构中为老年人设立长期居住权,极有可能会出现老年人不适应这种生活或对养老服务不满,而要求提前解除合同的情况,所以在合同中应进行约定。如果双方协商后自愿提前解除居住权合同的,应尊重老年人自己的真实意愿表示。

6. 居住权人往往与其他人共同生活,如配偶、为其提供生活照顾的人员、需要其抚养的人员。如果是夫妻一起入住养老机构,应将两人都作为居住权人。此外,如果有保姆或护理人员需要照顾老人日常生活的,应列为共同生活人,享有类似的居住权益。如果有需要其抚养或照顾的人员也可以一起生活,如身体有残疾的子女,父母双亡或失去行为能力的孙辈等。

四、对残疾人及其他困难群体的居住条件保障

《残疾人保障法》(2018 年修正)第 48 条中规定:各级人民政府对生活确有困难的残疾人,通过多种渠道给予生活、教育、住房和其他社会救助。县级以上地方人民政府对享受最低生活保障待遇后生活仍有特别困难的残疾人家庭,应当采取其他措施保障其基本生活。

《退役军人保障法》(2020 年)中也有一些与退役军人居住条件保障相关的规定,如第 28 条、第 51 条、第 55 条。

本书认为，对于老年人、未成年人、残疾人、退役军人及其他困难群体（如没有住房的离婚妇女、失去劳动能力的无家可归者）的居住条件，不仅家庭成员与近亲属应予以保障，各级政府与社会各界应给予关心与帮助，其中设立居住权是重要的保障方式。其做法可以有以下几种：一是家庭成员之间设立居住权，如祖父母、外祖父母为其抚养的孙辈无偿设立长期居住权，孙子孙女为祖父母、外祖父母无偿设立长期居住权；二是亲友之间设立居住权，如为身体有残疾、失去劳动能力的兄弟姐妹提供住所并照顾生活，利用闲置的房屋为没有住房的亲戚提供住所，照顾父母去世或者没有抚养能力的亲友的子女并提供住所，房屋所有权人可以为这些需要帮助的困难群体无偿设立居住权的形式提供帮助；三是农村集体经济组织或村民委员会，利用集体所有的房屋，为残疾人、孤寡老人、五保户或有其他特殊困难的农村集体经济组织成员提供住所，可以以设立居住权的方式提供居住条件保障；四是各级地方政府利用公有住房设立居住权的方式为特困群体提供住房，如无房的残疾退役或退伍军人、失去劳动能力的贫困户，一般是采取长期、免费居住的形式。这些都是发挥居住权的保障功能的体现。

2021 年 4 月 26 日，民政部印发《特困人员认定办法》（民发〔2021〕43 号），明确了特困人员的认定条件：同时具备以下条件的老年人、残疾人和未成年人，应当依法纳入特困人员救助供养范围：(1)无劳动能力；(2)无生活来源；(3)无法定赡养、抚养、扶养义务人或者其法定义务人无履行义务能力。这些特困人员应作为地方政府或社会提供居住条件保障的重点对象。

五、关于老年保姆的居住条件保障问题

此前，在《物权法（草案）》讨论过程中，江平教授曾提出过保姆居住权的问题。他举例说，他家有个老保姆，他就此联想到，当前城市里有很多老保姆，如果雇用她们的老雇主去世后，下一代很可能不会继续雇用她们，那么老保姆们就没有地方住了。因此，江平教授提出应该在《物权法》中设立居住权，确保老保姆能免费继续住在原雇主家，直到去世。后来，这一例子成为反对居住权入法者批评的理由，认为为保姆设立居住权是居住权制度适用面窄、实用性不大的一个理由。

从现有案例来看，很少有为保姆设立居住权引起的诉讼案例。在此前一些报道中，曾出现过为保姆设立居住权的案例，有的以调解方式解决纠纷。如《上海法治报》2017 年 8 月 29 日曾以《东家去世　保姆索“永久居住权”》为题报道了一则

相关事件。但从长远来看，以后可能会出现老年人在遗嘱中为保姆设立居住权的情况，甚至产生纠纷。

第二节　对离婚妇女与未成年人居住条件的保障

一、此前离婚纠纷处理中关于妇女居住条件保障的依据

1993 年 11 月 3 日发布的最高人民法院《关于人民法院审理离婚案件处理财产分割问题的若干具体意见》（已失效）第 14 条规定，婚姻存续期间居住的房屋属于一方所有，另一方以离婚后无房居住为由，要求暂住的，经查实可据情予以支持，但一般不超过两年。无房一方租房居住经济上确有困难的，享有房屋产权的一方可给予一次性经济帮助。

在 1996 年 2 月 5 日最高人民法院《关于审理离婚案件中公房使用、承租若干问题的解答》（已失效）中，也体现对离婚妇女的居住条件保障。例如，对夫妻双方均可承租的公房，应依照下列原则予以处理：（1）照顾抚养子女的一方；（2）男女双方在同等条件下，照顾女方；（3）照顾残疾或生活困难的一方；（4）照顾无过错一方。再如，离婚时，一方对另一方婚前承租的公房无权承租而解决住房确有困难的，人民法院可调解或判决其暂时居住，暂住期限一般不超过两年。离婚时，一方对另一方婚前承租的公房无权承租，另行租房经济上确有困难的，如承租公房一方有负担能力，应给予一次性经济帮助。

当时，我国还没有开始市场化的住房制度改革，城市、城镇居民大多住在单位分配的住房或者承租单位的公房。承租公房区别于一般的房屋租赁，承租人对公房不仅有占有与使用权，还有一定的收益权（大多可以转租）与处分权（一般可以继承），权能性质类似于所有权。离婚时对公有住房承租权的做法，类似后来对房屋所有权的处理。这在《妇女权益保障法》第 48 条中还有一定的体现。随着住房制度改革的推进与基本完成，对公有住房承租权的处理在离婚纠纷中已经明显减少了。

《婚姻法》（已失效）第 42 条规定："离婚时，如一方生活困难，另一方应从其住房等个人财产中给予适当帮助。具体办法由双方协议；协议不成时，由人民法院判决。"此后 2001 年 12 月 24 日通过的最高人民法院《关于适用〈中华人民共和

国婚姻法〉若干问题的解释(一)》(已失效)第27条第3款规定:“离婚时,一方以个人财产中的住房对生活困难者进行帮助的形式,可以是房屋的居住权或者房屋的所有权。”法院按照此条解释在一些离婚纠纷案件中,判决要求获得房屋所有权的一方为抚养孩子的无房一方(通常是女方)设立居住权。但以前法院判决的是居住权益,不是《民法典》意义上的居住权。只有办理了居住权设立登记,才能成为物权意义上的居住权。

在离婚纠纷处理中,对于离婚经济帮助的标准与方式,最高人民法院的主要态度为:离婚经济帮助的“具体办法由双方协议;协议不成的,由人民法院判决”。符合离婚经济帮助情形的,双方可以自行协商,确定提供经济帮助的标准和履行方式等。双方不能达成一致的,人民法院应当根据法律规定和案件实际情况,参考男女双方的财产状况、经济能力、当地生活水平、履行便利等因素,以充分保障生活困难一方的基本生存权益、满足其实际生活需要为目的,确定经济帮助的标准、数额及方式。经济帮助的方式,可以根据双方当事人实际情况的不同,采取现金帮助、劳务帮助或实物帮助等形式,还可以视情况采用一次性帮助、定期帮助或住房帮助等其他形式。离婚时,一方没有住房,而另一方有条件可以提供的,可以由其向生活困难方提供住房,这种权利既可以是居住权,也可以是所有权,具体方式应当根据案件实际情况确定。提供居住权的,人民法院可以根据情况对居住权设立一定的期限或条件。男女双方应当按照《民法典》物权编中的用益物权分编第十四章有关居住权的规定,签订居住权合同并办理登记。①

办理居住权设立登记后会对所有权人产生很大的权利限制,尤其是难以办理抵押,房屋转让价值受到明显的减损。而且,此前法院判决设立居住权的某些做法也存在一定的争议,所以需要更加谨慎地处理。2021年1月1日起施行的最高人民法院《关于适用〈中华人民共和国民法典〉婚姻家庭编的解释(一)》中已经没有了类似“以设立居住权形式提供离婚经济帮助”的内容。由此可见,最高人民法院对离婚纠纷案件中判决设立居住权的问题比较谨慎,需要在今后发布的司法解释中予以明确。

---

① 最高人民法院民法典贯彻实施工作领导小组主编:《中华人民共和国民法典婚姻家庭编继承编理解与适用》,人民法院出版社2020年版,第326-327页。

二、对妇女与未成年人的居住条件保障的相关法律规定

《民法典》对妇女、未成年人的权益保障的原则主要有两处：一是第128条规定的："法律对未成年人、老年人、残疾人、妇女、消费者等的民事权利保护有特别规定的，依照其规定。"该规定为《妇女权益保障法》《未成年人保护法》的相关规定提供上位法的依据。二是在第五编"婚姻家庭"第1041条第3款规定的："保护妇女、未成年人、老年人、残疾人的合法权益。"

《妇女权益保障法》(2018年修正)第七章"婚姻家庭权益"中规定：

第四十七条　妇女对依照法律规定的夫妻共同财产享有与其配偶平等的占有、使用、收益和处分的权利，不受双方收入状况的影响。

夫妻书面约定婚姻关系存续期间所得的财产归各自所有，女方因抚育子女、照料老人、协助男方工作等承担较多义务的，有权在离婚时要求男方予以补偿。

第四十八条　夫妻共有的房屋，离婚时，分割住房由双方协议解决；协议不成的，由人民法院根据双方的具体情况，按照照顾子女和女方权益的原则判决。夫妻双方另有约定的除外。

夫妻共同租用的房屋，离婚时，女方的住房应当按照照顾子女和女方权益的原则解决。

这两条规定的主要内容后被《民法典》吸收，主要体现在《民法典》第1087条与第1088条中。

对未成年人的权益保护主要体现在《未成年人保护法》中，但其中的条款大多是引导性规范而非强制性规范。其中"未成年人是指未满十八周岁的公民"，对未成年人的权益保障一般应是其父母或者其他监护人，作为监护职责的一个重要内容。同时，该法规定对各级人民政府及其有关部门对未成年人的权益保护，如第91条规定，"各级人民政府及其有关部门对困境未成年人实施分类保障，采取措施满足其生活、教育、安全、医疗康复、住房等方面的基本需要"。这说明住房条件保障是日常生活保障的重要内容。

在父母健在而且具有完全民事行为能力的情况下，未成年人一般是与父母共同生活，居住条件保障作为监护职责的其中内容自然由父母承担；在父母亡故或者失去民事行为能力的情况下，未成年人一般是与其他监护人一起生活，虽然生活受到影响，但其居住条件也会得到一定的保障；如果是孤儿或查找不到生父母

的未成年人，由政府设立的儿童福利机构来抚养或被他人收养，并提供住处，其居住条件也会得到较好的保障。现实中，需要重点考虑的是父母离婚后由父母其中一方抚养的儿童的居住条件保障。如果抚养儿童的父母一方有住房，其居住条件也会得到保障。但如果父母双方都没有住房，或者抚养儿童的父母一方没有住房的情况，需要进行区别的分析。如果离婚时，男女双方都有住房，可以作为抚养子女的经济条件；如果一方有住房，另一方没有住房，有住房的一方可以提出作为具备抚养子女的经济条件之一，但没有住房的一方并不意味着不具备条件并可以将之作为要求获得经济帮助的理由。

三、《民法典》施行后对离婚纠纷处理时设立居住权的做法

《民法典》施行后，离婚纠纷案件处理中可能也会涉及设立居住权问题。本书认为要根据具体情况区别对待，具体如下：

1. 如果双方协议离婚同意将房屋赠与子女，应及时办理房屋所有权的转让登记手续；如果在住宅上为其中一方或双方设立居住权，并明确居住权人的基本信息、住宅的位置及设立的区域与面积、居住权期限、居住权的条件与要求，可以在离婚协议书中写明或另外签订居住权合同，并及时办理居住权设立登记。

2. 如果双方协议离婚，在一方单独所有的住房为另一方及子女设立居住权的，或在双方共有的住房上为子女设立居住权并同意另一方与子女共同居住的（可以为另一方也设立居住权），应签订居住权合同并及时办理居住权设立登记。双方共有的住房，可以等居住权期限届满、办理居住权注销登记后，再办理财产分割手续。与居住权人共同生活的人要尽量明确，如孩子、抚养孩子的父母一方或其他帮助照顾生活的人员（祖父母、外祖父母或保姆）。

3. 如果是在法院主持下达成离婚调解协议，双方有设立居住权的意思且意思表示真实的，法院应尊重当事人的意愿，允许并可以将相关内容写入调解书中，并由双方签订居住权合同并及时办理居住权设立登记；如果调解书送达后有一方反悔，另一方可以申请法院强制执行，法院可以要求登记机构配合办理居住权设立登记手续。

4. 在离婚纠纷处理中，如果法院经审判后认为有负担能力的一方应对生活困难的另一方给予适当帮助，但有负担能力的一方不愿意以设立居住权的形式对对方提供帮助的，法院一般不能以判决形式设立居住权，避免产生新的纠纷。法院

可以判决一方以提供经济帮助的形式,这样才比较稳妥。

5. 在离婚纠纷处理中,如果当事人一方提出要求对方为自己设立居住权的诉讼请求,法院经查实后确认该当事人确实没有其他住处而且生活困难或患有重大疾病、丧失劳动能力的,另一方不愿意提供其他形式的经济帮助但有两套及以上的住宅,法院可以判决要求有负担能力的另一方为该方提供合适的住宅并设立一定期限的居住权。

需要说明的是,如果当事人协议离婚,只要不损害第三人的合法权益,双方可以约定房屋的产权归属及是否设立居住权;如果经法院调解后离婚,法院应查明拟设立居住权的住宅产权归属,在尊重当事人的意愿的前提下,提出设立居住权的具体方案并帮助双方签订居住权合同;在处理离婚纠纷时,对是否设立居住权及如何设立,法官在处理时应当谨慎,司法解释也应限制审理法官的自由裁量权。

四、对“最有利于未成年子女的原则”的理解与灵活适用

离婚时子女抚养问题,主要按照《民法典》第 1084 条第 3 款的规定:“离婚后,不满两周岁的子女,以由母亲直接抚养为原则。已满两周岁的子女,父母双方对抚养问题协议不成的,由人民法院根据双方的具体情况,按照最有利于未成年子女的原则判决。子女已满八周岁的,应当尊重其真实意愿。”此外,还可以适用最高人民法院《关于适用〈中华人民共和国民法典〉婚姻家庭编的解释(一)》第 44 条至第 48 条的规定。

本书认为,“最有利于未成年子女的原则”不仅适用于离婚时子女抚养问题,而且适用于对未成年人居住条件保障上。

此前比较常见的情况是:双方将共有的房屋赠与未成年子女,并为夫妻中其中一方或双方设立居住权。如果一方实际占有、使用该住宅,未成年子女获得仅是“空虚所有权”,有房屋的产权却无法支配。而且,经常发生因父母一方反悔不配合办理房屋所有权转让登记手续而引起的纠纷。

在离婚纠纷案件中,还有一种比较常见的情况:夫妻双方共有且仅有一套住房,如果进行分割,一般要是产权归属一方但为另一方提供经济补偿。现实中,产权归属方可能没有经济能力提供给另一方,要分期支付或者将房子变卖、拍卖,容易产生新的纠纷,导致离婚案件很难处理。如果双方有未成年子女,可以在离婚协议中约定,房子暂时不进行分割,由双方继续共有,但为未成年子女设立居住权

并办理设立登记，居住权期限至孩子成年并具有独立生活能力为止，直接抚养孩子的父母一方可以与孩子一起继续居住在该住宅内（可以为另一方也设立居住权）。等孩子成年并有独立生活能力后可办理居住权注销登记手续，父母双方再行协商共有房产的处置。

在离婚纠纷案件处理时，法院可以判决要求不直接抚养儿童但有一定经济能力的父母一方，为未成年子女提供住房并设立居住权、或租赁并提供相应条件的住房，或提供一定的房屋租赁费用，是比较合理且可行的做法，比原来的做法“以为另一方设立居住权形式提供经济帮助”更加具有合理性。作为直接抚养儿童的父母一方，自然有权与未成年子女一起生活并承担监护职责。

是否设立居住权及期限长短，要考虑双方是否有未成年子女，孩子是否与居住权人一起生活。因为孩子与一方一起生活，另一方为未成年子女设立居住权，也实质保障了该方的住房条件。此外，也可以由住宅产权归属的一方为另一方与未成年子女共同设立居住权。

总之，居住权制度可以为离婚妇女及其由其直接抚养的子女的居住条件保障提供支持，父母将自己所有的住宅为未成年子女设立居住权符合法律规定的“最有利于未成年子女的原则”，是比较合理、可行的做法。

第三节　单位为员工设立居住权的相关问题

一、单位将自有住宅提供给员工使用中存在的问题

我国经过20世纪90年代末开始的“房改”后，大多数住宅属于家庭或个人所有。但还是存在一些特殊情况：一些国有单位（如高校、医院、科研机构、公益性事业单位、国企等）在国家划拨的土地上建造住宅提供给单位员工及其家庭成员居住；一些企业利用厂区建造的职工宿舍提供给员工居住；一些企业自己出资购买的住宅提供给员工居住，一般是免费或低价出租形式。在这些情况下，实际居住人一般只享有占有与使用权，而没有收益与处分权。

在单位将拥有完全产权的住宅（包括员工宿舍，下同）提供给员工使用中存在的一些问题如下：

1. 对权利性质的认定不是很明确，以前称为公房承租权或房屋使用权。有些

单位将住房提供给单位员工使用,只是收取低于市场价的租金或很少的费用,而且大多也是用于物业管理或房屋维修上,并没有从中获利,区别于一般的房屋租赁行为。

2. 住房可以互换,承租权可以变相继承。在以前,国有单位将公有住房提供给员工使用时,往往允许或默许这些情况:单位员工之间可以互换住房,只要到单位的房屋管理部门备案一下即可,即使没有备案也不会因此被剥夺权利;单位员工去世后,其家属可以继续居住该住房内,实际上是变相地继承了承租权。

3. 住房可以转租。在实践中,单位一般不会明确规定员工可以转租其实际使用的公有住房,但也经常出现私下转租的情况,如高校教师在校区中有宿舍,但自己不住,将宿舍租给学生去住。

二、居住权制度可能产生的影响及相关问题

(一)居住权制度可能产生的影响

此前,因为法律没有明确规定,所以按照传统做法,单位对是否提供住房、提供多大面积住房、享受优惠租房的对象与条件、提供多长期限等,一般是用内部规章制度的方式来规定,即使签订协议,也不会去进行登记备案。

《民法典》创设居住权制度主要是为了保护居住权人的利益。以后,很有可能会出现单位员工要求单位签订居住权合同,并办理居住权设立登记。从权利保护的角度看,这是可行的。但现实中存在一些困难:单位一般比较强势,即使给员工提供免费、长期的住房,也不愿意办理居住权设立登记。但一旦员工与单位发生纠纷,可能会以此为由,要求单位补办设立登记手续,或者提供经济补偿,这是需要引起注意的问题。此外,一些单位为了留住有贡献的员工让其安心,在无法提供购房补贴的情况下,为部分员工设立居住权并办理设立登记。所以,有必要研究居住权制度对这种情况的影响,以及如何妥善处理。

(二)设立方式与居住条件及要求

在实践中,单位将住房提供给员工使用,一般是有条件的。如经济条件方面,需要员工自己负担水、电、燃气、取暖等使用费用与物业服务费;有些需要员工承担房屋的一般维修费用。如果单位没有以获利为目的,即使收取了少量费用用于房屋维修或支付水电费,也应该视为居住权采取无偿设立形式;但如果单位收取

的费用较多,应该采取有偿设立形式。

单位一般会对享受优惠居住待遇的员工规定一定的条件。例如:一定层级的高级管理人员可以住成套住房,达到一定级别的员工可以住单间宿舍,普通员工只能住集体宿舍等。有些还要根据其在单位的工作年限、对单位作出的贡献大小来定。

此外,单位往往要对这些享受优惠居住待遇的员工提出一定的要求,如承诺在单位工作一定的时间。并且,如果员工自己购房后,一般应退出单位提供的住房;如果员工从单位离职,也不能继续享受优惠待遇。

以上对设立方式与居住条件及要求的约定内容,应写入居住权合同中,也可以作为劳动合同的组成部分。

(三)居住权期限问题

居住权合同中一般要清楚、明确地约定居住权期限,这是需要列入居住权登记证明的内容。可以分为两种类型:

1. 固定期限。即明确具体的时间,如 3 年、5 年、10 年,并明确具体的起止时间或计算方式,一般到年月日。这种情况,一般对公司的资深员工或者重要的技术骨干、高级管理人员适用。同时,一般应明确合同解除条件。如居住权人从单位离职,单位可以提前解除居住权合同并办理居住权注销登记。

2. 不固定期限。例如,约定到居住权人从单位离职为止,约定居住权人自己购房并交付适用后为止等。此期限是不固定的,适用于普通员工,也适用于上述的其他员工。但在办理居住权设立登记时,可能会遇到一定的麻烦,因为登记机构一般会要求明确具体的期限。

三、完善单位将自有住宅提供给员工使用做法的建议

为了完善单位将自有住宅提供给员工使用的做法,本书提出如下建议:

1. 采取书面的合同方式。目前,单位将自有住房提供给员工使用,很多是按照内部文件规定,没有采取签订书面合同方式,不仅容易产生纠纷,而且收取费用也缺少依据。如果税务部门将此收取的费用作为租金计算,企业将可能面临逃税的处罚。如果单位与员工之间签订的是居住权合同,即使收取部分费用,也可以用物业服务费、水电费等来抵扣,不存在以上被查处的风险。

2. 为部分员工设立居住权。开始阶段,企业一般不会为员工办理居住权设立登记。尤其是普通员工,流动性较大,即使设立也期限不长,办理手续比较麻烦,可以采取借住或出租方式处理。但对于公司的资深员工或者重要的技术骨干、高级管理人员,如果公司为了留住有贡献的员工让其安心,在无法提供购房补贴的情况下,可以为部分员工设立居住权并办理设立登记。此外,单位可以为家庭在外地、在本地尚未购房的员工提供一段时间的居住权,也可以为没有住房的老员工设立居住权使其安心工作。

3. 在合同中明确权利限制与违约责任。考虑到以前在国有单位将公有住房提供给员工使用时,存在变相转租或继承权利的情况,单位应该在居住权合同中明确相关的权利限制条款,如该住宅的居住权不能转让、继承;居住权人不得将该住宅出租或者借用给第三方;居住权人不能占用公用区域。并且要在合同中明确,如果居住权人违反以上的权利限制或相关约定,单位有权提前解除居住权合同并办理居住权注销登记。

4. 在合同中明确居住的条件与要求。单位可以在居住权合同中约定一定的条件与要求:居住权人承诺在单位至少工作多长期限(一般与居住权期限相同或更长);居住权人自行负担水、电、燃气、采暖等使用费用与物业服务费;居住权人自行承担房屋的一般维修费用;居住权人不得利用该住宅从事经营活动或者非法活动;居住权人不得允许未经单位同意的其他人共同居住;居住权人应合理使用该住宅,不得损害该住宅的质量与安全。

5. 在合同中对居住权期限有合适的写法。如果采取固定期限,一般应约定单位可以提前解除合同的条件;如果采取不固定期限,应写清楚认定期限届满的方式,如居住权期限到员工离职。

6. 及时办理居住权注销登记。在居住权期限届满后,应及时办理居住权注销登记手续。但有时候,会出现员工与单位的关系僵化后不愿意配合办理登记手续的情况,所以,单位除了在合同中对居住权期限有合适的写法外,还要提供有员工签字的离职证明或辞职报告、单位出具的开除证明等书面材料,这样单位可以单方提出申请办理居住权注销登记,登记机构才会办理手续。

第四节　在公有住宅上设立居住权的相关问题

一、对公有住宅的性质探讨与使用权限制

公有住宅，是指由国家（中央政府或地方政府）以及国有企业、事业单位投资兴建、销售的住宅，在住宅未出售之前，住宅的产权归国家或单位所有。在20世纪90年代以前，我国的公有住宅大多是采取租用性质，由拥有房屋所有权的单位或进行公有房产管理的部门将住宅按照一定的条件低价出租给政府公务员、事业单位员工或国有企业的员工等特殊群体，作为一种住房福利政策。我国在20世纪90年代末进行"房改"，将大多数公有住房出售给符合条件的上述特殊群体，在补交一定的费用（主要是土地使用权费用与建造成本）后，办理房屋所有权证与土地使用权证，使其成为私人所有。本节所指的公有住宅，主要是各级地方政府建设的、面向本地居民进行出售、出租的住宅。

目前，对公有住宅的出售，主要采取低价转让经济适用住房、人才房等方式。经济适用住房指政府为中低收入住房困难家庭所提供的限定标准、限定价格的住房，这种类型的住房有别于完全由市场形成价格的商品房。人才房主要面向机关、事业单位、大专院校、科研院所、企业等各行各业的人才，出售价格一般也明显低于同地段的商品房市场价。

对公有住宅的出租，主要采取廉租方式。近二十年来，各地政府新建、改建、收购了一批公共租赁住房，将其作为保障性住房以比较低廉的价格出租给符合规定条件的城镇中等偏下收入住房困难家庭、新就业无房职工和在城镇稳定就业的外来务工人员。但在公有租赁住房的权利行使上有一定的限制，与以前的公房承租权有所区别。

二、在公有住宅设立居住权的必要性与可行性

公共租赁住房廉租的做法，确实解决了很大部分低收入群体的住房困难问题。但还是存在一定的不足：一是需要轮候。一般是符合条件的人先提交申请，参加轮候。主管部门对登记为轮候对象的申请人进行审查，在轮候期内安排公共租赁住房。复审通过的轮候对象中享受国家定期抚恤补助的优抚对象、孤老病残

人员等,可以优先安排公共租赁住房。办理廉租一般需要轮候,有一定的等待期,难以解决马上需要安排住房的特殊情况。二是需要缴纳一定的房租。虽然房租比较低廉,但对于一些特殊困难的人群,还是一定的经济负担,可能也难以承担。

所以,在政府的保障房中,还需要留有部分房屋作为需要特殊安排的、无偿形式提供的住房。居住权为此做法提供了制度支持的可能。公有住宅作为住宅的一种类型,存在设立居住权的可能性。

本书认为,在以下一些情况下,存在公有住宅上设立居住权的必要性:(1)为解决特殊困难的弱势群体居住需要(如无房的残疾退伍军人、孤寡老人、失去劳动能力的无家可归者),一般是采取长期居住的形式;(2)因意外失火、地震、台风等灾难天气等特殊原因导致住宅灭失或严重损毁的特殊困难人员,需要马上安排住处,一般是采取短期居住的形式;(3)为征收设有居住权的住宅需要,为居住权人提供一段时间的过渡房,直到找到新的住处。

有观点认为,对于住宅承租人特别是租赁期限较长的公租房,可以允许承租人经所有权人同意为他人设立居住权。公租房的承租人对住宅享有长期稳定的权利,因而更类似于所有权而非承租权。为更大限度地发挥居住权的住房保障功能,理论上固然可以探索由公租房人设立居住权,但在现有公租房关于承租人资质、租赁期限等相关制度的限制下,承租人设立居住权的作用能够发挥几何,有待实践进一步检验。对于一般承租人,由于其仅为债权人,不宜允许其就承租住宅设立居住权。①

三、在公有住宅上设立居住权与提供廉租的做法比较

在公有住宅上设立居住权与公共租赁住房廉租的做法有一定的相似性但又有区别。主要的相似性在于两种做法都是提供带有一定福利待遇的住房使用权。主要的区别有以下几点:一是是否有偿。公共租赁住房廉租虽然租金较低,但承租人还是支付了一定的经济代价;在公有住宅上设立居住权一般是采取无偿方式。二是是否参加轮候及条件不同。符合公共租赁住房廉租条件的群体人数在社会上可能较多,所以需要参加轮候;但符合在公有住宅上无偿设立居住权的条件的群体人数比较少,一般是"特事特办",不需要参加轮候。三是退出机制不

① 叶阳:《民法典居住权制度的若干问题》,载《人民司法》2020 年第 34 期。

同。公共租赁住房廉租的退出条件一般是经济状况改善，或通过购买、受赠、继承等方式获得其他住房并不再符合公共租赁住房配租条件的；在公有住宅上设立的居住权撤销的条件一般是居住权人的特殊困难已经得到解决或者找到合适的其他住处，另外还需要办理居住权注销登记。

四、对在公有住宅上设立居住权的操作要求

在公有住宅上设立居住权，做法类似其他居住权设立的做法，但也有一定的区别：

1. 经过行政审批程序后签订书面形式的居住权合同。根据公有住宅的属性，设立居住权需要经过一定的行政审批程序，经评审同意后，才能签订书面形式的居住权合同。参照《公共租赁住房管理办法》第 16 条第 1 款“配租对象选择公共租赁住房后，公共租赁住房所有权人或者其委托的运营单位与配租对象应当签订书面租赁合同”的规定，居住权合同的签约双方应该是公有住宅的所有权人或者其委托的运营单位与居住权人。

2. 对适用群体范围要严格限制，防止权力腐败。因为在公有住宅上设立居住权一般采取无偿设立形式，是政府提供给特殊群体的特殊福利待遇，其优惠程度要高于公共租赁住房廉租。所以对符合条件的群体要求应该更加严格，一般至少要符合公共租赁住房廉租的申请条件，而且具有生活更加困难或者获得住房时间要求更加迫切等特殊情况。如果允许公共租赁住房的运营单位可以自行决定人选，容易因为权力寻租造成腐败行为。所以，当地政府应该制定规则明确无偿设立居住权的适用群体的范围，要进行严格限制，对符合条件人员的审核要比较谨慎，必要时要设置公示程序。

3. 一般采取无偿设立形式但要有一定的条件与要求。对于一般的生活困难或者没有住房的群众，地方政府可以采取公共租赁住房廉租的做法予以帮助。如果设立居住权采取有偿设立形式，要求居住权人提供一定的经济对价，其实质与公共租赁住房廉租的做法是一样的，也就没有必要设置了。所以，在公有住宅上设立居住权，一般采取无偿设立形式，但可以在居住权合同中约定“物业服务、水、电、燃气、取热等相关费用由居住权人缴纳”。此外，可以要求居住权人承担一定的条件与要求，例如，为因特殊原因导致住宅灭失或无法居住的特殊困难人员设立短期的居住权，期限一般是到其找到新的住处时为止；为征收设有居住权的房

屋需要而利用公有住房为原居住权人设立短期的居住权,期限一般是到原房屋所有权人为居住权人设立新的居住权或找到其他住处时为止。

4. 进行一定的居住权期限限制与权利限制。如果允许居住权人长期居住公有住房,实际上就是变相地允许其占用公共资源。除了没有住房、存在特殊生活困难且无力支付房租的弱势群体可以采取长期居住的形式,其他在公有住房上设立居住权的情况,一般是采取短期或者不固定期限的方式,要有一定的期限限制,并明确居住权期限提前终止的情形。此外,除了法律规定的不得转让与继承以外,还要对居住权的权利进行一定的限制,可以参考《公共租赁住房管理办法》第27条规定,在居住权合同中进行相应内容的约定。此外,如果居住权人获得通过购买、受赠、继承等方式获得其他住房,承租或者承购其他保障性住房,或者有他人为其设立了新的居住权,也应及时腾退公有住房。

5. 及时办理居住权注销登记。在公有住宅上设立居住权,一般采取短期方式。如果居住权期限届满或者出现导致居住权期限提前终止的情形,居住权消灭。为了提高公有住宅的使用率,尽量减少空置情况,所以要及时办理居住权注销登记。考虑到有可能出现居住权人不配合办理手续的情况,公有住宅的所有权人或者其委托的运营单位可以持当地政府相关部门作出的决定书到不动产登记机构办理居住权注销登记。

第五节　居住权的功能拓展与养老模式的变化

根据2021年5月11日公布的第七次全国人口普查结果,全国人口共141,178万人,其中60岁及以上人口为26,402万人,占18.70%(其中,65岁及以上人口为19,064万人,占13.50%)。由此可见,我国人口老龄化程度进一步加深,以后在养老方面将面临较大的压力。在我国的普通家庭中,住宅是最重要的资产。如何在保障老年人的居住条件的基础上,充分利用好住宅这一重要资产,为老年人的养老提供资金保障,是今后需要积极探索的养老模式。本书认为,居住权制度可以为“以房养老”提供重要支持。

一、“以房养老”的试点与以前做法中存在的问题

近年来,我国开始逐步兴起“以房养老”的试点,但发展速度并不快。在2011

年召开的全国社会养老服务体系建设推进会上，民政部提出将试推出“以房养老”。“以房养老”有多种形式，既包括住房反向抵押贷款、房产养老寿险等金融参与模式，也包括售后租回、租房入院、换房、赠房养老等非金融参与模式。其中住房反向抵押贷款在国外比较常见，是指达到一定年龄且拥有住房所有权的老年人，在保留居住权的前提下，把住房抵押给银行、保险公司等金融机构，后者经综合评估，一次性或定期发放给房主一笔贷款用于养老，直到房主去世为止。房主去世后，房屋产权由金融机构获得，可以进行销售、出租或者拍卖，所得收入用来偿还贷款本息，这是解决老年人“有房产、无现金”问题的有效手段。在经济发达国家，住房反向抵押贷款业务的各项制度已比较完善，为保障老年人晚年生活水平起到很大的作用。①

2013 年 9 月，国务院印发《关于加快发展养老服务业的若干意见》，明确提出“开展老年人住房反向抵押养老保险试点”。2014 年 6 月，原保监会正式公布《关于开展老年人住房反向抵押养老保险试点的指导意见》（保监发〔2014〕53 号），宣布自 2014 年 7 月 1 日起，在北京、上海、广州、武汉开展住房反向抵押养老保险试点，该业务被称为保险版“以房养老”。2015 年 3 月，首款保险版“以房养老”产品“房来宝”由幸福人寿正式推出，但整体影响力有限，老百姓接受度不高。银保监会在 2018 年 7 月 31 日印发《关于扩大老年人住房反向抵押养老保险开展范围的通知》，将老年人住房反向抵押养老保险从此前的试点扩大到全国范围开展。

但是，保险版“以房养老”试点的效果并不理想，多数人对“以房养老”依然不甚了解，在一些人眼中，甚至成为“骗局”的代名词。主要表现为：(1)阻碍大，误解多——公众接受程度较低。截至 2018 年 10 月底，全国选择住房反向抵押养老保险的老年人仅有 117 户 172 人。由此可见，住房反向抵押养老保险这一模式的适用群体比较小众。此外，传统观念、利益纠纷、诈骗案件导致的社会负面影响等也是阻碍老年人接受“以房养老”的重要因素。(2)看淡市场，顾虑房价——金融机构参与热情不高。只有幸福人寿和人保寿险两家公司开展了此项业务，而截至 2018 年 10 月底，人保寿险还没有出单。大部分保险公司还处于观望中。(3)稳定预期，疏通环节——政策亟待完善。相关政策对于“以房养老”模式如何发展有着重要影响。在房价、抵押登记、房产处理等环节，政策都发挥着关键作用。开

① 崔太平、徐长林：《民法典将助推“以房养老”事业的大力发展》，载微信公众号“恒通评估”2020 年 11 月 25 日。

展该业务过程中,保险公司面临着一些法律风险亟待解决,比如,抵押房产处置的风险等。

本书认为,保险版"以房养老"没有推广开来有很多的因素,如老年人观念短期内难以改变,风险较多导致金融机构的积极性不高。其中,在法律制度层面上也存在一定的障碍:一是老年人对将其房产抵押给保险公司后,自己能否在原来住宅里长期居住存有疑虑,很多老年人有这样的误解:参加了住房反向抵押养老保险,就不能住在自己房屋里了,甚至最终可能导致他们流离失所。二是保险公司需要等老年人去世后,才能获得抵押房产处分权,此前要向老年人持续多年支付相应养老金贷款直至老年人去世。回报周期很长(至少10年),前期资金积压严重,而且对以后房价的预期与政策的变化存在很大的不明确性,极有可能会出现亏损。所以,保险公司大多对此也是持观望态度。

"以房养老"还有其他形式,如售后租回模式。由老年人将房产出售给金融机构,获取定期的金钱给付,并将该房屋租回自己居住。金融机构可以直接获得房屋的所有权,风险较小。但由于老年人只能售房后获得债权,因而对老年人而言有较大风险。不少老年人在同意设置该模式后,又反悔并要求终止合同,这说明这种模式不能形成长期稳定的机制。①

随着我国社会老龄化速度加快,养老问题会越来越突出,从长远来看,"以房养老"模式的需求还有待挖掘。除了住房反向抵押贷款与售后租回模式,各种可以把房产转换成养老资源的方式今后会越来越多。如在2007年,上海公积金管理中心曾试推出过一种叫作"住房自助养老"的创新型"以房养老"模式。与反向住房抵押贷款不同的是,上海模式从一开始就变更了房屋产权人。其基本模式为:老年人将自有产权房屋出售给上海市公积金管理中心,并选择在有生之年仍居住在原来房屋内,出售房屋所得款项在扣除房屋租金、保证金及相关交易费用后全部由老年人自由支配使用。

二、居住权制度可以为"以房养老"提供重要支持

住房反向抵押贷款是在家庭养老与社会养老基础上的一项制度创新,该制度有利于盘活老年人的房产,是实现个人经济资源优化配置的积极探索。这种模式

---

① 王利明:《论民法典物权编中居住权的若干问题》,载《学术月刊》2019年第7期。

在国外很常见,在国内却很难推行开来,老年人的主要顾虑之一就是担心房子办理抵押后自己不能继续住在自己的房屋中了。即使签订了书面协议,出于对保险机构的不信任,老年人也会认为其法律效力弱,普遍对此有担心。"以房养老"涉及三大风险,即预期寿命不确定、房屋价值不确定和利率水平不确定。以前,这三大风险都由金融机构承担,所以积极性不高。

本书认为,我国《民法典》创设的居住权制度可以为"以房养老"做法提供制度支持,并产生新的商业模式。依据这一制度,老年人可以与相关金融机构达成设定居住权并以房养老的协议,由老年人将其房屋所有权在协议生效后移转给金融机构,金融机构在该房屋上为老年人设定永久居住权,由金融机构根据房屋的价值向老年人进行定期的金钱给付,从而确保其生活质量不下降。由于老年人向金融机构转让房屋所有权的目的在于养老,故在老年人有生之年,金融机构虽可取得所有权,但还不能实际占有该房屋,只有在老年人身故后,金融机构才能享有完整的所有权。老年人在获得一笔充足的养老金的同时,又能够享有居住权,对该房屋进行长期的居住。①

如果房屋产权转移后,老年人的居住权得到充分保障,其居住权的期限直至生命终止,会在很大程度上消除老年人的担忧。如果在办理房屋产权转移的同时,办理设立居住权设立登记获得居住权登记证明,可以让老年人消除部分疑虑。或者金融机构通过另外为老年人安排住处并设立长期居住权。这种做法与"住房反向抵押养老保险"做法有明显区别的是:住房不是采取抵押方式,而是在办理房屋转让登记的同时办理居住权设立登记;老年人获得的不是住房抵押后的贷款,而是转让住房后获得的对价,包括居住权、养老费用及经济补偿等;保险机构可以较早地获得有权处分的房屋所有权。

对于保险机构来说,可以在签订协议后获得房屋所有权。如果保险机构为老年人另外提供住处并设立居住权,可以将获得的房屋进行转让或出租。这样,可以降低房屋价值不确定带来的风险,保险机构需要承担的主要是老年人预期寿命不确定的风险,这在办理该业务人数较多的情况下,风险是可控的。

三、居住权的功能拓展与养老模式的变化

以下主要介绍三种养老模式。

---

① 王利明:《论民法典物权编中居住权的若干问题》,载《学术月刊》2019年第7期。

(一)复星的养老地产模式

星健资本是复星地产旗下大健康领域的全资子公司,围绕健康医养核心产业,以投资加运营双轮驱动方式,提供了一种新型的养老模式,其本质是将地产开发与养老服务结合起来。如该公司在华东地区首个市中心高端养老项目——宁波星健兰庭项目,定位为高端养老项目。星健兰庭地处姚江岸,与宁波第九医院相邻,将医疗环节嵌入到养老产业之中。其对外宣传是“40 年产权养老公寓”,说明其用地性质是商业、旅游、娱乐用地。因为不是居住用地性质,所以无法为居住者办理房屋所有权证书。

星健兰庭占地面积约 2.87 公顷,建筑面积约 6.7 万平方米,地上部分由 8 栋建筑组成,配备养老公寓约 700 套,护理床位约 300 张。养老院采用适老化的设计原则,按长者生活规律和习惯设计,并配备适合老年人的食堂、活动室等配套实施。

在入住费用方面,星健兰庭参照高尔夫会员制,采用会员制养老模式,年长者购买会籍后即享健康公寓长久使用权,同时可以免费使用公共活动场所,会籍可转让、可继承。入住费用包括会员费、服务费和餐饮费,会员费根据所选择户型的不同而有所差别,$48m^2$ 户型收费为 60 万元,$70m^2$ 户型收费为 90 万元,$90m^2$ 户型收费为 120 万元,会员费要求一次性付清。服务费为人均 2500 元/月,包含物业、每周入户打扫、健康服务及配套设施使用等费用,餐饮费则为人均 1000 元/月。目标客户主要是来自宁波市内退休工资人均 5000 元以上的退休老师和退休公务员,此外还有一些企事业退休人员。①

在该项目开始运营时,《民法典》还没有发布,所以入住协议中没有使用居住权的概念。运营方一次性收取了数额不菲的会员费,为老年人提供公寓长久使用权,同时可以免费使用公共活动场所。这部分费用可以被理解为老年人出资购买了公寓的“长久使用权”,但无法办理产权登记。其性质应该类似于居住权,设立方式是有偿设立。这与居住权的差异在于没有办理居住权设立登记,但该“会籍可转让、可继承”。除此以外,老年人还要定期缴纳服务费,运营方为老年人提供餐饮、体检、物业、卫生等服务。

---

① 以上内容参见 https://www.sohu.com/a/239225146_100110125,2021 年 11 月 30 日最后访问。

（二）泰康的人寿保险与养老社区结合模式

泰康保险集团股份有限公司成立于1996年，总部位于北京，是一家涵盖保险、资管、医养三大核心业务的大型金融保险服务集团。该公司于2009年经保监会批准，获得养老社区投资试点资格，目前已发展成为国内最大的连锁养老机构，完成了国内15个城市的大型连锁医养社区和康复医院的布局。“泰康之家养老社区”是由泰康人寿保险股份有限公司下属泰康之家（北京）投资有限公司投资打造的高端医养活力社区。养老社区引入国际CCRC养老模式，采用“1 + N”的全方位服务模式，并配备了专业康复医院和养老照护专业设备。

这一模式的商业创新之处是将养老保险、健康保险与养老社区结合，以养老社区为载体，整合上游保险产品和下游针对老年人的服务产品。由泰康人寿保险股份有限公司推出的“幸福有约终身养老计划”，是由该公司指定的保险产品与泰康之家养老社区相结合的一款养老计划。购买了该产品的保险客户可以获得入住养老社区的确认函，即入住资格。被保险人或投保人可以保证入住，但不能保证户型、楼层及房号。投保人的父母及其配偶的父母有优先入住权。要入住养老社区，不仅保险合同要有效，而且要达到社区入住年龄：女性55岁、男性60岁。入住费用主要包括以下四部分：入门费20万元；乐泰卡按照面积不同有所区别；按照人员数与面积收取不同数额的现房月费；此外，还有保险行权月费，与人员数与面积也相关。保证入住权需缴费期届满或已交保费大于200万元后行权、优先入住权可随时行权；保证入住权可免20万元入门费，优先入住权不免入门费。由此可见，该商业模式的设计与人寿保险有密切的关系，入住者应是泰康人寿的保险客户及其家人。其居住期限一般是终身，可以理解为类似于以有偿方式设立长期居住权。①

（三）有偿方式设立居住权的其他养老模式

江苏省徐州市泉山区人民法院作出的两份民事判决书［案号分别是（2019）苏0311民初5778号与（2021）苏0311民初1385号］很相似，都是养老公寓合同引起的纠纷，也都是典型的居住权合同纠纷。两案的被告都是徐州市爱馨康颐养

① 以上内容参见 https://www.sohu.com/na/423987932_120798942，2021年11月30日最后访问。

老公寓,这是一家经徐州市民政局批准设立的养老服务法人单位,其以出让方式取得了国有土地使用权,并在该土地上建设了养老公寓。此前,以其为甲方与以老年人为乙方签订了《徐州市爱馨康颐养老公寓居住权合同》,约定公寓的用途为住宅/老年公寓,乙方向甲方交纳养老公寓居住权费用(如建筑面积约 56 平方米,数额为 42 万元),获得公寓的专属居住权,由甲方负责颁发居住权证书;乙方可自由退出甲方项目的养老居住权,但须提前 3 个月向甲方提出书面申请,乙方在公寓交付使用后退出养老居住权的退费标准为:甲方按照每年按照所交纳养老公寓居住权费用的 2% 扣除使用费(即养老居住权费 ×2% ×使用年数),余额无息退还给乙方,不满一年按一年计算;乙方满一年以上退出的,甲方不再收取手续服务费,全额无息退还乙方的养老居住权费用。

由该合同内容可见,这是典型的以有偿形式设立的居住权合同。但不能是运营方为老年人颁发居住权证书,双方应到登记机构办理居住权设立登记,由登记机构为老年人颁发居住权登记证明。

由以上三种养老模式的简要分析可见,在这些模式中,除养老服务协议外还需要签订居住权合同,老年人以支付会员费、入门费等有偿方式支付费用,养老服务机构应为老年人设立长期居住权,并办理设立登记。

此外,笔者还设想了一种“以房养老”并设立长期居住权的新的商业模式,以供参考:以保险机构或者公积金管理中心为主实施,可以与养老机构合作为老年人提供住处。老年人将自有产权的住宅转让给保险机构或者公积金管理中心,双方先进行一定的价格评估。受让方按照评估后的房屋价格提供相应的对价,但不按照房屋的市场价支付相应的款项,对价包括但不限于:设立居住权(可以异地安排或在养老院中提供住处等安置方式),期限直至居住权人全部去世,以后向居住权人定期提供一定的生活费、医疗费或向养老机构支付费用,满足居住权人以后的生活居住条件,或者提供一定的经济补偿。如果房屋的价值不足,也可以由老年人或其子女补充相应的费用。保险机构或者公积金管理中心有权将受让所得的房屋进行处分(如转让、出租或其他用途)。保险机构或者公积金管理中心可以与养老机构合作为老年人提供一定的住处并设立居住权,并向养老机构支付养老费用,有利于促进“社会机构养老”方式的发展。登记机构应对这种情况进行支持,允许进行居住权设立登记与房屋转让登记。税务机关也应给予一定的支持,如减免相关税费。

这种模式与住房反向抵押贷款模式和售后租回模式不同的是，老年人居住的住宅可以不限于自己原有的住宅。为老年人设立居住权的住宅可以是原有住宅，也可以是另外安排的住宅，或者在养老机构中安排一定的住房。这三种安置做法各有利弊，适合不同的老年人。

1. 设立居住权的住宅是居住权人的原有住宅。这对需要养老的居住权人来说是比较合适的，因为这样可以比较熟悉原来的生活环境，但对于设立居住权的、受让后的房屋所有权人（一般是保险机构或养老机构，下同）来说，却是比较不利的。因为这意味着，在居住权人去世前，设立居住权的住宅无法转让或设立抵押，其经济价值也受到一定的影响。如果届时房价大幅下跌或者房屋因为老旧而贬值，可能导致经济上的亏损。

2. 设立居住权的住宅是另外安排的住宅，如养老公寓。如果是面积比较小一些、房屋老旧一些或者地段比较偏远一些的住宅，这对需要养老的居住权人来说是比较难以接受的，因为这样不仅生活环境不熟悉而且居住条件有所下降。从双方利益平衡的角度看，在处于城市郊区、配套较好的养老公寓上设立居住权，以置换位于城区较好地段（如学区房）但比较老旧的房屋，对于双方来说都是比较容易接受的处理方式。本书认为，设立居住权的保险机构或者养老机构通过在城市郊区专门建设一批专门适合老年人的养老公寓，吸引老年人入住，并设立长期居住权，可能会受到老年人的欢迎。如果当地政府支持养老服务，给予优惠的地价，会明显降低养老公寓的建造成本，使运营机构觉得有利可图，会有较高的积极性。

3. 设立居住权的住宅也可以是在养老院中安排若干房间。养老院虽然居住条件一般，但会有专人提供生活服务与身体检查，而且老年人比较集中，逐渐成为养老的一种重要方式。如果居住权人年龄较大或者生活自理能力较弱，又没有子女一起居住照顾生活，到生活设施较好的养老院中生活也是较好的一种选择。而且，这样受让的房屋所有权人可以处分原来的住宅，不受较多的权利限制，及时获得收益，也比较有利。

此外，还有一种混合模式：在前期，居住权人生活自理能力较好的时候，可以采取以上第一种方式，采取“居家养老”模式；在后期，居住权人生活自理能力较弱的时候，可以采取以上第二种方式或第三种方式，即“社会机构养老”模式。这样，会涉及两个阶段采取不同的模式，需要届时办理原居住权注销登记，并办理新的居住权设立登记。

四、“以房养老”模式中的居住权合同

“以房养老”并设立居住权,基本上采取有偿设立形式,如受让后的房屋所有权人一般要向居住权人定期提供一定的生活费、医疗费或向养老机构支付费用。老年人在与养老机构签订养老服务协议的同时,应签订居住权合同并办理居住权设立登记。老年人所支付的费用中,除了有偿设立居住权所支付的费用外(一般是一次性支付),还要定期支付服务费用。对此,需要在居住权合同中明确有偿设立形式与相关的条件及要求、实际共同居住人与居住权期限问题等。

1. 有偿设立形式的基本对价条件。“以房养老”的前提是老年人将自己所有的住宅或其他不动产有条件地转让给保险机构或者养老机构(通常为运营机构),由运营机构为老年人以后生活提供保障,所以这是典型的双务合同。其居住权的设立当然是有偿设立的,运营机构获得了房屋的所有权,付出的主要代价是:为老年人提供住处并设立居住权,为老年人提供一定的生活费、医疗费或向养老机构支付费用。老年人虽然失去了房屋所有权但获得了今后生活的保障。具体条件是双方协商确定的,但一般按照基本对价的原则,如两位老年人现在年龄60岁,房屋现在市场价格约200万元,运营机构提供给两位老年人居住的房屋现在租金市场价约每月3000元,加上每月向两位老年人提供的生活费、医疗费等费用约7000元,按照可预期寿命计算,两位老年人平均约可以再活25年,加上可得的利息,这样是基本对价了。如果老年人的寿命较长,运营机构可能会出现亏损;反之,应该能够获得盈利。

2. 不对价情况下的费用补偿。如果老年人提供房屋的市场价值较高,如是别墅或大面积的房屋,老年人可能会要求运营机构提供面积较大、设施较好的房屋设立居住权,或者提供一定的经济补偿,承担重大医疗费用等。如果老年人提供房屋的市场价值较低,如是面积小或比较老旧的房屋,运营机构预估这样会亏损,可能会给老年人提供面积较小、设施较差的房屋设立居住权,或者要求老年人及其子女补交部分费用,或者要求提供其他可以处分的不动产(或提供多套小面积房屋、有产权的车库、厂房等)。总之,运营机构肯定要进行经济核算才会提供“以房养老”并设立居住权的商业模式。

3. 居住权设立的区域与面积。运营机构为老年人提供的住宅有可能是一整套住宅,也有可能是一套住宅的部分房间。如果在养老院中提供住房设立居住

权，一般是其中的一或几间房间，并配套提供一些公用活动场所（如食堂、活动室、医护室等）。如果是在部分区域设立居住权，有必要在居住权合同中清楚、明确地说明设立居住权的区域位置及面积，并在居住权登记证明中载明。

4. 配套的生活设施与医疗条件。因为老年人对自己熟悉的生活环境有一定的恋旧感，如果还是居住在原来的住宅内，一般没有问题。如果要变换住处，往往会对生活环境有一定的要求，尤其是配套的生活设施与医疗条件。如果是运营机构另外提供的住宅，老年人一般希望周边有适合老年人的快餐店或饭馆、距离较近的医院、可以散步的公园或绿地，并要求周边环境不要太嘈杂等。如果是在养老院中居住，老年人一般希望配备有公共食堂、公共活动室、会客室、医护室、健身设施与身体检查设备等。一旦老年人发生紧急疾病，需要有医生到场处理，并及时送医院诊治。此外，老年人还可能会提出其他一些要求。例如，有些老年人希望与子女居住的小区靠近一些，便于子女探望；有些老年人希望能与孙辈上学的学校靠近，这样可以帮助子女接送孙辈上下学。

5. 确保居住权人与其共同生活人的居住权益。虽然原来居住的房屋登记在某一位老年人的名下，实际上是两位老年人共同所有，在这种情况下，应该将两位老年人都设为居住权人。或虽然房屋登记在某一位老年人的名下，但两位老年人是夫妻关系，或者还有需要老年人来抚养或照顾的其他人，如需要照看的孙辈、有需要照顾的残疾或智障的子女等，多名家庭成员在一起共同生活。在这种情况下，要考虑居住权人与实际共同居住人的生活要求。在尽可能的情况下，实际共同居住人也应被纳入居住权人。如果在居住权合同中只写房屋所有权人为居住权人，等居住权人去世后，运营机构可能会以居住权消灭为由不让其他实际共同居住人继续居住在该房屋中。

6. 居住权期限应为长期。老年人选择“以房养老”方式，一般会对居住权期限提出“长期”的要求，如约定“到居住权人去世为止”。而且，可能会要求到所有居住权人全部去世或者搬离住处为止。在这种情况下，居住权期限是不确定的，因为老年人何时去世是不确定的。如果一定要确定一个明确的固定期限，如 10 年或 20 年，对老年人的权益保护是明显不利的。所以，在居住权设立登记时，登记机构应允许居住权合同对这种不固定的长期期限约定并记载在居住权登记证明中。

五、与"以房养老"设立居住权相关的一些问题探讨

《民法典》中设立居住权制度，主要是为了保护居住权人的合法权益，在一定程度上可以消除老年人的顾虑，并有利于推动"以房养老"并形成新的商业模式。但需要注意以下问题：

1. 及时办理或补办居住权设立登记。此前，虽然一些老年人与运营机构签订了养老服务协议，采取了类似设立居住权的做法，但因为没有办理居住权设立登记，存在权利的不稳定性。所以，笔者建议，要尽快将这类情况进行统一处理，老年人可以要求运营机构补办居住权设立登记。此后签订类似协议的，应该同时签订一份居住权合同，并及时办理设立登记。这样做，可以有效保护"以房养老"的老年人的合法权益，也符合创设居住权制度的本意与初衷。

2. 应明确合同解除条件与违约责任。"以房养老"应该是双务合同，所以有必要在居住权合同中明确双方的权利与义务，尤其是对运营机构的条件与要求，例如，要向老年人定期提供一定的生活费、医疗费或向养老机构支付费用，老年人对设立居住权的住宅的具体要求，应明确写入居住权合同中。运营机构为了促成"以房养老"，消除老年人的顾虑，一般会在居住权合同中有一定的承诺。但在实际中，运营机构可能会采取多种方式来逃避责任，例如，在居住权合同中故意对相关内容不写清楚、明确，等发生纠纷后，又以没有写入合同来否认自己曾经作出的承诺；或不写违约责任，导致出现纠纷后，老年人很难追究运营机构的违约责任。所以，应在养老服务协议与居住权合同，特别明确老年人作为居住权人在一定的情况下有合同解除权，但不能允许运营机构在合同写入对其明显有利而限制老年人权利的格式条款，后以此为由单方解除合同，导致老年人失去住处。如果发生纠纷，法院应按照有利于老年人的原则认定该格式条款无效，支持老年人提出继续履行合同或提前解除合同的诉请。

3. 可以约定房屋所有权人为老年人另外设立居住权后有权处分受让的房屋。设立"居住权"制度主要是为了保护居住权人的合法权益，但如果过度保护，也会导致权益保护失去平衡。如果不允许保险机构对房屋有处分权，很有导致运营机构认为可能无利可图，不愿意开办"以房养老"的商业模式，这样实际损害的还是老年人的权益。如要求设立居住权的住宅必须是老年人的原有住宅，运营机构认为这样的商业模式的回报周期很长（一般是二三十年），积压很多资金，容易出现

亏损，就不愿意推广这种商业模式。所以，采取“以房养老”并设立长期居住权的商业模式，应该允许运营机构提供异地安排或在养老院中提供住处等安置方式，这样可以有权处分受让的房屋，用转让所得资金或其他收益来支付老年人的养老费用，并利用投资方式实现增值，实现资金的流动，确保这种商业模式的可行性与推广性。

4. 可以单方申请办理居住权注销登记。“以房养老”并设立居住权，随着全部居住权人的去世，居住权将消灭。居住权消灭的，应当及时办理注销登记。但此时，因为居住权人的死亡，只能由房屋所有权人单方申请办理居住权注销登记。在办理注销登记手续时，房屋所有权人应该提供居住权人的死亡证明。登记机构应加以审核，防止出现房屋所有权人以假证明来骗取办理注销登记然后将该房屋转让，从而损害居住权人的合法利益。

第六节　居住权的功能拓展与激活农村住房

改革开放40余年来，随着社会经济的发展，我国的农村社会结构发生了重大变化，大量农村人口外出打工谋生，有的已经在城里安居乐业，导致不少农村出现了空心化。据统计，截至2019年年底，我国常住人口城镇化率达到了60.6%，84,843万人常住在城里，但户籍人口城镇化率仅为44.38%，大约16%的城市人其实户口还在农村。据有关部门推测，全国农村至少有7000万套闲置房屋，一些地区乡村农房空置率超过35%。农房及宅基地成了沉睡的资源，盘活利用好农房资源是增加农民财产性收入的重要途径。①

一、农村住房流转的障碍与新农村建设中存在的困难

如果仅有农民向城市单向流动，而没有城市资本、人才等资源向农村流动，那么乡村振兴就会停留在口号上，农村衰败很难避免。“市民下乡”和“闲置农房使用权流转”一直是当下的热门话题，城乡二元化的产权制度一直是阻碍供需双方资源流动的重大障碍。② 此外，我国对农村宅基地流转的严格管控政策是农村住

① 徐长林：《民法典如何激活农民住房财产权》，载微信公众号“恒通评估”2020年11月18日。
② 徐长林：《民法典如何激活农民住房财产权》，载微信公众号“恒通评估”2020年11月18日。

房很难流动的制度原因。农村住房只能在本农村集体经济组织成员之间流动，如果农民把闲置的住房或宅基地使用权转让给城市居民或非本农村集体经济组织成员，会被认定为房屋买卖合同无效，也无法办理宅基地使用权证与房屋所有权证转让登记手续。所以目前因为这种私下转让引起的法律纠纷也较多，法院判决都是认定这种私下转让农村住房的行为无效。而且，目前政策对“小产权房”还是严格限制的，这些“小产权房”无法合法化，也无法进入房产市场进行流转，更无法办理转让登记手续。

农村宅基地使用权的获得与农村集体经济组织成员身份相挂钩的制度也正在逐渐改变。2020 年 9 月 9 日，自然资源部在对十三届全国人大三次会议第 3226 号建议的答复中就已明确城镇户籍人员可以因继承房屋占用宅基地，可按相关规定办理确权登记，在不动产登记簿及证书附注栏注明“该权利人为本农民集体经济组织原成员住宅的合法继承人”。该规定已经在产权登记上突破了宅基地使用权人只能登记农村集体经济组织成员的规定，已经在一定程度上突破了身份的限制。但目前还仅限于继承这种特殊情况，而且继承获得的农村住房不能进行翻建，一旦倒塌，宅基地使用权将被农村集体经济组织收回。

近年来，我国积极推进新农村建设，各地农村面貌发生很大的改变，尤其是道路与环境有了很大的改善。但我国很多农村出现“空心化”现象，青壮年为了工作或孩子入学等需要，纷纷离开农村到城市、城镇中居住，在农村中生活的以老人为多，人气不旺。有些人虽然在农村有住房，但在城市或城镇中也购置房屋，所以只是在过年或节假日偶尔回农村居住一段时间。要推进新农村建设，需要解决建设资金与居住人口两个主要问题。建设资金除了当地政府的投入外，还有村民的集资或公共积累资金，但往往存在一定的缺口。随着城市化与城镇化，农村居住人口逐渐减少的趋势很难逆转，导致一些公共服务配套设施也难以跟上。

2015 年 1 月，中共中央办公厅、国务院办公厅联合印发了《关于农村土地征收、集体经营性建设用地入市、宅基地制度改革试点工作的意见》，标志着我国农村土地制度改革进入试点阶段。

2018 年 1 月 2 日，中共中央、国务院出台了《关于实施乡村振兴战略的意见》（中发〔2018〕1 号），首次提出实施农村宅基地“三权分置”，并区别于农地“三权分置”。[①] 该文件提出：深化农村土地制度改革。系统总结农村土地征收、集体经营性建设用地入市、宅基地制度改革试点经验，逐步扩大试点，加快土地管理法修改，完善农村土地利用管理政策体系。扎实推进房地一体的农村集体建设用地和宅基地使用权确权登记颁证。完善农民闲置宅基地和闲置农房政策，探索宅基地所有权、资格权、使用权“三权分置”，落实宅基地集体所有权，保障宅基地农户资格权和农民房屋财产权，适度放活宅基地和农民房屋使用权，不得违规违法买卖宅基地，严格实行土地用途管制，严格禁止下乡利用农村宅基地建设别墅大院和私人会馆。

2019 年《土地管理法》修正后，我国迎来了全新的城乡建设用地一体化市场格局，传统的城乡建设用地二元体制也将彻底打破。

所以，要推进新农村建设、促进乡村振兴，需要“适度放活宅基地和农民房屋使用权”，才能吸引城市居民到农村居住。

据农业农村部网站消息，农业农村部针对全国人大代表提出的“关于进一步破除体制机制障碍更好推动乡贤回归的建议”（十三届全国人大三次会议第 6469 号建议）进行了答复。其中主要内容有：国家高度重视发挥乡贤等返乡下乡人员在乡村振兴中的作用。在符合农村宅基地管理规定和相关规划的前提下，允许返乡下乡人员和当地农民合作改建自住房。农业农村部出台了《关于积极稳妥开展农村闲置宅基地和闲置住宅盘活利用工作的通知》，支持返乡人员依托自有和闲置住宅发展适合的乡村产业，注重保护非本集体经济组织成员通过继承农房或其他合法方式占用宅基地的权益，探索由农村集体经济组织主导实施有偿使用制度。[②]

二、利用设立居住权实现农村闲置房屋的良性流转

目前，我国农村中存在较多的闲置房屋，受制于宅基地使用权不能流转的规定，这些闲置房屋很难转让。此前，曾出现房屋私下转让但后来村民反悔的一些案例，如备受媒体关注的宋庄“画家村”农村房屋买卖合同纠纷案［一审案号：（2007）通民初字第 1031 号；二审案号：（2007）二中民终字第 13692 号］。

---

① 马丽红、匡令清：《集体土地法律实操与案例指引》，法律出版社 2020 年版，第 33 页。

② 载农业农村部网站 2020 年 9 月 9 日，http://www.moa.gov.cn/govpublic/NCJJTZ/202009/t20200909_6351738.htm。

在农村房屋私下转让后,后来遇到房屋升值或拆迁征收时,房屋登记的所有权人提出诉讼主张房屋买卖合同或类似协议无效的情况较多,法院的判决都认为协议无效。这就造成作为买受人的城市居民不敢投入大量资金对房屋进行翻修或改造。

如果是采取长期租赁形式,又有"租赁期限不得超过二十年"的限制。很多城市居民想对租赁的农村房屋进行翻修或改造,但担心以后会被出租人借故收回,导致前期投入难以收回。

要实现农村闲置房屋的良性流转,并对房屋进行一定的翻修与改造,需要让房屋的新的实际使用人可以得到居住权益保障,其对房屋的正常使用不受所有权人或第三人的干涉,房屋不会被提前收回或协议被认定为无效;如果房屋被征收或因故灭失,其居住权益的失去及对房屋的前期投入可以得到合理的补偿。居住权制度为这种做法提供了制度支持,在农民宅基地修建的住宅上创设居住权可以使房屋的所有权和房屋的占有权、使用权之间实现分离,可以保障房屋居住权人的权利,避开在农村集体宅基地上对宅基地使用权人身份限制要求,不改变房屋所有权人,不改变宅基地使用权人,不违反当前的有关宅基地使用权的相关规定,可以最大限度地把《民法典》设置的居住权制度效能用足。①

本书建议,拟在农村休闲度假或长期养老的城市居民,可以与农民签订居住权合同,在农村住房上采取有偿设立长期居住权,办理居住权设立登记后可以得到法律更好的保护,而且不受"租赁期限不得超过二十年"的限制,并可以在合同中尽量约定居住权人可以将房屋出租。这样,居住权人可以比较放心地对房屋进行翻修或改造,改善房屋的形象,也促进新农村建设。如果以后房屋被征收,居住权人也可以要求获得合理的补偿。

三、通过居住权的功能拓展破解农村合作建房难题

居住权不仅有保障性的功能,而且有消费性与投资性的功能。所以,可以利用居住权的功能拓展吸引城市居民与农民合作建房,这样不仅可以为城市居民在农村提供住处,还可以改善农民的住房条件,而且并不违反国家对宅基地的相关政策规定。

---

① 徐长林:《民法典如何激活农民住房财产权》,载微信公众号"恒通评估"2020 年 11 月 18 日。

合作建房的常见情形有：一方是有农村户口的村民并有宅基地使用权，但无经济能力独自建房或重建；另一方可以是城市居民或非本集体经济组织成员，主要是为了休闲度假或长期养老，有用于建房的资金但没有宅基地使用权。双方可以各取所需，以城市居民一方全部出资或提供主要建房资金的形式，与能提供用于建房的宅基地使用权的村民进行“合作”（包括“合资”）形式建房，在建成的部分房屋上设立长期的居住权。在房屋建成后，房屋归农村村民所有，同时在部分房屋上为城市居民设立长期居住权。这样做既可以解决部分农村村民建房资金不足、难以改善住房条件的问题，又可以为部分城市居民提供可以长期居住的房屋，实际上是以有偿方式设立居住权，达到“双赢”的目的。

可能还存在一些特殊情况：合作双方存在特殊的身份关系，如兄弟姐妹或其他亲戚关系，所以作为合作一方的城市居民只出部分建房资金就取得部分房屋的居住权；村民一方是孤寡老人或有特殊困难的村民，通过合作建房的方式，城市一方获得大部分房屋的长期居住权，部分房屋归村民一方使用并获得一定的经济补偿。

这种做法与以前的常用做法比较，不仅做法合法而且对出资人的利益保护更加有利。以前的做法有两种：第一种是变相转让房屋（不办理房屋登记手续或登记在宅基地使用权人名下），双方另外签订协议约定房屋归出资人实际所有并占用；第二种是签订长期租赁合同的形式，为出资人设立长期使用权（实际上是居住权利）。但这两种做法都存在一定的风险，尤其是宅基地使用权人提出起诉后，法院一般会判决房屋归宅基地使用权人所有，但要求其支付出资人此前投入的建房资金或改造费用，虽然出资人可以获得部分的经济补偿，但居住权利无法得到法律的保护。通过采取“合作建房”并设立长期居住权的方式，可以较好地保护出资人的权益。

此前已经有类似的案例发生：原告程某与被告董某之夫程某云系兄弟，原告是房屋所在村的村民。1987 年 9 月 28 日，原告向住所地村镇建设部门申请翻建农村房屋。当月，原告、被告夫妇共同出资翻建。2001 年 4 月，被告夫妇退休后至该房屋居住，并于次年出资装修房屋。2007 年，原告回乡与被告董某夫妇共同居住。原告居住东房间，被告夫妇居住西房间。2015 年，被告之夫程某云去世，原、被告保持原居住状况。2016 年 3 月 9 日，被告董某欲沿正屋中间砌墙相隔居住并重新装修，原告不同意。双方产生纠纷，后被告拆除房屋大门，损坏部分屋面。同年3月24日，双方经人民调解委员会调解达成协议：主房三间，原告居住东房间，被告居住西房间，中间房前后砌墙，前归原告，后归被告，费用各自负担等。后双方再次发生纠纷，原告程某诉至法院，请求判令被告董某修复房屋并立即迁出房屋。

法官讨论后意见认为：董某理应承担修复房屋的责任，但董某出资翻建、装修房屋，程某因此受益。董、程双方在房屋内曾长期共同居住，程某可通过保障董某在房屋居住的方式予以补偿。程某要求晚年的董某迁出房屋，另寻居所的诉求不应得到支持。①

四、利用闲置的建设用地与宅基地促进新农村建设

在部分农村地区，尤其是在城市郊区、自然环境较好的农村，有一定的集体建设用地、闲置宅基地或废弃的工业厂房等集体土地。但村集体经济组织或村委会缺少资金进行新农村建设，又因农村土地管理制度的限制难以进行建设用地的流转，对此可以通过"合作建房"的形式进行新农村建设。可以采取的办法有：由农村集体经济组织或村委会出面，在报请上级批准后，按照当地政府制定的土地建设规划的要求，利用闲置的宅基地、或废弃的工业厂房或其他可以利用的集体建设用地，集中建设一批住宅，土地使用权与房屋所有权归村集体经济组织所有，但可以用于租赁或提供给城市居民有偿使用。建设所需资金主要来自一些城市居民提供的建房资金，并由村集体经济组织按照资金数额的多少在一定面积的住宅上为出资人设立长期居住权。或者，由农村集体经济组织或村委会利用积累的集体资金与银行贷款，先建设一批住宅，然后以有偿方式提供给城市居民长期居住并办理居住权设立登记，所得的使用费可以用于归还银行贷款与集体积累，也可以用于公共配套设施建设、农村道路建设或绿化工作。这样不仅可以解决新农村建设所需的部分资金，还可以通过集中规划的方式开展建设，比农村村民与城市居民个别之间的"合作建房"形式要好，其本质也是以有偿方式设立长期居住权。这种做法符合国家鼓励的由农村集体经济组织主导实施有偿使用制度的导向。

这种做法与以前各地农村普遍存在的"小产权房"现象比较，显然要更加正规、更加合法化。对城市居民来说，有偿设立居住权做法比租赁更加有吸引力，因

① 沈井春：《共同居住人出资翻建、装修房屋，房屋所有权人应保障其适当居住权》，载微信公众号"最高人民法院司法案例研究院"2019年2月15日。

为法律保护效力更高,可以放心地投入对房屋进行装修。如果在合同中约定设立居住权的住宅可以出租,城市居民在自己不经常居住的情况下,可以对外出租获得收益,实现一定的投资功能。

根据新闻报道:2021 年 6 月 9 日上午,在滦平县政府一楼会议室,来自北京的某市民从滦平县农村产权交易中心工作人员手中接过了 001 号《合作建房房屋使用权(租赁)鉴证书》。报道称:2017 年 2 月 13 日,河北省出台《关于深入推进农业供给侧结构性改革加快培育农业农村发展新动能的实施意见》,明确"在不改变农村集体土地所有权和农民宅基地使用权的前提下,允许农村居民与城镇居民合作建房。"同年 7 月 31 日,滦平县桑园村具有建房资格的村民自发成立了农宅旅游专业合作社,吸引京津城市居民到村合作建房。桑园村"伴山集"项目于 2018 年 10 月始建,房屋建成后,在保证农宅性质不变且尊重社员意愿、满足农户居住的前提下,合建资格人有权享有剩余部分的财产处置分红和经营分红。合建出资人享有其他未利用房屋的占有、使用、收益、转让等权利。该模式赋予了宅基地使用权价值属性,通过农村产权交易中心实现了定价、流转机制,从政府信用和法律层面保障了城乡居民合作建房者的权益,有效破解了农民虽有宅基地使用权但因无"证"进而无法获"利"的困境,创出了在经济欠发达农村可复制推广、持续增加农民财产性收入、防止农民返贫、助力乡村振兴的新路子。①

本书认为,使用权并非法定的物权,租赁在民法上是典型的债权关系。按照《民法典》第 116 条确定的"物权法定原则",物权的种类和内容,只能由法律规定,当事人不能自行约定物权。所以,为合作建房者颁发《合作建房房屋使用权(租赁)鉴证书》的做法值得商榷。但当地集体经济组织可以为合作建房者设立长期居住权并办理设立登记,这样可以让出资参建的城市居民获得更加名正言顺、法律效力更高的居住权登记证明。

五、农村合作建房签订居住权合同需要注意的事项

1. 在合作协议中明确建房资金的数额及支付方式。因为"合作建房"是以有偿方式设立居住权,提供建房资金是设立居住权的前提条件。所以,出资人应按照合作协议的约定,按时、足额地提供建房资金。如果出资人不足额支付出资额,

① 《城乡居民合作建房使用权全国第一证在承德桑园村落地》,载承德市人民政府网站,http://www.chengde.gov.cn/art/2021/6/11/art_400_760515.html。

合作方(集体土地所有权人或宅基地使用权人)可以解除合作协议或者按照其实际出资数额在相应面积的住宅上为出资人设立长期居住权,也可以设立居住权的面积不变但居住权期限相应缩短;如果出资人拖延支付,合作方可以解除合作协议并要求其承担违约责任。同时,在合作协议中要明确居住权合同的主要内容,防止以后发生纠纷。

2. 需要明确居住权人与实际共同居住人。出资人一般是居住权人,但往往是以家庭财产出资,所以受益人应是出资人及其家庭成员。所以,要考虑居住权人与实际共同居住人的生活要求。在尽可能的情况下,在居住权合同及办理设立登记时,应尽量将出资人与实际共同居住人都列入居住权人。

3. 明确居住权期限。采取"合作建房"方式,一般会对居住权期限提出"长期"的要求,如约定"到全部居住权人去世为止"。而且,可能会要求到所有实际共同居住人全部去世或者搬离住处为止。在办理居住权设立登记时,登记机构应允许居住权合同对不固定的"长期"期限约定并记载在居住权登记证明中。

4. 明确居住权设立的区域与面积。一般情况下,建成的房屋归集体土地所有权人或宅基地使用权人所有,并应为居住权人在部分的房屋上设立居住权。所以,有必要在居住权合同中清楚、明确地说明设立居住权的区域及面积,并在居住权登记证明中载明,还可以约定居住权人对公共设施(如阳台、过道等)的共同使用权。

5. 明确与房屋相关的费用承担、其他条件与要求。如申报宅基地使用权审批所需要的相关费用;物业服务费一般按照面积进行承担或分摊;房屋维修费用一般由居住权人自己承担;设立区域内的水、电、燃气、取暖等费用应由居住权人承担。还可以在居住权合同约定条件与要求,如不能将住宅用于居住以外的用途(如开小超市、开棋牌室等)、不能养家禽、不能独占公共道路与共用配套设施、注意维护公共卫生与绿化等。此外,如果居住权人不经常居住,双方可以在居住权合同中约定居住权人有权将房屋出租或提供给亲友借住一段时间。

6. 明确房屋的产权归属与争议解决。当事人应该在合作协议与居住权合同中明确房屋的产权归属,按照我国土地管理的一般原则,在农村宅基地上建设的房屋应属于土地使用权人。为了避免房屋所有权人的继承人而不承认居住权人的长期居住权引起纠纷,应在合作协议与居住权合同中明确以后房屋的继承不影响居住权的继续存在。办理居住权设立登记可以限制房屋所有权的行使,如不能设立抵押、不能擅自转让。

7. 明确房屋灭失与被征收的处理。如果房屋因为意外失火或地震、洪水、台风等不可抗力导致房屋灭失或严重受损，房屋所有权人不能要求居住权人赔偿，居住权人也不能要求所有权人设立新的居住权或要求经济赔偿。但如果是当事人一方的故意或重大过失引起的，另一方可以要求设立新的居住权或要求经济赔偿。双方应约定房屋被征收的处理，尤其是拆迁所得利益的分配。居住权人所得的经济补偿不应是前期为建房投入的资金，而是按照拆迁所得补偿的一定比例，可以按照实际使用面积进行利益分配。这些重要内容应尽量写入合作协议与居住权合同中，避免以后产生纠纷。

第七节 居住权与户籍管理、就近入学制度的关系

《民法典》新创设居住权制度后，可能会在很多领域产生始料未及的影响，如居住权制度对户籍管理制度产生的影响，进而影响义务教育阶段的"就近入学"制度；居住权制度可能还会对各地的社会保险、住房限购、汽车牌照等政策也产生一定影响。

一、设立居住权与户籍落户之间的关系

居住权制度的设立可能会对户籍管理制度产生一定的影响，如设立居住权在民事诉讼地域管辖中的意义，是否能够落户，能否享有本地户籍居民同样的医疗、教育和社会保障待遇。

1. 居住权在民事诉讼地域管辖中的意义。《民事诉讼法》(2021 年修正)第 22 条规定了"一般地域管辖"的原则。按照最高人民法院《关于适用〈中华人民共和国民事诉讼法〉的解释》(2022 年修正)第 3 条、第 4 条、第 7 条规定，自然人的户籍是确定地域管辖的主要依据，同时考虑到现在人口流动频繁，很多人并不长期居住在户籍所在地，如果出现户籍地与经常居住地不一致的情况，应以经常居住地为依据。经常居住地是指公民离开住所地至起诉时已连续居住一年以上的地方，当事人可以居住证、暂住证、社保缴纳证明、劳动合同、房屋租赁合同、在校生证明等材料作为在当地居住、生活的证明材料。办理居住权设立登记后，当事

人也可以居住权登记证明作为在住宅所在地常住的证明材料。

2. 设立长期居住权后能否在城市或城镇中落户的问题。我国的户籍管理制度改革的总体原则是“积极稳妥”，所以“分类明确户口迁移政策”。居住权作为一种用益物权，应该高于租赁权，所以居住权登记证明可以作为居住权人有合法稳定住所的证明，但居住权期限一般应在 3 年及以上。建议各地在制定相关落户政策时，可以考虑将办理一定期限以上的居住权设立登记作为居住权人有合法稳定住所、可以落户当地的证明。此外，对一些落户政策受到比较严格限制的城市（如直辖市、副省级市和其他大城市人口规模），可以试点将设立长期居住权作为落户条件之一，逐步实现突破。如与房屋所有权人有赡养关系的老人或有抚养关系的未成年人设立长期居住权可以有条件地落户，但前提应是居住权人在其他地方没有住处或无人照顾。

3. 城市居民在获得农村住房的居住权后是否能在农村落户的问题。随着居住权的投资功能的发挥，可以想象会出现下面的情况：城市居民与农村村民采取“合作建房”形式，在农村村民的宅基地上建设住房并设立长期居住权。有些城市居民可能会以自己已经获得农村住房的长期居住权为由，要求在该农村落户。本书认为，城市居民一般不能将户籍转到农村落户，这与农民到城市或城镇中落户有很大的区别。如果同意城市居民到农村落户，意味着其可以以村集体经济组织成员的名义申请宅基地，参与当地集体所有的土地被征收后的分红。这不仅会引起当地村民的反感与投诉，而且会破坏当地的农村土地管理秩序，会造成实质上的“一户两宅”现象。

2016 年后，我国各地开始全面实行居住证制度。居住证是持有人在当地获得基本公共服务与办理相关资格的证明，一般与身份证配合起来办理手续。居住证与居住权登记证明都有“居住”两字，可能会让百姓搞混，但要明确两者之间存在本质区别。一般来说，在办理居住权设立登记后，非本地居民的居住权人领取出居住权登记证明后，可以向当地政府申领居住证。如果居住权人就是本地人（户籍登记在本地），没有必要申领居住证。

二、义务教育阶段就近入学制度与户籍制度

在我国的义务教育阶段，有一个重要的“就近入学”制度。《义务教育法》及其实施细则明确了适龄儿童、少年就近入学的权利，明确了地方各级政府保障其

在户籍所在地就近入学权利的义务和责任。就近入学的政策目标就是为每一个儿童提供平等的受教育的权利，确保教育的公平。就近入学制度与各地普遍存在的教育资源不平衡现象有密切关系，各地盛行的“学区房”现象便是“就近入学”制度在房地产市场的反应。

近年来，各地都制定了落实义务教育免试就近入学规定和“公民同招”政策，各个学校也会制定相应的招生规则。其中，按学区招生的公办学校，一般是根据适龄儿童少年户籍、父母户籍、家庭住房情况，按照“住、户一致优先”原则，对录取对象进行分类排序，优先录取靠前批次类别的学生。其中，能否就近入学主要的判断标准是：适龄儿童少年与父母户籍所在地、家庭住房情况。所以，外来务工的农民工即使在当地租赁房屋长期居住，一般没有取得户籍，其子女不能进入当地比较热门的公办学校，这类外来务工人员随迁子女很多进入当地的民办学校，或者在当地公办学校有学额的情况下也可以安排。随着近年来各地适龄的入学人数的下降，城市中“入学难”的问题基本得到解决，但优质的教育资源还是缺少。

因为“就近入学”制度，多数家庭会采取在学区所在地购买住房并落户的办法，有些通过投靠亲友的办法挂靠户籍，取得入学机会。因为户籍落户与是否在该住房中居住没有必然关系。有时候，虽然房屋已经转让，但原来居住人的户籍还登记在该房屋下，导致买受人无法迁入户籍，经常出现纠纷。或者，虽然在学区购买了一套房屋（一般面积较小或老旧），但买受人只是将户籍转入该房屋但实际并不居住，家长纯粹为了孩子入学而购买学区房的现象也很常见。“在当代中国的法律体制下，个人的户口与房屋居住权不存在直接关系。”①

由以上分析可知，“就近入学”主要与适龄儿童少年与父母户籍所在地有关，户籍在本学区的儿童少年可以作为优先录取靠前批次类别的学生。家庭住房在本学区的，也是考虑录取的重要因素，但并不要求（也无法判断）是否实际居住。入学时一般要求该儿童少年的户籍落户在住房内，做到“住、户一致”，便可以优先录取。

三、设立居住权与就近入学制度之间的关系

《民法典》创设居住权制度后，可能会产生与“就近入学”制度相关的问题。

---

① 周彬：《浅谈户籍制度与居住权问题——从现行法律视角分析》，载《决策与信息（下旬刊）》2010 年第 8 期。

首先,居住权人能否落户的问题。如果无法落户,则意味着很难在该学区的公办学校入学。除非该学校招生不足,有多余学额可以提供给非本学区户籍的儿童少年(一般是务工人员随迁子女)就学。如果能落户,就有较大的可能在该学区的公办学校入学。本书认为,如果该儿童少年的父母是居住权人,其父母一般不能落户,该儿童少年也相应不能落户。但若该儿童少年的父母是该地引进的高层次人才但无法办理落户手续(如外国国籍或持有长期居留权证),建议特事特办,为该儿童少年办理入学手续。如果该儿童少年是居住权人,建议可以有条件地落户。如出现该儿童少年的父母双亡、父母离异且无法照顾,父母在国外定居的情况,其祖父母或外祖父母为其设立长期居住权并照顾其生活,建议可以落户,并进入当地公办学校入学。但如果该儿童父母健在且在外地居住,一般不能因为其亲友为其设立居住权而落户,当地教育部门与学校一般也不会招收此类学生。如果该儿童少年与其父母一起设为居住权人,能否落户要看各地落户政策。

其次,能否落户及入学要对当事人之间关系进行辨别。如果是家庭成员之间或有特殊、密切的身份关系的人员(如为收养为目的)之间设立居住权,而且居住权人在其他地方没有住处或无人照顾,户籍管理部门可以根据现有的相关规定为其办理落户手续,儿童少年也可以相应就近入学。但是,如果当事人之间没有特殊的身份关系,或者采取有偿设立居住权形式,在户籍管理中,居住权人应该被按照类似承租人的地位来处理,一般不应落户。如果允许这种情况落户,会引起很大的问题,如在该学区有住房的人可以采取为他人设立居住权的形式牟利,甚至采取设立多个居住权人(如每个房间设立一个居住权),导致该住房中同时出现有多个拟入学的对象,或者前一个学籍的儿童少年刚毕业后马上增加一个新的入学对象。这样,不仅会对义务教育"就近入学"制度产生很大的冲击,而且会影响当地的房价甚至导致学区房价格畸高。

最后,设立短期居住权一般不能办理落户或入学。如果居住权期限较短(如3年以下),一般是出于特殊目的,如房屋所有权人以有偿方式设立居住权因此获得的收益比一般的房屋租赁所得要高得多,可能等儿童少年入学后马上注销,但学校不能因此让学生退学或转学。设立长期居住权,当事人之间一般存在特殊的身份关系,很多是出于亲情或帮困性质而且采取无偿设立形式。这种情况下,可以考虑有条件放开。但即使设立了长期居住权,也可以通过提前解除居住权合同的方式予以注销,现实中很难防范这种漏洞。

本书建议，对于设立居住权能否户籍落户及就近入学问题，户籍管理部门与教育管理部门应谨慎处理，既不能“一刀切”地一概不办理，又不能全面放开。从推动住宅租赁市场与引进高层次人才的角度看，可以通过建立试点将设立长期居住权并符合一定的身份作为落户条件之一，并在试点的基础上逐步放开，有条件地同意落户并为其子女办理就近入学手续。

第十章

居住权的设立方式

第一节　以合同方式设立居住权

一、居住权合同的一般条款

按照《民法典》第 367 条第 2 款的规定，居住权合同一般包括下列条款：(1)当事人的姓名或者名称和住所；(2)住宅的位置；(3)居住的条件和要求；(4)居住权期限；(5)解决争议的方法。

(一)当事人的姓名或者名称和住所

居住权合同一般包括双方当事人，其中以房屋所有权人为一方，以居住权人为另一方。

房屋所有权人既可以是自然人，也可以是法人或非法人组织。如果是自然人，一般需要填写姓名、居民身份证号码、现具体住址(住所)、联系电话等基本信息；如果是法人或非法人组织，需要填写单位名称、地址(住所)、统一社会信用代码、单位法定代表人或负责人(写明职务)、联系人、联系电话等基本信息。如果是共有住宅，应该将所有共有人作为一方当事人，或者书面授权某一共有人作为代表签字。

居住权人只能是自然人，写法同上。但居住权人有可能是多人，如果是家庭成员共享一套住宅的居住权，可以一起作为居住权合同中一方当事人；如果是多人共享形式但分区域设立居住权，可以分别签订居住权合同，或者在一份居住权合同中写明分区域的情况。与居住权人共同生活的人一般不作为居住权合同的当事人，但可以在居住权合同中专门设立一个条款来说明相关情况。

（二）住宅的位置

住宅作为居住权的客体，不仅在居住权合同中要写明，而且要尽量详细，至少要包括以下三个方面的内容：

1. 设立居住权的住宅的具体地址。例如，位于某市某区某街道某路某号某小区某号楼某单元某层某号，至少要与其他住宅能区分开。

2. 该住宅的不动产产权证书编号。如果是农村住宅，还要写清楚宅基地使用权证书编号，现在已经推行“两证合一”，应按照登记机构不动产登记簿的登记为准。

3. 该住宅建筑面积____ m^2，其中套内建筑面积____ m^2。这在不动产产权证书中应该会写明。

需要特别注意以下几点：

1. 要注明该住宅的所有权归属。如果该住宅是共有的，应该写明所有共有人；如果居住权人也是共有人之一的，应该进行说明。

2. 无论是在部分区域设立居住权，还是对不同的居住权人分区域设立居住权，应清楚、明确地说明设立不同居住权对应的区域位置及面积，可以附示意图进行说明。

3. 如果有车棚、储物间等附属设施的，应明确是否也设立居住权。

（三）居住的条件和要求

居住的条件与要求，可以由双方协商确定，除了一些必要的重要条款外，还可以设置一些个性化的内容。

必要的重要条款有：明确是无偿设立还是有偿设立。如果是无偿设立但有代缴的费用，应说明代缴费用的性质与大致数额；如果是有偿设立形式，应约定房屋使用费数额及支付方式、支付期限等内容；如果采取其他有偿形式，如支付商业保险费用、预交维修费用等，也应该说明数额、支付方式与期限，避免以后产生纠纷。

必要的重要条款还有：居住权期限内产生的与居住权相关的使用费及其他费用应由谁来承担。这些费用通常由居住权人承担，也可以双方协商确定由房屋所有权人承担。可以列举方式说明费用的范围。

本部分还可以约定房屋维修费用的区别承担,如一般维修通常由居住权人承担,应说明维修的范围;此外,可约定重大维修包括的范围及费用由谁承担。如果所有权人未及时维修,居住权人自行维修,是否可以要求所有权人承担费用。如果居住权人是所有权人的父母或未成年子女,维修费用一般由所有权人来承担。

与居住权人共同生活的人员范围可以在本部分进行说明,可以是多人,应写明姓名、居民身份证号码、与居住权人之间的关系等基本信息。有些人员暂时没有确定,可以笼统地提一下:如居住权人以后结婚,其配偶可以一起生活居住;居住权人以后出生的孩子或直系后辈可以一起生活居住;如居住权人需要人护理照顾,其聘请的保姆、护工可以在该住宅中居住。双方也可以用约定方式排除部分人员入住:如某人(姓名)不能在该住宅中居住;非居住权人的近亲属不能长期在该住宅中生活;如果居住权人再婚,其再婚配偶不能在该住宅中居住等。

此外,可以约定一些个性化的内容,通常是对居住权人的要求,例如,要经常修剪院子中的花草,要定期清洗游泳池;不能在室内或院子中饲养家禽;不能将住宅用于办公或商业用途(如开超市、棋牌室等);在21时后不能播放音响;要照顾房屋所有权人及其近亲属的日常生活。如果是有偿设立形式,还可约定对房屋所有权人的要求:如要为居住权人提供日常养老服务与生活照顾;在居住权期限内,不能将房屋设立抵押或进行转让;要为居住权人提供通行便利;不能擅自停水停电等。

(四)居住权期限

居住权期限可以是固定期限或不固定期限。采取固定期限方式要明确年限与起止时间。常见的写法如:该住宅的居住权期限为从某年某月某日起至某年某月某日止;或写为该住宅的居住权期限为几年,自某年某月某日起开始计算,也可以从本合同签订之日起计算,或从办理居住权设立登记之日起计算。

如果采取不固定期限方式,写法就比较多样了,常见的写法有:到居住权人去世为止;到居住权人自行购房为止;到居住权人再婚为止;到居住权人成年为止(指满18周岁)并具有独立生活能力为止。

在合同中还应该约定办理居住权设立登记的期限。如约定:本合同签订后10日内,双方一起到当地的不动产登记机构办理居住权设立登记。

如果是固定期限或不以居住权人死亡为解除条件的不固定期限，应约定办理居住权注销登记：居住权期限届满后，双方共同前往登记机构办理居住权注销手续，居住权自办理注销之日起终止。

（五）解决争议的方法

可以约定：因履行本合同过程中产生的任何争议，双方应首先协商解决；如果协商或调解不成，任何一方均可向住宅所在地有管辖权的人民法院提起诉讼解决。

如果是采取有偿设立形式居住权，尤其是投资性或消费性的居住权，也可以选择采取仲裁方式解决争议。

二、居住权合同的常见类型与主要特点

按照居住权的设立目的与居住权人的不同为主要标准，笔者列举以下常见的居住权合同类型，并说明其特点。

（一）离婚纠纷处理时设立居住权

很多夫妻在离婚时采取协议离婚方式。起诉到法院的离婚纠纷中，很多采取调解方式解决，采取判决方式的案例占的比例并不高。这三种处理方式都有可能涉及设立居住权问题。

从以前的案例来看，采取协议或调解方式离婚并设立居住权，常见的情形是：双方将共有的房屋赠与子女，并为其中一方或双方设立居住权；不转移房屋所有权或不分割共有权，为其中一方或双方设立居住权；离婚后有房的一方为无房的另一方设立居住权；离婚后一方将房屋赠与另一方并为自己保留居住权。笔者建议，如果不转移房屋所有权，可以考虑为未成年子女设立居住权，抚养孩子的一方可以作为共同居住人一起生活居住；如果商定暂时不分割共有房屋的产权，可以为其中一方或与未成年子女一起设立居住权。

在这种情况下，可以采取两种方式处理：一是在离婚协议中写清楚与居住权相关的主要内容：房屋的产权归属、居住权人与同住人的基本信息、住宅的位置与设立区域、居住的条件和要求、居住权期限等，这样可以起到替代居住权合同的作用；二是在离婚协议中只是简单写在何地的住宅中为某人设立居住权，由双方另外签订居住权合同，细化约定内容，避免以后可能产生的纠纷。这两种协议都可

以作为办理居住权设立登记的书面材料。

在离婚纠纷设立居住权的合同中,需要特别注意以下几点:

1. 如果约定将房屋赠与子女的,一定要约定办理所有权转移登记手续的时间。因为以前发生的与居住权相关的合同纠纷或物权纠纷中,很多便是父母签订离婚协议后一方反悔迟迟不愿意将房屋过户给子女而引起的。此外,如果还约定设立居住权,应在办理所有权转移登记的同时,提出申请办理居住权设立登记。

2. 要明确居住权的期限。如果是房屋所有权人将房屋赠与另一方或子女并为自己设立居住权,一般是长期或到居住权人去世为止;如果是为未成年子女设立居住权,通常是到居住权人成年且具有独立生活能力为止;如果是采取帮助形式为生活困难的另一方设立居住权,一般是采取固定期限,如 3 年或 5 年。

3. 如果是在共有的房屋上设立居住权,应约定今后房屋的产权如何分割。如果夫妻只有一套共有的房屋,出于为了孩子读书的考虑,可以商定暂时不分割共有房屋的产权,为其中一方与未成年孩子一起设立居住权。但因为婚姻关系已经解除,这种共有关系不能一直维持下去,除非双方以后复婚或同意将房屋赠与子女,否则以后必然会出现分割房屋产权的问题。为了避免将来可能产生的纠纷,建议在协议中约定:何时分割(一般是居住权期限届满后);分割的分配比例;或者约定房屋产权以后过户到某一方名下,另一方给予对方相当于房屋市场价多少比例的金额作为经济补偿。

(二)家庭成员或亲属之间设立居住权

家庭成员及亲属之间设立居住权,往往是承担赡养、抚养或扶养义务或带有帮困助残性质的道德义务。其包括以下几个方面:子女为年老的父母设立长期居住权;父母出资购房登记在子女名下并为自己设立长期居住权;父母将拆迁所得的安置房登记在子女名下并为自己设立长期居住权;长辈为失去父母或者父母没有抚养能力的未成年的后辈设立居住权;兄弟姐妹或亲戚之间互相帮助为经济困难、没有住房的家庭设立居住权;为身体有残疾或失去劳动能力的亲友设立居住权;为患有精神疾病或有其他特殊困难的、没有住房的亲友设立居住权;为回国定居或从外地退休返回老家养老的亲友提供住处并设立居住权等。

之前,这种家庭成员及亲属之间的帮助行为,一般是采取免费借住或收取少量租金的形式,很多是口头约定,很少签订书面协议。从出于保护相对弱势的居住权人的利益的角度考虑，建议以后还是签订居住权合同并办理设立登记。这样会对居住权人提供更好的法律保护，可以避免以后出现纠纷。但设立居住权后，会对房屋所有权人产生一定的处分权利限制，尤其是不能设立抵押或在房屋转让时价值受到明显减损。所以，有些房屋所有权人同意免费借住，但不愿意办理居住权设立登记。

对于家庭成员及亲属之间设立居住权，在合同中要明确以下内容：

1. 要明确居住权设立形式及相关的使用费的承担。居住权多数是无偿设立的，如果是家庭成员为承担赡养、抚养或扶养义务设立居住权，其水、电、燃气、物业服务等使用费通常是房屋所有权人来承担；如果是居住权人自己缴纳使用费或请房屋所有权人代缴，应在合同中写明，避免以后产生纠纷，导致家庭关系不睦。

2. 要明确维修费用的承担。无偿设立居住权与有偿方式设立居住权的处理方式有很大的区别，其维修费用通常是房屋所有权人承担。如果约定是居住权人自行维修房屋或承担维修费用，应在合同中写明，避免以后产生纠纷。

3. 应明确今后房屋是否可以出租、抵押或转让。对于是否可以出租有约定，当事人应遵守约定；如果没有约定，视为不能出租。如果约定今后房屋不能办理抵押或进行转让，是对房屋所有权人的权利限制，应尊重当事人的意愿；但如果约定今后房屋可以抵押或转让，可能会影响到居住权人的权益。此外，还可以约定如果居住权人失去居住权，房屋所有权人是否另外为其设立新的居住权或提供一定的经济补偿。

（三）农村合作建房形式并设立长期居住权

这种形式设立居住权，除了签订居住权合同以外，双方还应签订一份合作建房的协议，居住权合同是该协议相关内容的细化与补充，作为办理居住权设立登记所用。

在合作协议中应明确：双方的合作方式；建房所需资金的测算；拟设立的居住权人所出资的数额及支付方式、时间；土地使用权人办理建房审批手续；建房所需的时间预计；办理房屋产权登记与居住权设立登记的时间；设立居住权的区域与面积；居住权期限；违约责任；解决争议的方法等。

在居住权合同中应明确：居住权人与实际共同居住人、有偿设立及居住权人为此实际支付的建房资金、住宅的位置、居住权设立的区域与面积、居住权期限、居住的条件和要求、是否可以出租或出借;解决争议的方法等。

这种形式设立居住权比较特殊,通常具有以下特点:

1. 一般是在部分区域设立居住权,有必要在居住权合同中清楚、明确地说明设立居住权的区域位置及面积,并在居住权登记证明中载明。还可以约定居住权人对公用部分及附属设施(如院子、水井、过道、楼梯等)的共同使用权。

2. 设立居住权的部分区域的房屋一般可以出租。居住权人作为建房资金的主要出资方,应由获得出租所得的收益权。

3. 应由居住权人自行承担房屋维修费用、相关使用费等。这是区别于一般的有偿方式设立居住权的最大差异。

4. 如果出资人将其子女或其他后辈都设立为居住权人,这样可以变相实现居住权的继承,一旦出资人(一般是长辈)去世,其家庭成员可以作为共同居住权人继续在房屋中生活居住。

5. 如果可能,可以在合同中约定:房屋所有权人应按照居住权人的意愿,在解除现有居住权合同的同时为第三人设立新的居住权,相当于居住权可以进行一定的流转。

6. 应限制房屋所有权人的处分权利,如不能设立抵押或进行转让。要明确房屋所有权人告知继承人对此权利限制的承诺,继承人也不能提出提前解除居住权合同的要求。

7. 明确房屋灭失后的处理。如果房屋因为不可抗力如地震、洪水、台风等导致房屋灭失或严重受损,房屋所有权人一般不能要求居住权人赔偿,居住权人也不能要求房屋所有权人为其设立新的居住权或要求经济补偿。但如果是当事人一方的故意或重大过失引起火灾造成房屋灭失或严重毁损,另一方可以要求经济赔偿。

8. 房屋被征收后所得利益分配。如果房屋被征收,征收部门应与房屋所有权人、居住权人协商安置方式。居住权人可以要求按照实际使用面积获得拆迁利益的经济补偿,而不是居住权人为建房投入的资金。这一内容非常重要,应写入合作协议与居住权合同中。

(四)在养老机构中有偿设立长期居住权

除了居住权合同以外,双方还应签订一份养老服务协议,居住权合同是该协议相关内容的细化，作为办理居住权设立登记所用。

在养老服务协议中应明确：养老机构的服务方式；老年人支付费用的数额及支付方式、时间；养老公寓或养老院的位置；设立居住权的区域与面积；居住权期限；提供服务内容与质量标准；违约责任；解决争议的方法等。

在居住权合同中，应明确：居住权人与实际共同居住人；居住权人支付费用的方式、时间；养老公寓或养老院的位置；居住权设立的区域与面积；居住权期限；居住的条件和要求；解决争议的方法等。

这种形式设立居住权有一定的特殊性，需要注意以下几点：

1. 如果是夫妻一起入住养老公寓或养老院，应将两人都作为居住权人。此外，如果有保姆或护理人员需要照顾老年人日常生活的，应列为实际共同居住人。

2. 居住权应是有偿设立，但老年人支付的费用中除了房屋使用费以外，可能还要支付养老服务费用，需要在养老服务协议与居住权合同中写明不同的费用标准及支付方式、时间。

3. 居住权可能设立在一套住宅或其中几间房屋内，养老公寓或养老院通常不会分别办理房屋所有权证书，所以要明确居住权设立的区域与面积，并在居住权登记证明中载明。还应明确居住权人对公共设施（如食堂、活动室、客厅等）有使用权。

4. 居住权期限应是长期，如以老年人去世作为居住权消灭的原因。如果是两位老年人一起生活居住，要待最后一位老年人去世，居住权才消灭。

5. 要明确居住权合同的解除条件，限制养老机构的合同解除权，但要明确居住权人在何种情况下可以提前解除合同。因为极有可能会出现老年人不适应在养老公寓或养老院中的生活或对养老机构的服务不满而要求提前解除合同的情况，所以要有相关约定。

（五）房屋所有权转移过程中设立居住权

有时候，居住权的设立往往伴随着所有权转让，所谓“以房养老”模式，经常是老年人出让房屋所有权同时为自己保留居住权的典型模式。在这类情况中，又可以分为所有权出让人为自己设立与为第三人设立两种模式。如果是为第三人设立居住权，第三人未作为合同当事人的，还涉及第三人利益的问题。[①]

---

① 李兴：《居住权与其他物权的冲突与协调》，载茆荣华主编：《〈民法典〉适用与司法实务》，法律出版社2020年版，第203页。

房屋所有权转移过程中设立居住权,常见的方式可能有:(1)“以房养老”形式设立居住权。具体见第九章第五节的内容。(2)赠与人将住宅赠与受赠人,常见的是父母将住宅赠与子女,同时为自己保留居住权。这种情况下,设立居住权是无偿形式,期限一般应是长期。相当于父母赠与子女的是“空虚所有权”,父母在世时还保留对该住宅的实际支配权,等父母都去世后,子女才能获得完整的住宅所有权。如果受赠人不同意为赠与人设立居住权或不配合办理相关登记手续,赠与人可以在履行完成前撤销赠与,因为受赠人为赠与人或第三人设立居住权是赠与所附的义务。(3)设立居住权的住宅转让后设立新的居住权。因为特殊原因,房屋所有权人需要转让已设立居住权的住宅,为了使房屋的转让价值不受明显的贬损,与居住权人协商后提前解除原居住权合同,同时商定在其他住宅上设立新的居住权。一般情况下,新设立居住权的住宅位置、面积、室内设施设备及装修状况等居住条件,总体上应与原来的住宅基本相同,这样可以使居住权人的居住条件不会明显降低;另外,居住权期限一般是原来居住权的剩余期限,使居住权人的居住利益不受损害。如果原居住权是无偿设立形式,新居住权应也是无偿设立形式;如果都是有偿设立形式,居住权人所支付的费用不应增加。

在拟转让的住宅中设立居住权,如上述第一种、第二种方式,居住权期限可以由双方当事人协商确定,但建议在办理房屋所有权转让登记的同时办理居住权设立登记。在上述第三种方式中,可以在办理房屋所有权转移登记后办理新的居住权设立登记,但应及时办理。

除了以上五种居住权合同类型外,还有其他各种类型的居住权合同,很难列举全面。因篇幅所限,就不一一分析了。

三、起草居住权合同需要注意的其他事项

律师在协助当事人起草居住权合同时,应按照居住权的设立目的与当事人的不同情况来进行设计,不同类型的居住权合同存在明显的区别。不能用一种格式的合同来适用所有设立居住权的情况。

笔者认为,除了本章第一节中的一般条款以外,在起草居住权合同时还需要注意以下事项。

1. 要明确设立居住权的住宅是否可以出租、出借或抵押。如果约定房屋可以出租,租期应不超过居住权的剩余期限;如果约定不能出租或出借,当事人应遵守

约定。能否抵押或转让，对房屋所有权人的影响很大。如可以约定：如果今后该房屋办理抵押，应得到居住权人的同意；如果今后该房屋办理抵押，居住权人应予以理解，并同意提前解除居住权合同；如果今后该房屋转让，所有权人应提前通知居住权人，居住权人有优先购买权；如果今后该房屋转让，将不影响到居住权，居住权人可以继续在该房屋居住等。

2. 要明确对居住权人的权利限制，尤其是居住权无偿设立的情况。例如，居住权不能转让、不能赠与、不能继承；居住权人不得将该住宅出租或者借用给第三方；未经房屋所有权人同意，居住权人不得允许其他无关人员共同居住；居住权人应合理使用该住宅，不得损害该住宅的质量与安全；如果住宅内设施需要日常维护，居住权人应及时维修；如果住宅需要重大修缮，居住权人应提前与房屋所有权人商量并确定费用承担等。

3. 应明确合同解除条件。如果出现约定的情况之一，房屋所有权人有权提前解除本合同，并要求居住权人及其共同居住人搬离住宅，如居住权人利用房屋从事经营活动或者非法活动；居住权人不合理使用房屋，导致房屋严重损坏或出现危及安全的质量问题；有偿方式设立居住权，居住权人在合理期限内经两次催告未支付费用的；居住权人故意侵害房屋所有权人及其亲属的人身权或者对其财产造成重大损害的，等等。从利益平衡的角度，只有居住权人存在性质比较严重的违约行为或造成严重后果时，房屋所有权人才能行使合同解除权。如果居住权人的违约行为性质较轻，如在自己不住的期间，将房屋出租给第三方或借给亲友居住一段时间，经房屋所有权人提醒后及时收回房屋，房屋所有权人不能以此为由解除合同。在有偿设立的居住权合同中，也应明确居住权人有提前解除合同的权利，如经居住权人多次催促，房屋所有权人拒绝履行房屋维修义务，严重影响了居住权人正常使用该住宅；住宅存在质量问题，可能危及居住权人的安全或者健康的，等等。

4. 应明确违约责任条款。在居住权合同中，居住权人可能出现的违约情况如下：有偿方式设立居住权，居住权人不按时或足额支付费用；未支付水、电、煤气、物业服务等使用费用或物业服务费，导致第三方要求房屋所有人承担该费用的；擅自将房屋出租或者借用给第三方；擅自允许其他无关人员共同居住；不承担日常维修义务，导致房屋及室内设施设备损毁的；不按照合同约定履行居住的条件与要求等。房屋所有权人可能出现的违约情况有：不将房屋交付给居住权人；不配合办理居住权设立登记手续;将设立居住权的住宅擅自出租或者借用给第三方;不按照合同约定承担房屋维修义务,导致影响居住权人正常使用的;在居住权期限内,使用断水断电或以其他非法手段妨害居住权人使用该房屋;不按照合同约定,履行相关的其他义务(如照顾生活、养老服务等);在未告知居住权人的情况下,擅自将房屋设立抵押或进行转让等。在违约责任条款中需要约定承担责任的方式,如居住权人不按时或足额支付费用,应每日按照拖欠费用的千分之一支付违约金。

5. 要明确房屋灭失、严重毁损或其他原因造成居住权消灭,当事人是否可以要求设立新的居住权、损害赔偿或经济补偿。如果因意外失火或其他原因造成住宅毁损或灭失的,如果居住权人存在过错,应承担赔偿责任。如果是由于地震、水灾、台风等不可抗力造成住宅毁损或灭失的,或者室内设施设备的自然损耗、折旧,居住权人不承担赔偿责任。如果房屋所有权人擅自转让该住宅或设立抵押权,导致居住权人实际失去居住权,可以要求房屋所有权人设立新的居住权或给予一定的经济补偿。

6. 室内设施设备情况应该清点并列明作为合同附件。这是为了尽量避免出现今后因室内设施设备灭失或毁损引起纠纷。

7. 其他特殊的约定。例如,如果在部分区域上设立居住权的住宅,所有权人拟转让其他区域,是否要提前通知居住权人,居住权人是否有优先承租权;住宅被征收后,房屋所有权人是否要设立新的居住权及是否给予经济补偿,拆迁征收利益的分配等。

四、居住权合同的参考文本

本节最后,笔者以无偿设立与有偿设立两种方式分别起草一份居住权合同文本以供读者参考。其中无偿设立形式的居住权合同文本主要适合家庭成员或亲属之间设立居住权,离婚纠纷处理时设立居住权需要对合同文本进行一定的修改,单位为员工无偿设立居住权、在公有住宅上无偿设立居住权等特殊情况适用时也应对合同文本进行相应的修改。有偿设立形式的居住权合同在使用费用及支付方式、居住权条件及要求、住宅能否出租、维修义务的承担、提前解除合同条件、违约责任等方面应与无偿设立形式的居住权合同有所区别,内容应该相对详细,要注意房屋所有权人与居住权人的利益平衡。本节提供的合同文本适合一般性情况,尤其是类似长期租赁的有偿设立居住权情况,但并不一定很适合农村合作建房形式并设立长期居住权、在养老机构中有偿设立长期居住权、房屋所有权转移过程中设立居住权等特殊情况,建议根据以上情况的特点进行相应的内容修改。

笔者认为,际需要使用的居住权合同可以在合同文本基础上增删内容。一般性的无偿设立的居住权合同内容可以简略一些,目前各地登记机构提供的居住权示范合同都比较简单,但产生纠纷后不容易明确责任;某些有特殊需要的居住权合同应更加详细、清楚,建议请律师进行把关。

居住权合同

（无偿设立形式,主要适合家庭成员或亲属之间设立居住权）

甲方(所有权人;如果住宅共有,应列明所有共有权人):

居民身份证号码:

住所地:

联系电话:

[如果所有权人是法人或非法人组织,需要填写单位名称、地址(住所)、统一社会信用代码、单位法定代表人或负责人(写明职务)、联系人、联系电话等基本信息]

乙方(居住权人;可以为多个自然人设立居住权):

居民身份证号码:

住所地:

联系电话:

甲、乙双方系________关系,为了保障乙方的居住条件,甲方愿意提供其所有的住宅为乙方设立居住权,以满足乙方生活居住的需要。现双方经友好协商,就设立居住权事宜,根据《民法典》及相关规定,签订本合同以共同遵守。

一、基本状况

1. 甲方将自己所有的住宅为乙方设立居住权,该住宅的基本情况为:(以附件不动产权证为准)

(1)住宅地址:____________________

(2)不动产产权证号:____________________

(3)所有权人:____________________

(4)建筑面积:________平方米;套内面积:________平方米。

2. 下列范围不属于本合同约定的居住权使用范围内:

____

____(如果是部分区域设立居住权,应清楚、明确地说明设立居住权的区域位置及面积,可以附示意图进行说明;如果有车库、车位、杂物间等附属设施,应明确是否也设立居住权)

二、居住权期限

1. 双方确认,居住权期限以下列第____项约定为准:

(1)固定期限:自________年____月____日起至________年____月____日止。

(2)不固定期限:自________年____月____日起至乙方去世之日止(或采取其他形式的表述)。

2. 甲方应在上述居住权期限开始之日前将房屋交付给乙方使用。

三、居住权登记手续

1. 本合同签订后____日内,双方一起到当地的不动产登记机构办理居住权设立登记手续。

2. 办理居住权登记手续费用(如有)由____方承担。

四、居住权无偿设立

1. 乙方无偿取得居住权,乙方无须向甲方支付房屋使用费用。甲方不能要求乙方缴纳租金或其他费用,代缴费用除外。

2. 居住期限内发生的下列相关费用均由____方承担:(1) 物业服务费;(2)水费;(3)电费;(4)燃气费;(5)固定电话费;(6)电视收视费;(7)网络宽带费;(8)取暖费;(9)房产税及其他税费(也可以不写)。(或采取不同费用分别由何方承担的方式)

五、居住权条件及要求

1. 在居住权期限内,与乙方共同居住的人员范围为:(可以多人,写明姓名、居民身份证号码、与居住权人的关系等基本信息)

2. 乙方获得居住权,应符合以下条件(或遵守以下的要求):

（1）____________________

（2）____________________

（3）____________________

3. 如果甲方要将房屋进行抵押或转让，应提前告知乙方。如果对乙方的居住权产生影响，甲方应为乙方妥善安排新的住处并保证居住条件不下降、居住权期限不缩短。如果甲方已安排了新的住处，双方同意提前解除合同，乙方应无条件配合甲方配合办理相关登记手续。

4. 未经甲方书面同意，乙方不得将房屋全部或部分出租、出借给任何人。

5. 乙方不得转让本合同约定的居住权，乙方继承人也无权继承乙方的居住权。

六、房屋维修义务及其他

1. 双方均认可并同意按房屋现状移交给乙方。室内主要设施设备清单见附件。

2. 乙方应合理使用该住宅，不得损害该住宅的质量与安全。未经甲方书面同意，乙方不得擅自对房屋进行装修及改造；如果经甲方书面同意后，乙方装修房屋或增加房屋附属设施的，装修添附及相关附属设施所有权归甲方所有。

3. 房屋的一般维修义务由____方承担，也可以要求小区物业服务企业提供维修服务，费用由____方承担。

4. 房屋的重大修缮或特殊维修（如屋顶、房梁的翻修、更换等）由____方承担，费用由双方协商确定。

5. 甲方可以提前通知乙方，自行对房屋进行检查，存在安全隐患的，甲方有权要求乙方进行维修，维修费用由____方承担。

七、及时通知义务

1. 当发生下列情况之一时，乙方负有及时通知甲方的义务：

（1）房屋灭失或毁损；

（2）有必要进行重大的修缮和改造；

（3）第三人对房屋主张权利的或者做出足以侵害房屋的行为；

（4）为保护房屋免受可能的危险而有必要采取防护措施的。

2. 发生上述情况，乙方一般应在3天内通知甲方，甲方应及时作出回应并与乙方协商解决办法。如果因情况紧急，乙方可以作出临时措施，因此产生的费用

支出,由甲方承担。(可以其他约定)

3. 如果因乙方未及时通知造成损失发生或扩大的,乙方应承担相应的赔偿责任。

八、居住权的撤销与消灭(可以简略一些)

1. 乙方有下列情形之一的,甲方有权提前解除本合同,撤销居住权:

(1)故意侵害甲方及其亲属的人身权或者对其财产造成重大损害的;

(2)不合理使用房屋,导致房屋损坏或出现质量问题危及住房安全等严重影响甲方或他人合法权益的;

(3)擅自改变房屋的居住用途,或利用房屋从事经营活动或者非法活动的;

(4)未征得甲方书面同意或者超出甲方同意的范围和要求装修房屋或者增设附属设施的;

(5)不承担维修义务,导致住宅或室内设备设施严重损坏的;

(6)擅自将房屋出租或者借用给第三方,且不愿意将出租所得交付给甲方的;

(7)未获得甲方的同意,擅自允许第5条第1款以外的其他人共同居住,且不听甲方的劝阻的;

(8)乙方不按时缴纳物业服务费等费用,导致甲方承担了不应有的损失且乙方不愿意支付费用的。

(如果是为老年人、未成年人、残疾人等弱势群体设立的居住权,所有权人一般不能擅自解除合同;如果因房屋征收、灭失或严重损毁等特殊原因导致居住权消灭,有条件的所有权人应为居住权人设立新的居住权或提供经济补偿)

2. 出现下列任一情形的,居住权消灭:

(1)居住权期限届满;

(2)居住权人死亡;

(3)居住权人放弃居住权;

(4)房屋被征收;

(5)房屋灭失或严重损毁;

(6)居住权被撤销;

(7)解除居住权合同的条件成就的。

九、违约责任(可以简略一些)

1.甲方出现下列情形之一,乙方可以要求甲方为其设立新的居住权或提供相当于租赁相似条件的房屋费用的经济赔偿:

(1)拒不办理居住权设立登记,导致乙方的居住权未生效的;

(2)擅自转让房屋或设立抵押权,导致乙方无法使用房屋的;

(3)擅自将房屋出租或者借用给第三方,导致乙方无法使用房屋的;

(4)故意阻碍或影响乙方按约定使用房屋的;

(5)房屋被拆迁征收后,拒不为乙方提供新的住处或安排不适合的住处;

(6)其他:____________

2.在居住权期限内,如果乙方发现房屋存在质量问题或重大瑕疵,可能危及实际居住人的安全或健康的,乙方应及时搬离该住宅并告知甲方,双方可以在商量后进行必要的维修。

3.如果因意外失火或其他原因造成设立居住权的住宅毁损或所有权灭失的,如果乙方存在过错,应承担赔偿责任。如果是由于地震、水灾、台风等不可抗力造成房屋毁损或所有权灭失的,或者是房屋或附属设施、设备的自然损耗、折旧,乙方不承担赔偿责任。

4. 如果房屋被拆迁征收,本合同提前终止并办理居住权注销登记,所有拆迁补偿利益归甲方所有。但甲方应为乙方设立新的居住权,并保证居住条件不下降、居住权期限不缩短。房屋中由乙方添设的设施设备对应的补偿归乙方所有以外,甲方无须向乙方支付其他补偿。(或可以约定甲方不为乙方设立的新的居住权或提供经济补偿)

5.其他约定:____________

十、办理居住权注销登记

1.如果本合同第2条第1款约定的居住权期限届满,乙方及其共同居住人应按时搬离出该住宅,并将该住宅及室内设施设备移交给甲方。双方共同清查室内设施设备后,共同向该住宅所在地不动产登记机构申请办理居住权注销登记。

2.出现本合同第7条第1款约定的合同解除条件,甲方有权要求乙方及其共同居住人限期搬离该住宅。甲方可以单方申请办理居住权注销登记,居住权消灭。

3.居住权被撤销、提前解除居住权合同或因其他原因导致消灭后,乙方应在

____日内搬离并向甲方交回该住宅及室内设施设备，并保证住宅的完好（正常损耗除外）。

4. 其他约定：____________

十一、争议解决

凡因履行本合同所发生的或与本合同有关的一切争议，双方应尽量通过友好协商的方式处理。协商不成的，任何一方均有权向房屋所在地的有管辖权的人民法院提起诉讼。

十二、其他约定

1. 本协议自双方签字、按指印或盖章之日起生效。

2. 本协议未尽事宜，双方可另行签订补充协议，补充协议与本合同不一致的，以补充协议为准。

3. 本协议附件是本合同不可分割的组成部分，与本合同具有同等法律效力。

4. 本协议一式三份，甲、乙双方各执一份，办理居住权登记时提交不动产登记机构一份，具有同等法律效力。

（如果居住权合同是附条件或附期限的合同，可以单列条款予以规定，具体按照双方的意愿来决定内容）

（以下无正文）

甲方：　　　　　　　　乙方：

（签章）：　　　　　　（签章）：

签署日期：　　年　月　日

居住权合同

（有偿设立形式，具体以当事人约定为准）

甲方（所有权人；如果住宅共有，应列明所有共有权人）：

居民身份证号码：

住所地：

联系电话：

（所有权人是法人或非法人组织的，写法与上类似）

乙方（居住权人；可以为多个自然人设立居住权）：

居民身份证号码：

住所地：

联系电话：

为了保障乙方对甲方所有的住宅享有占有、使用的用益物权，以满足生活居住的需要，现甲乙双方经友好协商，就设立居住权事宜，根据《民法典》及相关规定，签订本合同以共同遵守。

一、基本状况（与上类似）

二、居住权期限（与上类似，建议采用固定期限写法）

三、居住权登记手续（与上类似）

四、居住权有偿设立（第 1 款修改，第 2 款与上类似或修改）

乙方取得本合同约定的居住权，应按下列第____项约定向甲方支付费用：（应约定使用费及支付方式，或其他条件）

（1）乙方应一次性向甲方支付共计________元。乙方应于本合同签订后____日内支付________元，居住权设立登记完成后____日内付清余款。

（2）乙方应按每年/月________元向甲方支付房屋使用费用。乙方应于每年________年____月____日前支付。（支付方式可以采取其他写法）

上述款项的收款账户约定如下：

开户行：______________________

户　名:____________________

账　号:____________________

(3)其他费用及承担方式________。

五、居住权条件及要求(与上类似,其中第1款可以不写,第2款根据情况灵活填写,第3、4款内容建议修改)

1.未经乙方书面同意,甲方不得将该房屋进行抵押。在不影响乙方居住权的前提下,甲方有权对房屋进行对外转让,但应提前一个月通知乙方,乙方享有以同等条件优先购买的权利;但是,房屋按份共有人行使优先购买权或者甲方将房屋出卖给近亲属的除外。甲方履行通知义务后,乙方在15日内未明确表示购买的,视为乙方放弃优先购买权。

2.关于房屋的出租,双方确认按以下第____种方式处理:

(1)未经甲方书面同意,乙方不得将房屋全部或部分出租给任何人。

(2)乙方有权出租并享受租金收益,但租赁期限不得超过居住权剩余期限。

(3)甲方允许乙方对外出租,所得租金收益按照以下方式进行分配:

(如果是在部分区域设立居住权,应约定甲方不能对外出租设立居住权的部分区域,但双方也可以约定甲方可以对外出租未设立居住权的部分区域或附属设施。)

六、房屋维修义务及其他(第2、3、4、5款根据双方的约定进行修改,建议增加居住权人自行对房屋进行检查并要求维修的内容条款,具体可以参考以下写法)

1.在居住权期限内,乙方负责对房屋及设施设备进行定期安全检查,发现房屋及实施设备发生损坏的,由____方负责维修,并承担维修费用。

2.如果约定由甲方履行房屋维修义务,在合同中可以写明:乙方在房屋需要维修时可以请求甲方在合理期限内维修。甲方未履行维修义务的,乙方可以自行维修,维修费用由甲方负担。因维修房屋影响乙方正常使用的,应当相应减少使用费或者延长居住权期限。因乙方的过错致使房屋需要维修的,甲方不承担前款规定的维修义务。

3.乙方应当妥善保管房屋及设施设备,因保管不善造成房屋及设施设备毁损、灭失的,应当承担赔偿责任。

4.乙方经甲方同意,可以对房屋及设施设备进行改善或者增设他物。如果乙方未经甲方同意,对房屋及设施设备进行改善或者增设他物的,甲方可以请求乙方恢复原状或者赔偿损失。

七、及时通知义务(与上类似,也可以作其他约定)

八、居住权的撤销与消灭(第1款稍作修改,增加居住权人可以提前解除合同的情形,第3款可以不写)

1. 乙方有下列情形之一的,甲方有权提前解除本合同,撤销居住权:延迟支付本合同第4条第1款约定的费用,在一个月内经两次催告未支付的;未按照合同约定,履行居住的某项重要条件与要求等。

2. 甲方有下列情形之一的,乙方有权提前解除本合同:

(1)经乙方多次催促,甲方不承担房屋维修义务,导致房屋毁损或不适合居住;

(2)房屋存在质量问题,可能危及乙方及共同居住人的安全或者健康的;

(3)拒不办理居住权设立登记,导致乙方的居住权未生效的;

(4)擅自转让房屋或设立抵押权,导致乙方无法使用房屋的;

(5)擅自将房屋出租或者借用给第三方,导致乙方无法使用房屋的;

(6)故意妨碍或影响乙方按约定使用房屋的;

(7)其他情形。

九、违约责任(增加居住权人违约的情形,可以将第8条第1款中的若干情形列入本条中;修改房屋所有权人违约的情形,注意与第8条第2款的差异;其他条款可以修改或保留,对房屋被拆迁征收的处理,建议根据实际情况修改;可以增加其他约定)

1. 乙方不按时或足额支付本合同第4条第1款约定的使用费,甲方可以要求乙方每日按照拖欠费用的千分之一支付违约金。

2. 乙方有下列情形之一的,甲方可以要求乙方支付相当于本合同第4条第1款约定的使用费的____%的违约金,或赔偿相应的经济损失:(违约金写法可以双方自行协商确定)

(1)未支付水、电、煤气、物业服务等使用费用或物业服务费,导致第三方要求房屋所有人承担该费用的;

(2)擅自将房屋出租或者借用给第三方;

(3)擅自允许其他无关人员共同居住;

(4)不承担日常维修义务,导致房屋及室内设施设备损坏的;

(5)不按照合同约定,履行居住的相关条件与要求;

(6)居住权期限届满后,不配合办理居住权注销登记手续;

(7)其他情形。

3. 甲方不配合或逾期办理居住权设立登记的,应按每日________元向乙方支付违约金。

4. 甲方出现下列情形之一,影响乙方正常使用房屋的,乙方可以要求甲方退回乙方交付的所有费用及支付违约金________元:(违约金写法可以双方自行协商确定)

(1)不按时将房屋交付给乙方,或房屋不适合生活居住的;

(2)擅自将房屋出租或者借用给第三方;

(3)使用断水断电或以其他非法手段对乙方进行妨害的;

(4)不承担房屋维修义务,或不支付应承担的维修费用;

(5)其他情形。

5. 甲方提前解除本合同的,如乙方已向甲方支付了房屋使用费,则使用费应按乙方实际居住时间按比例计算,剩余部分甲方应予返还。

6. 如房屋被拆迁征收,本合同提前终止并办理居住权注销登记,双方同意按照下列第____种方式处理:

(1)所有拆迁补偿利益归甲方所有。但甲方应为乙方设立新的居住权,并保证居住条件不下降、居住权期限不缩短。房屋中由乙方添设的设施设备对应的补偿归乙方所有以外,甲方无须向乙方支付其他补偿。

(2)所有拆迁补偿利益归甲方所有,但甲方应向乙方退还乙方所支付的费用(如有),并向乙方另外补偿________元。(补偿费用可以双方自行协商确定,如甲方应退还已经收取但没有实际履行部分的房屋使用费。)

(3)同意将乙方作为被征收人,按照设立居住权的使用面积内的征收补偿利益归乙方所有。如果以甲方作为被征收人,甲方应将设立居住权的使用面积内的征收补偿利益交付乙方。

十、办理居住权注销登记(与上类似,可以修改)

十一、争议解决(与上类似,可以设立专门的仲裁条款)

十二、其他约定(与上类似,可以补充)

有偿方式设立居住权,建议双方应列出室内主要设施设备的清单,并作为合同附件，必要时可以附现状照片进行说明。

（如果居住权合同是附条件或附期限的合同，可以单列条款予以规定，具体按照双方的意愿来决定内容）

（以下无正文）

甲方：　　　　　　乙方：
（签章）：　　　　　（签章）：

签署日期：　　年　月　日

第二节　以遗嘱方式设立居住权

罗马法的财产继承制度是居住权产生的土壤和基础，遗嘱曾是罗马法中居住权设立的典型方式。按照《民法典》第 371 条规定，可以以遗嘱方式设立居住权。本书认为：遗嘱设立居住权的，除了可以参照适用《民法典》物权编第十四章“居住权”的有关规定外，还可以参照适用《民法典》继承编的相关规定。

一、以遗嘱方式设立居住权与继承、遗赠的关系与差异

以遗嘱方式设立居住权，实际上是住宅所有权人为继承人或其他受益人赋予一定期限的住宅占有权与使用权。有观点认为，对于住宅所有权人为继承人或受遗赠人设立居住权的情形，因居住权不属于遗产范围，故以遗嘱方式设立居住权既不属于遗嘱，也不属于遗赠。但对于此类遗嘱的性质和效力，仍可以参照《民法典》继承编中遗嘱的形式和效力来确定。[①]

① 叶阳：《民法典居住权制度的若干问题》，载《人民司法》2020 年第 34 期。

遗赠是遗嘱人用遗嘱的方式将个人财产的一部或全部于死后赠给国家、集体或法定继承人以外的人的一种法律制度，是遗嘱人以遗嘱处分其遗产的一种方式。遗赠是为受遗赠人赋予财产的所有权，包括占有权、使用权、收益权、处分权。以遗嘱方式设立居住权与遗赠比较，其主要差别有：一是对象范围不同。以遗嘱方式设立居住权，受益人可以是法定继承人或受遗赠人；因遗赠受益的自然人，是法定继承人以外的人。二是财产类型不同。以遗嘱方式设立居住权，只能在住宅上设立；遗赠的财产既可以是不动产（如住宅、其他房屋等），也可以是动产（如金钱、饰品等），财产的范围显然要广得多。三是所有权转移的对象不同。以遗嘱方式设立居住权，等遗嘱人去世后，住宅所有权要转移给继承人；采取遗赠的方式，等遗赠人去世后，财产的所有权直接转移给受遗赠人。

二、以遗嘱方式设立居住权的居住权人范围

以遗嘱方式设立居住权，居住权人既可以是法定继承人（如配偶、子女、父母、兄弟姐妹、祖父母、外祖父母等），也可以是其他受益人（亲戚、保姆、需要抚养、扶养或照顾的其他人等，与受遗赠人可以重合）。以下分不同的情况进行说明：

1. 配偶。例如，遗嘱人是住宅所有权人，可以将其单独所有的住宅留给其配偶居住，设立长期的居住权，要求其子女等继承人予以承认，这种情况在再婚组成家庭中比较常见。此外，还常见一种情况：夫妻合立遗嘱将双方共有的住宅作为遗产，提前明确今后由其子女等继承人继承，但要求待其中一方去世后需要为存活的另一方设立居住权直至其去世，在某些遗嘱中还要求子女承担抚养费。

2. 子女。例如，某人因为生病或其他原因去世，其有多个子女，部分已经成家，还有个别孩子未成年，于是立遗嘱将现有住宅留给未成年孩子与其监护人继续居住直至成年，并设立居住权，等其具有独立生活能力后，再与其他兄弟姐妹一起将该住宅作为遗产来进行分配。父母抚养身体有残疾或其他身体障碍的成年子女，担心自己去世后，子女没有住处、缺少照顾，所以设立居住权，并以有权继承其房屋所有权为代价要求其他有能力的子女对身体有残疾的子女进行照顾。

3. 父母。例如，某人因为生病或其他原因，可能先于父母去世，担心配偶、子女等继承人对自己的父母不孝顺，所以在遗嘱中在自己所有的住宅上为父母设立长期居住权，要求其子女等继承人予以承认。

4. 亲戚。按照《民法典》继承编中关于“法定继承”的相关规定，兄弟姐妹、祖

父母、外祖父母是第二顺序的法定继承人，如果有第一顺序继承人（配偶、子女、父母），应该是第一顺序继承人继承，第二顺序继承人不继承。但由于特殊情况，如兄弟姐妹没有住房、生活困难，祖父母、外祖父母年老体弱、需要照顾等，遗嘱人是住宅所有权人，可以在其所有的住宅或其中的部分区域中为这些亲戚设立居住权，或者让居住权人与遗嘱人的配偶、子女、父母一起居住，帮助照顾生活。

5. 需要抚养、扶养或照顾的其他人。例如，祖辈抚养孙辈，孙辈失去父母、父母离异或者没有抚养能力，祖辈担心自己去世后，孙辈没有住处、缺少照顾，所以设立居住权，并以有权继承其房屋所有权为代价要求其他有能力的子女对其孙辈进行照顾；还有需要抚养的老人、需要照顾的亲友等，都可以成为居住权人。

6. 保姆。例如，因为子女在外地工作或出国定居，一些家庭聘请保姆照顾老人的日常生活。老人与保姆一起生活了多年，所以有了比较深厚的感情，保姆被当作家人看待。有些保姆没有子女或者在老家没有住房，年老后也需要找住处。老人在去世前留下遗嘱，让保姆继续住在家里，直至去世。

7. 其他人员。例如，其他人对老人生前有照顾但自己没有住房，老人可以设立居住权的方式对其进行报答；帮助老人出资建房或购房的其他亲友，已经与老人实际一起生活多年或居住在同一套住宅内，老人可以设立居住权的方式对其贡献进行认可。

三、以遗嘱方式设立居住权的基本内容

1. 要首先明确设立居住权的住宅是可以作为继承财产的自有房屋。遗嘱人应是该住宅的所有权人，而且该所有权一般不能受到权利限制，如已经设立抵押权的住宅，不能擅自设立居住权；与他人共有的住宅，只能就自己所有的部分设立居住权；所有权存在争议的住宅，也不能设立居住权，即使立有遗嘱，可能也无法办理居住权设立登记。

2. 要明确设立居住权的住宅位置、区域及面积。参照《民法典》第 367 条的规定，应该在遗嘱中明确“住宅的位置”；如果是将住宅的部分区域设立居住权，应清楚、明确地说明设立居住权的区域位置及面积；如果对不同的居住权人分区域设立居住权，应清楚、明确地说明设立不同居住权对应的区域位置及面积；如果有车棚、储物间等附属设施，应明确是否也设立居住权。

3. 要明确居住权期限。参照《民法典》第 367 条的规定，应该在遗嘱中明确

"居住权期限"。居住权可以是固定期限,如3年、5年或10年。但在实践中,居住权可能更多的是长期或不固定的期限,如到居住权人去世为止、到居住权人购房为止。如果采取不固定期限方式,容易发生纠纷,而且很难判断。对于可能发生这种情况,首先是在办理居住权设立登记时要对居住权期限尽量清楚、明确地载明。如果期限还是不明确,该如何认定?笔者认为:要根据立遗嘱时的基础条件、设立居住权的目的、居住权人的实际需求等情况进行判断。如对老年人、没有劳动能力的人、无行为能力或限制行为能力的人,期限一般应是长期,至少要保障其获得基本的居住条件;对于未成年人,期限一般应到其成年或有独立生活能力为止;对于有劳动能力的年轻人、自己购房或生活条件明显改善的居住权人,继承人可以与协商要求其搬离该住宅,提前解除合同并办理居住权注销登记;对于严重损害遗嘱人或其继承人的权益,承诺照顾遗嘱人的家人但没有履行义务的居住权人,应该参照《民法典》中对"遗赠"的相关规定,提前解除居住权合同。

4. 尽量明确是否有偿及是否附条件和要求,但不是居住权登记的必要事项。以遗嘱方式设立居住权,一般是采取无偿设立形式,做法类似遗赠。同时也可以明确:水、电、燃气、供热等相关使用费与物业服务费由居住权人自己承担。如果在遗嘱没有明确居住权是否有偿设立,应视为无偿设立。此外,可以要求居住权人承担一定的条件与要求,如帮助照顾遗嘱人的配偶、子女、父母的生活;如果以后房屋被征收,居住权人应该无条件配合提前解除居住权合同等。

虽然遗嘱是遗嘱人单方面作出的民事行为,但权益涉及继承人、受遗赠人与居住权人。以遗嘱方式设立居住权,实际上是继承人(或受遗赠人)与居住权人之间形成居住权合同关系,按照遗嘱人的意愿来明确相关内容,设定其权利与义务。继承人(或受遗赠人)与居住权人都应当履行义务。没有正当理由不履行义务的,经利害关系人或者有关组织请求,人民法院可以取消其接受附义务部分遗产或获得居住权的权利。

四、以遗嘱方式设立居住权的一些问题探讨

以遗嘱方式设立居住权,与签订居住权合同形式设立居住权,有很多类似之处,如都要求采取书面形式并办理居住权设立登记,但也存在一些区别。以下探讨以遗嘱方式设立居住权的特殊问题。

1. 立遗嘱的方式。我国《民法典》中规定立遗嘱有自书遗嘱、代书遗嘱、打印

遗嘱、录音录像遗嘱、口头遗嘱、公证遗嘱等多种方式。但考虑到“居住权自登记时设立”的明确规定要求,所以以立遗嘱方式设立居住权应采用书面方式,不宜采取录音录像遗嘱、口头遗嘱等方式。一旦发生纠纷,难以明确,口头形式的遗嘱在办理登记时一般不会被登记机构采纳。

2. 立遗嘱后是否还需要签订居住权合同? 如果立有书面形式的遗嘱,在遗嘱中有设立居住权的明确意思,而且具有必要的内容,参照居住权合同的一般条款要求,有居住权人、住宅的位置、居住的条件和要求、居住权期限等内容,登记机构应予以登记。但在实践中,遗嘱极有可能内容很简单,只有居住权人、住宅的位置,缺少居住权期限等重要内容。在这种情况下,应该按照遗嘱人的意愿来明确相关内容,由继承人与居住权人签订书面形式的居住权合同,作为对遗嘱的补充说明,也能反映双方的意愿。对于口头形式的遗嘱,更应该签订书面形式的居住权合同,否则可能无法办理居住权设立登记。

3. 如果房屋所有权人在生前未设立遗嘱,是否可以根据其生前意愿设立居住权? 有时候,房屋所有权人在生前曾表示过“在其死后,房屋留着谁居住”或类似的意思,但因为一些原因(如在意外事故中死亡、突然失踪、被人谋杀或突发疾病死亡),导致其未能在生前立遗嘱。在这种情况下,很可能导致其原定的继承人或其他受益人无法按照房屋所有权人在生前的意思表示获得居住权,也容易与法定继承人之间产生纠纷。在这种情况下,如果两名及以上的见证人可以证明,并且见证人符合作为遗嘱见证人的条件,可以视为“口头遗嘱”的一种方式。但还是需要继承人与居住权人之间签订书面形式的居住权合同,相当于继承人对此“口头遗嘱”的认可,否则无法办理居住权设立登记。如果因此发生纠纷提起诉讼,应该由法院裁判是否设立居住权。

4. 在无权处分的房屋上设立居住权应如何处理。在遗嘱继承中,遗嘱人对自己无权处分的房屋进行处分,也是比较常见的现象。如已经设立抵押权的住宅,所有权存在争议的住宅,所有权人不能擅自设立居住权,即使在遗嘱中有设立居住权的明确意思表示,可能也无法办理居住权设立登记。还有一种情况:遗嘱人将与他人共有的住宅设立居住权,常见的是一方将夫妻双方共有的住宅进行擅自处分,另一方得知遗嘱内容后明确表示不同意,在这种情况下,应参照《民法典》第 1153 条的规定。此时,遗嘱人只能就自己所有的部分进行处分,包括设立居住权,也就是说,只能为该套住宅的部分区域设立居住权。

5. 是否可以为存在共有关系的配偶设立居住权？可能经常会出现以下情况，老人在遗嘱中明确：将夫妻双方共有的一套住宅留作存世的配偶以后长期居住，等双方都去世后再作为遗产由子女继承，这也涉及为某一共有人设立居住权的情形，显然这是合情合理的，也是目前普遍存在的实际做法。本书认为：这种做法是可以的，不仅合情合理，为老年人的居住条件提供保障，也符合创设居住权制度的本意。住宅的共有人在其共有的部分自然享有居住的权利，在其他部分获得其他共有人的同意为其设立居住权。登记机构应尊重当事人的真实意愿，为老人办理居住权设立登记。

6. 附义务的遗嘱，当事人不接受所附义务如何处理。以遗嘱方式设立居住权实际上是附义务的继承（或遗赠），有可能出现当事人不愿意接受该义务的情况。例如：如果继承住宅需要承担较多的债务与税款，但该住宅又被所有权人在遗嘱中设立了居住权，所以继承人宁可放弃继承；同样情况也可能发生在受遗赠人的身上。如在遗嘱设立居住权，同时要求受益人承担一定的义务或条件，如帮助照顾遗嘱人的配偶、子女、父母的生活，承担一定的债务、税款或拖欠的物业服务费等，该受益人可能也会放弃居住权。如果受益人不接受遗嘱中的义务，视为放弃居住权，该住宅作为遗产由遗嘱继承人或法定继承人来继承。

7. 居住权人是否要作出接受或者放弃居住权的表示？居住权人也应该参照《民法典》第1124条规定作出接受或者放弃居住权的表示。如果居住权人是继承人，除非以书面形式作出放弃居住权的表示；没有表示的，视为接受。如果居住权人是其他受益人，应参照受遗赠人的做法，在知道遗嘱内容后60日内作出接受或者放弃居住权的表示；到期没有表示的，视为放弃该居住权。

8. 先办理住宅所有权转移登记还是先办理居住权设立登记。笔者建议，尽量将所有权转移登记与居住权设立登记同时办理，避免出现继承人不配合办理居住权设立登记引起纠纷的情况。如果因存在继承纠纷，暂时无法办理住宅所有权的转移登记手续，应先办理居住权设立登记。

五、设立居住权的合格遗嘱建议格式

在我国实践中，除了某一自然人设立遗嘱的常见情况外，还有合立遗嘱的情形。合立遗嘱又称“共同遗嘱”，是指两个以上的遗嘱人共同设立一份遗嘱，以处分共同遗嘱人各自所有的或者共同所有的财产，如夫妻合立的遗嘱。① 在合立遗嘱的情况下，生存的配偶对已死亡配偶的房屋的使用或者对与已死亡配偶生前共有的房屋的份额的使用，其性质亦应是一种物权性的权利。遗嘱人也可以用遗嘱的方式为其生存的配偶设定一个居住权，而指定其房屋的所有权由其子女继承，这既可以解决其生存配偶的居住问题，也可以满足遗嘱人的将其遗产由其子女继承的愿望。②

以下分单立遗嘱与合立遗嘱两种形式分别进行说明。

(一)单立遗嘱形式

建议写法：位于某市某区某街道某路某号某小区某号楼某单元某层某号的住宅（写明具体地址，与产权证书上登记的地址应相同；不动产产权证编号；面积情况）是本人（是指遗嘱人）所有（或登记在本人名下，实际是本人与谁共有）。现明确：该套住宅（或本人所有的部分）由谁（或多人）来继承（或遗赠给谁），并为谁（与继承人、受遗赠人应不同）设立居住权。居住权期限为：固定年限（如 10 年）或长期（到居住权人死亡为止）。是否有偿，居住条件与要求：如承担对谁的赡养义务，今后照顾谁的日常生活等。

如果是在部分区域设立居住权，应清楚、明确地说明设立居住权的区域位置及面积，如居住权设立在该套住宅的北侧的客卧一间约 20 平方米，该院子的东首两间房屋约 50 平方米。

如果对不同的居住权人分区域设立居住权，应清楚、明确地说明设立不同居住权对应的区域位置及面积，如该别墅的一层约 10 平方米由谁长期居住，二层约 100 平方米由谁长期居住，楼梯与过道共有；院子的东侧两间房约 50 平方米由谁居住；西侧两间房约 50 平方米由谁居住，中间一间由双方共用。

如果有车棚、储物间等附属设施的，也设立居住权的，应该在遗嘱中写明，如在该住宅及一楼 105 号储物间上设立居住权。

(二)合立遗嘱形式

建议写法：位于某市某区某街道某路某号某小区某号楼某单元某层某号的住

---

① 魏振瀛主编：《民法》，北京大学出版社 2000 年版，第 614 页。

② 钱明星：《关于在我国物权法中设置居住权的几个问题》，载《中国法学》2001 年第 5 期。

宅(写明具体地址,与产权证书上登记的地址应相同;不动产产权证编号;面积情况)登记在(甲或乙)名下,实际是甲与乙共有(两人都是遗嘱人)。现明确:无论甲与乙中谁先去世,另一方对该套住宅都有长期居住权直至去世。此前,房屋不能转让或进行财产分割。等甲与乙都去世后,由谁(或多人)来继承(或遗赠给谁)。

如果两人在遗嘱中为其他人设立居住权,应写明:居住权人的姓名、住宅的位置及设立的区域与面积,居住权期限及居住的条件与要求等内容。

如果居住权人是法定继承人,一般应说明其与房屋所有权人的身份关系,如居住权人是房屋所有权人配偶(包括再婚配偶)、父母(包括继父母)、子女(包括继子女或非婚生子女)、父母已去世的直系后辈、兄弟姐妹等。

如果居住权人是非法定继承人,一般应说明为其设立居住权的原因,如居住权人是房屋所有权人的亲戚、保姆,居住权人是没有住房的未成年人、残疾人、精神病人等。

其他内容可以参加单立遗嘱的情况。可以在以上建议格式基础适当增删内容,同时应特别注意要符合设立合法遗嘱的形式要求,避免因存在形式上的瑕疵导致遗嘱被认定为无效,使遗嘱设立居住权的行为也被认定为无效。如果在遗嘱中指定了遗嘱执行人,建议由遗嘱执行人协助居住权人办理居住权设立登记手续。

第三节　以法院生效法律文书方式设立居住权

《民法典》第229条规定:“因人民法院、仲裁机构的法律文书或者人民政府的征收决定等,导致物权设立、变更、转让或者消灭的,自法律文书或者征收决定等生效时发生效力。”所以,生效的法律文书可以是居住权设立的依据,经常在婚姻家庭纠纷或继承纠纷中发生。

如果是采取有偿设立形式居住权,尤其是投资性或消费性的居住权,可以选择采取仲裁方式解决争议。当事人采用仲裁方式解决纠纷,应当双方自愿,达成仲裁协议。仲裁方式解决的是合同纠纷和其他财产权益纠纷,居住权合同纠纷或居住权纠纷理论上可以采取仲裁方式解决,但目前采取仲裁文书的方式设立居住权的案例几乎没有见到。所以，本节不对仲裁文书设立居住权进行分析，具体可以参考法院的生效法律文书设立居住权的做法。

一、以裁判文书方式设立居住权

以裁判文书方式设立居住权，一般是发生在赡养纠纷、分家析产纠纷、继承纠纷、离婚纠纷中，常见的情形是为老年人、未成年人、残疾人、离婚妇女等弱势群体设立居住权。

下面以宁波市江北区人民法院判决为老年人设立居住权的案件为例。①

案情简介：1995 年，张某的前妻去世。2005 年，50 岁的韩老太来到张某家做保姆，照顾时年已经 63 岁的张某。2014 年，韩老太和张某登记结婚。2019 年 8 月，张某去世。就在去世当日上午，张某立下遗嘱，将自己名下的一套房屋及绝大部分存款指定前妻的两名子女继承。韩老太名下没有其他住房，与张某一直共同居住在该房屋中。老伴去世后，两位子女根据父亲立下的遗嘱，与韩老太商量，希望其配合履行遗嘱，搬离并腾空房屋，但遭到韩老太拒绝。韩老太表示，自己年近 70，无依无靠，悉心照顾了张某十几年，一直住在这里，现在也无处可去。但子女们坚持认为房子的所有权归他们，请求法院判决韩老太限期搬离。

法院经审理后查明：虽然韩老太并无房屋的所有权，但是韩老太自从与张某结婚之后作为配偶一直居住在该房屋内。夫妻一方死亡，另一方又无其他居所的情况下，因婚姻关系产生的居住权益并不因夫妻一方去世而消灭。两子女取得案涉房屋所有权系继受取得，非原始取得，故对韩老太享有居住权益的现状应予尊重，其对物权的行使不得损害韩老太的合法权益。韩老太照顾张某十几年，在无其他居所，又无其他收入来源，且对案涉房屋享有合法居住权益的情况下，两子女在父亲去世后，即要求韩老太搬离，也不符合公序良俗原则。最终，法院判决，韩老太仍可在该房屋内居住。

本案中，法定的居住权并不成立，但韩老太年事已高，没有收入来源，没有其他房屋，一旦搬离现有居所将流离失所。社会主义核心价值观倡导建立和谐友善的社会，让所有老年人老有所养、老有所依、老有所安，要求对老年人等弱势群体的利益进行一定程度的倾斜保护，这也符合《民法典》公序良俗的原则。法官的

---

① 《老伴去世房屋只留给前妻子女，老人无处安家？法官：用判决守护老人安心的晚年！》，载微信公众号“宁波江北法院”2021 年 7 月 18 日。

判决从保护老年人的权益及人文关怀出发，追寻韩老太居住权利的来源，最终对其居住利益进行了合理保护。

对于在婚姻家庭纠纷或继承纠纷中类似案例的判决，笔者建议遵循以下几项主要原则：(1)居住权人的适用对象应是没有其他住处的弱势群体人员，一般是老年人、未成年人、残疾人、离婚妇女等。如果这些人员有其他合适的住处，一般不应判决为其设立居住权；虽然没有其他住处但有一定的劳动能力，可以凭劳动收入租赁住房，也不应判决为其设立居住权。(2)房屋所有权人对居住权人有法定的赡养、抚养或扶养义务，法院以判决设立居住权的形式要求房屋所有权人履行应尽的义务。或者虽然房屋所有权人对居住权人没有法定的帮困义务，但这样的做法显然符合公序良俗的原则。按照《民法典》的基本原则进行判决，虽然是法院的无奈做法，但从保护老年人的居住权益及人文关怀出发，也是可以考虑的。(3)房屋所有权人有能力但不愿意对生活有困难的居住权人提供其他形式的帮助，如提供一定的经济资助或为其租赁住房。通常房屋所有权人还有其他住处，一般是有两套以上住宅；或者虽然所有权人只有一套住宅（如别墅、面积较大的套房、农村大宅），但足以容纳居住权人与其一起居住，且不明显影响正常的生活。(4)法院在判决设立居住权时要采取审慎的原则。例如：如果弱势群体人员没有明确提出设立居住权的诉讼要求，法院不能主动采取设立居住权的方式；了解弱势群体人员是否还有其他的扶养义务人，是否有可能为其提供住处；要征询房屋所有权人的意见，是否愿意对弱势群体人员提供其他形式的帮助；查明弱势群体人员此前是否长期住在该住宅中；如果判决设立居住权，也要采取对房屋所有权人不利影响相对较小的方式，如限定居住权人实际使用的区域以够用、合适为原则，为未成年人、离婚妇女设立的居住权期限应采取固定期限且不宜用长期方式。总之，采取裁判方式为弱势群体人员设立居住权，应是法院在调解无效又没有其他合适的解决办法后，采取的一种“无奈”的做法，而不只是一种可供选择的方案。

此前，在合同纠纷与物权纠纷中，也可能发生判决设立居住权的情况，常见情形是：在赠与合同纠纷中，受赠人在获得房屋所有权的同时，也应承担为赠与人设立居住权的义务，这种情形常见的是父母离婚时在离婚协议中明确将共有的房屋赠与未成年子女，同时约定为一方或双方设立长期居住权；在养老服务合同纠纷中，养老机构应为老年人设立长期居住权，但签约后，养老机构迟迟未为老年人办理居住权设立登记导致发生纠纷，或者一方提前解除养老服务合同，但另一方不同意解除；在居住权合同纠纷中，双方约定设立居住权，但房屋所有权人拒绝配合或借故拖延办理设立登记，居住权人要求其履行义务；在居住权纠纷中，受益人实际长期在住宅中生活居住但没有办理居住权设立登记，后房屋所有权人擅自将此住宅转让给或出租第三人，导致受益人失去住所，所以请求法院确认其具有居住权，撤销房屋买卖合同或房屋租赁合同；设立居住权的住宅被征收、灭失或严重毁损后，导致居住权人失去住所，要求房屋所有权人为其设立新的居住权或提供一定的经济补偿等。

此前法院的判决书中设立居住权，写法存在一定的差异。笔者建议，判决结果写法一般比较简明扼要但至少应写明：义务人（房屋所有权人）、权利人（居住权人）、设立居住权的住宅位置（如果是部分区域，应写明设立的区域及面积）、居住权期限（固定期限或不固定期限，不固定期限不宜写“长期”，应写为“期限到居住权人去世为止”）。此外，应明确是否有偿，如果采取无偿方式，可以不写；如果采取有偿方式，应写明付费标准及支付方式。如果有必不可少的居住的条件和要求，也应在判决书中简要写明。

通过法院出具的判决书方式设立居住权以后可能出现较多，但应及时办理居住权设立登记方才生效。

二、以调解书方式设立居住权

除了法院的裁判文书外，调解也是解决婚姻家庭纠纷与继承纠纷的常见方式。下面介绍浙江省宁海县人民法院成功调解的一起涉居住权纠纷案件。[①]

案情简介：王某和李某结婚多年，1997 年双方共同出资建造了宁海县跃龙街道某村的房屋。后两人于 2014 年 8 月由法院判决离婚。但当时王某和李某对这套共同建造的房屋都没有提出任何处理方式，因此法院判决离婚时也未对上述财产进行分割。双方离婚后，王某的父母仍居住在上述房屋内。2021 年 4 月，李某起诉要求分割此套房屋。在庭审过程中，王某和李某均同意将该房屋留给儿子小王。但为了更好地解决纠纷，让老年人能够老有所养、老有所依，宁海法院积极调解，通过法官不断劝解和释法，经小王同意，双方达成调解协议，在该房屋上为王

① 《宁海法院开出首份涉居住权民事调解协议》，载微信公众号“宁海县人民法院”2021 年 6 月 11 日。

某的父母设置居住权。

本案中,该房屋系王某和李某的共同财产,经双方同意后将房屋赠与儿子小王。如果小王在获得房屋产权登记后要求王某父母搬离,老人将居无定所。因此法官在调解协议中为王某父母登记设立居住权。此举在不违背小王意愿的前提下保障了老人的居住权益,让二老老有所养、住有所居,达到了法律效果与社会效果的统一。

根据《民事诉讼法》的相关规定,人民法院审理民事案件,根据当事人自愿的原则,在事实清楚的基础上,分清是非,进行调解。调解达成协议,必须双方自愿,不得强迫。调解达成协议,人民法院应当制作调解书。调解书应当写明诉讼请求、案件的事实和调解结果。调解书经双方当事人签收后,即具有法律效力。

如果调解的结果是当事人自愿达成的,房屋所有权人一般会愿意配合居住权人办理居住权设立登记,有利于减少纠纷。所以,在涉及设立居住权的纠纷处理中,尽量采取调解方式而非判决方式。而且,调解协议内容超出诉讼请求的,法院可以准许,所以即使当事人没有提出设立居住权的诉讼请求,如果法院提出调解方案且双方表示同意,也可以在调解书中写入设立居住权的内容。上述案例就是这种情况,这一点明显区别于法院的判决结果。当然,法院出具的调解书与判决书的法律效力相似,具有可执行性。如果所有权人不履行义务,居住权人也可以申请法院强制执行,要求所有权人配合办理设立居住权登记。

在法院出具的调解书中设立居住权,内容可以写得比较详细。除了当事人、住宅的位置、居住权期限等必要内容外,还可以写上:是否有偿、居住的条件和要求、共同生活的人的范围、使用费用与维修费用的承担、住宅是否可以出租等。如果法院觉得这些内容太多,不宜都写入调解书中,可以在出具调解书的同时,帮助双方签订一份内容比较详细的居住权合同。合同中还可以有一些特殊的约定,如房屋所有权人在为居住权人提供购房资助、承担租房费用等帮助的情况下,双方应协商变更居住权期限,办理居住权撤销登记。

按照最高人民法院《关于人民法院民事调解工作若干问题的规定》第 2 条的规定,当事人在诉讼过程中自行达成和解协议的,人民法院可以根据当事人的申请依法确认和解协议制作调解书。

当然,双方当事人可以自行和解,签订和解协议。需要注意的是,当事人自行和解后,请求法院按照和解协议的内容制作判决书的,法院不予准许。和解协议不具有可执行性，当事人不能据此申请法院强制执行，这是和解协议与法院判决书、调解书的法律效力的差异。涉及设立居住权的和解协议的法律效力类似居住权合同，如果所有权人不配合办理登记，登记机构不能应受益人单方申请为其办理居住权设立登记，应建议其向法院提起诉讼予以明确。

三、办理居住权设立登记前的审查要求

自然资源部起草的《居住权等登记办法（试行）》（征求意见稿）中规定：以人民法院、仲裁机构的法律文书设立或者确认居住权的，不动产登记机构凭当事人单方提交的生效法律文书等材料办理居住权首次登记。在《民法典》颁布实施前，法院的一些判决书或调解书中经常出现关于设立"居住权"的内容。随着登记机构开始受理居住权设立登记的申请，如果受益人提出要求办理居住权设立登记，登记机构是否都应予以受理？应如何办理登记？

2021 年前法院的判决书或调解书中出现的"居住权"应理解为居住权利或居住权益，是当事人对该房屋的占有、使用的权利，但与《民法典》中规定需要办理登记才能生效的"居住权"有所区别。所以，笔者建议，登记机构在受理当事人提交的申请前，应要求其先向出具法律文书的法院申请出具审查意见。登记机构在得到法院的书面审查意见中认为应予以办理设立登记的法律文书，才予以办理。这样做可以避免因理解中的差异出现纠纷，减少登记机构因为登记错误而承担责任的可能性。

本书认为，如果出现以下三种情况之一，即使法律文书中有设立居住权的内容，法院也不能出具同意办理居住权设立登记的审查意见：（1）与现有相关规定明显不符合的，如违反"居住权不得转让、继承"的规定。（2）在产权归属不明确的房屋或违法建筑上设立的。因为房屋的产权还没有办理设立登记手续，居住权自然也无法办理设立登记。等房屋的产权确认后，归受益人所有，也无须办理居住权设立登记。（3）在公租房上设立居住权的，需要等国家有关政策明确后，再行决定。对于能否在公租房上办理居住权设立登记，应由国家层面出台文件予以明确，地方法院不能擅自决定。

对于在私有住宅上设立居住权的判决，尤其是为老年人、未成年人、残疾人等弱势群体设立居住权的，法院一般应出具同意办理居住权设立登记的审查意见，登记机构应予以配合并及时办理登记手续。

四、对未办理居住权设立登记的不同情况处理

现实中，存在较多的实际存在居住权利的情况，常见的有：夫妻离婚后，一方没有其他住处，所以采取“离婚不离家”的方式居住在原来的房屋中；父母出资购买房屋登记在子女名下，由父母实际长期居住；原来房屋拆迁后，父母将拆迁补偿所得的房屋赠送给子女，但还是由父母实际长期居住等。以前类似情况，大多没有签订过书面形式的居住权合同，有些以口头承诺或其他形式实际存在，有些是以免费借住形式存在。因为以前法律中没有规定居住权制度，所以都没有办理过居住权设立登记手续。

在《民法典》施行后，如果发生与居住权相关的纠纷，法院一概不承认其设立居住权的效力，显然不利于社会稳定，容易引发道德风险，在实践中可能并不可行。本书认为：可以借鉴对“事实婚姻”认定的做法。在《民法典》生效前设立居住权的行为，如果双方当事人没有异议或者有充分证据加以证明，法院应予以承认，并要求双方当事人及时补办居住权设立登记手续；在《民法典》生效后签订居住权合同但没有办理居住权设立登记的行为，法院一般应不予以支持。如果没有办理居住权设立登记的，不能对抗善意第三人（房屋受让人、承租人）。实际居住人以事实上已经设立居住权为理由，诉请判决房屋所有权人与第三人之间签订的房屋转让合同或抵押合同无效，法院应不予以支持。实际居住人与房屋所有权之间的居住权合同纠纷，可以另外提起诉讼进行处理。

对未办理居住权设立登记的不同情况的处理建议如下：

1. 如果当事人双方已签订书面形式的居住权合同或其他形式的协议，但未及时向登记机构申请居住权登记，居住权人可以要求房屋所有权人履行协助办理居住权设立登记的义务。

2. 如果当事人双方未签订书面形式的协议，双方认可采取免费借住形式但没有约定期限，视为是无固定期限。房屋所有权人无权要求实际居住人补交租金或房屋使用费，但可以要求实际居住人在一定时间内搬离，同时应给予合理的期限。

3. 如果房屋所有权人与受让人恶意串通，或者受让人明知或应知该房屋已经实际存在居住权，尤其是老年人、未成年人、残疾人等作为实际居住人的情况，双方仍签订房屋买卖合同但尚未办理登记手续，实际居住人可以申请法院撤销该房屋买卖合同，继续维持在该房屋上的居住权，并要求房屋所有权人配合办理登记。

4. 因房屋所有权人的原因导致未签订书面合同或办理居住权登记，房屋所有权人将该房屋转让并已办理转让登记手续的，导致居住权人失去居住权，居住权人可以要求所有权人另外安排住处，为居住权人设立新的居住权；如果所有权人不愿意或无法另外为居住权人安排住处，导致居住权人无处居住，居住权人可以向所有权人要求赔偿。赔偿的数额标准，应该让居住权人可以租赁到一套地段相近、面积相似的住房，以满足居住权人的生活需求。

第十一章

登记机构办理居住权登记的探讨

第一节　居住权的登记生效主义与各地登记规范

《民法典》第368条与第370条分别规定了居住权的设立登记与注销登记。居住权作为一种用益物权，其登记应适用《民法典》物权编第二章第一节“不动产登记”的相关规定。

一、居住权的登记生效主义

不动产物权登记效力模式分为登记对抗主义和登记生效主义。居住权与其他多数不动产物权一样，采取了登记生效主义。登记生效主义，又称登记要件主义，是指将登记作为不动产物权变动的要件，非经登记不能在当事人之间产生物权变动的效果，更不具有对抗第三人的效力，而且其登记还有公信的效力。物权变动的时间通过公示得以确定，使物权产权归属关系登记的公示公信力得以向社会明确，对善意第三方的保护较为有利。所以，居住权通过设立登记后产生公示效力，让第三人方便查知即将取得的住宅是否已经设有居住权，然后作出是否购买该住宅的决定。

登记对抗主义是指不动产物权依法律行为变动时一经当事人合意即可成立，但不经登记不得对抗善意第三人。登记并不产生公信力，仅产生对抗力。按照《民法典》第374条规定，地役权的设立采取登记对抗主义。

居住权采取登记生效主义，显然也有利于保护居住权人的利益。即使在设立居住权的住宅上再设立抵押权，或者将该住宅进行转让，也不影响居住权的继续存在。

二、办理居住权设立登记后的法律后果

居住权的设立，将对今后的房产交易、抵押、司法查封、司法拍卖等产生影响，当事人在办理上述类型的登记业务时，应综合考虑房屋设定居住权的情况。居住权作为一种用益物权，其登记机构也是不动产登记机构（以下简称登记机构）。登记机构在对外提供信息查询及限制信息查询时，应当在查询结果中向查询主体出具是否存在居住权。

1. 居住权对房屋买卖的影响。随着《民法典》的施行，今后在房产交易中，购房人在购房前除需要查询现有的抵押、查封、拆迁冻结等限制信息外，还需要到登记机构查询该房屋是否设定了居住权。作为登记机构来说，在提供房屋档案查询时，应当在现有查询的基础上，增加居住权类型的限制性信息查询，并在查询结果上注明房屋是否设定居住权。

2. 居住权对抵押登记的影响。已经设立居住权的房屋，可以办理抵押登记。设立抵押登记，不影响原已存在的居住权。如果抵押权人想查询房屋的限制信息情况，登记机构在出具查询结果时，应当一并告知抵押权人房屋是否设定居住权。

3. 居住权对法院司法查询的影响。法院、公安等机关到登记机构查询房屋的信息时，登记机构的查询部门也应当在给司法机关出具的查询信息中，告知司法机关房屋上是否设立有居住权。①

三、各地关于居住权的登记规范

《不动产登记暂行条例》（2019 年修订）第 5 条采用“列举 + 兜底”的形式规定了应当登记的不动产类型，居住权可以列入“（十）法律规定需要登记的其他不动产权利”的范围，适用于该条例第三章“登记程序”的相关规定。《不动产登记暂行条例实施细则》（2019 年修正）与《不动产登记操作规范（试行）》（2021 年修改）中没有居住权登记的内容。2021 年年初，自然资源部起草了《居住权等登记办法（试行）》（征求意见稿），但还没有颁布实施，所以目前还没有全国统一的居

---

① 张亚楠：《〈民法典〉与不动产登记之居住权》，载微信公众号“鱼龙聊房”2020 年 6 月 24 日。

住权登记规范。

在2020年11月27日通过的《上海市不动产登记若干规定》中已经明确将“居住权”纳入列举范围,并在第27条规定:“当事人采用书面形式订立居住权合同或者以遗嘱方式设立居住权的,应当持居住权合同或者遗嘱等材料申请居住权首次登记。不动产登记机构应当核发不动产登记证明。居住权消灭的,相关当事人应当及时办理居住权注销登记。”2021年3月1日,上海市规划和自然资源局发布了新的《上海市不动产登记技术规定》,作为以上规定的配套实施文件,内容作了更新,关于“居住权登记”规定于第11条中,就居住权登记的方法流程等事项予以进一步明确,具体包括了首次登记、变更登记、注销登记及居住权登记的冲突情况。

在2020年修订的《广州市城镇房地产登记办法》中还没有把“居住权登记”纳入其中。2021年1月广州市规划和自然资源局发布的《广州市不动产登记办法》第30条规定了“居住权登记”。2021年8月,广州市不动产登记中心发布《居住权登记(首次登记、变更登记、注销登记)办理指引(国有土地上房地产)》。

2021年6月17日,武汉市自然资源和规划局发布《武汉市居住权登记操作规范(试行)》,自2021年7月1日起施行。其分别规定了居住权首次登记、居住权变更登记、居住权注销登记三大类登记。在每类登记中,分别写明:登记情形、申请主体、申请材料、审查要点、工作流程、登记时限、登记收费、登记结果。

2021年9月18日,浙江省自然资源厅发布《关于进一步规范不动产登记工作的若干意见》,提出要“妥善做好居住权不动产登记”,并明确要“审慎把握居住权登记条件、登记程序、登记客体和登记内容,切实保障群众对居住权登记的需要”。居住权登记分为:居住权首次登记;居住权变更登记;居住权注销登记;居住权查询和登记委托。2021年11月,浙江省衢州市资源规划局发布《衢州市居住权登记操作规范(试行)的通知》,对居住权办理适用范围、实施时间等作出了明确的规定。浙江省内其他各地市也陆续发布了类似的居住权登记操作规范。

此外,深圳市、成都市、长沙市、青岛市、赣州市等城市也出台关于居住权登记的相关规范,其他各地也开始试点办理居住权登记。

本章以下内容主要借鉴《不动产登记暂行条例》《居住权等登记办法(试行)》(征求意见稿)《上海市不动产登记技术规定》《武汉市居住权登记操作规范(试行)》《广州市居住权登记办理指引》的相关规定并结合浙江省、深圳市等地的相关做法进行比较分析。

第二节　办理居住权设立登记时的基本规范

依申请登记是不动产登记的基本原则。因此，居住权登记也应当适用该原则。房屋所有权人、居住权人可以通过申请的方式向登记机构提出申请，启动居住权登记。

一、居住权的登记事项

《民法典》第 367 条规定，设立居住权应当采用书面方式，合同一般包括：当事人的基本信息、住宅的位置、居住的条件和要求、居住权期限、解决争议的方法等内容。但这些内容未必都作为登记事项。居住权人、住宅位置、居住权期限等事项涉及相对人交易安全，公示后可以产生公信力及善意取得的效力，应当被记载在登记簿上。居住权可以在住宅的一部分设立，实践中也有这类需要。登记时可用文字或示意图确定房间位置。居住权设立对房屋价值影响很大，应作为可以由利害关系人查询的登记信息。有人提出：居住条件和要求不应作为登记事项记载在登记簿上。只有具备登记能力的权利或约定方可记载到不动产登记簿上。居住权的居住条件和要求只是债权性的约定，类似租赁要求，没有物权效力，不会引起权利归属变动，对外公示对权利交易并无法律意义，无须纳入不动产登记事项，加重登记和权利人的负担。①

在自然资源部起草的《居住权等登记办法（试行）》（征求意见稿）所附的“不动产登记簿修改页”有“居住权登记信息”，其中内容有：居住权人、证件种类、证件号、义务人、登记类型、登记原因、居住条件和要求（含居住范围）、居住权期限（起止）、不动产登记证明号、登记时间、登簿人、附记。

浙江省自然资源厅《关于进一步规范不动产登记工作的若干意见》提出“完善不动产登记簿”，增加“居住权登记信息”页，其中：“居住条件和要求”栏填写居住条件和要求相关约定；“居住权期限”栏填写居住权存续的起止时间，或者附条件的文字描述，长期、永久或者终身设立的填写“至居住权人死亡为止”。

---

① 石晨谊：《居住权、带押不动产转移、预告登记，民法典后不动产登记怎么办?》，载《中国自然资源报（理论版）》2021 年第 738 期。

笔者建议，以下内容也可以作为选择记载的登记事项：共同生活人的基本信息，对公用部位及附属设施的利用，对居住权期限的文字描述说明。如果双方当事人都同意记载并提出申请，登记机构可以将这些内容记载在居住权登记证明中。

二、居住权登记证明

用益物权属于他项权利。在不动产登记实务中，建设用地使用权和宅基地使用权一般发放不动产权证书，地役权一般发放不动产登记证明。结合不动产权证书和不动产登记证明的内容，所以同为用益物权，土地使用权发放了证书，地役权发放了证明。居住权与地役权情况更加相近，公示权利人和义务人也同样必要，因此如果登记居住权应该为权利人发放不动产登记证明。①

登记机构受理居住权登记申请后，符合受理条件的，应当及时受理，并在房屋登记簿信息中记载居住权信息，并向居住人发放不动产登记证明之居住权证明。②

笔者建议，记机构应该为居住权人颁发居住权登记证明（或称为不动产登记证明）。办理居住权登记证明需要收费，各地目前自己规定相应的标准，其中广州市规定"免收不动产登记费"。笔者建议，国家层面应出台文件，规定登记机构在办理居住权首次设立登记时，如果居住权是为老年人、未成年人、残疾人等弱势群体无偿设立的，应当减收或者免收居住权设立登记费用，从而进一步实现居住权的设立目的，让居住权最大限度地体现出非营利性，减少居住权人的负担，并起到鼓励当事人及时办理居住权设立登记的作用。

三、办理居住权设立登记所需申请材料

《上海市不动产登记技术规定》规定，以合同方式设立居住权的首次登记，申请人应当向登记事务机构提交下列文件：(1)《上海市不动产登记申请书》（原件）；(2)身份证明（复印件）；(3)记载居住用途的不动产权属证书（原件）；(4) 居住权合同（原件）。以遗嘱方式设立居住权的首次登记，除了以上(1)(2)(3)材料外，还需要提供：(4)生效的遗嘱（原件）；(5)遗嘱人的死亡证明（复印

① 张亚楠：《〈民法典〉与不动产登记之居住权》，载微信公众号"鱼龙聊房"2020年6月24日。
② 张亚楠：《〈民法典〉与不动产登记之居住权》，载微信公众号"鱼龙聊房"2020年6月24日。

件)。因人民法院生效法律文书设立居住权的首次登记,除了以上(1)(2)材料外,还需要提供:人民法院已经发生法律效力的判决、裁定、调解等文件(原件)。

在《武汉市居住权登记操作规范(试行)》中规定了办理居住权首次登记的申请材料:(1)不动产登记申请书。(2)申请人身份证明。(3)房屋用途为住宅的不动产权属证书。(4)设立居住权的材料:①按照合同约定设立居住权的,提交居住权合同(或者有居住权约定条款的其他协议,如生效的离婚协议);②按照遗嘱设立居住权的,提交生效的遗嘱、遗嘱人的死亡证明;③按照人民法院、仲裁委员会的生效法律文书设立居住权的,提交人民法院、仲裁委员会生效的法律文书。(5)其他相关材料。

《广州市居住权登记(首次登记)办理指引》规定需要"缴交资料(能够通过共享获取的免予提交)"包括:(1)广州市不动产登记综合申请表(原件1份)。(2)身份证明(详见《不动产登记中对身份证明、委托书的具体要求》)。以下情形之一,还需要提交资料如下:(3)委托办理的:委托书(原件1份);(4)以合同方式设立居住权的:居住权合同(原件1份);(5)以遗嘱方式设立居住权的:生效遗嘱、遗嘱人死亡证明等材料(原件1份,与继承登记一并办理或后于继承登记办理的,无须提交遗嘱人死亡证明);(6)不动产已办理抵押登记的:抵押权人同意办理居住权登记的证明材料(原件1份);(7)以人民法院、仲裁机构的生效法律文书设立或者确认居住权的:或人民法院的生效判决书、或裁定书、或调解书、或协助执行通知书、或仲裁机构的生效裁决书、或行政机关具有强制执行力的行政处理决定等(原件1份)。

深圳市不动产登记中心规定办理居住权首次登记需要提交的"申请资料"包括:(1)不动产登记申请表。(2)申请人身份证明:①境内自然人的,提交居民身份证;未成年人可以提交居民身份证或户口簿;②申请人委托代理人申请不动产登记的,代理人应当向不动产登记机构提交申请人身份证明、授权委托书及代理人的身份证明;③未成年人及其他无民事或限制民事行为能力人的监护人代为申请不动产登记的,还需提供监护人关系证明材料及监护人的身份证明。(3)按下列情形提交相应的材料:①依据合同设立居住权的,提交不动产权属证书(已签发不动产权证书电子证照的无须提交纸质材料)和居住权合同。②依据遗嘱设立居住权的,提交遗嘱人的死亡证明和遗嘱。已经因继承、受遗赠办理转移登记的,无须提交遗嘱人的死亡证明。③依据生效法律文书取得居住权的,提交生效法律文书。

比较以上各地对办理居住权设立登记所需申请材料的要求，一般都需要提供以下四类材料：(1)不动产登记申请书；(2)申请人身份证明；(3)不动产权属证书；(4)居住权权属来源材料。其中对于申请人的身份证明，深圳市的规定比较详细，值得借鉴。根据不同的设立方式，应提供相应的居住权权属来源材料，如居住权合同、生效遗嘱与遗嘱人死亡证明、生效法律文书；其中以法院判决书等生效法律文书形式设立居住权，如果所有权人不配合，居住权人无法获得不动产权属证书，所以可以不提供，登记机构根据不动产登记簿的记载予以办理；对于房屋已办理抵押登记的，登记机构还要求申请人提供抵押权人同意办理居住权设立登记的证明材料。

本书认为，办理居住权设立登记，申请人应当如实提交有关材料和反映真实情况，并对其申请材料实质内容的真实性负责。

四、办理设立登记的申请人及对当事人是否到场的要求

《不动产登记暂行条例》第 14 条第 1 款规定："因买卖、设定抵押权等申请不动产登记的，应当由当事人双方共同申请"，其他情形的可以由当事人单方提出申请。办理居住权登记的申请，应以共同申请为原则，单方申请为例外。[①]

下面以合同方式设立居住权为例进行说明程序要求。

《上海市不动产登记技术规定》规定，以合同方式设立居住权申请首次登记的，申请人应当是设立居住权合同的双方当事人，其中一方是不动产登记簿记载的全部产权人。

《武汉市居住权登记操作规范（试行）》规定，按照合同约定申请居住权首次登记的，由设立居住权合同的当事人双方共同申请，其中一方是不动产登记簿记载的全部所有权人。

《广州市居住权登记（首次登记）办理指引》规定，以合同方式设立居住权的，由居住权人和不动产所有权人共同申请。房屋属于共有的，由所占份额 2/3 以上的按份共有人或者全体共同共有人共同申请；属于房改房的，还应当经原房改房购房人夫妻双方共同申请。

---

① 陈耀东、刘子睿：《保障功能视域下的居住权登记》，载《中国不动产》2021 年第 4 期。

深圳市的做法如下:依据合同方式设立居住权的,应当由居住权合同的双方当事人共同申请,提交居住权合同。

比较以上各地对以合同方式设立办理居住权登记的申请人的要求,都是要求居住权合同的双方当事人一起提出申请。如果房屋属于共有的,需要其中一方是不动产登记簿记载的全部所有权人。其中,广州市还将房屋共有情况分为按份共有与共同共有两种情况。

笔者认为,考虑到办理居住权设立登记对房屋所有权人与居住权人都存在重要的利益关系,而且以合同设立的居住权是双方当事人达成的合意,属于双方法律行为,自然应由双方当事人共同申请登记,所以,一般应要求双方当事人共同申请并到场办理。居住权设立登记将影响到该房屋今后的抵押、转让等处分权利的受限,所以房屋所有权人应到场,登记机构可以通过询问所有权人来明确设立居住权是不是其真实的意思表示。如果该房屋是共有性质,应该是所有共有人(全部产权人)都应到场办理。但如果房屋所有权人存在长期在国外或境外居住等特殊原因的,也可以委托其他人办理并出具授权委托书。居住权人一般也应到场办理,除非因年老生病、行动不便等特殊原因无法到场,可以委托其他人办理,受委托人可以包括房屋所有权人或其亲友、共同生活的人。如果当事人属于无行为能力或限制行为能力的人(如未成年人、无法辨认自己行为的老年人),应由其监护人到场办理,并出具相关的证明材料。

五、办理居住权设立登记的补正通知程序

《不动产登记暂行条例》第17条规定,不动产登记机构收到不动产登记申请材料,应当分别按照下列情况办理:(1)属于登记职责范围,申请材料齐全、符合法定形式,或者申请人按照要求提交全部补正申请材料的,应当受理并书面告知申请人;(2)申请材料存在可以当场更正的错误的,应当告知申请人当场更正,申请人当场更正后,应当受理并书面告知申请人;(3)申请材料不齐全或者不符合法定形式的,应当当场书面告知申请人不予受理并一次性告知需要补正的全部内容;(4)申请登记的不动产不属于本机构登记范围的,应当当场书面告知申请人不予受理并告知申请人向有登记权的机构申请。不动产登记机构未当场书面告知申请人不予受理的,视为受理。不动产登记机构受理申请后,通知申请人缴纳登记费。申请人逾期不交的,视为放弃登记申请。

笔者认为，办理居住权设立登记的程序也应符合《不动产登记暂行条例》第17条规定。在办理居住权设立登记的程序中，应有补正通知程序。实践中，登记机构经常以申请人没有提供符合规定形式（一般要求是示范文本格式）的理由退还申请材料，要求进行补正。由于居住权登记刚开始，民众有一个适应的过程，所签订的居住权合同可能会欠缺一些重要条款或存在歧义，如住宅的位置写法与不动产权属证书上记载的位置写法不同，居住权期限没有写或写法不清楚，居住的条件和要求写法存在歧义等。因为当事人设立居住权的原因多种多样，目前还没有普遍适用的居住权合同示范文本，所以登记机构在接受居住权合同材料时应"从宽"认定，符合《民法典》第367条规定的居住权合同的基本条款即可。尤其是涉及为老年人、未成年人、残疾人等弱势群体设立居住权的，如果合同重要条款存在遗漏或歧义可能不利于居住权人的，登记机构应进行提醒，要求当事人签订补充协议或在居住权合同上补正后予以明确，再为其办理设立登记。

六、办理以遗嘱方式设立居住权的登记特殊要求

以遗嘱方式设立居住权与以合同方式设立居住权的做法，在办理居住权设立登记上有很大的相似性，但也存在一些区别：遗嘱设立的居住权，不能在立遗嘱后马上办理，要在遗嘱人死亡后才能办理，因为存在遗嘱人变更或撤销遗嘱的可能性。如果想在遗嘱人生前办理，只能通过签订居住权合同方式设立；在所提供的材料上，当事人应提供书面形式的遗嘱、遗嘱人的死亡证明等材料。

自然资源部起草的《居住权等登记办法（试行）》（征求意见稿）规定，以遗嘱方式设立居住权的，不动产登记机构凭当事人单方提交的生效遗嘱、遗嘱人死亡证明等材料办理居住权首次登记；居住权登记可以先于继承不动产的转移登记办理，可以与继承不动产的转移登记一并办理，也可以在继承不动产的转移登记之后、再次转移登记之前办理；一并办理或者之后办理的，不再重复收取遗嘱人死亡证明等材料。

《上海市不动产登记技术规定》规定，申请以遗嘱方式设立居住权首次登记的，申请人应当是遗嘱设立的居住权人。开展遗产管理人代为申请的。申请人为遗产管理人的，还需提交足以证明其为遗产管理人的有效文件。受遗赠设立居住权的，申请人还应当召集全部继承人或者遗产管理人到场确认，并提交书面确认声明。因继承、受遗赠已办理转移登记且未再办理转移登记的，申请人应当是遗

嘱设立的居住权人和现不动产登记簿记载的全部产权人，无须再提交不动产权属证书和遗嘱人的死亡证明。

《武汉市居住权登记操作规范（试行）》规定，按照遗嘱申请居住权首次登记的，由遗嘱设立的居住权人单方申请；与继承、受遗赠不动产的转移登记一并申请办理的，由遗嘱设立的居住权人与全体继承人、受遗赠人共同申请。

《广州市居住权登记（首次登记）办理指引》规定，以遗嘱方式设立居住权的，可以由居住权人单方申请。

深圳市的做法如下：依据遗嘱方式设立居住权的，可以由遗嘱确定的居住人单方申请。

长沙市的做法如下：因遗嘱设立居住权的，居住权的首次登记可以先于因继承、受遗赠不动产的转移登记办理，也可以一并办理。已经因继承、受遗赠办理转移登记，未再办理处分登记的，可以申请居住权的首次登记。

比较以上各地对以遗嘱方式设立办理居住权登记的申请人的要求，都是允许由遗嘱设立的居住权人单方申请。相对而言，上海市的规定比较详细而且具有可操作性，如允许遗产管理人代为申请。

对于设立居住权的住宅办理所有权转移登记与居住权设立登记先后的顺序，笔者建议，原则上应是同时办理，或居住权设立登记先于所有权转移登记，从而避免出现纠纷，保护居住权人的合法权益。如果先办理所有权转移登记，继承人或受遗赠人可能会拒绝配合办理居住权设立登记，或者马上办理所有权再次转移登记，导致无法居住权设立登记，会产生较多的纠纷。

对于以遗嘱方式设立居住权的，是否需要申请人召集全部继承人或者遗产管理人到场确认并提交书面确认声明，笔者认为，该规定值得商榷。若将其作为必备条件，如果出现某一继承人不愿意配合到场确认的情况，导致无法办理居住权设立登记，显然不利于居住权人的合法利益保护。但如果不要求全部继承人或者遗产管理人到场确认，可能会出现申请人（居住权人）所持的遗嘱不是有效遗嘱的情况（如该遗嘱内容已被新的遗嘱改变），这样一旦办理居住权设立登记后容易产生纠纷。所以，笔者建议，居住权设立登记与继承、受遗赠不动产的转移登记一并申请办理的，应由遗嘱设立的居住权人与该住宅的全体继承人、受遗赠人共同提出申请。如果只是受益人（居住权人）单方提出申请，登记机构应对其提供的遗嘱是否有效遗嘱进行核实，或者要求受益人提供遗嘱属实的书面声明。如果登记机构存在怀疑,可以暂缓登记,要求申请人通知全部继承人或者遗产管理人到场确认,提交书面确认声明才予以办理。在这种情况下,登记机构可以为受益人办理预告登记。

七、办理以法律文书设立居住权的登记特殊要求

按照《民法典》第229条的规定,生效的法院判决书、调解书、仲裁书等法律文书,也是设立居住权的法律依据。在自然资源部起草的《居住权等登记办法(试行)》(征求意见稿)中规定:以人民法院、仲裁机构的法律文书设立或者确认居住权的,不动产登记机构凭当事人单方提交的生效法律文书等材料办理居住权首次登记。

从上海市、武汉市、广州市、深圳市的相关规定看,各地对以裁判文书方式设立办理居住权登记的申请人的要求,都是允许生效法律文书确定的居住权人单方提出申请,并提交生效法律文书等材料办理。

本书认为,如果房屋所有权人不配合,居住权人可能难以获得住宅的不动产权属证书,登记机构应根据不动产登记簿记载的情况为居住权人直接办理居住权登记证明。此外,居住权人可以申请法院强制执行,或者判决生效后由法院通知住宅所在地的登记机构协助办理居住权设立登记手续。

此外,因为《民法典》施行前的法院判决书或调解书中出现的"居住权"实际上是"居住权利"或"居住权益",与用益物权意义上的"居住权"有所区别,所以,为了稳妥起见,登记机构可以要求申请人提供出具生效法律文书的法院出具的书面审查意见才能办理。此前,登记机构可以为申请人办理居住权预告登记。

第三节　办理居住权设立登记的特殊情况处理

一、对住宅范围的理解

《民法典》将居住权的设立客体限定在"住宅"上,意味着将商务办公楼、厂房等建筑物排除在居住权的设立范围以外。但对住宅范围的理解,可能会存在一定的差异。除了典型的家庭住宅外,一些具有生活居住功能的房屋,如居住型公寓、养老公寓、员工宿舍等,是否可以被认定为"住宅"?如果这些房屋不能办理居住

权登记，显然难以拓宽住宅的来源，也不利于居住权人的利益保护。

2011年修订的《住宅设计规范》(GB 50096－2011)规定，住宅(residential buildings)，指供家庭居住使用的建筑。法律意义上的"住宅"，是指供一家人日常起居的、外人不得随意进入的封闭空间。按产品性质分类，住宅可以分为普通住宅、别墅、公寓等。住宅应是具有生活居住功能的房屋，但不包括作为人防用的地下室，也不包括病房、疗养院、旅馆等具有专门用途的房屋。酒店、旅馆、招待所、民宿、度假村等场所的客房也不能算住宅。

公寓是商业地产投资中的一种地产形式。目前市场上常见的几种类型主要分为居住型公寓、商务型公寓、酒店式公寓等。由于各种公寓类型的不同，在土地使用权年限上也各不相同。如酒店式公寓其实就是商住两用的房屋，买受人拥有单元产权，既可以自住又可以出租。从土地使用权性质看，酒店式公寓用地是商服用地，只有50年的产权。目前法律对公寓的概念没有严格的定义与界定，市场上出现的多数居住型公寓应属于住宅的范畴。从满足生活居住的需要看，可以将居住型公寓纳入广义的住宅的范围内。

目前，各地的登记规范对于可以纳入居住权登记的"住宅"范围都没有明确。本书认为：应对住宅的范围适当作扩展范围的解释，具有生活居住功能且办理产权证书的房屋，可以办理居住权设立登记。但对是否可以在酒店、民宿、商务型公寓、酒店式公寓等属于经营性质的建筑物的部分房间内设立居住权，可能存在较多的争议，登记机构暂时不办理为妥。此外，违法建筑包括未经合法的用地和规划等手续进行建设的建筑物，属于违法行为，违法建筑建造人无法根据此条取得不动产所有权，也就无法设立居住权。①

《广州市居住权登记(首次登记)办理指引》特别规定了范围是国有土地上房地产，意味着在集体土地上建设的住宅(主要是农村房屋)暂时还无法办理居住权设立登记。2021年10月15日，宁波市鄞州区不动产登记服务中心办了宁波市第一张居住权登记证明，但说明居住权登记的范围目前只针对国有土地上建设的商品房，暂时还不涉及农村宅基地上的房屋。② 虽然其他地方对此没有明确的范围限制，但都还在尝试，采取了比较谨慎的态度。

笔者认为，果可以办理居住权登记的住宅范围不扩大，就难以发挥居住权制

---

① 石晨谊：《遗嘱设立的居住权如何登记》，载《中国不动产》2021年第4期。
② 《我市发出首张"居住权"登记证明》，载《宁波晚报》2021年10月19日，第7版。

度在“以房养老”、激活农村住房等方面的功能。

笔者建议，对可以办理居住权登记的住宅范围采取先试点积累经验后逐渐扩大范围的办法。先允许在国有土地上建设的住宅（城镇住宅），以后允许集体土地上建设的住宅（农村房屋）；前期阶段主要是普通的家庭私有住宅（用地性质是住宅用地，包括商品房、房改房等），以后逐步扩大到居住型公寓、养老公寓、养老院、员工宿舍等其他用于生活居住需要的房屋，还可以试点在公有住宅上设立居住权。但对没有办理产权登记的房屋尤其是“小产权房”或产权归属不明确的农村房屋，不能办理居住权登记。

二、居住权的多主体如何登记

在同一套住宅上可以为一人设立居住权，也可以为多人设立居住权。如果是为多人设立居住权，可以分为两种情形分别进行处理：一是为一起生活居住的多个家庭成员在同一套住宅上设立居住权，这种情况是共享居住权，登记机构可以只出具一份居住权登记证明，上面记载多个居住权人即可；二是为多个没有家庭成员关系的居住权人设立多个独立居住权，分别明确设立居住权的区域及面积，独自方式拥有居住权，这种情况是分享居住权，登记机构需要出具多份居住权登记证明，分别记载不同的居住权人及对应的设立区域及面积。

此外，还有与居住权人必要共同生活的人，如其配偶、子女、近亲属、需要扶养的人员及保姆、护理人员等，这些人享有与居住权人类似的居住权益，但没有被列为居住权人。笔者建议，为了避免今后可能出现纠纷时难以处理，登记机构可以应当事人的申请，根据居住权合同的明确约定内容，在居住权登记证明中写明与居住权必要共同生活的人的基本信息。

三、在共有住宅上为部分共有人设立居住权

实践中，共有性质的住宅也比较多，比较常见的有夫妻共有、父母与子女共有、兄弟姐妹共有。一般情况下，共有人自然享有对房屋的居住权利，没有必要去专门设立居住权。但在一些特殊情况下，如果该住宅的部分共有人要求其他共有人为其设立居住权，获得其他共有人的同意并签订居住权合同，登记机构是否可以为其办理居住权设立登记？

例如，父母与子女共有的住宅，父母要求子女同意为其设立长期居住权；夫妻

离婚后，在离婚协议中明确在共有的住宅上为其中一方及未成年孩子设立居住权；兄弟姐妹共同继承父母遗留的房屋，并同意为其中一个生活困难、没有房屋的继承人设立长期居住权。这些都是合情合理的，也是目前普遍存在的实际做法。

但这种情况有可能会在办理居住权设立登记时遇到麻烦。如果登记机构以《民法典》第 366 条为依据，认为居住权是“对他人的住宅享有占有、使用的用益物权”，不能对自己的住宅设立居住权。如果登记机构因此拒绝办理登记，要求拟设的居住权人就只能先放弃或转让该住宅的共有权部分才能办理居住权设立登记，显然对居住权人很不利，导致其合法权益受到侵害。

笔者认为，在住宅共有的情况下，如果住宅的部分共有人与其他共有人达成明确的意向并签订居住权合同，可以为该住宅的部分共有人设立居住权，登记机构应为其办理居住权设立登记。理由是：住宅的部分共有人在其共有的部分自然享有居住的权利，在其他部分获得其他共有人的同意为其设立居住权，为了设立登记的完整性，可以登记为居住权人对整套住宅享有居住权。这样做既可以保护居住权人的合法权益，也是其他共有人对自己对该住宅所有权的合理处分行为，登记机构应尊重当事人的真实意愿。

按照《广州市居住权登记（首次登记）办理指引》的规定，如果房屋属于按份共有的，由所占份额 2/3 以上的按份共有人同意，即可为他人设立居住权。如果是共同共有，各地的规范都要求得到全体共同共有人的同意才能设立居住权。

四、居住权的非完整设立如何登记

对一套住宅的局部区域可否设立居住权，各国的立法例对此大多持肯定态度。《物权法（草案）》曾规定，居住权人可以就部分住房享有居住权。据此可以得知，就住宅的部分区域也可以设立居住权。

《民法典》增设居住权制度，意在释放房屋的使用价值，尽可能保障有需要之人实现“住有所居”，允许居住权设立人以房屋内的不同房间为单元进行不动产登记，符合“物尽其用”原则，可满足各类房屋居住人的多层次需要，也为居住权保障功能的发挥奠定更坚实的基础。当然，这就要求登记机构对居住权客体的范围在登记簿上予以精准描述，清晰登簿。①

① 陈耀东、刘子睿：《保障功能视域下的居住权登记》，载《中国不动产》2021 年第 4 期。

住宅所有权单元就是不动产登记单元，即是指权属界线封闭且具有独立使用价值的空间，住宅通常意义上以套为单元，即由卧室、卫生间、客厅、厨房组成的能够独立使用，与其他户室相区分的空间。住宅上设立的居住权只要在该住宅登记簿上记载即可，如果是同一套住宅上设立了多个居住权，则都应记载于该住宅登记簿上，并在居住权栏内区分不同居住权人对应的专用部位（如不同的房间）和共用部位（如厨房、客厅、阳台），也就是在同一套住宅上可以出现两个及以上独立的区分所有的居住权，并均应记载于该套住宅登记簿上。实践中不能因为多个独立的居住权而将完整的住宅单元分割成不成套的住宅。因为同一套住宅只能存在一个所有权，对应一个不动产登记单元，居住权附属于所有权，不能脱离所有权而单独存在，因此登记单元的划定以基础权利为依据，而不应以派生权利为依据。①

按照《不动产单元设定与代码编制规则》的规定，权属界线固定、功能完整、用途明确、可独立使用的空间划分为一个定着物单元，并与宗地设为一个不动产单元。一套住宅只可作为一个不动产单元。但参照国外立法，居住权可以在住宅的一部分设立，实践中也有此需要。如此一来，在登记时就无法编制不动产单元代码。从实际出发，可考虑用文字描述或示意图的方式确定设立居住权的房间位置。②

自然资源部起草的《居住权等登记办法（试行）》（征求意见稿）中有相关规定：居住权人对一个不动产单元的全部住房依法享有居住权的，不动产登记机构根据当事人的约定和申请，在登记簿“居住权登记信息”页的“居住条件和要求”栏（含居住范围）栏填写“全部住宅”；对部分住房依法享有居住权的，应填写具体住宅部位。

本书建议，如果在居住权合同中没有特别说明，居住权应在整套住宅上设立。如果是在住宅的部分区域设立居住权，或分区域设立居住权，应清楚、明确地说明设立居住权的区域位置及面积，在居住权登记证明中可以附示意图进行说明。如果是分层的住宅（如别墅或农村住宅），可以写明是在其中第几层房屋为谁设立居住权；如果有明确的方位或房间划分不至于混淆的，应描述清楚，如东院最东侧

① 陈亚菁：《民法典实施对不动产登记的影响之一——居住权登记需探讨的几个问题》，载微信公众号“江苏省不动产登记”2020 年 8 月 19 日。

② 石晨谊：《遗嘱设立的居住权如何登记》，载《中国不动产》2021 年第 4 期。

的两间房屋为谁设立居住权。

本书认为,《民法典》将居住权客体仅限定在住宅,意味着附属设施利用成为居住权合同双方当事人可以意定的权利。附属设施一般包括车库、车位、车棚、储物间、水井、院落等。如果有独立的产权证明的,一起设立居住权的应明确记载在居住权登记证明中;如果未写明,视为没有设立居住权。如果没有独立的产权证明,通常与住宅一起使用的,应视为居住权人对此附属设施也有使用权,但双方在居住权合同中明确予以排除的除外。

五、居住权合同的主要内容欠缺如何登记

虽然《民法典》第367条规定了居住权合同的一般条款,但实践中可能会出现合同主要内容存在欠缺的情况。如果居住权人、住宅的位置不明确,显然无法办理居住权设立登记;但如果居住权期限不清楚或没有约定,是否可以办理居住权设立登记?

笔者建议,在这种情况下,登记机构可以告知申请人对内容进行补正,由双方签订补充协议方式予以明确后才能办理设立登记。如果当事人无法达成一致,登记机构可以暂缓办理。为了稳妥起见,经办人员可以建议当事人向法院提起诉讼,以后持生效的法律文书向登记机构申请办理居住权设立登记。

如果居住权合同中居住权人一栏中只写了一个人的姓名,一般认定此人即居住权人。如果居住权人提出要将与其共同生活的人添加为居住权人,不能直接在登记事项中增加,应告知申请人另外签订居住权合同或在原来的居住权合同上居住权人一栏中补充签名,因为合同效力一般只及于合同双方当事人,如果要将其他人也增设为居住权人,应获得房屋所有权人与该其他人的同意。在有偿设立的情况下,如果存在多个居住权人,居住权人之间要分担费用或承担支付费用的连带责任,居住权人并非只享有权利不承担义务。

六、前期已设立抵押权的情况处理

《民法典》并不禁止已经设立居住权的房屋设立抵押,也不禁止已经抵押的房屋设立居住权。但是,已经设立抵押的抵押权人,出于抵押物转让价值不受明显减损的考虑,一般也不会同意抵押人再在住宅上设立居住权。

《上海市不动产登记技术规定》规定,在2021年1月1日前已设立抵押权的

房地产,抵押期间,申请居住权登记的,申请人还需提交抵押权人同意的书面材料。

《武汉市居住权登记操作规范(试行)》规定,申请居住权登记的房屋有抵押的,抵押期间当事人申请居住权登记,申请人还应当提交抵押权人同意的书面材料。

笔者认为,如果居住权与抵押权发生冲突,应以居住权和抵押权的设立登记的先后顺序来认定何者效力优先,即物权的"时间在先,权利在先"原则。如果抵押权先设立、居住权后设立,一旦抵押权行使、导致房屋被处分,居住权自然消灭,不能够对抗在先已设立的抵押权。对于抵押权人来说,如果存在居住权,会在实现抵押权时可能存在一定的障碍。因此,以上规定将《民法典》生效的时间点作为区分时点,对于《民法典》生效之前设立抵押权的,设立在后的居住权应提前征得抵押权人的同意。

七、登记时发现居住权登记的冲突情形如何处理

《上海市不动产登记技术规定》特别规定了居住权登记的冲突情形:申请居住权首次登记、变更登记的不动产有下列记载事项的,应当认定为申请登记事项与不动产登记簿的记载有冲突:(1)有他人的预告登记的;(2)有查封登记的;(3)有异议登记的;(4)有他人的居住权登记的。出现以上冲突情形,登记机构暂时不能办理居住权设立登记。

《武汉市居住权登记操作规范(试行)》规定,申请居住权登记的房屋有预告登记的,申请人还应当提交预告登记权利人同意的书面材料。

如果存在查封登记,不能办理居住权设立登记;如果有异议登记的,暂时不能办理居住权设立登记,需要明确权属后才能办理。

需要特别注意的是,如果在已设定居住权的住宅上再设定"后顺位"的居住权,不同顺位的居住权就产生了权利冲突。所以,已设定居住权的住宅不得设立"后顺位"的居住权。在已经抵押的房屋上设定居住权属于"后顺位"的居住权,而"后顺位"的权利,只有在先顺位的权利实现后才能实现。[①]

总之,只有根据实践中出现的不同情况,持续地进行分析并完善登记操作规程,才能做好居住权登记工作。

---

① 金绍达:《居住权及其登记问题透视》,载《中国不动产》2021 年第 5 期。

第四节 登记机构办理居住权登记时的审查要求

自然资源部起草的《居住权等登记办法(试行)》(征求意见稿)中有相关规定:不动产登记机构办理居住权首次登记的过程中,重点对设立居住权的不动产是否已经办理登记、是否查封,居住权人是否为自然人,不动产登记申请书、不动产权证书、居住权合同或遗嘱等材料记载的主体是否一致;以遗嘱方式设立居住权的,是否在办理了继承不动产转移登记后又办理了转移登记等事项进行审核。在抵押不动产上设立居住权的,不动产登记机构还应审核房屋所有权人是否通知抵押权人。以遗嘱方式设立居住权的,参照《不动产登记操作规范(试行)》第1.8.6条继承不动产登记的审核要求办理。符合登记条件的,依法登记并核发不动产登记证明。已办理居住权登记的,不影响房屋所有权人办理不动产转移、抵押等处分登记。

一、办理以合同方式设立居住权设立登记的审查要求

笔者认为,对以合同方式设立居住权的申请设立登记审查应采用以形式审查为主、实质性审查为辅的模式。

在形式审查方面,登记机构主要审查:(1)申请人是不是登记的房屋所有权人与居住权人,如果是委托办理,要查明原因并审查授权委托书。必要时,登记机构办理人员可以向当事人询问居住权合同约定的内容是不是本人的真实意愿表示。(2)设立居住权的房屋是否属于住宅性质,在不动产登记簿中会比较清楚地显示房屋的性质。(3)居住权合同中对一般条款的约定是否清楚,尤其是居住权期限是否明确。(4)登记申请书与居住权合同中的签名是不是申请人本人所签名,经办人员可以要求申请人在其面前当场签名。

此外,登记机构还要进行一定的实质性审查,必要时应对拟申请登记的住宅进行实地查看。例如,申请在同一套住宅上设立多项独立的居住权,是否会在设立的区域上存在重叠情况:在已设立居住权的住宅上设立新的居住权,是否会发生时间或区域上的冲突;在已设立抵押的住宅上设立居住权,是否获得抵押权人的同意;如果住宅可能已部分毁损或灭失,是否还能实际使用;如果已经发布公告

住宅所在区域将拆迁征收，是否存在临时突击设立居住权的情况；如果申请人被列入失信被执行人，是否存在为了逃避债务而设立居住权的可能；登记机构认为需要实地查看的其他情形。对可能存在权属争议，或者可能涉及他人利害关系的登记申请，登记机构可以向申请人、利害关系人或者有关单位进行调查。登记机构进行实地查看或者调查时，申请人、被调查人应当予以配合。对存在上述情况的，登记机构可以暂时不予登记，并书面告知申请人。

此外，登记机构可以根据特殊情况进行必要的实质性审查。一是对居住权人主体资格的审查。如果已经存在为居住权人设立多项居住权的登记，应审查其是否为了“满足生活居住需要”居住权目的。登记机构除对居住权申请人身份证明材料进行查验外，还要通过不动产共享信息系统履行检索职责，检索居住权申请人是否存在多套住宅或多处设立居住权等不符合“满足生活居住需要”的情形，必要时还要询问其设立居住权的真实意思表示。对于不符合“满足生活居住需要”的，登记机构宜作暂缓登记的决定，待相关规定明确后，再做出是否登记的决定。二是对设立居住权的法人、非法人组织资格的审查。法人、非法人组织设立居住权的情况较少，除了少量的利用自有住宅为员工设立居住权的以外，大多是国有企事业单位。涉及公租房、经济适用房等是否可以设立居住权，应以当地政府的相关文件规定为依据。登记机构通过不动产共享信息系统履行检索职责，检索公租房、经济适用房相关审批资料或在房地产二级市场转移登记等资料，判断是否具有设立居住权的主体资格。三是对居住权客体的特殊情况审查。登记机构一般通过对不动产权证形式审查就能达到审查目的，特殊情况下可以从检索住宅用地和宅基地使用权设立条件和程序着手，判断房屋的用途及取得的合法性。对酒店客房、民宿等具有居住功能的房屋，不能认定为住宅，也不可设立居住权。①

总之，在试点阶段，对居住权登记审查宜采取相对较严格的审查标准，重视实质性审查，对无法确定的情况可以暂缓登记。等相关规定明确后，可以逐渐放宽，采取以形式审查为主。

二、办理以遗嘱方式设立居住权设立登记的审查要求

笔者认为，在办理以遗嘱方式设立居住权的设立登记时，登记机构的审查义

---

① 刘旭华：《居住权登记制度若干问题探讨》，载《中国土地》2021 年第 2 期。

务更大，所以要更加谨慎小心，审查标准应适当从严。需要审查的主要内容有以下几个方面：

1. 遗嘱的形式。对于当事人而言，遗嘱形式可以多样，既可以书面的方式，也可以录音录像或者口头遗嘱，各种形式都有同等效力。但是，参照以合同方式设立居住权需要采用书面形式，申请登记时居住权人提供的遗嘱也应当采取书面形式，包括自书遗嘱、代书遗嘱、打印遗嘱、公证遗嘱。

2. 遗嘱的有效性。遗嘱应该是最后一份合法有效的遗嘱，因为遗嘱人有可能在生前变更遗嘱内容或订立新的遗嘱。如果遗嘱人在此前的遗嘱中有设立居住权的内容，但在最后一份遗嘱中没有这项内容，也不能认定该意思无效。按照《民法典》第 1142 条第 3 款规定："立有数份遗嘱，内容相抵触的，以最后的遗嘱为准。"只要设立居住权的内容与此后的遗嘱内容没有抵触，应认定为有效。

3. 遗嘱的真实性。如果对遗嘱的内容可能存疑，可以采取的一个比较简单的处理方法是：让申请人书面承诺该遗嘱真实、有效，并为自己的承诺负法律责任。①

《民法典》废除了公证遗嘱的优先效力，规定立有数份内容相抵触的遗嘱的，以最后一份为准，可能会让登记人员为难。因为登记人员缺乏专业能力和认定权限确定遗嘱是否为最后一份且真实有效。为了避免争议，除了建议权利人尽量在生前设立居住权外，也可要求权利人对设立居住权的遗嘱进行公证，登记机构与公证机关建立公证信息共享机制，对遗嘱的真实性和有效性进行核验。②

登记机构在处理以遗嘱方式设立居住权的登记业务时，还需要特别注意以下事项：

1. 明确设立居住权的住宅是不是遗嘱人单独所有。如果住宅不是遗嘱人单独所有，说明是无权处分行为，当然不能办理居住权设立登记。常见的情况可能是：该住宅是遗嘱人与其他人公有的，通常是夫妻共有的。这种情况该如何处理？笔者建议，应首先征求其他共有人的意见。如果共有人不同意，只能就遗嘱人所共有的部分区域或其中几间房间设立居住权；如果共有人同意，可以就整套住宅设立居住权。无论何种情况，应由其他共有人、继承人与居住权人一起签订居住

---

① 陈亚菁：《民法典实施对不动产登记的影响之一——居住权登记需探讨的几个问题》，载微信公众号"江苏省不动产登记"2020 年 8 月 19 日。

② 石晨谊：《遗嘱设立的居住权如何登记》，载《中国不动产》2021 年第 4 期。

权合同才能办理设立登记。但登记机构不能以部分共有人不同意为理由拒绝办理设立登记,因为这样做会损害居住权人的利益,也违背遗嘱人的真实意愿。

2. 遗嘱内容比较简单情况的处理。有些老人在遗嘱中虽然有设立居住权的意思表达,但内容比较简单,例如,我留下一套位于某处的房子以后由谁居住。这些遗嘱虽然有居住权人与住宅的位置,但缺少居住权期限。由于以遗嘱方式设立居住权的,应待遗嘱生效后方可申请登记,此时遗嘱人已经不在人世,即便登记机构予以提示,也无法进行补正。以遗嘱设立居住权时,若居住条件或期限等内容不详,可由继承人和居住权人作出补充约定。[①] 如果无法协商确定,经办人员也可以建议居住权人向法院提起诉讼,持生效的法律文书再来办理居住权设立登记。

3. 如果有遗嘱执行人(包括遗产管理人,下同),可以由遗嘱执行人协助居住权人办理居住权设立登记。《民法典》规定自然人立遗嘱时可以指定遗嘱执行人,其地位相当于法定代理人,监督和保障遗嘱人最终意思的执行,在遗嘱人遗嘱所做限制的范围内具有处分权。对于包含设立居住权等物权变动内容的遗嘱,遗嘱执行人应当以被继承人名义协助不动产登记。遗嘱方式设立居住权的,可以由遗嘱执行人和居住权人共同提出申请。

第五节　办理居住权其他登记时的基本规范

一、一般登记事项变更可以办理居住权变更登记

自然资源部起草的《居住权等登记办法(试行)》(征求意见稿)有相关规定:居住权人的姓名、身份证明类型或者身份证明号码、义务人等发生变化的,不动产登记机构凭当事人单方提交的相关材料办理居住权变更登记。居住权期限、居住条件和要求等发生变化的,不动产登记机构凭居住权人和房屋所有权人共同提交的相关材料办理居住权变更登记。不动产登记机构办理居住权变更登记的过程中,重点对居住权的变更材料是否齐全有效、申请变更事项与变更材料记载的变更事实是否一致等事项进行审核。

---

① 金绍达:《居住权及其登记问题透视》,载《中国不动产》2021年第5期。

从上海市、武汉市、广州市、深圳市的相关规定来看，办理居住权变更登记对申请人的要求比较相似的做法如下：因登记的居住权人的姓名、身份证明类型或者身份证明号码等发生变化的，居住权人可以单方提出申请；因居住权期限、居住条件和要求等居住合同内容发生变化的，由居住权人和不动产所有权人共同提出申请。此外，如果不动产发生转移导致义务人发生变化的，居住权人可以单方提出申请。

对所需申请材料的要求，一般需要提供以下四类材料：不动产登记申请书、申请人身份证明、不动产登记证明（原件）、身份信息变更材料或居住权变更协议（原件）。

笔者认为，居住权人姓名、身份证明类型或者身份证明号码等发生变化，是指居住权人还是同一个人，只是更名或者发生其他非实质变化，所以可以办理居住权变更登记。如果是因房屋转让或抵押权行使导致房屋所有权人发生变化，因房产转移导致义务人发生变化，但居住权人没有变化的，也应办理居住权变更登记。如果是多个居住权人共享居住权的情况，其中一个居住权人死亡，并不导致整体居住权的消灭，只是居住权人一栏内容需要进行变更。如果双方当事人与设立居住权的住宅等主要内容没有发生变化，只是居住权期限、实际居住人、居住权设立区域等记载的个别内容发生变更，当事人可以向登记机构提出变更登记内容的申请，并提供新的居住权合同或变更协议等相关的申请材料。登记机构审核后认为可以予以变更登记，应收回原来的居住权登记证明，重新换发新的居住权登记证明，并将有关事项记载于不动产登记簿。

二、办理居住权预告登记的可能性

《民法典》第221条规定了“预告登记”。预告登记常用于房屋买卖的情况，起到保护物权的作用。笔者认为：为了保障将来实现居住权，如果当事人双方申请居住权的预告登记，符合法律规定，登记机构应予以受理。从《上海市不动产登记技术规定》与《武汉市居住权登记操作规范（试行）》的相关规定来看，登记机构是认可可以办理居住权预告登记的。

设想三种可能出现的情形：(1)住宅现在还在出租期，由他人实际占用，房屋所有权人甲答应租期到后为乙设立居住权，要求乙提前支付一笔费用，乙担心支付费用后甲不遵守承诺，提出要求签订居住权合同并办理居住权预告登记。(2)遗嘱人在遗嘱中简单地说明“在某住宅上为谁设立居住权”，但没有明确居住权期限。后来,因为发生继承纠纷,导致该住宅归属权不清楚,居住权期限也无法得到确认。如果不能办理居住权设立登记,将实质损害居住权人的利益,但因为居住权期限不明确暂时还无法办理,登记机构可以先为受益人办理居住权预告登记。(3)遗嘱人甲想为其再婚配偶乙设立居住权,并将房屋由几个子女继承,但担心生前设立居住权会遭到子女的强烈反对,或者自己去世后,子女擅自将房屋变卖导致乙无处可住。甲可以单独为乙立一份遗嘱设立居住权,并办理申请居住权预告登记。此时的申请是甲的真实意思,当甲去世后,预告登记的居住权就可申请转为正式的居住权。在预告登记期间,如果遗嘱人反悔,不想再设立居住权,则其可申请注销预告登记,即预告居住权的设立或取消完全取决于遗嘱人的意愿。①

《民法典》第221条规定:预告登记后,未经预告登记的权利人同意,处分该不动产的,不发生物权效力。预告登记后,债权消灭或者自能够进行不动产登记之日起90日内未申请登记的,预告登记失效。办理居住权预告登记后,该住宅在短期内既不能抵押也不能转让,但是预告登记具有临时性,因此在具备条件后,申请人应及时办理居住权设立登记。

三、办理居住权注销登记的申请人与所需材料

自然资源部起草的《居住权等登记办法(试行)》(征求意见稿)中有相关规定:居住权期限届满、设立居住权的不动产灭失或者被征收等导致居住权消灭的,不动产登记机构凭居住权人或者房屋所有权人提交的居住权期限届满材料、不动产灭失或者征收决定等相关材料办理居住权注销登记。居住权人放弃权利、生效法律文书等导致居住权消灭的,不动产登记机构凭居住权人提交的放弃权利的书面文件、生效法律文书等相关材料办理居住权注销登记。居住权人死亡的,不动产登记机构凭房屋所有权人提交的死亡证明等相关材料办理居住权注销登记。因不动产灭失或者被征收办理不动产权利注销登记的,应同时办理居住权注销登记。不动产登记机构办理居住权注销登记的过程中,重点对居住权的消灭材料是否齐全有效等事项进行审核。

从上海市、武汉市、广州市、深圳市的相关规定来看,各地对办理居住权注销

---

① 陈亚菁:《民法典实施对不动产登记的影响之一——居住权登记需探讨的几个问题》,载微信公众号"江苏省不动产登记"2020年8月19日。

登记对申请人的要求规定有所差异，其中上海市的分类比较清楚，武汉市与广州市的做法也值得借鉴。总之，根据不同的居住权消灭原因，申请人应有所区别。大部分情形下可以单方申请，如居住权人死亡、所有权人依法解除居住权合同、因人民法院生效法律文书终止居住权，申请人应当是房屋所有权人；合同约定的居住期限届满，申请人可以是居住权合同一方或双方当事人；居住权人放弃居住权，申请人应当是居住权人；但如果是双方协商提前解除居住权合同，申请人应是双方当事人。

对所需申请材料的要求，一般都需要提供以下材料：不动产登记申请书、申请人身份证明、居住权灭失的证明材料。但考虑到居住权登记证明只发给居住权人并不发给房屋所有权人，如果房屋所有权人可以单方申请居住权注销的情况，一般不要求提供居住权登记证明；但如果是居住权人单方提出或双方当事人共同提出申请居住权注销的情况，申请人应提供居住权登记证明（原件）。

笔者认为，办理居住权注销登记需要提供“居住权消灭”的相关证明材料，如居住权期限届满证明（一般是居住权合同中载明期限）、居住权人死亡证明、法院的生效法律文书等。如果是居住权人放弃剩余期限的居住权，应该提供居住权人出具的书面声明材料；双方协商提前解除居住权合同，应该签订书面形式的补充协议；设立居住权的住宅灭失或严重毁损、无法使用，应该提供房屋管理部门或相关部门开具的证明；如果居住权人被宣告死亡导致居住权消灭的，房屋所有权人应持法院出具的死亡宣告书等材料。

因为办理居住权注销登记意味着居住权人的权利终止，所以，如果是双方协商提前解除居住权合同或居住权人放弃剩余的居住权期限，一般要求居住权人到场办理并签字表示认可。如果居住权人因年老生病、行动不便等特殊原因无法到场办理，可以委托其他人办理，但受托人一般不应是房屋所有权人。房屋所有权人是居住权注销登记的受益人，可以不到场办理，可以委托其他人办理。但房屋所有权人有提供导致居住权消灭的相关证明材料的义务。房屋所有权人死亡或失去民事行为能力的，其继承人或监护人可以行使以上权利。

第十二章

关于居住权制度适用与完善的建议

居住权制度是一种非常特殊的物权制度。居住权属于用益物权的一种,但《民法典》对用益物权和居住权的规定非常简单,导致在适用上出现明显的规范供给不足。居住权主要通过合同方式设立,所以要符合合同的一般规范,可以参照适用相类似的合同规则,如赠与合同、租赁合同的相关规范;居住权还可以通过遗嘱方式设立,所以应适用继承编的相关规范;居住权主要的应用场景是在婚姻家庭领域与继承领域,同时与物权保护、侵权责任也有密切关系。因为居住权制度存在这些特性,其可以参照适用《民法典》中的相关规定,但又不能直接适用很多规定。所以,笔者建议,应尽量制定一部行政法规"居住权制度实施条例"(暂名)对居住权制度进行完善;也可以根据居住权的不同应用领域与不同纠纷的处理,由最高人民法院陆续出台相关司法解释予以逐渐明确、统一规范。笔者提出一些对居住权制度适用与完善的建议,以供今后制定相关行政法规或出台司法解释时作为参考。

第一节　关于居住权合同的适用与纠纷处理建议

1. 居住权合同的形式。居住权合同应采取书面形式订立。如果当事人双方未签订书面形式的居住权合同,原则上应认定为合同未成立。但如果双方当事人承认存在关于居住权的约定,或者对方已经实际长期居住,房屋所有权人未表示异议的,可以认定为双方认可采取免费居住形式,视为不固定期限。如果没有费用约定,房屋所有权人无权要求居住权人补交租金或房屋使用费,但可以要求居住权人在一定时间内搬离,应给予不少于一个月的合理期限。

2. 居住权合同的必要条款。居住权合同应符合《民法典》第 367 条的规定。如果合同中当事人信息、住宅的位置等内容欠缺或不明确的,无法办理居住权设立登记,双方应另行签订居住权合同;如果其他内容欠缺,双方可以签订补充协议进行明确。因此发生纠纷,法院可以根据设立居住权的目的、居住权人的实际需求、当事人的条件等情况进行判断,合理确定相关内容。

3. 未办理设立登记的情况处理。如果当事人双方已签订居住权合同,但未向登记机构申请办理居住权设立登记,房屋所有权人知道或应当知道对方已经实际居住,但未提出异议,视为同意设立居住权,房屋所有权人不得撤销居住权合同。居住权人可以要求房屋所有权人履行协助办理居住权设立登记的义务。如果房屋所有权人拒绝履行义务,居住权人可以向住宅所在地的基层法院提起诉讼。如果生效法律文书中有设立居住权的内容,居住权人可以向法院申请强制执行,或由出具生效法律文书的法院通知住宅所在地的登记机构配合办理居住权设立登记。

4. 居住权合同违约责任承担。因房屋所有权人的原因导致未签订书面形式的居住权合同或未办理居住权设立登记,房屋所有权人将该房屋转让或赠与并办理所有权转移登记手续的,导致居住权人无法实际居住,居住权人可以要求房屋所有权人另外提供住宅为其设立居住权;如果房屋所有权人不愿意或无法设立居住权的,居住权人可以要求房屋所有权人承担违约责任,赔偿因居住权失去的预期利益损失。赔偿的数额标准,应让居住权人可以租赁到一套地段相近、面积相似的住宅,以满足居住权人的生活需求。

双方可以协商解除合同,并根据各自的过错承担相应的责任。

5. 未办理设立登记但住宅转让尚未办理转移情况处理。如果当事人双方已签订居住权合同,但未向登记机构申请办理居住权设立登记。房屋所有权人与受让人恶意串通,或者受让人明知或应当知道该住宅已被他人实际占用,仍签订房屋买卖合同但尚未办理转让登记手续,居住权人可以向法院起诉要求认定该房屋买卖合同无效,并要求房屋所有权人履行协助办理居住权设立登记义务,法院应予以支持。

6. 居住权设立形式。如果当事人双方在居住权合同中未约定是否采取有偿设立形式，视为无偿设立。如果房屋所有权人要求居住权人支付房屋使用费或其他形式的经济对价，居住权人可以予以拒绝。如果约定采取有偿设立形式，应在居住权合同中明确所支付的费用数额或标准、支付方式、支付期限及违约责任等内容。

如果发生居住权合同纠纷，出现针对同一住宅、同一权利主体的多份居住权合同，在登记机构备案的居住权合同中明确是无偿设立的，居住权人可以拒绝房屋所有权人提出的支付租金或房屋使用费用的要求。法院对房屋所有权人主张的双方存在口头约定一般不予支持，但居住权人明确予以承认并愿意支付费用的除外。

7. 对有偿或无偿的认定。房屋所有权人可以应居住权人的要求，协助代缴水、电、煤气、网络等相关使用费与物业服务费等费用，但不能以代缴费用形式变相收取房屋租金或房屋使用费，以逃避应承担的义务或应缴纳的税款。如果房屋所有权人向居住权人收取了相当于市场价租金的费用，即使在居住权合同写明是无偿设立形式，应认定该费用居住权有偿设立应支付的经济对价，房屋所有权人应承担类似出租人的相关义务并缴纳相关税款。如果居住权人向房屋所有权人支付的费用全部或大部分用于代缴相关费用，多余费用明显低于该房屋的市场价租金，法院不应认定该费用是租金或房屋使用费性质。

8. 相关使用费与物业服务费的承担。当事人双方应在居住权合同中约定与居住权相关的水、电、煤气、取暖等使用费与物业服务费的承担。如果没有约定或约定不明确的，一般应由居住权人自行承担。如果房屋所有权人对居住权人有赡养、抚养或扶养义务的，应由房屋所有权人承担费用。在住宅的部分区域设立居住权的，一般按照实际使用面积承担费用，双方另有约定的除外。

9. 在局部区域设立居住权。如果房屋所有权人在住宅内的部分区域设立居住权，应该明确该设定区域的范围及面积，并写入居住权合同中。当事人应尽量将居住权设立区域隔离成为可以独立使用、权属界线封闭的空间。居住权人可以按照约定使用该住宅的公用部分，如厨房、客厅、卫生间、阳台等。如果在养老公寓或其他可以独立使用的房间中设立居住权的，居住权人可以按照约定使用相关的公用设施，如食堂、活动室等。

如果在同一套住宅上设立多个居住权，当事人应进行必要的区域隔离与隔音处理，在保留必要的进出通道基础上，尽量避免互相影响。

10. 居住权期限。当事人双方应在居住权合同中约定办理居住权设立登记的期限与居住权期限。办理居住权设立登记的期限一般在合同签订后不超过30日，如果有特殊情况需要缓办登记，可以先向登记机构申请办理预告登记。居住权期限可以采用固定期限，写明从何时开始到何时终止。如果采取不固定的期限，双方应明确期限届满的计算方式或事由认定方式，如到居住权人去世为止、到居住权人购房为止、到居住权人具有独立生活能力为止。

如果在居住权合同中附生效期限，应自期限届至时生效。

11. 居住的条件和要求。当事人双方可以在居住权合同中约定居住的条件和要求，并明确违反该约定的责任承担。但居住的条件中不能进行人身自由、婚姻自由的限制或其他不合理的限制，否则该约定无效。

12. 房屋维修义务的承担。当事人双方应在居住权合同中约定设立居住权的住宅维修义务的承担。如果没有约定或约定不明确的，采取无偿设立形式，房屋所有权人对居住权人有赡养、抚养或扶养义务的，应由房屋所有权人承担维修费用；其他情况无偿设立居住权的，房屋所有权人一般不承担维修义务。

如果采取有偿方式设立居住权的，合同中没有明确约定维修义务承担的，应由房屋所有权人承担住宅及其附属设施的维修义务。双方可以在合同中约定居住权人承担日常维护费用，但一般不承担重大修缮费用。双方也可以在合同中约定由居住权人承担全部的维修义务。

13. 重大修缮的处理。对住宅的重大修缮或改建应由当事人双方协商确定或在居住权合同中明确约定。未经过房屋所有权人的同意，居住权人不得进行重大修缮或改建，否则房屋所有权人可以不承担费用并要求居住权人恢复原状、消除危险；如果私自改建造成房屋质量缺陷或产生重大安全隐患的，房屋所有权人可以要求居住权人恢复原状并赔偿损失。

14. 未及时维修的责任。如果居住权合同约定由房屋所有权人承担住宅的日常维修义务。居住权人在住宅需要维修时可以请求房屋所有权人在合理期限内维修，房屋所有权人未履行维修义务的，居住权人可以自行维修，维修费用由房屋所有权人承担。因维修住宅影响居住权人正常使用的，应当相应减少房屋使用费等经济对价或延长居住权期限。如果因居住权人的过错造成住宅需要维修的或未告知的，房屋所有权人可以不承担维修义务。

如果居住权合同约定由居住权人承担住宅的日常维修义务。因居住权人不履行维修义务，导致住宅或室内设备设施损坏的，应赔偿所造成的经济损失。如果造成住宅严重损毁的，房屋所有权人可以提前解除合同并要求赔偿损失。

15. 房屋装修。如果居住权合同对住宅装修事宜有约定的，应按照双方的约定。如果没有约定或约定不明确，居住权人未征得房屋所有权人的同意或者超出甲方同意的范围和要求装修住宅，或者增设附属设施的，房屋所有权人可以要求居住权人恢复原状、消除危险。如果对住宅或室内设施设备造成损失，房屋所有权人可以要求居住权人赔偿损失。如果因此危及住宅安全或出现严重的质量问题，房屋所有权人可以提前解除合同并要求赔偿损失。

16. 特殊情况的情势变更。如果居住权无偿设立的，后来发生房屋所有权人的经济状况显著恶化、严重影响其生活，或因发生特殊情况失去其他住宅的，可以要求与居住权人共同居住在设立居住权的住宅中。如果居住权人有其他住宅或可以得到亲友的帮助解决居住问题，双方可以协商变更或解除居住权合同。如果居住权拒绝房屋所有权人提出的合理要求，房屋所有权人可以向法院申请提前解除居住权合同。如果居住权人因此失去居住权，显失公平的，可以要求房屋所有权人给予一定的经济补偿。

17. 居住权合同变更。居住权人因为年龄增大、没有家人照顾，要住进养老公寓或养老院中，房屋所有权人可以采取为居住权人支付养老费用等形式，经双方协商后对居住权合同进行变更或解除。

若居住权期限是到居住权人自己购房为止，如果居住权人想购买住宅但经济能力有限，房屋所有权人愿意资助或借款给居住权人，帮助其购买住宅，可以与居住权人协商提前解除居住权合同。

18. 居住权合同提前解除。如果房屋所有权人拟转让或抵押设有居住权的住宅，经居住权人同意后，房屋所有权人应另外提供住宅为居住权人设立新的居住权，满足居住权人的生活需求，并保障居住条件不会明显下降。双方应解除原来的居住权合同并签订新的居住权合同，在办理原居住权的注销登记的同时办理新的居住权设立登记。

如果房屋所有权人无法为居住权人提供新的住处，应提供一定的经济补偿。如果房屋所有权人擅自解除居住权合同，或采取其他非法手段迫使居住权人搬离住宅的，居住权人可以要求房屋所有权人赔偿因此造成的经济损失。

19. 居住权期限适当延长。如果居住权期限届满，但居住权人年老体弱且无其他住所或长期生病卧床，居住权期限自动延长。等房屋所有权人或其他组织、个人帮助居住权人另外安排住处或送医院治疗后，房屋所有权人方可收回该住宅，并办理居住权注销登记。

20. 住宅是否可以出租。当事人双方可以在居住权合同中约定住宅是否可以出租。如果未约定，视为不得出租。如果合同约定可以出租或经房屋所有权人同意后，居住权人可以将住宅出租或出借给第三人，出租期限不能超过居住权的剩余期限。如果居住权人擅自出租或出借，房屋所有权人可以要求其收回住宅。如果有租金所得，应作为不当得利交付给房屋所有权人。如果房屋所有权人擅自出租或出借，居住权人可以要求其收回住宅、恢复原状、延长居住权期限或分享租金所得。

21. 约定合同设立或解除条件。当事人双方可以在居住权合同中约定合同解除的条件或事由，如果不违反法律法规的规定或公序良俗，应按照双方的约定。当合同解除条件成就或事由发生时，有解除权的当事人一方可以单方解除合同。如果是为老年人、未成年人、残疾人等弱势群体设立的居住权，房屋所有权人一般不能擅自解除合同。

如果在居住权合同明确约定设立条件，设立条件未成就的，视为居住权合同未生效。

22. 特殊情况下的合同解除权。如果在居住权合同中没有约定合同解除条件，居住权人有下列情形之一的，房屋所有权人有权撤销居住权：

(1)故意侵害房屋所有权人及其亲属的人身权；

(2)危及住宅安全等严重影响房屋所有权人或者他人合法权益的；

(3)滥用居住权对住宅及室内实施设备造成严重损毁的；

(4)居住权为有偿设立的，在约定的付款期限届满后在一个月内经两次催告仍未支付费用；

(5)擅自改变住宅的生活居住用途，或利用住宅从事经营活动或者非法活动；

(6)多次擅自出租、出借住宅，或私下转让居住权。

23. 合同解除后的效果。房屋所有人依照合同约定条件提前解除合同或者行使解除权，有权要求居住权人及共同生活的人限期搬离住宅。房屋所有权人可以单方申请办理居住权注销登记。

24. 返还住宅义务。居住权期限届满后，居住权人应当按时返还住宅。居住权人及共同生活的人应按时搬离出住宅，并将住宅移交给房屋所有权人，并保证住宅符合合同约定的使用后状态或者自然损耗后的状态。

因居住权人死亡而导致居住权消灭的，其继承人承担返还住宅的义务。

25. 室内设施设备返还义务。在双方订立居住权合同前，应共同检查室内设施设备情况，并制作室内主要设施设备的财产清单，双方签字后各执一份并作为居住权合同的附件。居住权期限届满后，居住权人应在返还住宅的同时返还室内设施设备，双方应对照财产清单进行核查。

如果居住权人按照约定的方法或根据设施设备的性质使用，致使设施设备受到自然损耗、折旧的，居住权人不承担赔偿责任。如果出现不合理的损耗或灭失、严重毁损的，房屋所有权人可以要求居住权人赔偿相应的经济损失。

26. 按实结算使用费用。如果居住权有偿设立，居住权人已向房屋所有权人支付了房屋使用费等经济对价，双方协商同意提前解除合同，或非因居住权人的原因造成合同被提前解除的，房屋使用费应按居住权人实际居住时间按比例计算，房屋所有权人应将剩余部分费用予以返还。

27. 居住权不得转让、继承。居住权不得转让、继承。如果居住权人与他人签订居住权转让的合同，应视为无效。房屋所有权人可以要求居住权人收回住宅。如果居住权人将无偿设立的居住权进行有偿转让、收回住宅后再次私下转让或拒不收回住宅的，房屋所有权人可以提前解除合同。如果居住权人在遗嘱中将居住权由继承人继承或遗赠给他人，遗嘱中的相关内容无效。

28. 居住权人死亡的后果。如果在居住权期限内，居住权人死亡的，居住权消灭。房屋所有权人可以要求与居住权人共同生活的人员在一定时间内搬离该住宅，但应给予不少于一个月的合理期限。

如果在同一套住宅上为多个居住权人设立在一起共同生活居住的居住权，可以约定等所有居住权人死亡后，居住权才消灭。

29. 居住权消灭的情形。有下列情形之一的，当事人可以申请办理居住权注销登记：

（1）居住权期限届满的；

（2）居住权人死亡的；

(3)居住权人放弃居住权的;

(4)居住权合同解除的;

(5)居住权被撤销的;

(6)设立居住权的住宅灭失或严重损毁、无法居住的;

(7)设立居住权的住宅被征收的;

(8)居住权与所有权混同(归于同一人);

(9)人民法院、仲裁机构的生效法律文书导致居住权消灭的。

30. 办理居住权注销登记。居住权期限届满后,房屋所有权人可以要求居住权人配合办理居住权注销登记;如果居住权人死亡或被宣告死亡,导致居住权消灭的,房屋所有权人可以持居住权人的死亡证明材料或法院的宣告死亡判决书向登记机构单方提出申请办理居住权注销登记。房屋所有权人死亡或失去民事行为能力的,其继承人或监护人可以行使以上权利。

第二节　关于权利保护与权利冲突的处理建议

1. 对居住权的保护。居住权生效后,房屋所有权人或其他人不得干涉居住权人正常行使居住权,不得采取断水、断电等方式迫使居住权人搬离设立居住权的住宅。如果居住权受到侵害,居住权人可以向法院申请物权保护,请求确认权利、恢复原状、排除妨害或消除危险。如果造成损害的,居住权人可以请求损害赔偿。

如果因房屋所有权人的原因造成居住权实际失去的,居住权人可以要求房屋所有权人为其设立新的居住权或提供经济赔偿。

如果因第三人的原因造成居住权实际失去的,居住权人可以要求第三人承担赔偿责任。

2. 对所有权的保护。居住权人或其他人行使权利,不得损害房屋所有权人的合法权益。如果居住权人滥用居住权,对住宅造成严重损害、擅自改变住宅的用途或用于非法用途、不进行正常维修而任其毁损等,房屋所有权人可以要求其恢复原状、消除危险等。如果造成损害的,房屋所有权人可以请求损害赔偿。如果损害后果严重的,房屋所有权人可以提前解除居住权合同。

3. 住宅交付义务。房屋所有权人应按照居住权合同的约定按时将自己所有的住宅提供给居住权人占有与使用,并保障所交付的住宅不能是危房。如果设立居住权的住宅可能存在质量问题或瑕疵,房屋所有权人应进行维修后提供给居住权人,保证所提供的房屋适合一般性居住,并告知居住权人相关注意事项。如果居住权无偿设立,房屋所有权人存在一般性过失对居住权人造成损失的,不承担赔偿责任,但可以给予一定的补偿。如果房屋所有权人故意不告知住宅存在重大瑕疵或保证无瑕疵的,对居住权人造成损失的,应当承担赔偿责任。如果居住权有偿设立,房屋所有权人存在过错的,应承担相应的赔偿责任。

4. 收取经济对价的权利。如果采取有偿设立居住权的方式,房屋所有权人有收取房屋使用费等经济对价的权利。如果居住权人延迟履行或者未完全履行该义务,房屋所有权人有要求支付的请求权,居住权人应承担相应的违约责任。

5. 善良管理人的义务。居住权人可以合理使用住宅及室内设施设备,应尽到善良管理人的注意义务。如果当事人双方在居住权合同中有明确约定,排除居住权人对某些设施设备或其他物品的使用与处理,居住权人应遵守该约定。如果居住权人违约使用或处理造成财产损害的,应承担相应的赔偿责任。

6. 居住权的多主体。房屋所有权人既可以在同一套住宅上为多个自然人设立一个居住权,一起共同居住使用该住宅;也可以在同一套住宅上同时为多个自然人设立多个居住权,应在居住权合同中明确各自设立的区域及面积,但区域不能出现重叠,可以共同使用该住宅的公用部分;还可以先后为多个自然人设立多个居住权,后设立的居住权不能与先设立的居住权的区域重叠,影响到在先权利人的合法利益。

新设居住权,房屋所有权人应提前告知原居住权人。原居住权人可以要求与新居住权人按实际使用面积分担与居住权相关的使用费与物业服务费。如果采取有偿设立形式,新设立居住权将影响到原居住权人对住宅的正常使用,原居住权人可以要求适当减少所支付的经济对价。

7. 同住人的居住利益。与居住权人必要共同生活的人也可以享有对该住宅占有、使用的权益。与居住权人必要共同生活的人可以包括:一是居住权人的家庭成员,包括配偶、子女和其他共同生活的近亲属;二是为居住权人提供生活服务的人员,如保姆、护工等;三是居住权人供养的近亲属以外的人员。

当事人双方可以在居住权合同中明确约定与居住权人共同生活的人员名单与基本信息,也可以排除部分人员入住该住宅。未经房屋所有权人同意,居住权人无权将住宅提供给无关人员长期生活居住。

8. 居住权人对附属设施的利用。居住权人对设立居住权的住宅及其附属设施享有占有、使用的权利。如果附属设施具有独立产权的，未包括在居住权登记证明中的，居住权人可以使用但不享有居住权，房屋所有权人可以将该附属设施单独出租或进行处分。如果当事人双方在居住权合同中明确排除的附属设施，双方应遵守合同的约定，居住权人不得擅自占有、使用、出租或出借。

9. 居住权人的优先承租权。如果房屋所有权人将住宅内设立居住权区域以外的其他区域对外出租，应提前告知居住权人，居住权人在同等条件下有优先承租权。如果居住权人不同意房屋所有权人对外出租，应与房屋所有权人协商将其他区域租赁下来，否则应视为同意。

10. 重大安全隐患的处理。如果发现房屋存在明显的质量问题或重大瑕疵，可能危及居住权人及共同生活人的安全或健康的，居住权人应及时搬离并告知房屋所有权人，双方可以在商量后进行必要的维修。如果因此影响到正常使用住宅，居住权人可以要求提前解除合同、减少支付的费用或延长居住权期限。

11. 擅自出租的后续处理。如果居住权人未经过房屋所有权人的同意，擅自将设立居住权的住宅或其部分、附属设施出租，经房屋所有权人劝阻后，居住权人继续出租或拒绝交付所得租金，房屋所有权人以居住权人实质违约为理由要求解除居住权合同，法院应予以支持。房屋所有权人解除居住权合同后，房屋所有权人与承租人可以协商解除或履行原房屋租赁合同，或双方重新签订房屋租赁合同。如果承租人同意继续履行原房屋租赁合同，所有权人可以要求承租人直接向其支付租金。

12. 因故失去居住权后的处理。因设立居住权的住宅灭失或严重损毁，导致居住权人无法继续生活居住，当事人双方应协商解除居住权合同并办理居住权注销登记。

如果因意外失火或其他原因造成设立居住权的住宅灭失或严重毁损的，房屋所有权可以不为居住权人设立新的居住权。房屋所有权人获得赔偿金的，应当给予居住权人适当补偿；没有独立生活能力的居住权人，也可以放弃补偿，要求适当安置，但因居住权人故意或者重大过失致使住房灭失的除外。

13. 损害赔偿责任承担。如果居住权人对住宅毁损或灭失存在过错，应承担赔偿责任。如果是由于台风、水灾、地震等不可抗力造成住宅毁损或灭失的，居住权人不承担赔偿责任。

如果房屋所有权人对住宅毁损或灭失存在过错的,造成居住权人无法继续使用该住宅的,应为居住权人设立新的居住权或提供经济赔偿。

如果是因第三人的原因造成住宅毁损或灭失的,房屋所有权人或居住权人可以要求第三人承担赔偿责任。

14. 及时通知的义务。当有下列情况发生时,居住权人应及时通知房屋所有权人:

(1)住宅灭失或毁损的;

(2)有必要对住宅进行重大修缮和改造的;

(3)第三人对房屋主张权利的或者做出足以侵害房屋的行为;

(4)为保护房屋免受可能的危险而有必要采取防护措施的。

发生上述情况,居住权人一般应在三天内通知房屋所有权人。如果因情况紧急,居住权人可以作出临时措施,因此产生的费用支出,由房屋所有权人承担。

如果因居住权人未及时通知造成损失发生或扩大的,居住权人应承担相应的赔偿责任。

15. 居住权人负有容忍义务。为了保持住宅及室内设施设备的完整状态,房屋所有权人可以要求进入住宅进行必要的检查与监督,居住权人应予以配合。如果居住权人不予配合,房屋所有权人发现住宅或室内设施设备出现损坏,无论是否由居住权人或其他人造成的,居住权人都应承担赔偿责任。双方另有约定的除外。

16. 住宅改造利益补偿。居住权期限内,居住权人在得到房屋所有权人同意后,出资对房屋进行整体装修、设备设施更新,使该住宅的价值提升,如果非居住权人的原因导致居住权合同提前解除,居住权人可以要求房屋所有权人对其进行一定的经济补偿。如果居住权期限届满或住宅灭失、严重损毁导致居住权消灭,房屋所有权人可以不给予补偿。

如果居住权采取有偿设立的方式,居住权人的行为已经提前征得房屋所有权人的同意,对于重大修缮、改建或装修所得利益的处理可以参照《最高人民法院关于审理城镇房屋租赁合同纠纷案件具体应用法律若干问题的解释》的相关规定处理。

17. 居住权人作为物业使用人。在物业服务合同纠纷中,居住权人可以作为物业使用人参加诉讼,居住权人应提供实际支付物业服务费等相关证据材料。如果居住权人与其家人独占并使用该住宅,可以单独向法院提起诉讼;如果居住权人与房屋所有权人共同居住,可以和房屋所有权人共同起诉,也可以在房屋所有权人不起诉时,自行提起诉讼。

如果物业服务人以房屋所有权人为被告提起诉讼,居住权人可以申请或应法院的通知参加诉讼并作为第三人。

18. 居住权人在高空抛物案件中的责任。在高空抛物、坠物损害责任纠纷中,受害人以房屋所有权人为被告提起诉讼。如果在该住宅上设立居住权,房屋所有权人并没有共同居住在该住宅中,并按照《民法典》第945条的规定将设立居住权的情况已告知物业服务人,可以以居住权登记证明与告知情况来证明"自己不是侵权人",居住权人作为建筑物使用人要承担相应的责任。如果房屋所有权人与居住权人一起居住在该住宅中,房屋所有权人应与居住权人一起作为建筑物使用人承担相应的连带责任。

19. 投保商业财产险。如果为设立居住权的住宅投保相关商业财产险,应以房屋所有权人为受益人,房屋所有权人与居住权人可以协商确定相关保险费用的承担。如果在居住权合同中没有明确约定,房屋所有权人无权要求居住权人单独出资为该住宅投保相关商业财产险。如果居住权人承担了全部或部分保险费用,发生住宅灭失或严重毁损情况,房屋所有权人获赔保险的,居住权人可以要求房屋所有权人为其设立新的居住权或提供相应的补偿。

20. 住宅被征收后的处理。如果在居住权合同中对设立居住权的住宅被征收事宜有约定的,应按照双方的约定。如果没有约定或约定不明确的,按照以下方式处理:

如果居住权无偿设立,住宅被征收,所有拆迁补偿利益归房屋所有权人所有。住宅中由居住权人添设的设施设备对应的补偿归居住权人所有。如果房屋所有权人选择产权置换或划地重建方式,应为居住权人设立新的居住权;如果选择货币补偿方式,房屋所有权人应在征收补偿费用中安排一定的费用用于为居住权人缴纳房租或提供一定的经济补偿。

如果居住权有偿设立,住宅被征收,双方可以协商确定拆迁补偿利益的分配。如果双方同意所有拆迁补偿利益归房屋所有权人所有,房屋所有权人应为居住权人设立新的居住权,并保证居住条件不下降、居住权期限不缩短;或者由房屋所有权人提供一定的经济补偿,并退还已经收取但没有实际履行部分的房屋使用费。居住权利益的补偿标准,应可以让居住权人在原定居住权期限内租赁到一套地段相近、面积相似的住宅。如果双方同意将居住权人作为被征收人,可以按照设立居住权的使用面积内的拆迁补偿利益归居住权人所有。如果征收部门以房屋所有权人作为被征收人,房屋所有权人应将设立居住权的使用面积内的拆迁补偿利益交付给居住权人。

21. 所有权变动不影响居住权。居住权设立后,房屋所有权人变更的,不影响居住权。如果在居住权合同中无明确约定,房屋受让人不得要求居住权人同意提前解除合同,也不得干涉居住权人正常行使居住权。

22. 签约后的住宅设立居住权处理。如果房屋所有权人与第三人签订房屋买卖合同,但在还没有办理所有权转让登记前,与居住权人签订居住权合同并办理设立登记,第三人可以解除房屋买卖合同并要求房屋所有权人承担违约责任。

23. 居住权与抵押权的冲突处理。如果在同一套住宅上既设立居住权又设立抵押权,应以权利设立登记的先后顺序来认定何者效力优先。如果居住权在先设立,房屋抵押权行使导致房屋所有权人发生变化,居住权不受影响。如果抵押权在先设立,未经抵押权人同意,房屋所有权人不能设立居住权。

24. 抵押权在先设立的情况。居住权本身不能办理抵押,设立居住权的住宅可以办理抵押。如果房屋所有权人未告知居住权人该房屋已经设立抵押的情况,签订居住权合同后因为抵押权的实现导致居住权人无法实际居住该住宅的,房屋所有权人应承担违约责任;如果房屋所有权人已经告知居住权人该房屋已经抵押的情况,则由居住权人自己承担不利后果。

25. 相邻关系处理。居住权人与其他居住权人、承租人或相邻人因使用住宅发生矛盾,可以请求房屋所有权人协助解决。如果协商未能达成一致或者房屋所有权人不愿意介入,居住权人可以要求物业服务人进行协调处理,也可以向法院提起诉讼。

26. 居住权人的优先购买权。在居住权期限内,如果房屋所有权人转让住宅,应当在转让前不少于一个月的合理期限内通知居住权人,居住权人享有同等条件下优先购买的权利。但是,房屋按份共有人行使优先购买权或者房屋所有权人将房屋出卖给近亲属的除外。

27. 不同的优先购买权效力。如果在同一套住宅上既有居住权又有租赁权,如果房屋所有权人转让设立居住权的住宅,居住权人与承租人都有意向购买该住宅,居住权人享有同等条件下优先购买的权利。如果在同一套住宅上设立了多个居住权,而且在居住权期限内,两个以上居住权人主张行使优先购买权的,可以协商由谁来购买;居住权人均要求购买该房屋的,一般采取竞价取得方式。

第三节　婚姻家庭纠纷与继承纠纷中涉及居住权的处理建议

1. 纠纷处理的原则。在婚姻家庭纠纷与继承纠纷处理中涉及居住权的,法院应保护老年人、未成年人、残疾人、妇女的合法权益。

在离婚纠纷中涉及设立居住权的,应最有利于未成年人的原则处理。

在赡养纠纷、继承纠纷中涉及居住权的,应按照有利于老年人、未成年人、残疾人的原则处理。

2. 离婚纠纷调解处理。在离婚纠纷处理中,如果是在法院主持下达成离婚调解协议,双方有设立居住权的意思且意思表示真实的,法院应尊重当事人的意愿,允许并将相关内容可以写入调解书中,帮助双方签订居住权合同并及时办理设立登记;如果调解书送达后有一方反悔,另一方可以申请法院强制执行,法院可以要求登记机构配合办理居住权设立登记。

3. 居住权非申请不能直接判决原则。在离婚纠纷处理中,如果当事人未明确提出设立居住权的请求,法官不能直接判决设立居住权。

4. 离婚经济帮助形式。在离婚纠纷处理中,如果法院经审判后认为有负担能力的一方应对生活困难的另一方给予适当帮助,但有负担能力的一方不愿意以设立居住权的形式对对方提供帮助的,法院一般不能以判决形式设立居住权,可以判决一方以提供房屋租赁费用等其他经济帮助的形式。

5. 判决设立居住权的情形。在离婚纠纷处理中,如果当事人一方提出要求对方为自己设立居住权的诉讼请求,法院经查实后确认该当事人确实没有其他住处而且生活困难或患有重大疾病、丧失劳动能力,另一方不愿意提供其他形式的经济帮助但有两套及以上的住宅的,法院可以判决要求有负担能力的另一方为该方在提供合适的住宅并设立一定期限的居住权。

6. 唯一住宅可以部分区域设立。在离婚纠纷处理中，如果现住宅属于一方婚前购买且是唯一住宅，另一方没有其他住宅且无力购买住宅，可以在该住宅的部分区域为另一方或与未成年子女一起设立居住权。

7. 共有住宅处理。在离婚纠纷处理中，如果现住宅属于双方的共有财产或婚后双方购买但未付清剩余的贷款，一方提出放弃共有财产中的份额并要求另一方为其设立一定期限的居住权的，法院可以在征求另一方意见后予以支持，未付清部分的剩余贷款一般应由房屋所有权人支付，双方另有协议或达成一致意思的除外。

8. 另外提供住宅设立居住权。在离婚纠纷处理中，如果一方提出在非目前居住的其他住宅上为另一方或未成年子女设立居住权，法院可以在征求另一方意见后予以支持。

9. 为未成年人设立居住权。在离婚纠纷处理中，如果双方有未成年子女，根据孩子的意愿或法律的规定选择抚养人，负责直接抚养孩子的一方没有住宅且无力购买住宅，并提出要求另一方为其与孩子设立居住权或提供租房费用，如果另一方有多套住宅或有较强的负担能力，法院可以予以支持。

10. 居住权期限。无论是采取协议、调解或判决形式处理离婚纠纷并设立居住权，均应明确居住权期限。居住权期限一般是固定期限，不少于两年；也可以采取不固定的年限，如到居住权人去世或自行购房为止。如果居住权人是未成年人，居住权期限一般应到孩子成年（满18周岁）后并具有独立的生活能力为止。

11. 居住权条件与要求。离婚纠纷处理时设立居住权，可以附一定的居住条件与要求，并写入居住权合同中，如房屋所有权人或居住权人可以探视子女、支付抚养费用与教育、医疗费用等。但如果该居住条件是要求居住权人不能再婚或其他不合理的限制，居住权人可以不接受条件，并且不影响居住权的设立。

12. 以无偿设立为原则。在离婚纠纷处理时设立居住权的，双方可以约定是否采取有偿设立形式及相关费用的承担。如果没有约定或约定不明确，视为采取无偿设立形式。法院应在判决书或调解书中明确是否采取有偿设立形式及相关费用的承担。

13. 居住权期限提前终止的特殊情形。如果房屋所有权人愿意提供全部或部分费用帮助居住权人购买住宅，或一次性支付相当于居住权剩余期限的租赁相类似住宅的租赁费用，双方可以协商后提前解除合同，并及时办理居住权注销登记。

14. 居住权提前解除。如果居住权合同中附有相应解除条件，或在法院的生效法律文书中附有相关要求，当事人一方有能力但不履行或拒绝履行相应的义务，另一方可以请求法院要求其履行义务或停止侵权行为，如果当事人一方拒不改正或履行义务，法院可以强制执行，或者应另一方的请求判决提前解除居住权合同。

15. 保障老年人的居住权条件。在处理法定继承纠纷时，法院应保障老年人的居住条件，可以适用《老年人权益保障法》第16条的规定进行判决。在处理赡养纠纷、分家析产纠纷及其他纠纷时，法院也应注意保护老年人的合法权益，无偿设立居住权可以作为子女承担赡养义务的形式。

16. 赠与纠纷处理。在处理赠与纠纷时，如果父母同意将财产赠与子女，并要求子女为其无偿设立长期居住权的，法院应予以支持。如果子女不愿意为父母无偿设立长期居住权，父母可以撤销赠与。其他赠与合同纠纷，可以参照办理。

17. 法定继承中应保护特殊群体的利益。在处理法定继承纠纷时，如果继承人中有未成年人、残疾人、没有劳动能力的人、无行为能力或限制行为能力的人没有住处，法院可以在作为继承财产的住宅中为其无偿设立一定期限的居住权。

18. 遗赠扶养协议处理。如果签订遗赠扶养协议，当事人以无偿设立居住权的形式作为扶养的条件，应认定为有效。如果受遗赠人不履行扶养的义务，遗赠人可以撤销其居住权。

第四节　以遗嘱方式设立居住权的处理建议

1. 以遗嘱设立居住权的法律适用。以遗嘱方式设立居住权，可以参照适用《民法典》继承编的相关规定。法院在判决书中可以引用《民法典》的相关规定进行说理，但不能直接作为判决依据。

2. 有效遗嘱的内容。设立居住权的遗嘱中应明确居住权人的姓名、住宅的位置、居住权期限等内容，可以提出居住权的条件与要求及其他内容。如果遗嘱中对居住权期限等相关重要内容没有明确或不清楚的，法院不能就此认定为遗嘱内容无效，可以由该住宅的继承人与受益人之间协商确定相关内容，并签订居住权合同。如果无法协商或者未能取得一致意见的,法院根据遗嘱的意思表示及遗嘱人的生前意愿,进行合理推定,确定相关内容。

3. 有效遗嘱的形式。设立居住权的遗嘱一般应采取书面形式,包括自书遗嘱、代书遗嘱、打印遗嘱、公证遗嘱。如果采取口头遗嘱或录音录像遗嘱,并有设立居住权的明确意思表示,应当由两个以上见证人在场见证。如果申请人不能向登记机构提交书面形式的遗嘱,应提交由该住宅的全体继承人或受遗赠人与居住权人签订的书面形式的居住权合同。

4. 遗嘱的有效性。如果设立居住权的遗嘱不是最后一份遗嘱,其内容与法院认定的合法有效的遗嘱相抵触的,视为遗嘱人对该遗嘱相关内容的撤回;如果设立居住权的遗嘱内容与法院认定的合法有效的遗嘱不相抵触的,法院应认定为有效。

5. 遗嘱无效的情形。设立居住权的遗嘱是无民事行为能力人或者限制行为能力人所立的,该遗嘱无效;遗嘱人立遗嘱时具有完全民事行为能力,后来成为无民事行为能力人或者限制民事行为能力人的,不影响遗嘱的效力。如果设立居住权的遗嘱是遗嘱人受他人欺诈、胁迫所立的,遗嘱无效。

6. 附义务的遗嘱。如果在遗嘱中有对受益人的义务或居住条件,受益人应当履行义务或接受居住条件。受益人没有正当理由不履行义务或不接受居住条件的,经利害关系人或者有关组织请求,法院可以取消其接受居住权的权利。但如果该条件是要求受益权人不能再婚或其他不合理的限制,受益人可以不接受条件,并且不影响居住权的设立。

7. 居住权人的范围。以遗嘱方式设立居住权,遗嘱人应在遗嘱中说明居住权人的姓名,居住权人既可以是法定继承人(如配偶、子女、父母、兄弟姐妹、祖父母、外祖父母等),也可以是其他受益人(亲戚、保姆以及需要抚养、扶养或照顾的其他人等)。

8. 无权处分的处理。在遗嘱中设立居住权的住宅应是遗嘱人所有、可以作为继承财产的房屋。遗嘱人应是该住宅的所有权人,而且该所有权一般不能受到权利限制。已经设立抵押权的住宅,未经抵押权人的同意,不能设立居住权;所有权存在争议的住宅,也不能设立居住权。如果该住宅存在抵押权或所有权争议的,可以由遗嘱中指定的受益人先免费居住。如果以后继承人取得该住宅的完整所有权,应为受益人办理居住权设立登记。

9. 在共有住宅上设立居住权。如果遗嘱人在遗嘱中为存在住宅共有关系的配偶在该住宅上设立居住权,法院应认定为有效。登记机构应尊重当事人的真实意愿,在整套住宅上为居住权人办理居住权设立登记。如果遗嘱人在遗嘱中为非共有人设立居住权,该住宅是与他人共有的住宅,只能就自己所有的部分设立居住权。如果其他共有人书面表示同意的,可以在整套住宅上为居住权人办理居住权设立登记。

10. 遗嘱执行人的协助义务。如果在设立居住权的遗嘱中指定遗嘱执行人的,可以由遗嘱执行人协助居住权人办理居住权设立登记。遗嘱执行人应将在遗嘱中设立居住权的情况告知该住宅的全部继承人或受遗赠人,必要时可以召集到场确认,并签署全体继承人或受遗赠人签名的书面确认声明,提交给登记机构办理居住权设立登记。

11. 居住权期限。遗嘱人应在遗嘱中明确居住权期限。居住权期限可以是固定期限,或不固定的期限,如到居住权人去世为止、到居住权人购房为止。如果期限不明确,法院应根据立遗嘱时的基础条件、设立居住权的目的、居住权人的实际需求等情况进行判断。如果居住权人是老年人、残疾人、没有劳动能力的人、无行为能力或限制行为能力的人,期限一般应是长期,要保障其获得基本的居住条件;如果居住权人是未成年人,居住权期限一般应到居住权人成年(满十八周岁)后并具有独立的生活能力为止。

12. 住宅的位置及设立区域。遗嘱人应在遗嘱中明确设立居住权的住宅位置。如果是将住宅的部分区域设立居住权,应清楚、明确地说明设立居住权的区域位置及面积;如果对不同的居住权人分区域设立居住权,应清楚、明确地说明设立不同居住权对应的区域位置及面积。

13. 居住权人的接受和放弃。如果居住权人是继承人,除非以书面形式作出放弃居住权的表示;没有表示的,视为接受。如果居住权人是其他受益人,应在知道遗嘱内容后六十日内作出接受或者放弃居住权的表示;到期没有表示的,视为放弃该居住权。如果遗嘱执行人或继承人故意不告知居住权人遗嘱内容的,不视为放弃居住权。

14. 办理居住权设立登记。遗嘱人去世后,居住权人应及时申请办理居住权设立登记。如果需要办理住宅所有权转移登记,居住权设立登记应同时申请办理。如果因存在继承纠纷,暂时无法办理住宅所有权转移登记,如果居住权人提出申请,登记机构可以先行办理居住权设立登记,并可以要求居住权人提供承诺设立居住权遗嘱属实的书面声明。

15. 居住权的丧失。如果居住权人存在《民法典》第 1125 条第 1 款规定行为的,丧失居住权。

16. 合立遗嘱的处理。如果夫妻双方采取合立遗嘱的形式,在共有的住宅上为其中一方设立居住权的,共有人应都要在遗嘱上签名表示同意。一方去世后,另一方在该住宅上应有长期居住权直至去世。如果在遗嘱中为其他人设立居住权,应写明其与遗嘱人的身份关系或说明原因。

17. 居住权的生效时间。因遗嘱取得居住权的,自继承开始时发生效力。受益人知道遗嘱内容后放弃居住权的,追溯到继承开始的时间。

18. 居住权人参与继承诉讼。如果发生继承诉讼,涉及设立居住权的住宅,居住权人可以申请或应法院的通知作为第三人参加该继承诉讼。

19. 居住权注销登记。居住权人死亡的,居住权消灭。遗嘱确立的该住宅的继承人或受遗赠人可以单方提出居住权注销登记申请,并进行该住宅的财产分割处理。

第五节　法院执行中对设立居住权的住宅处理建议

1. 司法查封的处理。设立居住权的住宅,法院可以查封,但不影响原有居住权的继续存在。一旦住宅被法院查封后,不能再设立新的居住权。

2. 居住权排除强制执行。合法设立的居住权,如果不存在应被撤销或无效的情况,可以排除法院的强制执行。因为法院的强制执行导致住宅所有权人发生变更的,不影响居住权的继续存在。

3. 债权人申请执行。已设立居住权的住宅可以转让。如果已经设立的居住权无法被涤除,债权人可以请求法院在执行时采取带居住权拍卖方式或者除去居住权后进行拍卖。

4. 无偿设立居住权的处理。如果被执行人以自有住宅为他人无偿设立居住权,居住权人是被执行人需要赡养、抚养或扶养的人员且没有其他住处,法院在执行时应为这些人员进行必要的安置。法院可以要求申请执行人按照当地廉租住房保障面积标准为被执行人及所扶养家属提供居住房屋，或者同意参照当地房屋租赁市场平均租金标准从该住宅的变价款中扣除五至八年租金。如果居住权人有其他合适的住处，法院可以依法除去居住权。

5. 有偿设立居住权的处理。如果被执行人以自有住宅为他人有偿设立居住权，且已经一次性收取经济对价，该经济对价应作为可以执行的款项；如果采取分期支付房屋使用费的方式，法院可以将剩余的房屋使用费作为可以执行的款项；如果在执行中采取拍卖方式，受让人可以收取后续的房屋使用费。

6. 有条件除去居住权。如果拟拍卖的住宅上已经设立的居住权，该居住权的继续存在对在先的担保物权或者其他优先受偿权的实现有影响的，法院可以采取有条件除去居住权后进行拍卖的方式。法院可以要求申请执行人提供其他住宅为居住权人设立新的居住权，或者租房后提供给居住权人使用，租期是剩余的居住权期限；或者为居住权人提供一定的经济补偿，由其自行租赁房屋。

7. 拍卖带有居住权的住宅要求。如果拍卖带有居住权的住宅，法院应在拍卖公告中如实披露居住权设立情况，应明确告知以标的住宅保留居住权为拍卖条件。竞拍人一旦参与竞拍，即为承诺。竞拍人竞拍成功后，应与居住权人重新签订居住权合同，居住权继续存在。

8. 对被执行人名下唯一住宅的处理。如果设立居住权的住宅是被执行人名下唯一住宅，法院可以进行处分，但应对被执行人及其所扶养家属进行必要的安置，居住权可以继续存在。如果被执行人所居住的住宅明显超过一般生活的实际需要，法院可以对居住权的设立区域及面积进行限制，或者另外进行安置。

9. 对被执行人可以获得居住权的处理。如果被执行人名下只有一套住宅，但如果其他人为被执行人设立了居住权，或者对被执行人有扶养义务的人名下有多套住宅可以为其设立居住权或提供其他住处，法院可以对该唯一住宅强制执行。

10. 以被执行人为居住权人的情况处理。如果由他人为被执行人采取有偿设立居住权的方式，法院应查明被执行人所支付经济对价的情况及来源，如果被执行人有能力履行部分债务，法院应要求被执行人解除居住权合同；如果以被执行人所居住的住宅明显超过一般生活的实际需要，即使是无偿设立形式，也属于“非生活和工作必需的消费行为”，适用最高人民法院《关于限制被执行人高消费及有关消费的若干规定》的相关规定。

11. 为被执行人设立多个居住权的处理。如果存在他人为债务人在多处住宅设立居住权，除保留一处必要的住处外，其他应属于非日常生活居住所必需，法院可以要求被执行人及其所扶养家属选择一处适用的住宅居住，放弃其他居住权。如果被执行人将设立居住权的住宅进行出租，法院可以将出租所得作为执行款项。

12. 债权人的申请撤销权。如果在债务发生后，债务人为非必须赡养、抚养或扶养的人员无偿设立居住权、延长此前已无偿设立居住权的期限，影响债权人的债权实现的，债权人可以请求法院撤销债务人的行为；如果债务人为他人有偿设立居住权，但所支付的经济对价明显低于市场同类住宅的租金，影响债权人的债权实现的，居住权人知道或者应当知道该情形的，债权人可以请求法院撤销债务人的行为。

13. 恶意串通行为无效。如果债务人与相对人恶意串通，由债务人用自有住宅为相对人设立居住权并办理设立登记，损害债权人的合法利益的，债权人可以主张设立居住权的行为无效，法院应予以认定。

判断债务人与相对人之间是否存在恶意串通、虚假设立居住权的行为，法院可从以下方面判断：

(1)设立居住权的时间晚于债务发生的时间；

(2)居住权人与债务人之间存在特殊的身份关系；

(3)居住权期限是长期或不确定的期限；

(4)居住权设立不存在必要性与合理性；

(5)居住权人并不实际经常居住在该住宅内；

(6)居住权人知道或者应当知道债务人出现资不抵债的情况。

14. 对恶意串通行为的处罚。如果法院认定债务人与相对人恶意串通设立虚假居住权逃避执行，应给予处罚。处罚依据是《民事诉讼法》(2021 年修正)第 114 条、第 118 条。还可以适用最高人民法院《关于适用〈中华人民共和国民事诉讼法〉的解释》(2022 年修正)第 518 条的规定，将其纳入失信被执行人名单。根据该解释第 519 条的规定，因妨害行为给申请执行债权人或者其他人造成损失的，受害人可以起诉要求赔偿。

15. 利害关系人或案外人提出异议的处理。在涉及居住权的住宅相关的纠纷中，如果当事人申请法院强制执行时，利害关系人或案外人提出第三人撤销之诉、执行异议与执行异议之诉,法院应首先认定居住权是否有效设立,有效设立的居住权可以继续存在,不受所有权变动的影响;如果只是实际居住但没有签订居住权合同,或者虽签订了居住权合同但没有办理设立登记的情况,应认定居住权还没有生效。

主要参考文献

一、著作类

1. 最高人民法院民法典贯彻实施工作领导小组主编:《中华人民共和国民法典物权编理解与适用》(下),人民法院出版社 2020 年版。

2. 最高人民法院民法典贯彻实施工作领导小组主编:《中华人民共和国民法典婚姻家庭编继承编理解与适用》,人民法院出版社 2020 年版。

3. 杨立新主编:《中华人民共和国民法典释义与案例评注(物权编)》,中国法制出版社 2020 年版。

4. 杨立新:《中华人民共和国民法典条文要义》,中国法制出版社 2020 年版。

5. 周枏:《罗马法原论》(上册),商务印书馆 1994 年版。

6. 尹田:《法国物权法》,法律出版社 1998 年版。

7. [德]鲍尔、施蒂尔纳:《德国物权法》,张双根译,法律出版社 2004 年版。

8. 马青民译:《法国民法典》,北京大学出版社 1982 年版。

9. 郑冲、贾红梅译:《德国民法典》,法律出版社 1999 年版。

10. 张忠野等译:《当代主要国家物业管理法》,北京大学出版社 2014 年版。

11. 费安玲、丁玫译:《意大利民法典》,中国政法大学出版社 1997 年版。

12. 殷生根、王燕译:《瑞士民法典》,中国政法大学出版社 1999 年版。

13. 陈华彬:《建筑物区分所有权》,中国法制出版社 2011 年版。

14. 王利明主编:《中国物权法草案建议稿及说明》,中国法制出版社 2001 年版。

15. 王利明主编:《中国民法典草案建议稿及说明》,中国法制出版社 2004 年版。

16. 梁慧星主编:《中国物权法草案建议稿——条文、说明、理由与参考立法例》,社会科学文献出版社 2000 年版。

17. 徐国栋主编:《绿色民法典草案》,社会科学文献出版社 2004 年版。

18. 廖丹:《作为基本权利的居住权研究》,法律出版社 2018 年版。

19. 王宏哲:《住房权研究》,中国法制出版社 2008 年版。

20. 金俭:《中国住宅法研究》,法律出版社 2004 年版。

21. 杜芳:《我国公民住房权的司法保障研究》,世界图书出版公司 2013 年版。

22. 周珂主编:《住宅立法研究》,法律出版社 2008 年版。

23. 张震:《社会权层面的住宅权宪法保障研究》,中国人民大学出版社 2016 年版。

24. 杨英文:《城镇化视域下公民住宅权研究》,知识产权出版社 2014 年版。

25. 曾凡昌:《中国住宅权保障法律制度研究》,华中科技大学出版社 2016 年版。

26. 黄利红:《住宅不受侵犯权研究》,知识产权出版社 2014 年版。

27. 包振宇:《宅兹中国:住宅权理论的历史发展和当代实践》,社会科学文献出版社 2017 年版。

二、文章类

1. 申卫星:《视野拓展与功能转换:我国设立居住权必要性的多重视角》,载《中国法学》2005 年第 5 期。

2. 王利明:《论民法典物权编中居住权的若干问题》,载《学术月刊》2019 年第 7 期。

3. 曾大鹏:《居住权的司法困境、功能嬗变与立法重构》,载《法学》2019 年第 12 期。

4. 叶阳:《民法典居住权制度的若干问题》,载《人民司法》2020 年第 34 期。

5. 房绍坤:《论民法典中的居住权》,载《现代法学》2020 年第 4 期。

6. 申卫星:《从“居者有其屋”到“住有所居”——我国民法典分则创设居住权制度的立法构想》,载《现代法学》2018 年第 2 期。

7. 王富博:《居住权制度适用范围初探兼评〈中华人民共和国物权法(草案)〉的相关规定》,载《法律适用》2006 年第 1 期。

8. 钱明星:《关于在我国物权法中设置居住权的几个问题》,载《中国法学》2001 年第 5 期。

9. 申卫星、杨旭:《中国民法典应如何规定居住权?》,载《比较法研究》2019

年第 6 期。

10. 江平、刘智慧:《确立中国居住权法律制度的若干思考》,载江平主编:《中美物权法的现状与发展》,清华大学出版社 2003 年版。

11. 李兴:《居住权与其他物权的冲突与协调》,载茆荣华主编:《〈民法典〉适用与司法实务》,法律出版社 2020 年版。

12. 李彦:《居住权制度的本土化适用》,载茆荣华主编:《〈民法典〉适用与司法实务》,法律出版社 2020 年版。

13. 申卫星:《中国民法物权编创设居住权制度的立法构想》,载《北京航空航天大学学报(社会科学版)》2018 年第 1 期。

14. 陈信勇、蓝邓骏:《居住权的源流及其立法的理性思考》,载《法律科学》2003 年第 3 期。

15. 刘阅春:《居住权的源流及立法借鉴意义》,载《现代法学》2004 年第 6 期。

16. 梁慧星:《不赞成规定"居住权"》,载《人民法院报》2005 年 1 月 12 日,第 lB 版。

17. 秦美虎:《设立居住权的房屋买卖实务研究》,载《中国律师》2021 年第 3 期。

18. 席志国:《居住权的法教义学分析》,载《南京社会科学》2020 年第 8 期。

19. 陈华彬:《设立居住权可以更好地保护弱势群体利益》,载《检察日报》2004 年 2 月 9 日,第 3 版。

20. 高洪宾:《设定居住权有其必要》,载《人民法院报》2005 年 2 月 2 日。

21. 单平基:《〈民法典〉草案之居住权规范的检讨和完善》,载《当代法学》2019 年第 1 期。

22. 鲁晓明:《"居住权"之定位与规则设计》,载《中外法学》2019 年第 3 期。

23. 鲁晓明:《论我国居住权立法之必要性及以物权性为主的立法模式——兼及完善我国民法典物权编草案居住权制度规范的建设》,载《政治与法律》2019 年第 3 期。

24. 陈华彬:《关于居住权确立的几个问题》,载《中国社会科学院院报》2004 年 11 月 23 日。

25. 马新彦:《居住权立法与继承编的制度创新》,载《清华法学》2018 年第 2 期。

26. 汪洋:《从用益权到居住权:罗马法人役权的历史流变史》,载《学术月刊》2019 年第 7 期。

27. 汪洋:《民法典意定居住权与居住权合同解释论》,载《比较法研究》2020 年第 6 期。

28. 李显冬:《我国居住权设立的正当性》,载《法学杂志》2014 年第 12 期。

29. 肖俊:《“居住”如何成为一种物权——从罗马法传统到当代中国居住权立法》,载《法律科学(西北政法大学学报)》2019 年第 3 期。

30. 肖俊:《罗马法中非典型物权形态的解释方法研究——以使用权、居住权的形成史为中心的考察》,载《求是学刊》2012 年第 1 期。

31. 曾大鹏:《居住基本理论问题反思——评居住权的否定理由》,载《河北法学》2006 年第 11 期。

32. 申卫星:《我国物权立法中论争焦点问题探讨》,载《法学杂志》2006 年第 4 期。

33. 任宇飞、李玉斌:《论居住权的类型及其司法适用》,载《重庆大学学报(社会科学版)》2015 年第 3 期。

34. 王者洁:《论居住权权利框架体系的构建》,载《江西社会科学》2016 年第 2 期。

35. 滕晓春:《〈物权法的一大遗憾〉——居住权制度的删除》,载《研究生法学》2007 年第 3 期。

36. 薛军:《地役权与居住权问题——评〈物权法草案〉第十四、十五章》,载《中外法学》2006 年第 1 期。

37. 中国政法大学民商经济法学院民法研究所、中国民法典研究小组:《中华人民共和国民法物权编(专家建议稿)》,载《比较法研究》2017 年第 4 期。

38. 屈茂辉:《用益权的源流及其在我国民法上的借鉴意义》,载《法律科学》2002 年第 3 期。

39. 温世扬、廖焕国:《人役权制度与中国物权法》,载《时代法学》2004 年第 5 期。

40. 唐孝辉:《居住权:一个亟待解决的问题》,载《前沿》2003 年第 8 期。

41. 吕杰、朱呈义:《论居住权在我国民法典中的具体设计》,载《河南省政法管理干部学院学报》2004 年第 6 期。

42. 陈耀东、贺立群:《论居住权制度在我国的建立》,载《南开学报(哲学社会科学版)》2005 年第 2 期。

43. 郑尚元:《居住权保障与住房保障立法之展开——兼谈〈住房保障法〉起草过程中的诸多疑难问题》,载《法治研究》2010 年第 4 期。

44. 于兆波、连昱超:《保障公民居住权的国家法治对策》,载《法学杂志》2011 年第 1 期。

45. 陈瑜:《居住权利益的补偿标准》,载《人民司法》2011 年第 10 期。

46. 费佳敏:《论公房租赁中同住人"居住权"的性质》,载《法制与社会》2015 年第 3 期。

47. 李冰:《浅析居住权》,载《法制与社会》2014 年第 12 期。

48. 胡建:《新时期居住权立法问题探讨》,载《理论月刊》2012 年第 8 期。

49. 周珂、梁文婷:《新时期居住权制度研究》,载《政治与法律》2008 年第 2 期。

50. 李显冬、王胜龙:《从居住权渊源看现实意义》,载费安玲等主编:《罗马法、中国法与民法法典化(文选)——二十一世纪民法典的科学体系》,中国政法大学出版社 2016 年版。

51. 蒋洁:《浅谈我国现行法律框架下的居住权》,载《法制博览》2020 年第 25 期。

52. 陈艳风:《居住权权利义务内容之探析》,载《延边党校学报》2010 年第 2 期。

53. 辜明安、蒋昇洋:《我国〈民法典〉设立居住权的必要性及其制度构造》,载《西南民族大学学报(人文社会科学版)》2020 年第 2 期。

54. 孙宪忠、常鹏翱:《论住宅权的制度保障》,载《南京大学法律评论》2001 年第 2 期。

55. 李亚彬:《试论居住权排除执行的裁判规则》,载《人民法院报》2020 年 7 月 10 日,第 8 版。

56. 崔建远、陈杭平:《居住权制度的价值功能体现在哪里》,载《检察日报》2020 年 8 月 19 日,第 3 版。

57. 房绍坤:《居住权立法不具有可行性》,载《中州学刊》2005 年第 4 期。

58. 陈华彬:《人役权制度的构建——兼议我国〈民法典物权编(草案)〉的居

住权规定》,载《比较法研究》2019 年第 3 期。

59. 屈茂辉:《论人役权的现代意义》,载《金陵法律评论》2002 年第 1 期。

60. 孙茜:《〈民法典〉视野下居住权制度的理解与适用》,载《法律适用》2020 年第 21 期。

61. 王者洁:《论居住权的权利建构》,载《北京行政学院学报》2016 年第 4 期。

62. 王明文:《论居住权的物权法保护》,载《东北师大学报(哲学社会科学版)》2015 年第 5 期。

63. 黄积虹:《构建民法典物权编居住权的思考》,载《上海政法学院学报》2019 年第 1 期。

64. 田中臣:《离婚妇女居住权探讨》,载《广西社会科学》2004 年第 9 期。

65. 刘东华:《离婚判决中女性的居住权问题——兼论我国的居住权立法》,载梁慧星主编:《民商法论丛》第 18 卷,金桥文化出版(香港)有限公司 2001 年版。

66. 梁慧星:《关于民法典分则草案的若干问题》,载《法治研究》2019 年第 4 期。

67. 周彬:《浅谈户籍制度与居住权问题——从现行法律视角分析》,载《决策与信息(下旬刊)》2010 年第 8 期。

68. 关涛:《大陆法系民法中的人役权——兼论民法典中的用益物权体系》,载《法学论坛》2003 年第 6 期。

69. 金俭:《住宅权、住宅区分所有权及对我国不动产所有权理论的发展》,载王利明主编:《物权法专题研究》,吉林人民出版社 2001 年版。

70. 崔建远:《民法分则物权编立法研究》,载《中国法学》2017 年第 2 期。

71. 陈耀东、刘子睿:《保障功能视域下的居住权登记》,载《中国不动产》2021 年第 4 期。

72. 石晨谊:《遗嘱设立的居住权如何登记》,载《中国不动产》2021 年第 4 期。

73. 张亚楠:《〈民法典〉背景下居住权的登记问题》,载《中国不动产》2021 年第 4 期。

74. 金绍达:《居住权及其登记问题透视》,载《中国不动产》2021 年第 5 期。

75. 石晨谊:《居住权、带押不动产转移、预告登记,民法典后不动产登记怎么办?》,载《中国自然资源报》2021 年 1 月 19 日,理论版。

76. 刘旭华:《居住权登记制度若干问题探讨》,载《中国土地》2021 年第 2 期。

77. 徐珏、朱桐梅:《民法典背景下居住权登记若干问题》,载《中国房地产》2021 年第 7 期。

78. 朱俊:《对民法典中“居住权”的探讨》,载《上海房地》2020 年第 12 期。

79. 刘迁:《浅析我国居住权现有法律之规定》,载《湖北经济学院学报(人文社会科学版)》2021 年第 1 期。

80. 王永亮:《居住权:购房者的又一个陷阱》,载《民主与法制时报》2005 年 9 月 27 日。

81. 卢正敏:《执行程序中的虚假租赁及其法律应对》,载《中国法学》2013 年第 4 期。

82. 肖俊:《空虚所有权交易与大陆法系的以房养老模式》,载《上海财经大学学报(哲学社会科学版)》2017 年第 1 期。

83. 孟庆瑜、刘茜:《论季节性居住权》,载《兰州学刊》2006 年第 10 期。

84. 谷昔伟、曹璐:《居住权可对抗房屋所有权人排除妨害请求权》,载《人民司法(案例)》2015 年第 18 期。

85. 孙翠、赵明静、孙卓:《居住权与所有权权利冲突的裁判思维分析》,载《人民司法(应用)》2013 年第 23 期。

86. 欧阳波:《因身份关系产生居住权纠纷应由婚姻家庭法调整》,载《人民司法(案例)》2014 年第 24 期。

87. 常亚楠:《居住权的物权性解读与裁判思路探究》,载《人民法院报》2021 年 4 月 16 日,第 7 版。

88. 谭红、张琴:《公房承租权的性质认定——重庆五中院审判杨合碧等诉王友萍等法定继承纠纷案》,载《人民法院报》2013 年 1 月 24 日,第 6 版。

89. 俞建伟:《居住权与房屋所有权之间的冲突及利益平衡》,载《中国律师》2021 年第 5 期。

三、学位论文类

1. 王富博:《居住权研究——我国物权立法的继受与创新》,中国政法大学 2006 年博士学位论文。

2. 曾大鹏:《居住权法律制度研究——以大陆法系民法为主的考察及其对我国的借鉴》,四川大学 2004 年硕士学位论文。

3. 姜颖杰:《居住权制度研究》,复旦大学 2007 年硕士学位论文。

4. 陈岑:《我国居住权法律制度研究》,郑州大学 2003 年硕士学位论文。

5. 朱呈义:《居住权制度研究》,烟台大学 2003 年硕士学位论文。

6. 魏晓东:《我国居住权制度研究》,吉林大学 2004 年硕士学位论文。

7. 郭士丽:《我国居住权制度研究——兼评〈物权法草案〉之相关规定》,华东政法学院 2006 年硕士学位论文。

8. 梁鹏:《居住权制度的立法研究》,暨南大学 2006 年硕士学位论文。

9. 张岩:《居住权制度研究》,中国政法大学 2006 年硕士学位论文。

10. 季晓兰:《司法实务中的"居住权"问题研究——对上海市某区法院司法判决的实证分析》,华东政法大学 2009 年硕士学位论文。

四、关于居住权登记的相关制度规定

1.《不动产登记暂行条例》(2019 年修订)

2.《不动产登记暂行条例实施细则》(2019 年修正)

3.《不动产登记操作规范(试行)》(2021 年修改)

4.《上海市不动产登记若干规定》(2020 年 11 月 27 日上海市第十五届人民代表大会常务委员会第二十七次会议通过)

5. 广州市规划和自然资源局《广州市不动产登记办法(征求意见稿)》(2021 年 1 月发布)

6.《上海市不动产登记技术规定》(2021 年 3 月发布)

7. 武汉市自然资源和规划局《武汉市居住权登记操作规范(试行)》(2021 年 6 月发布)

8. 广州市不动产登记中心《居住权登记(首次登记、变更登记、注销登记)办理指引(国有土地上房地产)》(2021 年 8 月发布)

9. 浙江省自然资源厅《关于进一步规范不动产登记工作的若干意见》(2021 年 9 月发布)

10. 浙江省衢州市资源规划局《衢州市居住权登记操作规范(试行)的通知》(2021 年 11 月发布)

后　记

我第一次接触“居住权制度”是在《民法典》颁布后。2020年6月，我在学习《民法典》时发现一项以前没有在《物权法》及其他法律中出现过的权利类型——居住权。虽然在《民法典》第十四章“居住权”中只有六条规定，约300字，但确立了一种新的用益物权制度。出于对此制度的好奇，我查阅了一些资料，发现居住权制度是一种非常特殊的物权制度。居住权属于用益物权的一种，但《民法典》对用益物权的一般规定与对居住权的相关规定非常简单，导致在适用上存在明显的规范不足；居住权主要通过合同方式设立，所以要符合合同编的一般规范，可以参照适用相类似的合同规则；居住权还可以通过遗嘱方式设立，所以应适用继承编的相关规范；居住权主要的应用场景是在婚姻家庭领域与继承领域；居住权与物权保护、侵权责任也有密切关系。总之，居住权制度不仅适用于这六条规定，而且与《民法典》中的各编都有比较密切的关系。

2020年7月，我在学习的基础上，有了一些思考，试写了第一篇关于居住权的文章。此后六个月中，我又陆续写了10余篇关于居住权的文章，主要是关于居住权如何适用与完善方面的内容。随着对居住权制度的兴趣越来越浓，我想发起举办一次关于“居住权”问题学习研讨会，得到了浙江省律协民商专业委主任陈勇律师、宁波市律协民商专业委主任胡志明律师、宁波市律协婚姻家事专业委主任朱平飞律师的大力支持。2020年12月30日，由宁波市律师协会民商法专业委员会、婚姻家事专业委员会共同主办的“居住权”问题学习研讨会在浙江合创律师事务所举行，共有40余位律师参加。包括我在内的7名律师先后作了主题发言，围绕“居住权”阐述自己的观点。

2021年6月5日，浙江省律协民商专业委、宁波市律协民商专业委联合在宁波举办《民法典》背景下的民商事前沿性法律实务研讨会，邀请我作了一次关于《民法典新创设居住权制度的适用问题》的汇报交流。

2021年初，我想在原来的基础上再接再厉，想出版一本关于居住权的书。又用了约半年的时间，基本完成约33多万字的初稿。经过三次整体修改，才基本定稿。

在本书写作过程中,我得到了很多法学专家的鼓励与律师同行的帮助,在此表示诚挚的感谢! 宁波大学法学院钭晓东教授、李学兰教授、郑曙光教授等给予积极的鼓励并帮助;浙江省律协叶明副会长、省律协民商专业委陈勇主任与宁波市律师协会徐立华会长、邬辉林副会长、吴存波秘书长等对本书出版给予了大力的支持;浙江合创律师事务所与徐自立、邓旭东、郑一峰等也给予了很多的帮助与支持。在我收集材料过程中,得到了北京大成(宁波)律师事务所上官明泓律师提供的无私帮助。初稿汇总后,我请了一些宁波大学法学院老师与宁波市的一些律师同行帮助看稿,得到了积极反馈。尤其是徐伟副教授、周龙飞律师提出的修改意见,使我受益良多。

在本书出版过程中,还得到了法律出版社慕雪丹、章雯、苏婧雯编辑的帮助与支持。还要感谢全国律协新闻中心的王紫薇编辑,将拙文《居住权与房屋所有权之间的冲突及利益平衡》发表在《中国律师》2021 年第 5 期上;感谢黄俊飞编辑将拙文《设立居住权的特殊情形及其处理思路》发表在《中国不动产》2022 年第 5 期上。

诚然,我的理论水平还不足以写出一本很高水平的学术著作,所以本书主要定位是居住权制度的适用与完善。书中的理论内容主要是集中在前三章,借鉴别人的观点相对较多,但也有一些章节很多是作者的观点。后面以作者自己观点为主的内容中偏理论的内容是第四章与第五章。第六章至第十章内容是偏实务与应用的,主要是关于居住权的应用场景与相关纠纷的处理。第十一章"登记机构办理居住权登记的探讨"中的有些观点可以供自然资源部门出台关于居住权登记的规范作为参考。第十二章"关于居住权制度适用与完善的建议",也许以后能为最高人民法院出台与居住权相关的司法解释时作参考。

我希望本书不仅适合律师来读,而且能适合法官、法学教学与研究人员、不动产登记机构工作人员等,还可以作为法学院校的参考用书。因为居住权制度是《民法典》新创设的物权制度,实践的经验与典型的案例还不多,需要不断地探索并总结经验。如果读者对居住权制度感兴趣的,欢迎与我联系交流并不吝批评指正。

我写本书,主要是给自己一个交代,并想能为社会做点贡献。

俞建伟

2022 年 8 月